Joachim Weber

Diakonie in Freiheit?

Eine Kritik diakonischen Selbstverständnisses

Die Deutsche Bibliothek — CIP-Einheitsaufnahme
Weber, Joachim:
Diakonie in Freiheit? : eine Kritik diakonischen
Selbstverständnisses / Joachim Weber. - Bochum :
SWI-Verl., 2001
ISBN 3-925895-70-1

© 2001 SWI Verlag, Bochum
Selbstverlag des Sozialwissenschaftlichen Instituts
der Evangelischen Kirche in Deutschland
Postfach 25 05 63, 44743 Bochum
Umschlagentwurf und -gestaltung: Ulf Claußen (SWI)
Satz, Layout: Angelika Dräger, SWI-Verlag
Herstellung: Books on Demand GmbH
Alle Rechte vorbehalten
Printed in Germany
ISBN 3-925895-70-1

Inhalt

Vorwort 7

Einleitung: Alarm um die Diakonie 9

Kapitel 1: Diakonischer Dienst

Konzepte des Dienens 31

Das Konzept der Dienstgemeinschaft 46

Freiheit und Dienst 80

Kapitel 2: Motiviert durch Barmherzigkeit und Solidarität

Diakonie unter dem Paradigma des Lebens 106

Diakonie im Zeichen der Barmherzigkeit 116

Von der Barmherzigkeit zur Solidarität 133

Kapitel 3: Gegründet in der Liebe

Glaube und Liebe 152

Liebe und brüderliche Nähe 154

Sich selbst verleugnende Liebe 164

Kapitel 4: Bereit zu guten Werken

Diakonisches Handeln und Rechtfertigung aus Glauben 201

Der Glaube und das Tun des Guten 204

Arendts Kritik der tätigen Güte 219

Güte im Horizont der Weltliebe 237

Zusammenfassung und Ausblick 251

Literaturverzeichnis 264

Vorwort

Die vorliegende Untersuchung ist Teil einer philosophischen Dissertation, die im Frühjahr 2000 von der philosophischen Fakultät der Universität zu Köln angenommen wurde. Sie ist in engem Bezug zur sozialpädagogischen Praxis entstanden. Dies hat Vor- und Nachteile. Zum einen hält sie dadurch den Kontakt zu den Phänomenen des Hilfehandelns und bannt somit die Gefahr, sich wissenschaftlich oder idealistisch über die phänomenale Welt sozialer Arbeit zu erheben. Das Engagement für die soziale Praxis und das Interesse daran, dem Helfen seine spezifische Würde zuzuerkennen, haben die Arbeit entscheidend geprägt. Auf der anderen Seite entsteht allerdings durch dieses Engagement die Gefahr einer mangelnden reflexiven Distanz zu den Phänomenen, die die Tiefe des Verständnisses bestimmter Zusammenhänge verhindern kann. Ich habe diese Gefahr bewusst in Kauf genommen zugunsten des Engagements und war gleichzeitig bemüht, die reflexive Distanz immer wieder neu zu gewinnen, um ein Verstehen der Phänomene diakonischer Praxis zu erreichen, das möglichst frei von rein privaten Erfahrungen und Urteilen ist. In diesem Zusammenhang danke ich ganz besonders Uschi Uderstadt vom Rauhen Haus in Hamburg. Sie gab mir die Möglichkeit, mich beruflich in die ambulante Arbeit mit Behinderten einzubringen.

Die Arbeit thematisiert nicht nur das Handeln innerhalb eines Bezugsgeflechtes, sondern ist auch selbst innerhalb eines solchen Bezugsgewebes entstanden, was mich im Rückblick mit Dankbarkeit erfüllt. An erster Stelle möchte ich hier Prof. Dr. Vollrath nennen, dem ich nicht nur meine Einübung ins politische Denken und damit in das Wesen und die Bedeutung politischer Freiheit verdanke, sondern der auch durch die Form seiner Betreuung, zum einen große Freiräume für die Entwicklung meiner eigenen Gedanken zu gewähren, zum andern aber auch wertvolle ergänzende Hinweise zu geben, diese Arbeit erst ermöglicht hat. Prof. Dr. Hungar hat durch sein Interesse an den Ergebnissen der Arbeit und seine wertvollen theologischen Anregungen die Arbeit begleitet. Viel verdanke ich den tiefen Gesprächen über das Denken Hannah Arendts mit meiner Mitdoktorandin Regine Romberg. Sie hat mir zudem wertvolle Literaturhinweise gegeben und mir Hannah Arendts unveröffentlichtes Machiavelli-Manuskript zur Verfügung gestellt. Ebenso trug die Hilfsbereitschaft und Bestätigung einzelner Gedankengänge durch Frau Dr. Viertel viel zur Klärung diakoniewissenschaftlicher Fragen bei. Sehr gefreut hat mich die gute Zusammenarbeit mit Herrn Przybylski bezüglich der Veröffentlichung. Nicht zuletzt danke ich meiner Mutter für ihre wertvolle und spontane Hilfe bei den Korrekturarbeiten. Schließlich hat Inge mit ihrer großartigen Unterstützung bei der Abfassung des Manuskriptes mir die Endredaktion wesentlich erleichtert.

Einleitung: Alarm um die Diakonie

Diakonie im Sog der Ökonomie

In den letzten Jahren ist eine stetig sich verstärkende Bewegung in der Diakonie beobachtbar, die in enger Verbindung steht mit dem gesellschaftlichen und politischen Umbau des sozialen Sektors. Der Hilfesektor entdeckt betriebswirtschaftliche Paradigmen. Helfende Institutionen vollziehen nach Jahrzehnten relativer Ökonomieresistenz und einer entsprechenden Grundhaltung, die im Hilfesektor einen ausgesprochenen Gegenpol zum Wirtschaftsmarkt wahrgenommen hatte, nun auf einmal vielerorts eine Ökonomisierung ihrer Institutionen, die einer radikalen Kehrtwende ihrer bislang vertretenen Standpunkte gleichkommt.

Wirtschaftswissenschaftliches Controlling, Managementmethoden und -theorien, die so genannten „neuen Steuerungsmodelle" halten nun Einzug in die diakonischen Institutionen; ja manchmal machen diakonische Institutionen sogar den Eindruck, andere Hilfeeinrichtungen überbieten zu wollen und den Trend damit zusätzlich zu verstärken. Betriebswirtschaftliches Denken und der Gebrauch einer entsprechenden Begrifflichkeit wird zum Synonym für Modernität. So begrüßenswert es ist, wenn die jeweiligen Institutionen versuchen, in bestimmten Bereichen ihre Effizienz zu steigern und Missmanagement abzubauen, so ist eine Ökonomisierung des sozialen Sektors dennoch als hoch problematisch zu bewerten. Diejenigen, die vom wirtschaftlichen Wettbewerb – aus welchen Gründen auch immer – herausselektiert wurden, die es nicht mehr schaffen, das individualistische Ideal, sich allein auf die eigenen Kräfte gestützt durch den härter werdenden Wettbewerb durchzukämpfen, sie finden sich auf einmal in einem zügellos werdenden Wettbewerb der Hilfeinstitutionen wieder, in denen Klienten zu Kunden werden, in denen die Effizienzsteigerung ganze Hilfebereiche oder Klassen von Hilfebedürftigen aussortiert. Gleichzeitig übt das social management wachsenden Druck auf die Mitarbeiter der Institutionen aus – und produziert damit neuen „Produktionsausfall". Hilfebeziehungen schließlich werden zunehmend unter ökonomischem Blickwinkel reflektiert und als reine Dienstleistung interpretiert und dabei vollständig versachlicht. Helfendes Handeln verliert dabei seine spezifische

Bedeutung. Das Aufsuchen psychosozialer Hilfeinstitutionen wird schlicht dem Frisörbesuch oder dem Gang zum Reisebüro gleichgestellt.

Diese Ökonomisierung des Sozialbereiches geschieht keinesfalls unwidersprochen, doch ein eigenartiger Konsens regiert die Auseinandersetzung. Die Behauptung der Normativität des Faktischen, die scheinbare Einsicht in die alternativlose Notwendigkeit der „Reform" lässt keine Regulierungsmöglichkeit der Ökonomisierung des Sozialen am Horizont erkennen. Die faktische Finanzlage angesichts wechselnder gesellschaftlicher Prioritäten und der daraus erwachsene Umbau der Kostenträger professionellen Hilfehandelns in Sparschweine zieht die diakonischen Institutionen in ihren Sog. Diakonie steht dabei getreu ihrem Anspruch, modern sein zu wollen, in vorderster Front der Entwicklung und ist dabei oftmals gänzlich unkritisch gegenüber den Folgen ihres Handelns.

Angesichts dieser Situation wirken die diakonischen und caritativen Versuche, durch Appelle an die „Option für die Schwachen", an Nächstenliebe, Barmherzigkeit und Solidarität angesichts eines drohenden Übermaßes der wirtschaftswissenschaftlichen Versachlichung von Hilfe wie „gut gemeinte Pfadfinder, deren Kniestrümpfe ständig rutschen"[1]. Sie verhallen noch im Mund derer, die solche Imperative formulieren, sofern sie an der ökonomischen Bewegung mitwirken. Derartige moralische Imperative muss man sich leisten können und man kann sie sich meist dann leisten, wenn man weit genug weg sitzt vom unmittelbaren Hilfegeschehen. Die diakonischen Paradigmen werden fast ausschließlich auf leitender oder auf lehrender Ebene vertreten, selten werden sie von den Mitarbeitern an der Basis des Hilfehandelns für ihr berufliches Selbstverständnis übernommen. Allein dieser Umstand macht sie in ihrem Realitätsgehalt und in ihrem pragmatischen Beitrag für die helfende Praxis zutiefst fragwürdig.

In dieser Situation wird in erschreckendem Maße deutlich, wie stark das diakonische Proprium und Profil nur verbal existiert. Für die seit der Nachkriegszeit rapide zunehmende Säkularisierungstendenz in den Kirchen bieten die diakonischen und caritativen Institutionen ein ausgezeichnetes Anschauungsmaterial. Auch neuerlich formulierte und vermeintlich mit den Mitarbeitern gemeinsam entwickelte Leitbilder[2] ändern nichts an der Tatsache, dass die klassischen Kategorien, mit denen diakonisches Handeln beschrieben wird, bei den Mitarbeitern an der Hilfebasis kaum Aufnahme finden – und zwar auch bei denen nicht, die ihr Handeln durchaus christlich-diakonisch verstehen wollen. Diakonisches Denken scheint zunehmend den Kontakt zum diakonischen Handeln zu verlieren. Das diakonische Handeln an der Basis wiederum droht sprachlos zu werden in Bezug auf seinen theologischen Gehalt. Dieses Phänomen kann mit der Säkularisierungstendenz allein nicht hinreichend erklärt werden, es muss vielmehr tiefer auf der Begründungsebene diakonischer Praxis gesucht werden, die den Kontakt zum Phänomen des Helfens weitgehend verloren hat. Dieser Kontakt ist nur wiedergewinnbar, wenn der Reichtum diakonischer Praxis durch vielfältige Perspektiven erhellt wird, um aus solchen Perspektiven heraus kritisch die diakonischen Paradigmen auf ihren praktischen Gehalt hin zu hinterfragen. Eine solche perspektivische Reflexion aus einem bestimmten noch zu begründenden Blickwinkel heraus wird im Folgenden unternommen.

Das Denken Hannah Arendts

Der perspektivische Standpunkt der vorliegenden Untersuchung ist politisch in dem Sinne, dass das Politische mit gemeinschaftlicher Freiheit als einer ganz spezifischen – eben politischen – Gestaltung einer existenzialen menschlichen Gegebenheit gleichgesetzt wird. Ein zentrales Phänomen menschlicher Existenz bildet die Handlungsfreiheit. Menschen sind solche Lebewesen, die dazu befähigt sind, Naturkreisläufe und automatische Prozesse zu durchbrechen und radikal Neues in die Welt zu bringen, ja Welt und Kultur überhaupt erst zu erschaffen[3]. Diese Grundfähigkeit wird von Hannah Arendt existenzial begründet mit der reflexiven Einholung der eigenen Gebürtlichkeit, die in der handelnden und sprechenden Bewusstwerdung der Tatsache besteht, dass jeder neue Mensch einen radikal neuen Anfang innerhalb einer bestehenden Welt darstellt. Die Bewusstwerdung der je eigenen Gebürtlichkeit stiftet zum handelnden Nachvollzug dieses Anfangs an[4]. Menschen werden nicht einfach nur geboren, sondern nehmen dieses Geborensein mit zunehmender Bewusstwerdung reflexiv auf und stellen die Neuartigkeit ihres mit der Geburt mitgegebenen Anfangs in freien Handlungen dar. Freiheitliches Handeln wird aus dieser Perspektive zur Realisierung der je eigenen Gebürtlichkeit und der damit verbundenen jeweiligen Einmaligkeit. Dieser Gedanke soll im vorliegenden Zusammenhang in das Zentrum der Perspektive gerückt werden, unter der helfendes Handeln und daraufhin die diakonischen Paradigmen reflektiert werden. Dabei wird die Handlungsfreiheit von Hannah Arendt politisch gekennzeichnet als freiheitliches Handeln im Verein mit anderen. Freiheit rekurriert dann nicht mehr primär auf den individuellen Spielraum jedes einzelnen, ein Freiheitsverständnis, das schnell einsam machen kann. Die Hilfe zur Selbsthilfe ist oftmals diesem Missverständnis erlegen. Gerade derjenige, der individualistische Freiheit sucht und verwirklicht, bleibt ohnmächtig, weil er immer auf seinen individuellen, möglichst ungestörten Handlungsspielraum bedacht sein wird und deshalb davor zurückschrekken wird, sich mit anderen zum Handeln zusammenzuschließen[5]. Denn, wie Hannah Arendt erläutert, Macht ist etymologisch nicht von „machen", sondern von „möglich" beziehungsweise „können" abzuleiten[6]. Man vergleiche dazu nur das deutsche Wort „Macht" mit lateinisch potentia, griechisch δυναμις, französisch pouvoir, englisch power. Die höchsten Möglichkeiten haben Menschen erst dort, wo sie sich mit ihren individuellen Begabungen einschalten in die Welt um sie herum, sich mit anderen in ihrem Handeln verbinden und Neues initiieren beziehungsweise die Initiativen anderer unterstützen, um selbst an ihnen teilzuhaben, indem sie also diejenigen Möglichkeiten wahrnehmen, die das Zusammensein mit anderen bietet und die notgedrungen viel mächtiger sind als jeder individuelle Spielraum. Durch diese politische Qualifizierung von Freiheit sind Initiativität und Pluralität unmittelbar miteinander verbunden. Was aus Initiativen wird und jedes menschliche Handeln trägt letztendlich den Keim der Initiativität in sich, entscheidet nicht der Handelnde selbst, sondern die anderen, die anknüpfend dem Handeln eine neue Richtung geben können. Weil jeder Mensch die Fähigkeit hat, initiativ zu sein und weil solche Initiativen unweigerlich aufeinander treffen, spielt die Pluralität eine entscheidende Rolle im Handeln[7]. Sie verleiht dem Handlungsgeschehen seine ihm eigentümliche Spannung, da der Täter nie weiß, was aus seinen Taten schlussendlich herauskommen wird. Die Entscheidung, ob und wie freiheitliche Anfänge fortgeführt werden, bedarf neben der Initiativität und Pluralität eines dritten Momentes der Handlungsfreiheit: der Sichtbarkeit[8]. Die Handelnden müssen sich voreinander zeigen mit ihren Absichten und

Initiativen, nur dann ist Macht überhaupt möglich. Indem Initiativen sichtbar werden, werden sie beurteilbar, kann gemeinsam beurteilt werden, welche Anfänge unterstützt werden sollen, umso weithin sichtbare Machtinstitutionen zu bilden. Macht ist damit gedacht als „Bezugsgewebe"[9], das nicht aus den Menschen selbst, sondern aus ihren Initiativen in Form von Sprech- und Handlungsakten, also aus Freiheit gewoben ist. Der Ort dieses Bezugsgewebes liegt nicht in den Menschen, ihren Motiven und Bedürfnissen und unterscheidet sich daher grundlegend von psychologischen Denkansätzen, sondern er liegt in dem sichtbaren Raum zwischen ihnen. Arendt spricht auch vom „Zwischen" oder von der „Welt" im eigentlichen Sinne. Radikale Ungesichertheit, Lebendigkeit und Reichtum an Sinnhaftigkeit sowie die Leuchtkraft des Urteilens, Würdigens und Fortsetzens kennzeichnen das durch freiheitliche Akte gewobene Bezugsgewebe der Welt zwischen Menschen.

Die Implikationen dieses Freiheitskonzeptes Hannah Arendts für das Verständnis helfenden Handelns und damit auch diakonischen Handelns sind bisher noch nicht gesehen worden. Dabei spricht Arendt selbst im Zusammenhang mit dem Handeln vom gegenseitigen „Zuhilfeeilen"[10] im Handeln. Weil keiner allein wirklich frei sein kann, unterstützt jeder jeden in den verschiedensten Formen freiheitlicher Machtzusammenschlüsse. Weil die gemeinsamen Möglichkeiten im Handlungsverlauf alles andere überwiegen, spielen die verschiedenen individuellen Stärken mit zunehmender Größe der Machtinstitutionen eine untergeordnete Rolle[11]. Allzu dominant herausragende individuelle Stärken behindern eher das machtvolle Zusammenhandeln, als dass sie es fördern. Keine individuelle Stärke oder eben auch Schwäche kommt der außerordentlichen Bedeutung der gemeinschaftlichen Handlungsmöglichkeiten gleich. Arendts Denkansatz ist so bestens dazu geeignet, den Bezug zwischen Helfenden und Hilfebedürftigen neu zu fassen, ohne ständig um den Ausgleich eines Gefälles zwischen beiden besorgt sein zu müssen. Gleichzeitig wird auch das Handeln Hilfebedürftiger unter einem neuen Blickwinkel betrachtet. Jeder noch so kleine spontane Akt kann durch die Vermittlung von Helfenden fruchtbar werden in dem Bezugsgewebe von Handeln und Sprechen in der Welt. Selbsthilfeinitiativen, die auf gemeinschaftlicher Spontaneität und Freiwilligkeit beruhen und sich gleichzeitig durch einen weiteren Horizont als die je unabhängige Selbsthilfegruppe vor Ort auszeichnen[12], sind wahrscheinlich mit dieser Form des Helfens besser vertraut als professionelle Sozialarbeit.

Dieser Zusammenhang macht auf einen ganz anderen aufmerksam. Die Etablierung freiheitlicher Vollzüge bedarf der Liebe zu dieser Freiheit, weil freiheitliche Vollzüge erst dann überhaupt als solche gewürdigt werden können, wenn ihr freiheitlicher Modus entsprechend anerkannt wird[13]. Man kann die Freiheit verleugnen; denn jede Freiheit geschieht innerhalb einer gegebenen Situation. Doch wer menschliches Handeln verstehen will, indem er es kausal auf die gegebenen situativen Bedingungen, vor allem auf vermeintliche innere Motive zurückführt, wird dem Sinn des Handelns nie gerecht werden. Jede kausale Erklärung freiheitlichen Handelns vernichtet den Glanz ihres freiheitlichen Charakters und stellt sie schließlich animalischem Verhalten gleich, das primär über das Schema von Reiz und Reaktion funktioniert. Dies gilt auch für die Erklärung des gegenwärtigen Trends in der Hilfediskussion. Man kann die momentane Ökonomisierung des Hilfesektors aus dem Kontext des allgemein um sich greifenden Umbaus des sozialen Systems „erklären", aber man wird dabei verkennen, dass hier ein Paradigmenwechsel stattfindet, dass sich diejenigen, die ökonomische Paradigmen zu ihrem Leitbild erklären, frei dazu entscheiden, klassische, personale Konzepte des Helfens zu entrealisieren und auf Wortfloskeln zu reduzieren, um helfendes Handeln zu technisieren.

Das Bewusstsein der Freiheit, die Liebe zu ihr, die uns anstiftet zu freiheitlichen Anfängen im Handeln, die den Mut bereitstellt, Neues zu wagen im Handeln, die uns freiheitliche Vollzüge anderer entsprechend würdigen lässt, ist von entscheidender Bedeutung im Kontext des Helfens. Dies gilt insbesondere insofern, als die Freiheit – ganz besonders im Kontext des Helfens – ständig durch Unfreiheit in ihrem Bestand bedroht ist. Nicht nur gefährdet sich die Freiheit ständig selbst, insofern jeder freiheitliche Neuanfang das bereits Bestehende bedroht[14]. Ebenso unterscheidet Arendt das freiheitliche Handeln, das sie im Politischen lokalisiert, zum einen vom Arbeiten, das an der Basisversorgung und damit an der Notwendigkeit und Not orientiert ist, zum anderen vom schöpferischen Herstellungsprozess. Arbeiten ist nach Arendt der biologischen, psychophysischen Grundversorgung verpflichtet[15]. Der Arbeitende schwingt mit im Rhythmus der

Natur[16] mit ihren Stadien der Produktion und Reproduktion[17]. Das Konsumieren beziehungsweise Regenerieren oder Reproduzieren ist als Vorgang psychophysischer Naturnotwendigkeit Teil des Phänomens Arbeiten[18]. Helfendes Handeln, das sich allein an der psychophysischen Grundversorgung und damit an der Intervention in Notlagen orientiert oder von Notwendigkeiten und sozialer Not aufgefressen wird, verliert seine Möglichkeiten, freiheitlich zu handeln und wird damit sinnentleert. Burnout erhält unter der Perspektive der Handlungsfreiheit einen neuen Begründungskontext als Ausdruck eben dieser Sinnentleerung beziehungsweise als Verlust initiatorischer Impulse im beruflichen Handeln. Wo Helfen zur sozialen Feuerwehrtätigkeit verkommt, wird jedes personale Sicheinlassen auf helfende Beziehungen sinnlos und vergeblich. Wo Helfende dies dennoch tun, müssen sie früher oder später an der Schere zwischen Auftrag und Selbstverständnis scheitern.

Arendt unterscheidet das freiheitliche Handeln nicht nur vom naturhaften Arbeiten, sondern auch vom zielgerichteten, Gewalt anwendenden, aber nichtsdestoweniger schöpferischen Herstellen, das Arendt vor allem dem Künstler und dessen Werk abliest. Dem Künstler ist eine besondere Kreativität eigen, aber diese Kreativität unterscheidet sich grundlegend von der Initiativität des Handelns, insofern der Künstler meist am kreativsten allein ist. Er bezahlt seine Kreativität mit Einsamkeit[19]. Das Herstellen erfolgt gleichzeitig in der Zweck-Mittel-Relation[20]. Erst indem etwas der Natur und deren Kreislauf entrissen und dieser Natur dabei Gewalt angetan wird, kann es zum Material für den Herstellungsprozess werden[21]. Diesem Material wird beim Herstellen ein Zweck aufgeprägt, der sich mehr oder weniger dem intelligiblen, eventuell professionellen Plan des Herstellenden verdankt[22], um es durch spezifische Gewaltmittel – die zweckgerichtet gewählten Werkzeuge – unnatürlich zuzurichten. Hergestellte Gegenstände sind im besten Fall realisierte Zwecke, manchmal ganze Kulturen überdauernd, immer aber unter der Kontrolle und Herrschaft eines planenden und entscheidenden Herstellers entstanden.

Das Herstellen hat seinen hohen Sinn in der dauerhaften Zurichtung von Gegenständen und selbst dort werden uns seit längerem im Zuge industrieller Herstellung die Folgen des Herstellens für die Natur mehr und mehr bewusst. Es wird jedoch dort besonders gefährlich, wo das Tätigsein zwischen Menschen herstellungs- und damit herrschaftskategoriale Züge annimmt. Die Unwägbarkeiten der Freiheit im Zusammenhandeln mit anderen können schnell dazu verführen, die Freiheit monopolisieren zu wollen, Kontrolle beziehungsweise Herrschaft auch in helfenden Beziehungen auszuüben, ganz besonders durch hochprofessionalisierte Methoden und Denksysteme. Auch im Hilfegeschehen können Helfer ihre erworbenen Kompetenzen so missbrauchen, dass Hilfebedürftige wie Ton in der Hand eines Töpfers werden. Die Schwäche des einen Partners im Hilfegeschehen und die professionelle Überlegenheit des anderen verhindern allzu schnell einen Widerstand gegen Vereinnahmung und Monopolisierung des Handelns. Diese Gefahr wird durch jede Betonung methodischer Professionalität von Helfenden potenziert. Wo Helfende zu sozialen Managern werden, ist es jedoch nicht nur um die Freiheit der anderen, vor allem der Hilfebedürftigen, geschehen, sondern auch um die eigene, weil solche Sozialmanager sich der Möglichkeiten entledigt haben, die das Zusammenhandeln mit anderen bietet[23]. Indem sie sich auf ihr individuelles Können verlassen, vereinsamen sie notgedrungen von den gemeinschaftlichen Handlungsmöglichkeiten. Das spannungsreiche Geschehen der Freiheit wird dann gegen das allmählich ärmer werdende Monopol eines einzelnen getauscht um den Preis, dass neue Impulse kaum noch möglich sind.

Arendt nennt neben der modalen Unterscheidung von Arbeiten, Herstellen und Handeln auch eine sektorale Unterscheidung zwischen privatem, öffentlichem und gesellschaftlichem Raum. Die Öffentlichkeit besteht nach Arendt in der Bühne des freiheitlichen Miteinanderhandelns und -sprechens[24]. In ihr erfährt die Sichtbarkeit ihre eigentümliche Leuchtkraft und durch die Kontextbildung zwischen einzelnen Gegenständen und Ereignissen wird die Wirklichkeit konsistent[25]. Zwischen dem je eigenen Anfangen und dem Fortsetzen der anderen liegt die Anforderung begründet, dass Anfangende um diese Fortsetzung werben und dazu Rechenschaft über ihr Handeln ablegen[26]. Die anderen wiederum sind es erst, die aus dem Anfang eine Geschichte machen, indem sie ihm aus verschiedenen Standpunkten heraus urteilend eine Bedeutung beilegen und ihm fortsetzend eine neue Richtung geben. Erst durch solche erzählbare Handlungsgeschichten schimmert so etwas wie das „Wer" der Handelnden hindurch[27]. Damit ist diese freiheitliche Öffentlichkeit auch gekennzeichnet durch ein leidenschaftliches Sich-an-anderen-Messen, um in der Sichtbarkeit zu glänzen, also Ansehen beziehungsweise Ruhm zu erwerben. Doch der Maßstab freiheitlicher Öffentlichkeit ist dabei nicht irgendeine messbare Leistung, der Ruhm stützt gerade nicht irgendeine Form von Ehrgeiz, sondern allein der freiheitliche, außerordentliche Charakter des Tuns entscheidet über das Hervorleuchten bestimmter Taten und Worte[28]. Da das Handeln zwischen Menschen in hohem Maße zerbrechlich ist, bedarf dieser Raum der Sichtbarkeit einer institutionellen Einhegung, die das freiheitliche Handeln auf Dauer stellt. Dies geschieht nicht nur durch eine räumliche Gestaltung des Öffentlichen, sondern viel stärker durch eine – meist rechtliche – Regelung des Handelns und Sprechens in ihr[29]. Nicht die Menschen selbst werden dabei institutionalisiert, sondern das zwischen ihnen geschehende Sprechen und Handeln. Eine freiheitliche Institution wird sich daran messen, ob in ihr Freiheit fortdauern kann, ob ihre Institutionalisierung flexibel genug ist, um Innovationen zuzulassen und gleichzeitig die in ihr geschehende Freiheit zu bewahren (lateinisch conservare)[30].

Arendt stellt diesem öffentlichen Raum den Privatraum gegenüber, der nach antikem Verständnis durch Versorgung und Lebensnotwendigkeit geprägt war, also den Ort arbeitskategorialen Tätigseins charakterisierte[31]. Eng damit verknüpft ist der dunkle, verborgene Charakter dieses Privatraums[32], nicht nur weil sich die Versorgung und alles, was mit ihr verbunden ist vom Gebären bis zum Sterben, nicht zum Gesehenwerden eignet, sondern auch, weil die Mauern der Privaträume die in ihnen weilenden Menschen vor dem Gesehenwerden schützen, ihnen Intimität gewähren und eine Rückzugsmöglichkeit vor dem oft anstrengenden Licht der Öffentlichkeit bieten[33].

Erst in der Neuzeit schiebt sich zwischen privaten und öffentlichen Raum der gesellschaftliche als Bereich des Sozialen im weitesten Sinne[34]. Arendts Charakterisierung der Gesellschaft gehört in das Zentrum ihrer Modernitätskritik. Die Gesellschaft zeichnet sich durch eine Teilveröffentlichung des Privaten aus, sie saugt auf diese Weise beide Bereiche in sich auf. Hier ist vor allem die Veröffentlichung des Arbeitens durch Arbeitsteilung und Industrialisierung zu nennen, die den Charakter der Gesellschaft im Sinne Arendts prägt[35], aber sie zeichnet sich auch dadurch aus, dass immer mehr

Themen, die ehemals durch Verborgenheit vor dem Licht der Öffentlichkeit geschützt waren, nun öffentlich-gesellschaftliches Interesse erfahren. Gleichzeitig verändert sich jedoch der öffentliche Charakter selbst in der Gesellschaft. Was erscheint, ist nicht mehr die Außerordentlichkeit des Tuns, die Freiheit, sondern das automatische und konforme Sichverhalten[36], also diejenige Gleichheit, die es möglich macht, Menschen unter bestimmten Charakteristika zu Gruppen zusammenzufassen. Mit der Automatisierung des Tuns ist eine Unverantwortlichkeit verbunden, die sich in der Organisationsform der Gesellschaft spiegelt, der Bürokratie, die Arendt auch als Niemandsherrschaft charakterisiert[37]. Die Vereinheitlichung der Individuen zu Exemplaren einer einheitlichen Gattung unter der Herrschaft eines alles Verhalten lenkenden Interesses[38] ist dabei ein unabgeschlossener, sich expansiv entwickelnder Prozess, dessen Ende Arendt in der modernen Massengesellschaft wahrnimmt[39] und als deren einzige Organisationsform sie den Totalitarismus benennt[40].

Arendt hat zur Verdeutlichung ihres Anliegens, auf die Gefährdung der Freiheit in der Moderne hinzuweisen, die Charakterisierung typologisch überzogen. Wesentliches Anliegen von Erziehung ist immer, Kinder als radikale Neuanfänge mit der bestehenden Welt bekanntzumachen[41] und damit in spezifischer Weise auf deren Freiheitsvermögen so einzuwirken, dass es sich in mündiger Form in der Welt entfalten kann. Dazu ist es notwendig, freiheitlich mit Kindern umzugehen. Familiäre Erziehung transzendiert damit den privaten Sektor im Sinne Arendts bei weitem. Ebenso ist unter ihrer Perspektive eine Vermittlung des Sozialen mit der Freiheit, also beispielsweise jegliche Form der Sozialpolitik, nicht denkbar[42]. Ihre schroffe Trennung zwischen einem gesellschaftlichen und dem politischen Bereich ist in hohem Maße fragwürdig. Dennoch macht ihr Konzept der Gesellschaft ein Grundproblem sozialer Arbeit deutlich, die aufgrund ihres gesellschaftswissenschaftlichen Selbstverständnisses genau in dem von Arendt benannten Dilemma steckt: Der öffentliche Auftrag, mit dem soziale Arbeit institutionalisiert ist, betrifft gleichzeitig höchst private Angelegenheiten der Betroffenen. Es erfordert eine ständige Gradwanderung Helfender, abzuwägen zwischen dem, was privat bleiben und nicht zum Betätigungsfeld des Hilfehandelns werden sollte, was zwar thematisiert aber nicht nach außen dringen darf und schließlich dem, was unweigerlich öffentlicher Auftrag der Hilfeintervention ist und daher auch nach außen gerechtfertigt und berichtet werden muss. An dem massiven Problem der Wahrnehmung des Datenschutzes wird die Schwierigkeit deutlich, einen gelungenen Weg im Verhältnis zwischen privat und öffentlich im Hilfehandeln zu finden. Nicht zu vergessen ist in diesem Zusammenhang auch das Problem der je eigenen Abgrenzung Helfender, sich einerseits in seiner Personalität vor Vereinnahmung zu schützen, sich andererseits aber personal in helfende Beziehungen einzubringen. Soziales Handeln sieht sich gleichzeitig einer zunehmend unverantwortlichen und undurchsichtigen Bürokratie gegenüber, zwischen der sie beinahe aufgerieben wird. Die Typologien und Verhaltensmuster, die die sozialwissenschaftlichen Disziplinen bereitstellen, legen Handelnde nicht nur auf Konformitäten fest, sondern bewegen sich schnell in einer situativen Erklärung des jeweiligen Verhaltens, ohne noch die Entscheidungshaftigkeit des Weges und die verbleibenden Möglichkeiten sehen zu können. Eine Reflexion des Helfens im Kontext des Denkens Hannah Arendts wird den öffentlichen Charakter des Helfens entsprechend betonen, der Rechenschaftslegung erfordert und wird die Transparenz helfenden Handelns auf den unterschiedlichsten Ebenen, angefangen in der helfenden Beziehung selbst, eigens hervorheben. Weil soziale Arbeit im öffentlichen Auftrag geschieht, kann sie nicht allein in Anwaltschaft für diejenigen gelingen, denen die Arbeit primär zugute kommen soll in Form helfender Intervention. Sie muss zumindest Teile jener Öffentlichkeit argumentativ für Unterstützung zu gewinnen suchen, der sie ihren Auftrag verdankt. Lobbyarbeit ist damit originärer Bestandteil gelingender Sozialarbeit. Eine solche Hilfereflexion wird schließlich innerinstitutionell darauf drängen, dass helfendes Handeln in freiheitliche Institutionen eingebettet bleibt, die freiheitliches Hilfehandeln fördern, statt unreflektiert einer Entinstitutionalisierung das Wort zu reden, die Helfende zu isolierten und ohnmächtigen Individuen degradieren würde.

Arendt kennt noch eine dritte Trilogie, die dem geistigen Tätigsein gewidmet ist. Sie unterscheidet geistige Tätigkeitsmodi, die der Welt und der Freiheit in ihr schaden, von einem solchen Modus, der der Freiheit gerecht wird. Das Denken zum einen fällt auf durch seine Unweltlichkeit[43]. Wer denkt, tut dies nicht nur real im Rückzug von der Welt, in Einsamkeit, sondern auch, indem er losgelöst von der Welt Phänomene an abstrakten Größen misst. Gegenstände und Ereignisse werden im Denkvorgang nicht nur entwirklicht, indem sie entsinnlicht werden zu reinen Gedankendingen[44], sondern sie werden auch eines Teils ihrer Konkretion beraubt, abstrahiert, indem sie unter allgemeine Begriffe subsumiert werden. Nicht das Individuelle in seiner Individualitat ist Gegenstand des Denkens, sondern das in irgendeiner Form Typische der einzelnen Phänomene. Durch das Denken geht also der Freiheitscharakter, die Neu- und Einzigartigkeit jedes Phänomens verloren, weil wirklich Neues nicht unter allgemeine Begriffe subsumiert werden kann[45]. Die Folgen des Denkens für die Freiheit schlagen sich natürlich am deutlichsten im denkenden Umgang mit zwischenmenschlichen Ereignissen nieder. Dieser Zusammenhang ist von höchster Bedeutung für den Theorie-Praxis-Bezug helfenden Handelns. Wo Ereignisse des Hilfehandelns lediglich noch im Horizont eines gedanklichen Systems, eines theoretischen Überbaus welcher Provenienz auch immer wahrgenommen werden, wird sich das Hilfehandeln notwendigerweise mehr oder weniger ideologisch ausprägen. Von besonderer Tragweite ist diesbezüglich die sozialwissenschaftliche Orientierung an allgemeinen Verhaltensmustern. Je stärker das Typische jedes Ereignisses reflektiert wird, desto stärker bleibt das initiatorische Moment und damit die Freiheit selbst im Dunkeln, ja sie kann sogar gänzlich geleugnet, theoretisch wegerklärt werden.

Dennoch gesteht Hannah Arendt dem Denken einen äußerst bedeutsamen Aspekt zu: die Freundschaft mit sich selbst[46]. Diese Freundschaft mit sich selbst ist ihre Interpretation dessen, was wir landläufig Gewissen nennen, jedoch bei ihr nicht im moralischen Sinne gemeint. Die Freundschaft mit sich selbst misst sich nicht an abstrakten Gewissensnormen, sondern das eigene Handeln wird lediglich daraufhin befragt, ob der Täter nach der Tat weiterhin mit sich selbst befreundet bleiben kann, sich weiterhin vor dem Spiegel selbst in die Augen schauen kann. Die Bedeutung dieses Momentes wird vor allem deutlich an seinem Verlust, der Gedankenlosigkeit, deren beispielhafte Erscheinung Hannah Arendt in der Gestalt Adolf Eichmanns wahrnimmt. Menschen können, gerade dann, wenn sie innerhalb der modernen Massengesellschaft von der Welt verlassen und zu identischen beziehungslosen Exemplaren einer einheitlichen Gattung geworden sind, auch von sich selbst verlassen werden[47]. Schlimmer noch: Die Verlassenheit von der Welt hat auf Dauer unweigerlich die Verlassenheit von sich selbst zur Folge. Diese Verlassenheit zeichnet sich durch den Verlust der Freundschaft zwischen mir und mir selbst aus, der Verlassene wird zum Heuchler, der in jede Rolle schlüpfen kann, der aber seine Rolle nicht mehr von der Realität unterscheiden kann, weil er die Konsistenz der Wirklichkeit verloren hat, die ihn Realität von offenkundiger Unwahrheit unterscheiden lassen könnte[48]. Diese Verlassenheit kann sich radikalisieren zu einem fast gänzlichen Verlust des Interesses an mir selbst, die Menschen dazu verführbar macht, sich ganz in den Dienst einer Idee zu stellen. Gerade an diesem Denkzusammenhang von Hannah Arendt wird die außerordentliche Bedeutung von Reflexion des Handelns deutlich, die zwei Seiten hat, die Freundschaft mit sich selbst und dadurch eine grundlegende Authentizität, zum anderen die Konsistenz der Welt und die eigene Zugehörigkeit zu ihr. Ein unreflektiertes Insistieren auf Selbstlosigkeit im Helfen kann für das Helfen höchst fatale Folgen haben, weil solche Selbstlosigkeit nicht nur den Helfenden selbst schadet, sondern eine Weltlosigkeit bedingt mit fatalen Folgen für diese Welt.

Nicht viel besser als mit dem Denken bezüglich der Freiheit und der Welt steht es für Hannah Arendt mit dem Wollen, den sie als den „vertracktesten und gefährlichsten aller modernen Begriffe und Unbegriffe"[49] bezeichnet. Während sich das Denken vor der Welt in die Abstraktion flüchtet, zieht der Wille die Welt in das Subjekt des Wollenden hinein[50]. Den Phänomenen sollen Zwecke aufgeprägt werden, sie werden damit zu Projekten[51]. Letzter Maßstab allen Handelns ist dabei nicht die Welt, in der das Handeln geschieht, sondern die nahtlose Übereinstimmung mit sich selbst, auch wenn der Wille das Handeln in der Welt will[52]. Der moralische Wille negiert Gegebenes, jedoch in einer spezifischen Radikalität und Rücksichtslosigkeit gegenüber der Welt. Nicht was gut oder schlecht für die Welt ist, interessiert den Willen, sondern lediglich, was aufgrund abstrakter Maßstäbe moralisch gut oder böse ist. Die Selbstbezüglichkeit des Willens wird am deutlichsten daran, dass es dem Willen immer mehr als um die Welt um einen Streit in sich selbst geht. Der Wille will nicht nur etwas in, eventuell sogar für die Welt, sondern will gleichzeitig diesen Willen wollen. Er kämpft ständig mit der eigenen Möglichkeit, auch anders handeln zu können und damit das bisher Gewollte wieder zu negieren[53]. Den überzeugendsten Ausdruck dieses je eigenen Streites mit sich selbst sieht Hannah Arendt in Röm 7 wirksam[54]. An Arendts Ausführungen über den menschlichen Willen wird die Differenz deutlich zwischen dem moralisch Guten und dem, was gut ist für die Welt. Wer zuerst an seiner moralischen Integrität interessiert ist, kann nicht mehr frei sein für die Welt, ja er ist sogar in hohem Maße gefährlich für die Welt[55]. Die Gefahr des moralischen Wollens für die Welt wirft auch ein Licht auf die Problematik einer moralischen Ausrichtung sozialer Arbeit. Jede Moralisierung sozialer Arbeit, ob in Form der Forderung einer „Option für die Schwachen" oder einer prinzipiellen Solidarität kann soziale Praxis nur schwächen, weil moralische Prinzipien jede einmalige Situation lediglich als Prüfstein für ihre allgemeinen, moralisch-selbstbezüglichen Normen verstehen. Gleichzeitig überfordert der mit den moralischen Forderungen verbundene Anspruch an die Praxis das Helfen; er deformiert Hilfe durch Forderungen, statt das Helfen auszurichten und zu entfalten.

Weltlicher Freiheit wirklich gerecht wird im Kontext des geistigen Tätigseins allein das Urteilen, das Hannah Arendt auf höchst spezifische Weise interpretiert und dabei nicht nur politiktheoretische Denkwege, sondern vor allem auch Kants dritte Kritik, die „Kritik der Urteilskraft" fruchtbar macht. Das Urteilen bleibt im Unterschied zum Denken bei den konkreten Gegenständen oder Ereignissen, die es beurteilen will, ohne diese in allgemeine Begriffe oder Konzepte zu versenken[56]. Arendt bezeichnet es deshalb auch als „Denken ohne Geländer"[57]. Verglichen werden beim Urteilen in erster Linie nicht verschiedene Gegenstände, sondern vor allem verschiedene Perspektiven auf den gleichen Gegenstand. Die zwischenmenschliche Welt ist damit der Standpunkt, von dem aus Urteilen geschieht[58]. Das Urteilen bleibt in der Welt und würdigt in ihr nicht nur die verschiedenen Perspektiven, ohne diese je ganz zur Deckung bringen zu wollen, sondern auch die Einzigartigkeit der jeweiligen Phänomene. Der einzigartige und damit vor allem auch der freiheitliche Charakter dessen, über das geurteilt werden soll, kann in seiner Außerordentlichkeit hervorleuchten. Das Urteilen bildet damit so etwas wie die geistige Rückseite der Freiheit[59]. Herzstück des Urteilens ist die von Kant so genannte „Operation der Reflexion"[60], die zum einen an die je eigene Perspektive einen Vorbehalt knüpft, nicht die ganze Wahrheit zu erfassen, sondern eben nur perspektivische Ausschnitte, die zum anderen den individuellen Standpunkt der je eigenen Perspektive nur dadurch gewinnt, dass das Urteilen immer auch über die eigene Standorthaftigkeit miturteilt, also die rein privaten Motive des Urteilens so gut wie möglich außen vor lässt[61]. Hannah Arendts Konzept des Urteilens kann auf gänzlich neue Weise den unüberschätzbaren Wert des Reflektierens helfenden Tätigseins aufzeigen. Noch mehr als das je eigene, meist mit Notizen verbundene Reflektieren des eigenen Tuns und Erfahrens im Helfen steht dabei das kollegiale Reflektieren in Dienstbesprechungen, Supervision und kollegialen Beratungen im Zentrum des Interesses. Nicht an der methodischen Kompetenz, sondern am Reflexionsvermögen entscheidet sich ganz wesentlich die Professionalität sozialer Arbeit. Von Hannah Arendt kann die soziale Arbeit lernen, dass Reflektieren die Würdigung freiheitlicher Handlungen und Sprechakte bedeuten kann. Reflexion gewinnt damit eine ausgezeichnet humanitäre Bedeutung. Diese Würdigung geschieht entscheidend dadurch, dass jedem beurteilten Geschehen sein Einmaligkeitscharakter belassen wird, der in der reflektorischen Distanz vom unmittelbaren Hilfegeschehen dadurch erhellt wird, dass der Urteilende von seinem unmittelbaren Involviertsein Abstand gewinnt und das Geschehen aus verschiedenen Perspektiven heraus beleuchten kann.

Methodische Vorüberlegungen

Die vorliegende Auseinandersetzung reflektiert das Diakonische im Lichte der Welt. Licht, Helligkeit und Sichtbarkeit sind von Arendt oft benutzte Metaphern. Welt als freiheitliches Handlungsgefüge zwischen Menschen ist für sie nicht ohne Sichtbarkeit denkbar. In öffentlicher Auseinandersetzung rekurrieren die verschiedenen Meinungen, sofern sie auf der Bühne im Rampenlicht der Öffentlichkeit erschienen, als einzelne Perspektiven immer auch auf die gemeinsame Welt. So macht sich diese Arbeit nicht nur inhaltlich, sondern auch methodisch das Denken Hannah Arendts zunutze. Methodisch ist dabei nicht im Sinne mathematisch-exakter Anwendung einer entwickelten Methode zu verstehen, sondern vielmehr als μέθοδος im Ursprungssinn des Wortes. Als Weg gibt die methodische Reflexion von Perspektivität dem Gang der Untersuchung eine bestimmte Richtung, wobei dieser Weg wiederum offen bleibt für Korrekturen auf diesem Weg. Perspektiven sind immer an einen konkreten Gegenstand gebunden, auf den sie gerichtet sind und den sie zur Kenntnis bringen. In der vorliegenden Arbeit geht es um das Phänomen helfenden Handelns und deren protestantisch-kirchliche Deutung als diakonische Praxis. Die zu entwickelnde Perspektive wird sich daher immer wieder messen lassen müssen an ihrem erhellenden Beitrag für diese Praxis. Perspektiven erhellen aufgrund ihrer Bedeutungshaftigkeit im Bezug auf das jeweilige Phänomen. Im Gang der vorliegenden Untersuchung wird darum aufgezeigt werden, inwieweit die zu entwickelnde politische Perspektive im Anschluss an das Denken von Hannah Arendt für diakonisches Handeln von herausragender Bedeutung ist. Handeln in der Welt, so die Behauptung und diakonisches Handeln ist unweigerlich Handeln in der Welt, braucht welthafte Maßstäbe, weil es anderenfalls Welt zerstört. Die Entwicklung eines Konzeptes als Perspektive impliziert gleichzeitig einen Vorbehalt. Der Terminus „Konzept" rekurriert auf die Ausschnitthaftigkeit des Erkannten und damit auch auf das Wissen darum, dass es nie auszuschließen ist, dass wesentliche Aspekte des Phänomens ausgeblendet wurden. Insofern weiß sich das perspektivische Reflektieren immer der Pluralität verpflichtet. Erst die Vielzahl der Perspektiven geben dem Phänomen im umfassenden Sinne Licht. Insofern ist die jüngere Entwicklung in der Diakoniewissenschaft zu begrüßen, in immer größerem Maße aus verschiedensten theoretischen Perspektiven, angefangen bei Social-Management-Theorien[62] über das Denken von Niklas Luhmann[63] und Jürgen Habermas[64] bis zu Auseinandersetzungen mit dem Ansatz von Emmanuel Levinas[65] und Kurt Lewin[66] das Diakonische zu erhellen. Allerdings bezahlt diese Entwicklung den Preis zunehmender Unübersichtlichkeit, die damit zusammenhängt, dass der gemeinsame Gegenstand, das Diakonische, in dieser Vielfalt immer weniger greifbar wird durch eine aufreißende Kluft zwischen Theorie und Praxis der Diakonie, sowie durch eine fehlende Diskussion um die Bedeutung der einzelnen Perspektiven. Die vorliegende Arbeit versucht daher in hohem Maße, die gewonnene Perspektive an anderen Konzepten zu reiben, indem sie aus ihrer Perspektive Bezüge zu anderen Konzepten aufzeigt und diese auf das weltliche Bezugsgewebe hin befragt. Dabei ist jeder Perspektive eine gewisse Rückhaltlosigkeit eigen, so dass es nicht Ziel der Untersuchung sein kann, die einzelnen Perspektiven einzufangen und mittels eines systematischen Schlüssels zur Deckung zu bringen. Nicht Vereinheitlichung, sondern das Aufzeigen von Bezügen zwischen den theoretischen Konzepten im Licht einer eigenen Perspektive auf das Phänomen konkreten Hilfehandelns bildet das Ziel dieser Arbeit. Auch nicht die Verankerung diakonischer Praxis in biblischer oder dogmatisch-theologischer Tradition bildet den Boden, auf dem diese Perspektive sich der Diskussion stellen will, sondern der konkrete Vollzug diakonischen Handelns im Licht dieser Tradition und damit teilweise auch ein traditionskritischer Zugang zum Phänomen wurde hier gewählt. Dazu gehört letztlich auch, dass andere diakonische Konzepte selbst nur ausschnitthaft auf die jeweiligen Momente diakonischer Praxis hin reflektiert werden. Dadurch ergibt sich ein eigentümlicher Blickwinkel auf diese Konzepte, die nicht den Anspruch einer vollständigen Rezeption haben und damit keine Urteile über die theoretischen Konzepte im Ganzen enthalten, sondern nur über einzelne Momente der praktischen Bedeutung dieser Konzepte urteilen. Die Gefahr, einzelne Argumentationszusammenhänge unter dieser Perspektive zu überzeichnen, wurde dabei in der Absicht der Verdeutlichung bestimmter Gefahren für die Praxis bewusst in Kauf genommen.

Theologische Interpretamente können in einer Reflexion des Diakonischen nicht außen vor bleiben. Im Lichte der Weltperspektive auf die diakonische Praxis sind theologische Aussagen immer wieder mit im Blick, ohne jedoch die verschiedenen Standpunkte unter theologische Begriffe zu synthetisieren, was einer Vergewaltigung ihrer Standorthaftigkeit gleichkäme. Vielmehr soll lediglich mitbedacht werden, welche theologischen Momente im Weltkonzept Hannah Arendts fruchtbare Interpretationen finden, welche theologischen Interpretamente sich jedoch weltgefährdend auswirken. Dabei werden auch stellenweise Grenzen in den Perspektiven des Denkens von Hannah Arendt deutlich werden im Kontext theologischer Reflexion.

Es liegt die Frage auf der Hand, warum der Titel der Untersuchung lediglich Diakonie nennt, ohne eine Verbindung zur katholischen Caritas und deren wissenschaftliche Reflexionen herzustellen. Dies ist auch beispielsweise im Falle des Buches von Harbsmeier geschehen. Es wäre müßig zu bestreiten, dass die meisten Zusammenhänge der Diakonie nicht auch auf die Caritas zuträfen. Teilweise wird sogar in der katholischen Diskussion der Begriff Diakonie akzeptiert. Dennoch mögen sich aufgrund der Eigenheit der protestantischen Reflexion manche Sachlagen und Probleme in der Caritas anders darstellen, die eine eigene Diskussion erfordern. Dies wäre im Einzelnen gesondert zu prüfen. Für den Zusammenhang der Praxis der Dienstgemeinschaft werden einzelne Bezüge zur Caritaswissenschaft diskutiert, für den Kontext der Güte liegt die Eigentümlichkeit der protestantischen Diskussion durch den Verweis auf die protestantische Rechtfertigungslehre in besonderer Weise auf der Hand.

Insofern Diakonie sich als soziales Handeln in theologischem Begründungshorizont versteht, beansprucht sie für sich ein eigenes Selbstverständnis, das eigene Handlungskonzepte impliziert. Diese Handlungskonzepte sind eng verknüpft mit aus neutestamentlicher Tradition stammenden Begriffen. Und so fällt auch in der Diakoniewissenschaft die Wiederkehr ganz bestimmter Handlungskonzeptionen anhand spezifischer, diakonischer Begriffe auf, die in der säkularen Literatur zur Sozialarbeit so nicht oder kaum zu finden sind. Diese Begriffe sollen den Fokus der Auseinandersetzung mit dem Diakonischen bilden. Zu ihnen gehört der Begriff Dienst, der der Diakonie erst ihren Namen gegeben hat, ebenso wie die Begriffe Barmherzigkeit, Liebe und gute Werke. Diese Begriffe bilden wiederum die Schnittstelle zum Denken von Hannah Arendt, indem diese Begriffe im Kontext ihres politisch qualifizierten Tätigkeits- und dem zugehörigen Urteilskonzeptes diskutiert werden. Hinzu kommt, dass Arendt wenn auch nicht Dienst, so doch Anfangen und Folgen beziehungsweise Gehorchen, wenn nicht Barmherzigkeit, so doch Mitleid, statt gute Werke die tätige Güte in ihrem Werk thematisiert. Das Passungsverhältnis zwischen den Konzepten hinter den verschiedenen Begriffen soll jeweils eigens thematisiert werden. Daneben setzt sie sich in ihrer frühen Doktorarbeit explizit mit der christlichen Liebe auseinander. Diese Belege werden zu sammeln und zur diakoniewissenschaftlichen Argumentation um das diakonische Handeln in Beziehung zu setzen sein. Die Entwicklung der Perspektive aus dem Denken von Hannah Arendt geschieht daher auf doppelte Weise. Zum einen wird das Diakonische aus dem Gesamtkontext ihres Denkens und ihrer Grundunterscheidungen von Arbeiten, Herstellen und Handeln, von privat, öffentlich und gesellschaftlich sowie von Denken, Wollen und Urteilen heraus reflektiert, wie sie oben kurz skizziert wurden[67]. Diese Grundunterscheidungen bilden den Hintergrund der Analyse. Zum anderen werden speziell ihre verstreuten Bemerkungen zu den eben genannten Grundbegriffen herangezogen und zu den diakonischen Konzepten in Bezug gesetzt.

Die theologisch-diakonischen Handlungskonzepte werden am besten greifbar in den Monografien der gegenwärtigen Diakoniediskussion. Im Mittelpunkt der Diskussion stehen die diakonischen Konzepte der letzten zwanzig bis fünfundzwanzig Jahre. Dieser Zeitraum bietet sich deshalb an, weil in dieser Zeit die Literatur zur Diakonie auffallend gewachsen ist, nachdem über Jahrzehnte die Diakonie von der Theologie als Stiefkind behandelt wurde. Daneben wird in großer Zahl auf Aufsätze und Lexikaartikel zurückgegriffen, die entweder aufgrund ihres handlungstheoretischen Focusses ausgewählt wurden oder durch Verweis der Diakonieliteratur selbst. Schließlich findet keine Theoriebildung, zumal nicht im theologischen Bereich, ausschließlich im Hier und Jetzt statt, sondern rekurriert ausgesprochen oder unterschwellig auf Tradition. Eine Reflexion diakonischer Handlungskonzepte kann auf diesen Rückgriff nicht verzichten. Neben neutestamentlichen Belegen und kirchenamtlichen Verlautbarungen spielen hierbei Luthers Schriften, vor allem die Freiheits- und die Obrigkeitsschrift, eine besondere Rolle, sowie Wicherns berühmtes Gutachten und seine Denkschrift. Daneben verweist die Diakonieliteratur immer wieder auf Philippis Werk, vor allem seine „Christozentrische Diakonie" aus den sechziger Jahren, die darum in diesem Rahmen besondere Beachtung erfährt. Auch Karl Barths Ausführungen zur Diakonie in seiner Dogmatik bleiben nicht unberücksichtigt. Der Rückgriff und die reflektierende Würdigung zentraler biblischer Texte verstehen sich von selbst. Eine Diskussion über Diakonie ohne biblischen Betzug wäre eine Nachdenken im luftleeren Raum. Aber gerade im Umgang mit der biblischen Tradition geht es um eine Lesart der biblischen Texte im Horizont der Freiheit, die neue Denkwege diakonischen Selbstverständnisses beschreiten könnte.

Diakonische Theorien werden vom Denken Hannah Arendts aus auf ihren Weltbezug und ihre Freiheitsliebe hin hinterfragbar. Aber eine Reflexion helfenden Handelns im Kontext ihres Denkens endet nicht bei diesem kritischen Ergebnis. Vielmehr gibt ihr Konzept einer alten, landläufigen Erkenntnis eine neue Perspektive: Soziale Arbeit ist primär Beziehungsarbeit, Arbeit an und in Beziehungen. Diese Aussage hat schnell einen unprofessionellen Beigeschmack oder aber sie lässt an psychotherapeutische Beziehungsgestaltung denken. Arendt gibt der Beziehungsarbeit des Helfens neue Interpretamente, indem Beziehung hier unter dem Paradigma menschlicher Handlungsfreiheit reflektierbar wird. Helfen ist Beziehungsarbeit im Sinne der Gestaltung des immer wieder Unverhersehbaren. Dabei scheint in ihrem Denken gleichzeitig immer auch der politische Sinn zwischenmenschlicher Handlungsfreiheit auf. Helfen zieht sich danach nicht zurück auf eine helfende Zweierbeziehung, sondern hat seinen Sinn in der (Re-) Integration Betroffener in weltliche Bezüge, also in einer immer weitere Kreise ziehenden Beziehungsstiftung. Würde mehr Klarheit herrschen über das Selbstverständnis helfenden Handelns als einer eigentümlichen Form von Beziehungsgestaltung, dann könnte die soziale Arbeit auch gelassener mit sozialwissenschaftlichen Modeerscheinungen wie der gegenwärtigen Ökonomisierung und Kundenorientierung umgehen. Ein solches Missverständnis wie die Wahrnehmung helfender Beziehungen unter dem Paradigma der Kundenorientierung wäre gar nicht möglich, wenn man sich ausreichend Rechenschaft gegeben hätte über die besondere Qualität helfender Beziehungen.

Anmerkungen

1. Günther Grass: Aus dem Tagebuch einer Schnecke. In: Ders.: Gedichte 1955-1986. Darmstadt 1988, S. 311 im Hinblick auf die Hoffnung
2. Neben den in den einzelnen diakonischen Verbänden oder sogar institutionsintern entwickelten Leitbildern ist hier vor allem das „Leitbild Diakonie" des Diakonischen Werkes der Evangelischen Kirche zu nennen unter dem Titel: „Diakonie – stark für andere"
3. Dieser Zusammenhang einer eigenen Freiheitskausalität neben der Naturkausalität wird bereits bei Kant im Zusammenhang seiner Freiheitsantinomie deutlich. Vgl.: Ders.: Kritik der reinen Vernunft B472ff. sowie ders.: Grundlegung zur Metaphysik der Sitten AA 446

4. Arendt greift dabei wiederholt auf einen Satz von Augustin zurück: „Damit ein Anfang (initium) sei, wurde der Mensch geschaffen, vor dem es niemand gab." De Civitate Dei XII, S. 20; vgl. v.a. Arendt: Vita activa, S. 166
5. Vgl. dazu v.a. Arendt: Freiheit und Politik, S. 201ff.
6. Vgl. Arendt: Vita activa, S. 194
7. Vgl. ebd., S. 164
8. Arendt spricht in diesem Zusammenhang von der Bühne der Welt. Vgl. ebd., S. 169
9. Vgl. ebd., S. 172f.
10. Ebd., S. 181
11. Vgl. dazu Arendts Gegenüberstellung von Macht und Stärke: Ebd., S. 195 sowie dies.: Macht und Gewalt, S. 45f.
12. Vgl. dazu v.a. die Literatur des ISAB-Institutes in Köln mit ihrer Unterscheidung von Selbsthilfegruppen und Selbsthilfeinitiativen
13. So war als Titel ihrer Tätigkeitsphänomenologie zunächst von Arendt „Amor mundi" vorgesehen. Die Vita activa ist durchzogen von dem Gedanken, dass die Freiheit einen spezifischen Sinn für diese Freiheit braucht, der erst die Voraussetzung dazu schafft, mit Freiheit umgehen zu können.
14. Vgl. Arendt: Vita activa, S. 183f.
15. Arendt spricht in ihrer Reflexion des klassischen griechischen Verständnisses von Arbeiten davon, arbeitend „Sklave der Notwendigkeit" und zwar „dem Leben und seiner Notdurft versklavt" zu sein. Vgl. ebd., S. 78
16. Vgl. ebd., S. 98
17. Vgl. dazu ihre Auseinandersetzung mit Marx: Ebd., S. 80, 90f.
18. Vgl. ebd., S. 91
19. Vgl. Arendt: Vita activa, S. 147
20. Vgl. ebd., S. 130ff.
21. Vgl. ebd., S. 127
22. Vgl. ebd., S. 128
23. Vgl. dazu Arendts Ausführungen zum Monopolisieren des Anfangens im Herrschen: Ebd., S.181
24. Vgl. ebd., S.169
25. Vgl. hierzu ihre Ausführungen zum Gemeinsinn oder gesunden Menschenverstand, der nicht nur die einzelnen Sinneswahrnehmungen zusammenhält, sondern auch den Zusammenhang des Wahrgenommenen. Er bildet die Grundlage für das menschliche Wirklichkeitsgefühl. Dies.: Vom Leben des Geistes Bd. 1, S.59f.; dies.: Verstehen und Politik, S.114, 117, 120
26. Vgl. Arendt: Vita activa, S.180ff.
27. Ebd., S.169, 178
28. Wiederholt greift Arendt in diesem Zusammenhang auf einen Satz von Cato zurück: „Die siegreiche Sache gefällt den Göttern, die besiegte aber dem Cato." Das Urteilen hat andere Maßstäbe als den Erfolg einer Sache. Vgl. Arendt: Was ist Politik, S.104; dies.: Rahel Varnhagen, S. 96; dies.: Vom Leben des Geistes Bd. I, S. 212; Brief 158 an Karl Jaspers; sowie als Motto geplant für „Vom Leben des Geistes" Band III
29. Vgl. Arendt: Was ist Politik, S.111; dies.: Über die Revolution, S. 225ff.
30. Vgl. dazu Cicero: De re publica I. 7, 12; Arendt: Über die Revolution, S. 259
31. Vgl. Arendt: Vita activa, S. 32f.
32. Vgl. ebd., S. 57f.
33. Vgl. ebd., S. 68

34. Vgl. ebd., S. 38ff.
35. Vgl. v.a. ebd., S. 48f.
36. Vgl. ebd., S. 41f.
37. Vgl. ebd., S.41
38. Die Annahme eines allgemeinen Selbstinteresses – aufgespalten in die beiden Interessen an Selbsterhalt und Glücksmaximierung – bildet bis heute die anthropologische Grundlage der Sozialwissenschaften. Vgl. Myrdal: Das politische Moment in der nationalökonomischen Doktrinbildung, S. 19ff.
39. Vgl. ebd. S. 41f.; dies.: Little Rock, S. 105
40. Vgl. Arendt: Elemente und Ursprünge totaler Herrschaft, S. 499
41. Vgl. dazu ihren eigenen Aufsatz „Die Krise in der Erziehung", S. 255ff.
42. Die Problematik ihrer grundsätzlichen Separierung des Sozialen vom Politischen wird besonders deutlich in ihrem Aufsatz „Little Rock"
43. Vgl. Arendt: Vom Leben des Geistes Bd. 1, S. 102, 195: Denken, so verdeutlicht Arendt, ist ortlos, der Denkende befindet sich im „Nirgendwo".
44. Vgl. ebd., S. 82
45. Vgl. ebd., S. 195
46. Vgl. ebd., S. 186
47. Vgl. Arendt: Elemente und Ursprünge totaler Herrschaft, S. 729
48. Vgl. dazu Arendts Ausführungen in „Wahrheit und Politik", S. 357ff.; dies.: Über die Revolution, S. 132, 137 sowie ihre Auseinandersetzung mit Eichmanns Gewissen in dies.: Eichmann in Jerusalem, S. 119ff.
49. Vgl. Arendt: Über die Revolution, S. 290
50. Vgl. Arendt: Vom Leben des Geistes Bd. II, S. 98
51. Vgl. ebd., Bd. I, S. 210
52. Vgl. Arendt: Wahrheit und Politik, S. 347
53. Arendt: Vom Leben des Geistes Bd. II, S. 63
54. Vgl. dazu v.a. Jonas: Philosophische Meditation über Paulus, Römerbrief, Kapitel 7, S. 560ff.
55. Vgl. dazu v.a. die Ausführungen zur tätigen Güte bei Arendt im Kapitel: „Bereit zu guten Werken"
56. Arendt: Vom Leben des Geistes Bd. I, S. 191
57. Vgl. Arendt: Diskussion mit Freunden und Kollegen in Toronto, S. 110
58. Vgl. Vollrath: Hannah Arendt und die Methode des politischen Denkens, S. 62f.
59. Vgl. Arendt: Verstehen und Politik, S. 123ff.
60. Vgl. dazu Kant: Kritik der Urteilskraft § 40
61. Vgl. Arendt: Wahrheit und Politik, S. 330ff.
62. Vgl. v.a. Jäger: Diakonie als christliches Unternehmen
63. Vgl. Starnitzke: Diakonie als soziales System, sowie Haslinger: Diakonie zwischen Mensch, Kirche und Gesellschaft
64. Vgl. Schäfer: Gottes Bund entsprechen, S. 292ff.
65. Vgl. Haslinger: Diakonie zwischen Mensch, Kirche und Gesellschaft
66. Vgl. Hollweg: Gruppe – Gesellschaft – Diakonie
67. Ausführlicher gehe ich auf diesen Zusammenhang in meiner Dissertation ein unter dem Titel: „Diakonie im Lichte der Welt. Diakonische Praxis aus der Perspektive des politischen Denkens von Hannah Arendt"; veröffentlicht unter http://www.ub.uni-koeln.de/ediss.

Kapitel 1: Diakonischer Dienst

Konzepte des Dienens

Gehorsames Dienen

Der Zusammenschluss von Innerer Mission und Evangelischem Hilfswerk in den fünfziger Jahren des letzten Jahrhunderts löste auch eine umfangreiche Diskussion um die Namensgebung des neuen Dachverbandes evangelischer Sozialtätigkeit aus. Als Pendant zur katholischen Caritas, die sich mit ihrem Namen die Liebe zum Maß ihrer Institution setzte, wählte die Evangelische Kirche in Deutschland den Namen „Diakonisches Werk". Der spezifisch neutestamentliche Dienstbegriff diakonia sollte zum Programm evangelischer Sozialtätigkeit werden. So wird auch in der gegenwärtigen Diakonieliteratur die Identität der Diakonie durch „Orientierung an einer Leitunterscheidung, die aus einem bestimmten Leitbegriff und seinem Gegenbegriff besteht", erreicht und dieser Leitbegriff wird im Dienst im Gegensatz zum Nichtdienst gesehen[1]. Die Reflexion des diakonischen Selbstverständnisses der eigenen Praxis bedarf daher zuerst einer kritischen Würdigung dessen, wie Diakonie ihren Namen und was sie unter diakonischem Dienst versteht.

Unter diakonischem Dienen wird unter Rückbezug auf neutestamentliche Aussagen zum Dienstverständnis Jesu diejenige „Haltung [verstanden], die Menschen zu Jüngern Jesu macht."[2] Die christliche Ethik wird als Ethik des Dienens beschrieben[3] und kennzeichnet damit die bestimmende Grunddimension des Christentums gegenüber anderen Religionen[4]. Schon deshalb gehört diakonischer Dienst wesenhaft zur Kirche, weil sich Kirche erst durch die drei Zeichen μαρτυρία, λειτουργία und διακονία also durch Zeugnis, Gottesdienst und diakonischen Dienst auszeichnet[5], Diakonie also eines der drei Zeichen christlicher Kirche darstellt. Folgt man den biblischen Spuren des griechischen Begriffes διακονεῖν, so fällt auf, dass die Septuaginta als die griechische Übersetzung des hebräischen Alten Testamentes diesen Begriff kein einziges Mal verwendet, um damit eine Grundhaltung der Gläubigen gegenüber Gott oder innerhalb der Welt zu kennzeichnen[6]. Die spärlichen Belege des Wortfeldes weisen lediglich auf die Kennzeichnung von Hofbeamten hin, bezeichnen also das Verhältnis von Untergebenen zu Höhergestellten[7]. Für das Verhältnis zu Gott oder zum Nächsten werden die Begriffe δουλεύειν, λατρεύοειν oder λειτουργεῖν verwandt, die allerdings auch mit „Dienen" übersetzt werden. Dieser Umstand spricht bereits dafür, dass die Grundhaltung der Christen zur Welt und in der Welt im Neuen Testament eine Neubewertung erfahren hat und dass sich der Wohlfahrtsverband der Evangelischen Kirche in Deutschland ausdrücklich an dieses spezifisch neutestamentlich begründete Dienstverständnis anzubinden versucht, dessen Implikationen im Folgenden im Einzelnen zu reflektieren sind.

Der Begriff Dienst kennzeichnet eine spezifische Art der Bezogenheit als Dienst an jemandem oder an etwas, von dem her das Tätigsein in besonderem Maße bestimmt ist, ein Umstand, der aus politiktheoretischer Perspektive nicht unproblematisch ist. Dies gilt besonders dann, wenn Dienen als Tätigsein gegenüber einer Person gefasst wird. Dienst in diesem Sinne signalisiert ein gehorsames Tun gegenüber dem, der den Dienst anordnet und dem sich der Dienende unterordnet[8]. Von solchem gehorsamen Dienst spricht bereits die Barmer Theologische Erklärung[9]. Während der zeitgleich verfasste Ansbacher Ratschlag „jede Ordnung" beziehungsweise „jede Obrigkeit, selbst in ihrer Entstellung, als Werkzeug göttlicher Entfaltung" ehrt[10], rekurriert die Barmer Erklärung angesichts der totalitären Gefahr darauf, dass gehorsamer Dienst ausschließlich als Dienst gegenüber Christus selbst verstanden werden darf[11]. So unterscheidet sich nach Karl Barth die Diakonie insofern von anderen menschlichen Werken, als dieses Tätigsein aufgrund von Christi Gebot geschieht[12]. Diese Unterscheidung zwischen Gehorsam gegenüber Christus selbst und einem solchen gegenüber menschlichen Autoritäten gelang in der Geschichte nicht immer in ausreichendem Maße, auch und gerade nicht innerhalb der Diakonie. Das traditionelle Dienstethos innerhalb der Diakonie, das vor allem durch die Mutterhausdiakonie geprägt ist, war immer auch durch gehorsame Unterordnung gegenüber den die Institutionen prägenden Autoritäten gekennzeichnet[13]. Die institutionelle Hierarchie konnte, weil göttlich eingesetzt, Gehorsam von ihren Mitarbeiterinnen und Mitarbeitern fordern. Der Hinweis auf den Willen Gottes gab kirchlichen oder weltlichen Autoritäten welcher Art im Lauf der Kirchengeschichte oftmals fast unumschränkte Macht, weil diese sich als von Gott eingesetzte Autoritäten des Gehorsams von Kirchen und Christen gewiss sein konnten.

Diese patriarchale Grundhaltung des Gehorchens gegenüber einem Befehlenden kennzeichnet im diakonischen Zusammenhang vor allem das christlich „patrimoniale" Gründermodell der Diakonie[14]. Alfred Jäger verweist in diesem Zusammenhang vor allem auf Karl Friedrich von Bodelschwingh. Der Leitende, dem gegenüber der Dienstgehorsam gefordert ist, nimmt die Rolle des gütigen, aber strengen Vaters ein, dessen Mitarbeiter zu seiner Familie gehören. Die Kennzeichen dieses Dienstverständnisses sind familiale Nähe bei mehr oder weniger dominanter Unmündigkeit[15]. Der Dienst geht auf Kosten der persönlichen Freiheit und damit vom politischen Standpunkt aus auch auf Kosten der Würde der Mitarbeiter. Die institutionspolitischen Implikationen solch eines christlich verstandenen Patriarchalismus' liegen auf der Hand und wurden theologisch gerade angesichts der Erfahrung des Dritten Reiches innerhalb der Diakonie in umfassendem Maße diskutiert. Dabei ist neben der krankhaften Aufopferungsidee vor allem auf die Gefahr der Kritiklosigkeit[16] und der aus dieser folgenden „Systemanpassung"[17] zu verweisen, insofern eine gehorsame Grundhaltung das jeweilige kritische Potenzial verschüttet und die Dienenden zu Handlangern des Systems werden lässt.

Dieses „patrimoniale Gründermodell" im Sinne Jägers verbindet sich organisch mit dem Dienstmodell des Staatsdienstes. Immerhin ist der Sozialbereich Teil des Öffentlichen Dienstes[18] und hat damit Teil an dessen Prinzipien der Sorgfalts- und Treuepflicht in der Wahrnehmung des Dienstauftrages. Diese Korrespondenz gilt insbesondere dann, wenn man berücksichtigt, dass es alte, protestantische Tradition ist, staatliche Obrigkeit unter dem Modell der Vaterherrschaft zu fassen. Seinen Ursprung hat dieses Denken in Luthers großem Katechismus, speziell in seiner Auslegung des vierten Gebotes, in dessen Zusammenhang er den Gehorsam gegenüber Vorgesetzten und staatlichen Obrigkeiten mit dem Gehorsam gegenüber den Eltern gleichsetzt. Dieses Gebot ist seiner Auffassung nach „das höchste Werk, das man tun kann, nächst dem hohen Gottesdienst, der in den vorausgehenden Geboten beschrieben ist. Almosengeben und alle anderen Werke, die dem Nächsten gelten, kommen also diesem Werk noch nicht gleich"[19], so dass „alle Tugenden und guten Werke in ihm beschlossen"[20] sind. Diese Einschätzung versteht sich aus Luthers Interpretation der Zehn Gebote, in denen er eine Rangfolge ihrer Bedeutung entdeckt. So steht das Gehorsamsgebot an erster Stelle der zweiten Gesetzestafel, die das Miteinander in der Welt betrifft. Genauer gesagt, es steht zwischen der ersten und der zweiten Tafel: „Der Gehorsam gegen die Oberpersonen ist noch ganz durchwaltet vom Gehorsam gegen Gott"[21]. Vorgesetzte und politische Obrigkeiten kommen zwischen Menschen und Gott zu stehen[22]. Die Gleichsetzung von Eltern und Vorgesetzten erfolgt gänzlich parallel: „Bei diesem Gebot muss weiter auch die Rede sein von all dem Gehorsam gegenüber Vorgesetzten, die zu gebieten und zu reagieren haben. Denn aus der Überordnung der Eltern entspringt und verbreitet sich alle andere. [...] Somit stehen alle, die man Herren heißt, an der Stelle der Eltern und müssen von ihnen Gewalt und Vollmacht zum Regieren sich geben lassen."[23] Hier wird die Unmündigkeitsstruktur der Beziehung zwischen Vorgesetzten und Untergebenen in besonderer Weise deutlich, zumal wenn man bedenkt, dass hier eine Unmündigkeit angesprochen ist, die diese Unmündigen nicht wie in der Erziehung irgendwann in die Mündigkeit entlässt, sondern diese Unmündigkeit vielmehr lebenslang festschreiben will. Das patrimoniale Gründermodell ist in Teilen der evangelischen Diakonie nicht zuletzt deshalb so zählebig, weil es in lutherischer Interpretation als besonderes Gebot Gottes interpretiert ist, so dass der Gehorsam selbst den Charakter von Gottesdienst erhält und auf diese Weise reibungslose innerinstitutionelle Abläufe und damit eine hohe Effizienz garantiert. Doch richtet dieses Modell überall dort, wo es heute noch zu finden ist, aufgrund des ihm eigenen Anachronismus' einen nicht unbeträchtlichen Schaden im Ansehen der Diakonie an.

Hannah Arendts Kritik solcher Gehorsamsethik ist geprägt von ihrer Auseinandersetzung mit den Erfahrungen des Totalitarismus'. Sie macht deutlich, dass „totale Treue [...] eine der wesentlichsten psychologischen Grundbedingungen für das Funktionieren der [totalitären] Bewegung"[24] ist. Im fraglosen Gehorsam sieht sie nichts anderes als einen „Unterwerfungsinstinkt" wirksam, der lediglich das Komplement zum „Herrschaftstrieb"[25] bildet und herrschaftskategoriale Institutionen dadurch erst am Leben erhält. Nicht nur an dem Kadavergehorsam von Eichmann in seiner Verantwortung der Judentransporte, sondern auch an dem fraglos-gehorsamen

Verhalten der Judenräte im Dritten Reich macht Arendt deutlich, dass die Deportation von Millionen von Juden nur gelingen konnte, weil Gehorsam und gehorsamsähnliche Handlungen eine Fraglosigkeit erzeugen, die Befehlenden erst ihre Machtfülle ermöglicht. Als eindrückliches Gegenbeispiel weist sie auf den sanften Boykott der Deportationen in Dänemark hin[26]. Gehorsam ist für Arendt nur dann politisch tragbar, wenn er „stets an bestimmte konkrete Menschen und Inhalte gebunden ist, über die wir eine Meinung haben, die wir, weil wir sie haben (und die Meinung nicht uns hat), auch ändern können." Politisch qualifizierter Gehorsam ist durch Meinung relativiert und damit unverfügbar. Wer den Gehorsam anderer möchte, muss um ihn werben und seinen Willen argumentativ begründen.

Dadurch verwandelt sich jedoch Gehorsam in eine freiheitliche Folgebereitschaft. Der Gehorsame selbst wiederum kann eben nicht im Gehorsam die Verantwortung für sein Tun abgeben. Er wird die Verantwortung für seinen Gehorsam nicht los. Arendt setzt Gehorsam mit Unterstützung gleich[27]; Gehorsam ist also gleichzusetzen mit folgender, freiheitlich fortführender Fortsetzung des von einem Anfangenden Begonnenen[28]. Gehorsam gegenüber Gott selbst ist nur dann politisch tragfähig, wenn dieser Gottesgehorsam nicht in eindeutiger Weise durch innerweltliche Größen repräsentiert ist, sondern den Glaubenden und ihrer Urteilsfindung je neu die Verantwortung für den Inhalt dieses Gehorsams an die Hand gibt, ob und inwiefern sie im Einzelfall folgen dürfen und sollen.

Dienst als Dienstleistung

Die heutige Diskussion um das Verständnis des diakonischen Dienstes rekurriert denn auch nicht mehr auf eine theologisch fundierte Gehorsamsethik angesichts teilweise beschämender Erfahrungen mit der Folgschaftstreue auch der Diakonie im Dritten Reich. Im Gegenteil wird in der Literatur vielmehr fast übereinstimmend darauf hingewiesen, dass die neutestamentlichen Texte mit Bedacht den Begriff δουλεύειν vermeiden, der den unterwürfigen Dienst des antiken Sklaven charakterisiert hat, und stattdessen von διακονεῖν sprechen[29], der zwar die Tätigkeit eines Untergebenen charakterisiert, der aber nicht einen Sklavenstatus innehatte[30]. Vielmehr legt der Begriff das Schwergewicht auf das Dienen „zugunsten von jemand"[31]. Im Zuge einer Modernisierung des diakonischen Dienstverständnisses und in auffallender Abgrenzung gegenüber traditionellem diakonischen Denken wird mittlerweile vermehrt auf den betriebswirtschaftlichen Aspekt der Dienstleistung zurückgegriffen[32]. An die Stelle der religiösen Begründung eines christlichen Dienstethos als abgeleitetem Gottesgehorsam tritt ein Diakonieverständnis, das diakonische Institutionen verstärkt als innerweltliche, betriebliche Unternehmen versteht, die in der Gesellschaft als Dienstleistungsanbieter auftreten. In jüngster Zeit hält dabei – nicht zuletzt im Zuge des stärker werdenden Wettbewerbs im sozialen Sektor aufgrund leerer Staatskassen – immer stärker ökonomisches Denken Einzug in die Diakonie.

Die Vorteile des Dienstleistungskonzeptes zur Kennzeichnung des diakonischen Dienstes liegen auf der Hand. Diakonische Berufstätigkeit hat unweigerlich Dienstleistungscharakter, sobald das Hilfehandeln von professionellen Helfern gegen Lohn auf der Grundlage von Arbeitsverträgen zugunsten von Hilfsbedürftigen vollzogen wird. Aufgrund dieser Professionalität umfasst es rational-methodisch planbare und durchführbare Vollzüge, die in ihrer Effizienz quantifizierbar und damit monetär bewertbar sind. Mittels der Schlüsselqualifikation des Controllings kann die Effizienz der Dienstleistungsvollzüge überprüft und gesteigert werden. Im Rahmen dieser Effizienz fördert damit die Dienstleistungsbranche in einem bestimmten Rahmen immer auch Kreativität, insofern Dienstleistungsunternehmen am Markt nur überleben können, wenn sie ständig ihre Effizienz steigern und auf den Wechsel der gesellschaftlichen Verhältnisse mit Innovationen reagieren. Die Vorteile dienstleistungskategorialer Charakterisierung diakonischer Tätigkeiten zeigt sich vor allem dort, wo die Hilfeleistung zeitlich stark begrenzt ist und Intervention weniger soziale Beziehung verlangt, sondern vielmehr methodisch kontrollierte und spezifisch professionalisierte sowie sachliche Hilfen umfasst. Hilfen für Körperbehinderte lassen sich deshalb wesentlich leichter dienstleistungsgebunden verstehen als umfassendere psychosoziale Hilfestellungen[33]. Hinzu kommt, dass betriebswirtschaftliche Effizienzsteigerungsmodelle im Trend liegen, so dass das diakonische Dienstverständnis sich als modernisierungsfähig erweist. Man beachte dazu beispielsweise den eklatant zunehmenden Gebrauch des Begriffs „Management" in vielen diakonischen Texten. In betriebswirtschaftlicher Erfassung ihrer Tätigkeiten gewinnt Diakonie neu Anschluss an innergesellschaftliche Diskussionen, ihr Tun erhält nach jahrelangen Vorwürfen der Unproduktivität eine neue Aufwertung, insofern sie sich als Dienstleistungsunternehmen betont modern geben will.

Doch sind auch wesentliche Gefahren eines solchen Dienstleistungskonzepts für die Gestaltung sozialer Praxis bereits aufgezeigt worden[34]. Auch in der diakonischen Literatur wird teilweise vor solchen Gefahren gewarnt[35]. Unbeschränkte, kritiklose Übernahme betriebswirtschaftlichen Denkens in die Diakonie muss mit einem Verlust des Humanums im kirchlichen Miteinander bezahlt werden. Insofern am Kunden, dem die jeweilige Dienstleistung gelten soll, letztlich nur das Geld interessiert, steht die Dienstleistung im Gegensatz zu diakonischen Konzepten der Würdigung der Person, zumal das Geld im diakonischen Bereich meist gerade nicht vom „Kunden" kommt, sondern vielmehr von meist staatlichen Kostenträgern[36]. Die Dienstleistungsorientierung führt somit unweigerlich zu einer Kostenträgerorientierung, insofern nicht vom Kunden gewünschte, sondern nur vom Kostenträger bezahlte Dienstleistungen erbracht werden. Gleichzeitig wird helfende Beziehung im Rahmen der betriebswirtschaftlichen Steuerungsmodelle verdinglicht[37]. Alle nicht monetarisierbaren Aspekte dieser Beziehung, die erst das Zentrum der Hilfestellung ausmachen, gehen unweigerlich verloren. Außerdem trägt die professionelle Gliederung des Dienstleistungsunternehmens zur Hierarchisierung der Mitarbeiter bei. Das beste Beispiel dazu bleibt das Miteinander von Pflegedienstmitarbeitern und Ärzten im Krankenhaus, die allzu oft als „Halbgötter in weiß" sich deutlich von ihren Mitarbeitern abheben und nicht selten auch abheben wollen. Dörner spricht deshalb in diesem Zusammenhang von der Notwendigkeit einer „Umprofessionalisierung", die die Grenzen dieser Profession kritisch miteinbezieht[38]. Schließlich ist auf die ambivalente und für den Sozialbereich schlicht falsche Kennzeichnung der Hilfsbedürftigen als Kunden bereits früher hingewiesen worden[39]. Die Kritik jeglicher Objektivierung der Hilfsbedürftigen als Fälle der jeweiligen professionellen Methodenanwendung wird in der Diakonieliteratur ebenso herausgestellt wie die Distanz von Helfenden im Rückzug auf ihre Professionalität, die ein zwischenmenschliches Sicheinlassen auf Hilfsbedürftige verhindert. Der Warenaustausch auf dem Markt ist, wie Arendt treffend konstatierte, durch eine spezifische „menschliche Kontaktlosigkeit"[40] gekennzeichnet. Dies gilt insbesondere für die Ware Dienstleistung. Dieser Zusammenhang wird vor allem dann offensichtlich, wenn die betriebswirtschaftliche Leistungseinschätzung kommunikative Momente des sozialen Handelns unberücksichtigt lassen muss, weil es keine Parameter gibt, die kommunikative Momente der helfenden Tätigkeit quantifizieren können[41]. Das Gleiche gilt für das Austragen von Konflikten. Dienstleistungsanbieter sind aufgerufen, die Wünsche ihrer Kunden zufriedenzustellen, Konflikte zu vermeiden bis hin zum Erfüllen fragwürdiger Sonderwünsche. Dahinter steht auch die wirtschaftliche Notwendigkeit, dass sich Anbieter in ihren eigenen Interessen und Meinungen zurücknehmen, um sich ganz auf ihr Produkt zu konzentrieren. Dies kann neben den konsumistischen Aspekten auch im helfenden Beziehungsgeschehen äußerst kontraproduktiv sein und bestehende Fehlhaltungen verfestigen. Es kann insbesondere eventuell bestehende passive Anpruchshaltungen an die Hilfe verfestigen.

Eine Lösung dieses Konfliktes ist nur möglich, indem zwischen instrumentellem und humanem oder kommunikativem Handeln im Hilfehandeln streng unterschieden wird[42]. Soll die kommunikative Komponente nicht im Sog der Effizienzsteigerung verloren gehen, so müssen die ökonomischen Aspekte als Mittel angesehen werden, kommunikatives Handeln zu stützen[43]. Die Aufgabe besteht darin, die Basis ökonomischen Denkens, „Eigennutz und Gewinnstreben [...] in eine Ordnung der Gegenseitigkeit einzubinden"[44] zugunsten einer eigenen „humanen Wert- und Gemeinschaftsbindung"[45]. Dies gilt insbesondere angesichts der Tatsache, dass sich Diakonie ganz besonders um solche Menschen bemüht, die aus welchen Gründen auch immer dem wirtschaftlichen Wettbewerb nicht gewachsen sind[46]. Eine ungebrochene Unterwerfung dieser Menschen unter einen neuerlichen diakonischen Wettbewerb kann nur dazu führen, kostenintensive und betriebswirtschaftlich nicht fassbare Maßnahmen zu vermeiden und damit Hilfsbedürftige doppelt auszugrenzen. Eine Diakonie, die ihre betriebswirtschaftlichen Momente nicht selbst kontrolliert, wird zur Segregationsdiakonie. Die humanen oder von Busch so genannten „kommunikativen" Momente sozialer Tätigkeit gehen im Tätigkeitsvollzug unter, wenn ihr Wert nicht eigens erkannt und gefördert wird. Der professionell herstellende Dienstleister braucht im Wissen um die Eigentümlichkeit seiner qualitativen Standards eine Souveränität gegenüber seiner herstellungskategorialen Leistung[47]. Kommunikatives Handeln wiederum bedarf einer eigenen Qualitätssicherung, die jedoch nicht vom Controlling geleistet werden kann, sondern aufgrund seines handlungskategorialen Vollzuges der Öffentlichkeit bedarf, von der es gesehen, gehört und damit entsprechend gewürdigt werden kann.

Damit ist eine Wettbewerbsorientierung angesprochen, die einen Wettbewerb der Qualität statt der Preise impliziert[48] und so neben einem „klugen Einsatz der Mittel eine stärkere Konzentration auf bedürftige Menschen, bessere Wahrnehmung der Aufgaben" sichert. Diese Sicherung geschieht allein durch das Sichtbarmachen dessen, was helfend geschieht, um es dem Urteil der Vielen auszusetzen, die zu kritischer Würdigung, aber auch zu einer Bereicherung aufgrund der vielfältigen Perspektiven beitragen können. Damit setzt die von Busch so bezeichnete „kommunikative Qualitätssicherung" politische Qualitäten voraus. Qualitätssicherung geschieht durch gestufte Öffentlichkeit auf verschiedensten Ebenen, vom Team über Konferenzen bis zur Öffentlichkeitsarbeit. Das öffentliche Gesehen- und Gehörtwerden selbst sichert Qualität. Sozialinstitutionen stehen damit vor der Aufgabe, angemessene Foren zu schaffen, in denen diese unverrechenbaren Qualitäten hervorleuchten können, in denen Initiativität, Pluralität und Transparenz ihren Ort haben, so dass die bestehenden Qualitäten zum einen durch Würdigung gestützt, zum anderen weiterentwickelt und differenziert werden können. Während instrumentell herstellungskategoriale Vollzüge betriebswirtschaftlich gesichert werden können, sind handlungskategorial-kommunikative Vollzüge nur politisch sicherbar. Der dazu nötigen politisch qualifizierten Öffentlichkeit stellt sich dabei die Aufgabe, den schmalen Grad zu finden, zum einen die Privatsphäre der Betroffenen zu wahren, zum anderen Qualitäten helfenden Handelns sichtbar und damit beurteilbar zu machen.

Dienst als Dasein für andere

Das spezifisch diakonische Dienstverständnis diakoniewissenschaftlicher Prägung versteht sich zu einem großen Teil in Abgrenzung zum betriebswirtschaftlichen Dienstleistungsverständnis. Die diakonische Theorie nimmt am ökonomischen Dienstleistungsverständnis ein Defizit der personalen Qualität der Begegnung wahr[49] und beansprucht diese personale Qualität für ihre eigenen Konzeptionen diakonischen Handelns in einem breiten Konsens. Diese Auffassung bringt Paolo Ricca auf den Punkt: „Dienen heißt im Evangelium immer, einem Menschen dienen, also nicht einer Institution, einer Kirche, einer Idee, einem Programm, sondern einem Menschen. Diakon heißt Menschendiener. Die persönliche Beziehung steht im Vordergrund. Eine anonyme, unpersönliche Diakonie ist keine christliche."[50] Nicht Gott selbst in unmittelbarer Weise und nicht einem Austausch von Dienstleistungen gegen Geld gilt das diakonische Dienen, sondern direkt dem im Diakonischen begegnenden Menschen. Dabei wird in der Literatur darauf aufmerksam gemacht, dass der neutestamentliche Diakoniebegriff die griechischen Amtsbegriffe ersetzt[51], so dass nach urchristlichem Verständnis kein hierarchisches Herrschaftsverhältnis dieser personalen Beziehung von Mensch zu Mensch im Wege steht. Diakonisches Dienen hat vielmehr seine eigene, ursprünglich christliche Qualität. Im folgenden soll entfaltet werden, wie die personale Begegnung unter dem Paradigma des Dienens im diakonisch-theologischen Kontext verstanden wird.

Die diakonisch-personale Beziehung hat in vielen – vor allem traditionellen – Konzepten die Struktur der Für-Sorge. Der eine ist für einen anderen da, dem er sich als einem wie auch immer Bedürftigen zuwendet: „Zur Beschreibung dieser diakonischen Struktur gemeinsamen Lebens gehört die *christusförmige Zuordnung von Starken und Schwachen, durch welche jedes Glied der Gemeinde seine besondere Gabe nach Maßgabe seiner Kräfte jenen zuwendet, die dieser Kräfte bedürfen.*"[52] Kirche selbst wird verstanden als „Kirche für andere", für die Welt und kann sich dazu neben den Bekenntnissen der Weltkirchenkonferenzen von Evanston und Neu Dehli[53] auch auf eine gleich lautende und vielzitierte Aussage von Bonhoeffer stützen[54]. Daneben haben die katholischen Bischofskonferenzen in Südamerika die Fürsorgestruktur in starkem Maße reflektiert als „vorrangige Option für die Armen"[55], eine Wendung, die wiederum in vielfacher Weise auf die deutsche Auseinandersetzung mit Diakonie zurückgewirkt hat[56]. Noch das jüngst entwickelte „Leitbild Diakonie" stützt diese Fürsorgestruktur, indem das diakonische Werk ihre Leitlinien unter den

Titel „Diakonie stark für andere" stellt, der dann auch zum Motto des Diakoniekirchentages 1998 in Wittenberg wurde.

Diese Fürsorgestruktur begründet gleichzeitig ein höchst kompliziertes, oftmals kaum zu durchschauendes Oben-unten-Verhältnis in der diakonischen Beziehung. Zunächst kommen dabei diejenigen, die diakonisches Handeln auslösen, also die in welcher Weise auch immer in besonderem Maße Hilfsbedürftigen – hilfebedürftig auch aufgrund gesellschaftlicher Ausgrenzung – am Boden der gesellschaftlichen Pyramide zu stehen[57]. Hinzu kommt, dass Hilfe immer auch den Stolz dessen trifft, der Hilfe braucht, ihn abhängig und seine Unterlegenheit offensichtlich macht[58]. So sind zunächst diese Hilfebedürftigen im Kräfteverhältnis unten anzusiedeln. Diakonisches Handeln nun soll sich nach dem Fürsorgeverständnis diakonischen Dienens diesem „Boden der Pyramide der hierarchisch strukturierten Gesellschaft anschließen"[59]. Die bestehende Unterlegenheit von Hilfsbedürftigen soll in der diakonischen Hilfebegegnung ausgeglichen werden. Dem Unteren soll aufgeholfen werden, indem sich der Dienende unter den Hilfsbedürftigen stellt, so dass der Hilfsbedürftige zu „einem Du [wird], unter das ich mich gestellt habe als ein diakonon"[60]. „Das Andere" soll der Helfer sich „zum Selben machen", sich „unter den Anderen unterwerfen",[61] um ihm so „sein Sein als *Anderer* zu ermöglichen"[62]. Und in gleichem Sinne führt Philippi aus: „Diakonie ist das christologische Prinzip der innergemeindlichen Relation, nach dem jede Stärke in der Gemeinde auf die entsprechende Schwachheit, jeder Besitz auf den entsprechenden Mangel, jedes Oben auf seinen Gegenpol Unten so bezogen ist, dass es sich ihm frei in der Agape unterordnet."[63] Diese Unterordnung verlangt vom Dienenden eine „Umkehr", eine „helfende Hinkehr des Freien, Gesunden, Besitzenden, Bevorzugten zum Allerunwertesten"[64], so dass „er sich vom selbstbefangenen, ‚aufwärts' gerichteten, ‚religiösen' (und sozialen) Machtstreben zebedäisch-petrinischer – und letztlich satanischer – Prägung umwendet zum ‚einfältigen', gehorsamen Erfüllen des Gebotes in der Gottes Willen gemäßen kreatürlichen Niedrigkeit, deren Not er seine Ziele unterordnet und so dienend zur Hilfe anderer wird."[65] Unterordnung erhält somit eine religiöse Begründung, die Barth sogar parallel zum Gottesgehorsam sieht: „Dienst heißt: *tätige Unterordnung*, und als Dienst der Gemeinde: ihre tätige Unterordnung unter Gott, von dem sie herkommt, damit aber auch unter die Menschen, an die sie sich wendet, denen sie ja dienen soll, indem sie Gott dient."[66] Fürsorgendes Helfen ist damit gebunden an die eigene Selbstbeschränkung des Helfenden auf den Sklavenstand[67]. Philippi charakterisiert eine solche Haltung zum Gegenüber als „plesiozentrisch"[68], nächstenzentriert. Der „geringe Nächste wird zum Zentrum und Richt-Maß allen Handelns"[69], ja sogar nach Philippi des ganzen eigenen Lebens[70]. Das konkrete „Interesse des hilfsbedürftigen Dus" wird zum „Kriterium des Helfers, seiner Kenntnisse und Methoden"[71]. Der Behandelte wird zum „Experten dafür, [...] was er für sein Leben mit der bleibenden Behinderung eigentlich nötig hat"[72]. An die Stelle des Ich, der sein Tätigsein bestimmt, tritt das Du[73], statt von sich aus soll der Dienende „vom anderen her denken"[74]. Der Dienende selbst wie die Diakonie im Zeichen der Versöhnung „lebt vom bittenden Ton"[75]; er kann sich nur „ohnmächtig in die Arme des anderen werfen"[76], weil dem anderen immer die Freiheit der Verweigerung bleibt. Die Für-Sorge-Struktur des Dienstes kehrt damit das gesellschaftlich bestehende Oben-unten-Verhältnis um. Die von ihrer gesellschaftlichen Situation her eigentlich Unteren werden in der diakonischen Dienstsituation zu Oberen, denen sich die Dienenden nun unterordnen. Dienende stehen dann nicht mehr nur unter der Gesellschaft, sondern auch unterhalb der Unteren der Gesellschaft, um damit diesen Unteren tätig aufzuhelfen.

Fragt man nach der theologischen Begründung dieses Oben-unten-Verhältnisses, so zeigt sich diese im Wesentlichen als christologisch. Es ist Christus, der „μορφῇ θεοῦ – in göttlicher Gestalt" war (Phil 2,6), um dann μορφὴν δούλου – Knechtsgestalt anzunehmen (V.7) und sich selbst bis zum Kreuzestod hin zu erniedrigen (ταπεινόζειν). Christus sagt von sich, er sei unter den Jüngern wie ein διακονῶν (Lk. 22,27), er selbst kam, um zu dienen und sein Leben als Lösegeld für viele zu geben (Mk 10,45) und fordert auf dieser Grundlage seine Jünger auf, selbst Dienende zu sein. Zum Zeichen und in sakramentaler Form präsent wird dieser Zusammenhang in der johanneischen Geschichte der Fußwaschung, die Jesus mit den Worten kommentiert: „Wenn nun ich, euer Herr und Meister (ὁ κύριος καὶ ὁ διδάσκαλος), euch die Füße gewaschen habe, so sollt auch ihr untereinander die Füße waschen. Ein Beispiel (ὑπόδειγμα) habe ich euch gegeben, damit ihr tut, wie ich euch getan habe." (Jh 13,14f.). Indem die

Kirche diesem Beispiel folgt, versteht sie sich folgerichtig als „Gemeinde eines Dieners"[77]. Wie Christus den mit Sünde behafteten Menschen als den in den Augen Gottes Geringsten gedient hat, so will die Kirche fortan den Geringsten dienen: „Die sinngebende Mitte des Dienens ist Jesu Selbsthingabe." Diakonie kennzeichnet damit eine „Bewegung von Gott her zum Menschen hin, [...] von oben nach unten"[78]. Gott selbst ist in dieser Begegnung verborgen präsent: „Gott lebt für mich. [...] Gott lebt durch mich auf meine Umwelt hin."[79] Aufgrund dieses Zusammenhanges erfährt der diakonische Dienst gleichzeitig seine religiöse Würde: Er wird als Menschendienst gleichzeitig zum Gottesdienst. Der diakonische Dienst wird zur „neuen Qualität zwischenmenschlichen Lebens", insofern die Dienenden „christusförmig werden"[80]. Die grundsätzliche Lebensweise im Glauben ist das Dasein für andere[81]. Christlicher Dienst wird damit zum einen zur Pflicht der Gläubigen aufgrund des Vorbildes Jesu, gleichzeitig jedoch auch zum Ausdruck einer unmittelbaren Gottesverbindung, indem zum einen durch den Dienenden hindurch Gott selbst auf die Welt hin wirkt und der Dienst somit zur Verkündigung von Jesu Dienst wird, zum anderen indem Christus in den Geringsten selbst präsent ist (Mt 25, 40).

Trotz des zunächst übermächtig anmutenden biblisch-theologischen Begründungshorizontes des sich unterordnenden Dienens bleibt dieses Dienstverständnis auch in der Diakonietheorie nicht unumstritten, vielmehr zeichnet sich gegenwärtig ein breiter Konsens innerhalb der Diakoniewissenschaft in der Ablehnung dieses Oben-unten-Verhältnisses im Dienen für ein darauf gegründetes Selbstverständnis des Diakonischen Werkes ab. Die Ansatzpunkte diakonischer Kritik sind äußerst verschieden gelagert. Die Problematik beginnt mit der direkten Orientierung diakonischen Dienens an hilfsbedürftigen Nächsten, die nicht das hilfreiche „Zwischen" bezüglich der Personen, sondern die jeweiligen Nächsten in ihrer Position des Schwächerseins zum Orientierungspunkt diakonischen Handelns macht. Daraus ergibt sich die rein praktisch-konkrete Frage, ob ein solches Modell des „Hilfsbedürftigen als Experten" überhaupt realisierbar ist oder nicht vielmehr jenseits aller diakonischen Realität liegt. Können Hilfsbedürftige wirklich uneingeschränkt Experten der diakonischen Beziehung sein? Kann diakonisches Hilfehandeln noch Hilfsbedürftigen neue Perspektiven eröffnen, wenn es sich unter den Hilfsbedürftigen ansiedeln soll? Wie kann auf der Grundlage des Modells des sich unterordnenden Dienens verhindert werden, dass Hilfeempfänger sich in Hilfeabhängigkeit flüchten, zu „Schmarotzern" von Hilfe werden, statt Hilfe zur Förderung eigener Initiativität zu nutzen[82]? Auf Helferseite drängt sich gerade in Bezug auf die Diskussion um das Helfersyndrom die Frage auf, wie Helfende unter dem Paradigma des sich unterordnenden Dienens die Hilfeleistung der darin angelegten Überforderung entgehen sollen! Fördert dieses Dienstverständnis nicht unweigerlich das psychologische Phänomen des Helfersyndroms[83]? Ohnmächtiges Sich-werfen in die Arme von Hilfsbedürftigen macht Helfende selbst ohnmächtig, ohne hilfreich zu sein. Dies gilt insbesondere im Kontext der christologischen Grundlegung, die den sich unterordnenden Dienst zur Hingabe stilisiert.

Eine weitere Anfrage geht dahin, dass die Struktur des Für-seins explizit im Modus des Oben-unten-Verhältnisses verhaftet bleibt, wobei lediglich ein Rollentausch vorgenommen wird. Dieser Rollentausch bleibt zweideutig und einem spezifischen Missbrauch des Verhältnisses ausgeliefert. Weil Dienende nicht handeln können, solange sie wirklich „unten" sind, braucht ihr Tun wiederum eine Aufwertung. Starnitzke spricht in diesem Zusammenhang von „vollmächtigem Dienst"[84]. Der Unterordnung im Dienen wird Vollmacht als aufwertendes, stärkendes Prädikat zugesellt. Unklar bleibt hierbei, worin diese Vollmacht besteht. Ist sie eine rein geistliche Größe oder hat sie auch weltlich-konkrete Komponenten? Wie hängen dann Dienst und Vollmacht zusammen? Diese Frage führt zum Hauptkritikpunkt der jüngeren Diskussion innerhalb der Diakonie um das für-sorgende Dienstverständnis.

Durch die diakonische Unterordnung kann sich tatsächlich das Oben-unten-Verhältnis ein weiteres Mal umkehren, jedoch zum Schaden für die helfende Beziehung selbst. Helfen kann sich im Selbstverständnis des sich unterordnenden Dienens in eine verdeckte Form der Herrschaft verkehren aufgrund von Herrschaftsgelüsten[85], die dann kaum noch als solche entlarvbar sind, weil sich die Herrschaft des Dienenden unter dem Anschein seiner Unterordnung nicht mehr zeigt und damit auch nicht mehr sichtbar werden kann. Der Dienst bildet dann nicht mehr ein Gegenmodell zum Herrschen (vgl. Mk 10,42ff.), sondern verlagert die Herrschaft nur auf eine andere, unsichtbare Ebene[86]. Degen spricht in diesem Zusammenhang von einer „karitativen Eroberung", die darin besteht, dass Dienende „die eigene gesunde Stärke herausarbeiten und demonstrieren"[87] gegenüber Hilfeempfängern. Gerade die scheinbare Unterordnung ist zu dieser Eroberung in besonderem Maße fähig, weil sie weniger als solche entlarvbar wird. Die Fürsorge verweigert wirkliche Beziehung, handelt am anderen statt mit ihm. Damit wird der Modus der Dienstherrschaft deutlich, den Ulrich Bach mit besonders feinem Gespür als eine Art diakonischer Fehlhaltung offengelegt hat. Im Dienen des einen für den anderen wird eine Distanz auf- oder ausgebaut, in der Dienender und Bediensteter sogar anthropologisch voneinander unterschieden sein können[88]. Auf der einen Seite stehen die Gesunden und Starken, die fähig sind zu dienen, während auf der anderen Seite die Schwachen zu stehen kommen, die die äußerst fürsorgliche Dienstzuwendung benötigen. Es entsteht ein „Binnen-Außen-Gefälle"[89]. Die Mitarbeiter erfahren für sich selbst Ermutigung nur durch Christus, ohne anderweitige Hilfe zu benötigen; Seelsorge dagegen ist nur für die anderen, die Bedürftigen, da[90]. Henning Luther spricht in diesem Zusammenhang von einer „doppelten Verdrängung"[91] und damit auch einer doppelten Ausgrenzung: „Ausgegrenzt wird zum einen die Erfahrung von Negativität, von Defiziten von Begrenztheit, Endlichkeit, Sterblichkeit aus der Normalerfahrung von Welt und Leben. Und ausgegrenzt (verdrängt) werden die anderen als andere, sofern ihre Denk- und Lebensmuster der Mehrheit und ihren Normen nicht entsprechen."[92] Die Ausgrenzung von Begrenzung sagt damit Nein zur menschlichen Begrenztheit, zur eigenen auf der einen Seite, was sich in der betonten Demonstration der Dienstfähigkeit zeigt, zur fremden auf der anderen Seite, indem Hilfsbedürftigen ein nur scheinbar höherer Status beigemessen wird als der eigenen. Sie werden lediglich von ihrem Defizit her wahrgenommen und damit zu Objekten der Betreuung degradiert[93]. Dienstempfängern wird damit eigene Autonomie unmöglich, weil sie statusmäßig auf der Ebene der Dienstabhängigen, als Abhängige von Dienst, festgeschrieben sind[94], sie sind zum Dienstempfang verurteilt. Zusätzlich unterstützt wird diese Dienstherrschaft dadurch, dass der Dienst himmlische Weihen erfährt. Dienende „geilen danach, von Gott mit himmlischen Aufträgen an die Welt gesandt zu sein (Mission und Diakonie): wir wollen deren Subjekte sein, womit wir unter der Hand die anderen zu ihren – und unseren? – Objekten machen."⁹⁵ Ihnen bleibt lediglich die Möglichkeit, Danke zu sagen⁹⁶ und damit ihre Unterlegenheit offen zu bezeugen.

Das Konzept der Dienstgemeinschaft

Das diakonische Konzept der Dienstgemeinschaft

Sehr sensibel für das Geschehen im Hilfehandeln macht Bach deutlich, dass dieses alte diakonische Fürsorgekonzept ein Modell ist, das Hilfe „aus der Distanz der Vereinzelung"⁹⁷ heraus versteht. Er fordert neben dem „Für" ein „Mit" des Tätigseins⁹⁸. Dieses „Mit" wird in der diakonischen Literatur als „Dienstgemeinschaft" gekennzeichnet. Im Folgenden soll die Struktur dieses diakonischen Verständnisses von Dienstgemeinschaft dargelegt werden, das nach allgemeiner Auffassung das Besondere der Diakonie überhaupt kennzeichnet. Zuletzt wurde dieses diakonische Proprium noch einmal in den Leitlinien des Diakonischen Werkes festgeschrieben⁹⁹.

Auch die diakonische Dienstgemeinschaft erfährt ihre Herleitung aus dem Christusgeschehen¹⁰⁰. Sie verbindet das διακονεῖν mit der κοινονία. Κοινονία kennzeichnet nach diesem Konzept eine Gemeinschaft, die „nicht eine Partnerschaft zwischen Verschiedenen, sondern die Teilhabe an Christus (1 Kor 1,9), am Evangelium (Phil 1,5), am Geist (2 Kor 13,13), am Glauben (Phlm 6), am Leib Christi (1 Kor 10,16f.)" impliziert¹⁰¹. Christen gewinnen Anteil am Leib Christi¹⁰² und werden aus dieser Anteilhabe heraus tätig. Die Berufung zum gemeinsamen Dienen ist „geistliche Gabe"¹⁰³ von Christus selbst und geschieht subjektiv „aus der Dankbarkeit von Menschen [...], die selbst zu ihrem Dienst befähigt sind, und in der Hoffnung von solchen, die in aller Bemühung darauf angewiesen bleiben, daß durch ihr Tun hindurch der handelt, der allein helfen und retten kann."¹⁰⁴ So soll der Dienst nach dieser theologischen Interpretation gerade nicht als Last angesehen werden, sondern er geschieht christologisch gesehen in dankbarer Freude über die Anteilhabe am Christusgeschehen, aus Freude am Gnadengeschenk des Angenommenseins von Gott in der Vergebung durch Christus. Indem Christen dankbar sind, sendet Christus sie als die seinem Vorbild Nachfolgenden mit ihrem Dank an die Welt. Die Dankbarkeit gegen Gott soll sich an die Welt richten. Dabei verbindet sich die Dankbarkeit über die erfahrene Gnade mit der Dankbarkeit für die mit der Schöpfung gegebenen Gaben: Helfen wird zur Antwort nicht nur auf die eigene Rettung, sondern auch auf die je eigene Begabung[105]. Aus der Gemeinschaft des Anteil-Habens wird eine solche des Anteil-Gebens[106]: „Wir geben weiter, was wir von Gott empfangen haben."[107] Das vielleicht schönste Bild für diesen Zusammenhang ist das des römischen Brunnens, in dem jede überfließende Schale die nächstuntere Schale füllt. Durch das Geben entsteht diese besondere Form der Gemeinschaft erst. Die Gabe wird von einem zum anderen weitergegeben. So weit bleibt das Konzept noch in der beschriebenen Fürsorgestruktur. Doch versteht sich das Konzept der Dienstgemeinschaft dahingehend, dass die Gabe auch wieder zum Geber zurückfließen kann. Die Ungleichheit zwischen Geber und Empfänger, die am Fürsorgekonzept kritisch gesehen wurde, verwandelt das Dienstgemeinschaftskonzept in Gleichheit, indem der Geber niemals nur Geber, sondern immer auch Empfänger ist, weil die von Gott Geliebten sich so einander zukehren, dass sie sich gegenseitig helfen. Das Für-andere-Sein erweitert sich zum Füreinander in „wechselseitigem Geben und Empfangen"[108]. Die Wechselseitigkeit ist damit eine Wechselseitigkeit „der Hilfe [...], die Helfer und Hilfsbedürftiger einander gewähren"[109]. Geben und Empfangen werden dabei als eine Einheit wahrgenommen[110]. Bereits die Freude beim Annehmen der Gabe ist Gabe des Empfängers an den Geber[111]. Es ist diese Gegenseitigkeit, die nach diakonischem Verständnis Gemeinschaft stiftet: „Als Gebende sind wir auch Empfangende. Als Helfer sind wir zugleich Hilfsbedürftige. Im gegenseitigen Geben und Nehmen erleben wir Gemeinschaft und entdecken, daß Glaube und Persönlichkeit wachsen."[112] Dahinter steht die Einbettung des Dienens in ein Modell von Gemeinde: „Gemeinde entsteht, wenn Menschen im Namen Jesu miteinander leben und mit all ihren Kräften des Geistes füreinander da sind. Sind sie füreinander da, dann dienen sie einander mit ihren Gaben und Kräften und verwirklichen die ‚allgemeine Diakonie aller Gläubigen'."[113] Diakonisches Tätigsein ist dann nicht mehr Aufgabe bestimmter Hilfeexperten oder von der Kirche beauftragter Diakone, sondern ist Teil des innergemeindlichen Wechselspiels von Geben und Nehmen, das erst Gemeinde konstituiert. Erst diese „Diene-Beziehung mitmenschlich helfender Gegenseitigkeit" soll als christlich bezeichnet werden[114]. Indem der Dienst christlich verstanden ist, begründet das Christusgeschehen schließlich das „Dienertum aller Gläubigen", Hilfsbedürftiger und Helfer[115] gleichermaßen.

Dem Modell nach verhindert dieses Konzept des Füreinanders die beschriebene „doppelte Ausgrenzung" auf beiden Seiten, indem sie bestrebt ist, Ungleichheit und Unterordnung in Gleichheit zu verwandeln, so dass sich die Beteiligten nicht mehr in oben und unten aufteilen lassen. Zum einen wird berücksichtigt, dass Dienende nicht nur geistlich empfangen, sondern auch in der Welt teilhaben an dem Wechselspiel von Geben und Nehmen. Christus begegnet ihnen nicht nur im Angesicht der Notleidenden, die die Hilfefähigen zum Geben auffordern (Mt 25,40), sondern auch durch Gebende, von denen sie Gottes Gabe annehmen können. Dienende müssen nicht mehr von ihrer Bedürftigkeit absehen. Gleichzeitig ist mit dem Konzept des Füreinanders als Hilfemodell der Boden dafür bereitet, dass der Blick sich öffnen kann, mit welchen Gaben Hilfsbedürftige begabt sind: „Es gibt auch Stärken der ‚Schwachen', die den Helfern zu einer Hilfe und Bereicherung ihres Lebens werden können"[116]. Hilfeempfänger sollen aus dem Wechselspiel nicht ausgeklammert werden, sondern erhalten ihre Würde als von Gott begabte Geber aufgrund „besonderer und einzigartiger Lebenserfahrungen"[117], deren Schätze im diakonischen Füreinander gehoben werden können[118]. Dies können individuelle Gaben sein, die in den Begabungen der einzelnen Personen wurzeln oder auch solche, die in ihrer Hilfsbedürftigkeit selbst liegen[119]: die sprühende Lebendigkeit von Kindern, die Spontaneität und Individualität von behinderten Menschen, vor allem in ihrer teilweise unbeschwerten Freude an der Welt, die innere Stärke, die Kranke aufgrund ihrer Situation entwickeln können oder die Lebenserfahrung alter Menschen, von der ihre Umwelt profitieren kann[120], sowie die Tatsache, dass Hilfsbedürftige anderen helfen, nach der Zielplanung ihres eigenen Lebens zu fragen[121], beziehungsweise dass sie das individuelle Selbstvertrauen auf das Gottvertrauen hin befragen[122]. Schließlich gibt es solche Gaben, die im Hilfehandeln selbst begründet sein können, so vor allem die Anerkennung von Helfenden durch Hilfsbedürftige für die erfahrene Hilfe, die sich bereits darin ausdrückt, dass sie sich auf die Hilfeinitiativen von Helfenden einlassen und an sie anknüpfen.

Tatsächlich ist durch dieses Modell des sich gegenseitig Dienens in einer Dienstgemeinschaft dem Ungleichheitsmodell der einseitigen Fürsorgestruktur der Boden entzogen. Dennoch sind auch an diesem Modell kritische Anfragen notwendig. Dazu gehört von praktischer Seite her die Frage, inwiefern dieses Konzept des Füreinanders wirklich einen adäquaten Ausgleich für das Hilfe-Gefälle bieten kann, so dass Hilfegeber und Hilfeempfänger sich auf gleicher Ebene begegnen. Dort, wo Hilfe wirklich existenzielle Nöte betrifft, wird offenbar, dass die Abhängigkeit vom jeweiligen Geber der Hilfe auch das Ungleichheitsverhältnis bestimmt. Je größer die Notlage, desto praxisferner wirkt es, die Gaben der Notleidenden gegen diejenigen der Helfenden aufzuwiegen. So dient möglicherweise auch das Konzept des Füreinanders vor allem dazu, bestehende Unterschiede zuzudecken und damit unsichtbar zu machen, so dass es das Verständnis diakonischer Praxis eher verhindert als ermöglicht.

Doch kommt das Konzept der Dienstgemeinschaft nur selten im Sinne einer Gemeinschaft des gegenseitigen Dienens zwischen Betreuern und Betreuten in den Blick[123], sondern vielmehr als eine Gemeinschaft des Gebens und Nehmens der hauptamtlichen Helfer, allenfalls ehrenamtlich Helfende miteinbeziehend[124]. Es gründet sich auf die biblisch-theologische Grundlage, einander zu dienen als Gegenmodell zum Herrschen nach Mk 10, 42-45, die Philippi als „diakonische Grundordnung"[125] versteht und bildet den „entscheidenden Begründungszusammenhang in der einzigartigen Diakonie"[126]. Jesus gibt dort anlässlich eines Rangstreites der Jünger um den ersten Platz im Reich Gottes eine Jüngerbelehrung, die grundsätzliche Überlegungen über das Miteinander in der Christengemeinde enthält und diese zudem christologisch begründet: „Ihr wißt, die als Herrscher gelten (δοκοῦντες ἀρχεῖν), halten ihre Völker nieder (κατακυριεύουσιν), und ihre Mächtigen tun ihnen Gewalt an (κατεξουσιάζουσιν). Aber so ist es unter euch nicht; sondern wer groß sein will unter euch, der soll euer Diener (διάκονος) sein; und wer unter euch der erste sein will, der soll aller Knecht (δοῦλος) sein. Denn auch der Menschensohn ist nicht gekommen, daß er sich dienen lasse, sondern daß er diene (διακονεῖν) und sein Leben gebe als Lösegeld für viele." Das Miteinander unter Christen wird hier verstanden in Abgrenzung zum politischen Miteinander. Auffallend ist dabei die äußerst kritische Haltung gegenüber weltlicher Herrschaft, die sich zum einen in dem Vorbehalt ausdrückt, dass die Herrscher nur zu herrschen meinen, weil „in Wahrheit *Gott* auch das Regiment über die

Völker ausübt"[127], zum anderen in den äußerst negativ wertenden Begriffen, die zur Charakterisierung der weltlichen Herrschaft verwandt werden, die ein gewaltsam niederhaltendes Herrsein beziehungsweise den Amtsmissbrauch charakterisieren. Dennoch darf in dieser Charakterisierung nicht so sehr eine grundsätzliche Ablehnung weltlich-politischer Machtausübung gesehen werden, als vielmehr ein politisches Machtverständnis „auf dem Boden einer Zwei-Regimenten-Lehre"[128], das heißt eine Abgrenzung politisch-öffentlichen Miteinanders zur Zeit Jesu von innerkirchlicher Gemeinschaft.

Diese Beschreibung von Kirche in Abgrenzung zu weltlichen Verhältnissen hat in der Kirchengeschichte in vielfältiger Form weitergewirkt. Sie bildet die Grundlage von Augustins Unterscheidung der beiden civitates, der himmlischen, deren Widerschein die Kirche bildet, gegenüber der irdischen, die er grundsätzlich unterscheidet durch die Ausrichtung an zwei verschiedenen Formen von Liebe: „Der irdische [Staat ist gekennzeichnet] durch Selbstliebe, die sich zur Gottesverachtung erhebt. In jenem werden Fürsten und unterworfene Völker durch Herrschsucht beherrscht, in diesem leisten Vorgesetzte und Untergebene einander in Fürsorge und Gehorsam liebevollen Dienst."[129] Luther greift die biblische wie die augustinische Unterscheidung auf zur Konzeption seiner Zwei-Regimentenlehre und übernimmt dadurch auch das damit verbundene defiziente Verständnis des Politischen: „Deshalb hat Gott zwei Regimente verordnet: das geistliche, welches durch den heiligen Geist Christen und fromme Leute macht, unter Christus, und das weltliche, welches den Unchristen und Bösen wehrt, daß sie gegen ihren Willen äußerlich Frieden halten und still sein müssen."[130] Damit ist das „weltliche Regiment" als ausschließlich „infralapsarisch"[131] – durch Sünde gekennzeichnet – begründet, denn „wenn alle Welt rechte Christen, das ist rechte Gläubige wären, so wäre kein Fürst, König, Herr, Schwert noch Recht notwendig oder von Nutzen."[132] Durch die konsequente Ableitung weltlichen Regimentes von der Abwehr des Bösen her ist bei Luther der scholastische Organismusgedanke aufgegeben, der das natürliche Miteinander als Verflechtung der Einzelinteressen durch einen Gemeinzweck zu einem Ganzen vereinigte[133]. Die Abwehr des Bösen ist nur möglich, indem das weltliche Regiment sich allein und mit drastischer Strenge auf die Gewalt gründet. So schreibt Luther den

Bauern: „Die Obrigkeit nimmt euch unbillig euer Gut, das ist eine Sache. Andererseits nehmt ihr derselben ihre Gewalt, darinnen all ihr Gut, Leib und Leben besteht"[134]. Auch das Recht erfüllt lediglich die Funktion, dass es „lehre, zwinge und dringe, recht zu tun"[135]; es steht damit im Dienste der Gewalt. Gewalt provoziert Gegengewalt. Um anarchische Zustände zu vermeiden, muss daher die Gewalt monopolisiert werden, um allein von „Oberkeiten" ausgeübt zu werden, während Gewaltreaktionen von Untergebenen welcher Art auch immer in jedem Fall verboten sind[136]. Weltliche Herrschaft begründet damit notgedrungen aufgrund seines defizienten Modus' ein Verhältnis von oben und unten: „Sonst sind zwar vor Gottes Augen alle gleich; unter uns aber kann es ohne solche Ungleichheit und ordnungsgemäße Verschiedenheit nicht abgehen."[137]

Erst vor dem Hintergrund dieses radikalen Verständnisses von weltlichem Regiment und Hierarchie von der Gewalt her wird die Konzeption des geistlichen Regiments verständlich. Es ergibt sich organisch als gegenläufiges Konzept zum weltlichen Bereich mit den Momenten: Dienen statt Herrschen, Gleichheit statt Oben-unten, Liebe statt Gewalt. Statt der äußerlichen Gewalt, herrscht im geistlichen Bereich das Gewissen jedes einzelnen über das eigene Verhalten, sowie über das Fehlverhalten anderer, das in Liebe geduldet werden soll, so dass die Christen „den heiligen Geist im Herzen haben, der sie lehrt und macht, daß sie niemand unrecht tun, jedermann lieben, von jedermann gerne und fröhlich Unrecht leiden, auch den Tod."[138] Die theologische Distinktion von Sünde und Gnade, Evangelium und Gesetz führt hier von selbst zur Unterscheidung der zwei Regimenter. Der weltliche Bereich definiert sich dabei ebenso konsequent aus der Abwesenheit von Gnade, wie der geistliche Bereich durch die Gnade konstituiert ist und dadurch durch Abwesenheit von Gewalt wie auch von der Herrschaft der Sünde.

Diese lutherische Konzeption der Gegenüberstellung eines geistlichen und eines weltlichen Bereiches ist vor allem im Zusammenhang der Erfahrung des Dritten Reiches immer wieder in die Kritik geraten und wird auch aus diakonischer Perspektive als „quietistisch" bezeichnet[139], wobei besonders darauf aufmerksam gemacht wurde, welch grausame Folgen es haben kann, sich gehorsam dem durch Gewalt sich konstituierenden, weltlichen Bereich anzuschließen. Die mit der Zwei-Reiche-Lehre verbundene

Gefahr für die Diakonie, sich auf die Barmherzigkeit zu konzentrieren, während die Sorge um die Gerechtigkeit dem Staat überlassen wird, wie sie das Handeln der Inneren Mission gerade auch auf der Grundlage des lutherischen Politikverständnisses noch zu Beginn des Jahrhunderts geprägt hat, wird mittlerweile einhellig negativ gewertet und durch eine Verbindung von Gerechtigkeit und Barmherzigkeit ersetzt[140]. Kirche von heute stellt an sich selbst den Anspruch, sich in die politischen Angelegenheiten mutig einzumischen. Allerdings bleibt dabei die Abgrenzung zwischen kirchlichem und weltlichem Miteinander bestehen. Sie wurde noch einmal bestätigt durch die Tatsache, dass die Barmer Theologische Erklärung den Rang eines grundlegenden kirchlichen Bekenntnisses erhielt. Geblieben ist die bekenntnishafte Festschreibung der Abgrenzung des kirchlichen vom weltlichen Miteinander.

Die Barmer Erklärung rekurriert dabei eigens auf den Text des Markusevangeliums und formuliert daraufhin: „Die verschiedenen Ämter in der Kirche begründen keine Herrschaft der einen über die anderen, sondern die Ausübung des der ganzen Gemeinde anvertrauten Dienstes."[141] Der biblische Text, der viele Dienste einschließt, wird hier so umgedeutet, dass die vielen Dienste in den einen Dienst des Evangeliumszeugnisses integriert werden[142]. Kirche soll sich diesem Verständnis nach nicht mit der Welt auf eine Ebene stellen[143], sondern hat „nur als Umkehrung der Welt Bestand"[144]. Diese Abgrenzung von Kirche und Welt durch Dienen statt Herrschaft als „Ordnung des Dienstes und nicht der Macht", die die Kirche „ohne Haß und ohne Polemik von der Ordnung der politischen Gemeinde unterscheiden"[145] soll, durchzieht auch die diakoniewissenschaftliche Begründung des Konzeptes der Dienstgemeinschaft. Der politische Bereich soll nicht mehr wie nach Luthers Zwei-Reiche-Lehre sich selbst überlassen bleiben. Speziell gegen eine solche quietistische Haltung wendet sich die Barmer Erklärung. Aber das Miteinander in der Kirche bleibt dem Anspruch nach dem nur politischen Miteinander weit überlegen, das allein unter Herrschaftskategorien wahrgenommen wird. Die Abgrenzung innerkirchlichen Miteinanders ist qualitativ gefüllt durch gegenseitiges Dienen in christologischer Begründung. Statt Selektion und Herrschaft dort geschieht hier Dienst und Gleichheit[146]. Die innerkirchliche Dienstgemeinschaft stellt die weltlichen Verhältnisse auf den Kopf: „Kirche ist verkehrte Welt", die Herrschenden den „Platz an der Seite der Sklaven und Diener" zuweist[147]. Diese „diakonische Grundstruktur" ist nach Philippi gekennzeichnet 1. durch die Gegenüberstellung Christ gegen die Umwelt, 2. durch die qualitative Zuordnung zur Struktur des gegenseitigen Dienens, die einen umwertenden Charakter impliziert, 3. durch die christologische Kennzeichnung dieses Dienens (Mk 10,45)[148]. Dabei ergeben sich bei dieser christologischen Kennzeichnung allerdings biblisch-theologische Probleme, zum einen weil Vers 45 an den biblischen Text sekundär angefügt ist[149], vor allem aber aufgrund der Tatsache, dass der Dienstbegriff διακονεῖν in seiner Fürsorgegestalt zwar Unterordnung aber nicht Lebenshingabe bezeichnen kann, zumal Christi Lebenshingabe bis zum Kreuz gar nicht Herrschaftsverzicht impliziert, sondern dessen Herrschaftsanspruch im Gegenteil erst begründet (Phil 2,5ff.)[150]. So ist bereits im biblischen Zusammenhang anzufragen, wie das gegenseitige Dienen verstanden werden kann. Es kennzeichnet augenscheinlich ein Miteinander, gegründet auf den Opfertod Christi, ohne eine Opferhaltung der Mitglieder zu implizieren.

Die arbeitsrechtlichen Konsequenzen des Konzeptes

Die Mitarbeiterfrage

Philippi erkennt im biblischen Text Mk 10, 42-45 eine diakonische Grundstruktur, wobei diese diakonische Grundstruktur über die diakonisch-helfenden Vollzüge hinausweist zu einer „Regel, die unter Jüngern allgemein gelten soll" und damit zu einer „grundlegenden Verfassung der Gemeinde"[151]. Dabei klingt bereits an, dass das biblisch ausgewiesene Konzept der Dienstgemeinschaft eine „Kirchenordnung"[152] impliziert mit juristisch konkretisierbaren Merkmalen. Schon die Barmer Erklärung spricht davon, dass die Kirche ihre Zugehörigkeit zu Christus nicht nur mit ihrer Botschaft, sondern auch „mit ihrer Ordnung" bezeugen soll[153], womit die Auffassung der Beliebigkeit ordnungspolitischer Aspekte bestritten werden soll. Inwiefern das Konzept der Dienstleistung jedoch juristisch qualifizierbar sei, bleibt bis heute nicht nur in der Diakoniewissenschaft umstritten. Bereits Philippi macht geltend, dass diese Ordnung nicht juristiziabel sei[154]. Tatsache ist jedoch, dass das Konzept der Dienstleistung einen arbeitsrechtlichen Sonderweg auf mehreren Ebenen für hauptamtliche Mitarbeiter darstellt, der in arbeitsrechtlichem Zusammenhang als „Dritter Weg" bezeichnet wird. Die Implikationen dieses Sonderweges sollen hier im Einzelnen aufgezeigt werden.

Der „Dritte Weg" kennzeichnet nicht nur die kollektivarbeitsrechtlichen Konsequenzen des Dienstgemeinschaftskonzeptes. Es wird oft übersehen, dass die arbeitsrechtlichen Folgerungen schon weit früher beginnen. Die diakonische Dienstgemeinschaft, so macht Busch deutlich, ist nur möglich „in enger Bindung an Jesus Christus"[155]. Während diese Verbindung jedoch nach außen unverfügbar ist, gibt es eine Tendenz, zu versuchen, diese Christusverbindung zumindest in ihren Auswirkungen verfügbar zu machen. Die Auswahl von Mitarbeitern bei der Einstellung soll „verantwortlich" geschehen[156]. Diese verantwortliche Auswahl braucht möglichst eindeutige Kriterien zur Beurteilung der persönlichen Momente, die die Voraussetzung dafür bilden, dass die Mitarbeiter sich in die Dienstgemeinschaft einfügen. Als solche bietet sich zunächst die Kirchenmitgliedschaft an, die freilich je nach Tätigkeitsfeld auch konfessionsverschieden sein kann. Die jüngste Denkschrift der EKD argumentiert hier wohl im Blick auf die Situation der Diakonie in Ostdeutschland vorsichtiger[157]. Der durch die Mitgliedschaft signalisierte Zugehörigkeitswillen zur Institution Kirche bildet damit das Kriterium für die Bereitschaft, sich einzufügen in die diakonische Dienstgemeinschaft mit ihrer diakonischen Grundstruktur, sich gegenseitig zu dienen. Der Vorteil dieses Kriteriums liegt darin, dass über die formelle Mitgliedschaft hinaus keine Forderungen an das Privatleben der diakonischen Helfer gestellt werden, ganz im Gegensatz zur Inanspruchnahme der privaten Lebensführung im Bereich der katholischen Caritas[158]. Dort wird insbesondere die Befolgung der von der römischen Kurie festgesetzten Ehemoral zur Zugangsvoraussetzung für die Dienstgemeinschaft erhoben.

Beide Kriterien jedoch, sowohl die Kirchenmitgliedschaft wie die Sexualmoral, sind dem Kontext der geforderten Dienstbereitschaft fremd, so dass sie als Zugangskriterien untauglich sind, um damit die hohen theologischen Anforderungen des Dienstgemeinschaftskonzeptes zu erfüllen, zumal vor allem in Ostdeutschland aufgrund der geringen Mitgliederdichte in der Kirche längst dazu übergegangen wurde, einen Großteil nicht kirchlich gebundener Mitarbeiter anzustellen beziehungsweise aus zugewonnenen, ehemals staatlichen Institutionen zu übernehmen. Falls der diakonische Dienst tatsächlich nur möglich ist, wenn die diakonisch Tätigen ganz vom Christusgeschehen erfüllt sind und aus Dankbarkeit dafür handeln, kann eine volkskirchliche Kirchenmitgliedschaft kaum als Zugangskriterium ausreichen. Eine solche diakonische Dienstbefähigung müsste vielmehr höheren Anforderungen genügen, die die christologische Ausrichtung der Dienenden garantieren. Hier wird ein Argumentationswiderspruch in der Diakonie deutlich. Gleichzeitig liegt hier wohl die Tatsache dafür begründet, dass das Modell Dienstgemeinschaft am ehesten die Realität in diakonischen Bruder- und Schwesternschaften beschreiben und orientieren kann. Haslinger macht in diesem Zusammenhang darauf aufmerksam, dass sehr sorgfältig untersucht werden müsse, welche weiteren Anforderungen an Mitarbeiter gestellt werden, wenn die Forderung nach „profilierten Mitarbeitern" laut wird, „die im Gottesdienst beheimatet sind und sich aus den Kräften der Liebe Christi heraus um Menschen in Not kümmern."[159] Diese Christusverbundenheit ist unverfügbar und damit zumal im Zusammenhang des volkskirchlichen Kirchenverständnisses nicht voraussetzbar. Wenn diakonisches Handeln wirklich nur als Frucht des Gottesverhältnisses ausgeübt werden kann, bedeutet die Anforderung solcher Tätigkeit als Glaubensfrucht eine Überforderung kirchlich nur wenig gebundener Mitarbeiter und gerät in gefährliche Nähe zur Werkgerechtigkeit.

Erst recht müssen in diesem Zusammenhang die Kriterien der Mitarbeiterauswahl auf der Grundlage der „privaten Lebensführung" auf katholischer Seite hinterfragt werden. Das diakonische Geschehen beschreibt einen Zusammenhang, der weit über das berufliche Handeln bis in den Privatraum hineinreicht. Insbesondere am Ehe-, Familien- und Sexualleben wird nach herrschender katholischer Meinung die Dienstbefähigung als Gehorsam gegenüber der biblisch begründeten katholischen Glaubens- und Sittenlehre offensichtlich. Die darin begründeten Folgen für wiederverheiratete, homosexuelle oder in unehelicher Lebensgemeinschaft lebende Mitarbeiter sind allseits bekannt. Sie enden mit der Kündigung. Evangelikale Anstellungsträger sind hier im Übrigen eher noch strenger in ihren Anforderungen an die Führung des Privatlebens, an dem sich offenkundig die Christlichkeit der Mitarbeiter entscheiden soll. Neben innertheologischen Anfragen, inwiefern hier statt lediglich im Raum der Kirche groben sittlichen Verstößen zu wehren (1 Kor 6) religiöse Reinheitsgebote aufgestellt werden, die Bekenntnisstatus erlangen und somit sektenhafte Abgrenzungsmomente zur Folge haben können, ist hier anzufragen, inwiefern Dienstgeber über das Privatleben verfügen dürfen[160]. Eine geglückte Scheidung zwischen öffentlichem und privatem Raum scheint hier bereits im Ansatz misslungen, zumal man sich fragt, welche Schlüsse die Führung des Intimlebens auf die Qualität der beruflichen Arbeit erlauben kann[161]. Wenn für deren Qualitätssicherung persönliche Momente nicht außen vor bleiben können, so ist doch zu fragen, welche persönlichen Qualitäten für die Qualität der beruflichen Tätigkeit unverzichtbar sind. Können hier wirklich andere als zwischenmenschliche Fähigkeiten des öffentlichen Lebens eine Rolle spielen?

Das Grundproblem der Anforderungen an die Mitarbeiter[162] liegt allerdings auf einer anderen Ebene. Wird mit den theologischen Anforderungen an die private Moral sowie der je eigenen Dienstbereitschaft nicht, wie Degen deutlich macht, die diakonische Orientierung ins Private abgedrängt[163]? Darf es vor allem der individuelle Glauben und aus diesem folgend eine nebulöse diakonische „Tiefenmotivation"[164] sein, die das Besondere der Diakonie garantiert, anstatt innerhalb der Diakonie Institutionen zu schaffen, die Glauben erlebbar machen und so Räume zwischenmenschlichen Handelns zu sichern? Ist hier der immer mäßiger besuchte innerinstitutionelle Gottesdienst beziehungsweise die Andacht wirklich noch die adäquate Form des Erlebens von gemeinsamem Glauben, sofern diese überhaupt noch in diakonischen Institutionen stattfinden? Diese Fragen stellen sich vor allem in dem Kontext, dass sich die Dienstgemeinschaft immer auch als eine Gemeinschaft von Hilfsbedürftigen und Helfern versteht. Kann es auf diesem Hintergrund richtig sein, von Helfenden mehr Glauben zu verlangen als von Hilfsbedürftigen? Ist die diakonische Dienstgemeinschaft eine solche, die Einzelne einladend miteinbeziehen kann, auch spirituell das innerinstitutionelle Geschehen zu reflektieren und zu erleben, oder muss sie über das Gewissen der je einzelnen Helfer und zwar vom Anspruch her aller Helfer geleistet werden? Das diakonische

Dienstrecht wirkt aus dieser Perspektive als merkwürdiger Zwitter. Während der diakonische Dienst zum einen auf der Basis von Arbeitsverträgen geschieht, mit denen Lohnabhängigkeit, Weisungsgebundenheit und Bindung der Arbeitskraft einhergeht, liegen die diakonisch-theologischen Anforderungen auf einer gänzlich anderen Ebene, die an die kirchliche Bindung in Bruder- und Schwesternschaften erinnert. Letztlich versucht das Konzept der Dienstgemeinschaft, das traditionelle Dienstverständnis des vollzeitlichen Dienstes in Schwestern- und Bruderschaften auf den volkskirchlichen Kontext des Diakonischen Werkes zu übertragen; ein Konzept, das bereits an den personalen Voraussetzungen scheitern muss.

Die Leitungsfrage

Die christologische Begründung des diakonischen Dienstethos' schiebt die Verantwortung für die diakonische Struktur dem individuellen Gewissen der Helfenden in ihrer Stellung vor Gott zu. Diese Inanspruchnahme des persönlichen Glaubens und Gewissens wird auch im Zusammenhang des Verständnisses von Leitung diakonischer Einrichtungen deutlich. Diese wird bei größeren Institutionen meist durch einen Pfarrer ausgeübt, der als solcher die diakonische Ausrichtung der jeweiligen diakonischen Institution gewährleisten soll[165]. In seiner leitenden Funktion kann er – so der Anspruch – über die theologische Ausrichtung der Institution wachen beziehungsweise sie in seiner Person nach außen hin darstellen. Damit soll die diakonische Ausrichtung der Institution vor allem personell garantiert werden.

Für diesen diakonischen Leiter ergeben sich aus dem Konzept der Dienstgemeinschaft nun besondere Schwierigkeiten in dem Konfliktfeld von diakonisch-theologisch verfasstem Dienstverständnis und der erforderlichen Leitungsaufgabe, die sich aus dem diakonischen Verständnis des biblischen Zusammenhanges fast von selbst ergeben. Das komplexe Obenunten-Verhältnis, von den Möglichkeiten und Kompetenzen über anderen zu stehen, aber sich diakonisch unterordnen zu sollen, das bereits das Dilemma der diakonischen Helfer auszeichnet, ist im Anspruch an diakonisch leitenden Persönlichkeiten auf die Spitze getrieben. Die funktionale Überordnung aufgrund der herausragenden Position in der Institution kollidiert mit dem Anspruch, der Institution und ihren Mitgliedern zu dienen. Wie Helfende allzu schnell ihr Dienen in eine karitative Eroberung verkehren können, so können auch Leitende schnell ihr Dienstverständnis in eine herrschaftskategoriale Eroberung von Entscheidungsgewalt verkehren. Eine solche durch vordergründige Dienstbereitschaft zugedeckte Herrschaft ist jedoch als solche nicht mehr erkennbar und kann damit auch nicht mehr den Gegenstand von Verhandlungen und Kritik bilden.

Indem die diakonische Grundstruktur sich dem Christusgeschehen verdankt, erfährt auch die Leitungsfunktion ihre „Umwertung" im Gegensatz zur Welt von Christus her. Schlüsseltext dazu ist das frühchristliche Bekenntnis Phil 2. Paul Philippi schreibt dazu: „In dieser ‚diakonischen' Fassung christologischer Aussage bleibt – in genauer Entsprechung zur ‚Grundordnung' die Bestimmung des πρῶτος [des ersten], der auf dem Thron seiner Herrlichkeit erscheint, bestehen; er bleibt der wirklich herrschende κύριος. Die Bestimmung wird aber gleichzeitig an seine irdische Lebensgestalt als ein Letzter gebunden, dergestalt, dass keine der beiden Bestimmungen aufgehoben wird und doch keine für sich gilt; sondern jede sich, sobald sie angesprochen wird, in der anderen offenbart"[166]. Herrsein muss danach – nach dem Vorbild Christi – nicht mit der radikalen Unterordnung in Widerspruch stehen. In Christus wird vielmehr eine Zusammengehörigkeit von Erstem und Letztem in seiner Person deutlich, die ein entsprechendes Verhältnis dieses solcherart Höchsten zu den Geringsten impliziert: „Ist Christus ‚nach der menschlichen Natur erhöht', so kann er es nur als jener geschichtliche Nazarener sein, der als der Diakonie-Übende ‚gekommen' ist, und mit den ‚Geringsten' solidarisch, unter uns weilte. Daß er als solcher gleichzeitig der Höchste blieb, gehört zu den in der Bibel am besten vorgebildeten Lehraussagen."[167] Christus offenbart damit eine solche diakonische Grundhaltung, bei der der Absteigende zu den Geringsten gleichzeitig der Höchste bleibt. Philippi sieht darin eine „eindeutige Gottesbewegung von Phil 2, die ‚aus den Beiden Eines' macht, indem sie den ‚Ersten' zum ‚Diakonos', den ἡγούμενος [Anführer] zum διακονῶν bestimmt. Erst in diesem Eintritt besteht die Diakonie."[168] Dieses christologische Modell der Einheit von Erstheit und Letztheit in der Person Christi überträgt Philippi auf die diakonische Leitungsfunktion und spricht in diesem Zusammenhang von einer „Hierodiakonie statt Hierarchie"[169], wenn die Leitung ihre Aufgabe ausübt in der „christologisch qualifizierten Weise des sich unterordnenden Dienens"[170]. Leitung wird dann „nicht [als] Herrschaft des einen Mitarbeiters über den anderen", sondern als „Dienst eines leitenden Mitarbeiters an allen anderen und an der diakonischen Institution" wahrgenommen[171], der bewusst die „Ambivalenz von christlich institutionalisierter Vollmacht, die ihm gegeben ist, und Dienst bewußt aushalten" soll[172]. Ihre Unterordnung bleibt freiwillig und büßt daher die Leiterschaft nicht ein[173], sondern die Leitung wird als diakonischer Dienst in diakonischer Qualität vollzogen.

Diese diakonische Qualität wird in doppelter Weise gewährleistet. Zum einen soll sich die diakonsiche Leitung in ihrem Handeln am geringsten Glied der Dienstgemeinschaft orientieren, an ihm Maß nehmen[174], beziehungsweise „die Fußstapfen der Diener und Unterprivilegierten suchen", um „heilende Gleichheit von unten her"[175] zu erreichen. Dabei drängt sich die Frage nach der Praktikabilität dieses Modells angesichts der impliziten Paradoxa von selbst auf. Ist Leitung in Orientierung am schwächsten Glied überhaupt denkbar, ohne die Wirtschaftlichkeit der ganzen Institution zu gefährden? Kann ein sich unterordnender Leiter noch seine Leitungsfunktion ausüben? Sobald das theologische Modell für die Praxis durchdacht wird, zeigt sich die Abstraktheit des Modells. Die diakonische Qualität ist eine Frage der persönlichen Gesinnung und nicht transparenter Maßstäbe. Während das Erster-sein dem Leitenden per Rollendefinition zufällt, bleibt er mit seinem je eigenen Gewissen dafür verantwortlich, wie er dieses Erster-sein als Letzter-sein vollzieht. Der Hinweis auf das Vorbild Christi kann hier nicht darüber hinwegtäuschen, dass das Modell einer praktikablen Lösung des Widerspruchs ermangelt. Hinzu kommt, dass die diakonische Grundhaltung immer schon fundamental bedroht ist. Die diakonische Gesinnung ist nach Philippi mit der Tatsache der Sünde zu konfrontieren, jener „im Menschen steckenden Korruption"[176], die dazu führt, dass „der Mensch ‚in Adam' herrschen und sogar in seinem Hilfehandeln ‚von oben herab' über dem anderen stehen will"[177]. Dieser Gefahr ist jedoch nur durch je eigene Gewissenserforschung zu begegnen. Aber gerade diese Forderung an die von der Sünde immer schon bedrohten leitenden Individuen führt unweigerlich zu der Anfrage, ob die diakonische Qualität der Leitung allein durch das Gewissen des Leiters gewährleistet werden kann. Ist damit nicht jede Institution dem – unverfügbaren – Gewissen seines Leiters ausgeliefert? Oder wird dem Leiter etwa zugemutet, sein Sündersein überwunden zu haben, bereits im Reich Gottes angekommen zu sein? Die Kirchengeschichte zeigt eher im Gegenteil auf, dass gerade kirchliche Ämter in besonderem Maße – vor allem aufgrund ihrer transzendenten Begründung – zu herrschaftskategorialen Missbräuchen tendieren. Darauf weist bereits der Amtsbegriff hin. Die EKD-Schrift zum Diakonat macht darauf aufmerksam, dass Amt eigentlich „einen Dienst in abhängiger, untergeordneter Stellung als Beistand oder Dienstleistung für andere beinhaltet"[178]. Biblisch-theologisch auffällig ist dabei insbesondere der Sachverhalt, dass die neutestamentlichen Texte die vier griechischen Amtsbegriffe τέλος, ἀρχή, τιμή und λειτουργία für den Zusammenhang der Gemeinde sämtlich vermeiden und durch διακονεῖν ersetzen[179]. Sie signalisieren damit den Anspruch, die herrschaftskategoriale Ausübung von Ämtern zu überwinden. Dennoch hat sich heute das Amtsverständnis längst gewandelt und meint nicht mehr untergeordneten Dienst, sondern bezeichnet vielmehr hoheitliche Aufgaben[180], die ein neues Oben-unten-Verhältnis auf Dauer stellen. An der Differenz von implizitem Anspruch und tatsächlichem Gebrauch des Amtsbegriffes wird deutlich, dass die Kennzeichnung von Leitung als Dienst eine „perfide Machtausübung" ermöglicht, die es erlaubt, dass sich die herrschaftskategorialen Momente der Ausübung im Gewand vorgeblicher diakonischer Qualität verstecken und aufgrund des Versteckspiels frei entfalten können, weil sie als solche nicht mehr erkennbar sind. Dieses diakonische Leitungsverständnis liest sich damit insbesondere als Gebrauchsanweisung des patriarchalen Leitungsstils, der väterliche Fürsorge und strenge Väterherrschaft miteinander verbindet. Es gibt dabei vielleicht ein relativ eindeutiges Kriterium zur Identifizierung hierarchischer Überordnung. Überall dort, wo in welcher Form auch immer Leitende nur noch in ihrer Leitungsfunktion auftreten, ohne auch solche Foren zu kennen und zu nutzen, auf denen sie als Mitarbeiter unter Mitarbeitern auftreten können, überall dort hat sich Leitung zur Hierarchie verfestigt. Doch solche Kriterien können unter dem theologischen Deckmantel der Dienstgemeinschaft im Kontext des individuellen Gewissens überhaupt nicht mehr wahrgenommen werden.

Die amerikanischen Verfassungsväter haben demokratische Machtteilung als Intervention gegen zwischenmenschliches Fehlverhalten interpretiert: „If men were angels, no government would be necessary. If angels were to govern men, neither external nor internal controls on government would be necessary. In framing a government which is to be administrated by men over men, the great difficulty lies in this: you must first enable the government to control the governed; and in the next place oblige it to controll itself. – Wenn die Menschen Engel wären, so bräuchten sie keine Regierung. Wenn Engel die Menschen regierten, dann bedürfte es weder innerer noch äußerer Kontrollen der Regierenden. Entwirft man jedoch ein Regierungssystem von Menschen über Menschen, dann besteht die große Schwierigkeit darin: man muss zuerst die Regierung befähigen, die Regierten zu beherrschen und sie dann zwingen, die Schranken der eigenen Macht zu beachten."[181] Im Bewusstsein, dass Menschen fehlen und immer fehlen können, indem sie mit ihren Möglichkeiten zu handeln Missbrauch treiben, wird eine Kontrolle notwendig, die die Selbstkontrolle der Regierenden durch private Rechenschaftslegung vor sich selbst übersteigt. Weil menschliches Fehlverhalten auch das je eigene Gewissen korrumpieren kann, wird die einzig wirksame Kontrolle in der gegenseitigen Kontrolle verschiedener Machtinstitutionen, also zwischenmenschlicher Selbstkontrolle gesehen. Unter dieser Perspektive wirkt die private Selbstkontrolle diakonischer Leitung wie eine gänzliche Überforderung der Leitenden beziehungsweise wie eine Nichtkontrolle, insofern der Aspekt der Rechenschaftslegung nach außen fehlt.

Der Dritte Weg

Am weitesten arbeitsrechtlich ausgestaltet ist indes die kirchliche Haltung gegenüber dem Tarifrecht im Horizont der diakonischen Dienstgemeinschaft. Das Konzept der Dienstgemeinschaft zeigt nach eigenem Anspruch und in bewusster Abgrenzung gegenüber säkularen Formen institutioneller Organisation einen „Dritten Weg" der Zusammenarbeit von Arbeitgebern und Arbeitnehmern auf. So wird im Namen der Dienstgemeinschaft eine hierarchische Über- und Unterordnung abgelehnt und stattdessen „eine ganzheitliche Form der Zusammenarbeit vorgezeichnet, in der die Dominanz einer Amtsgruppe oder hierarchische Strukturen im Dienstrecht keinen Raum haben"[182], die arbeitsrechtliche Regelungen nach einem „Ersten Weg" implizieren würde. Gleichzeitig wird das Konzept der Dienstgemeinschaft aber auch als unvereinbar angesehen mit dem tarifrechtlichen „Zweiten Weg" der Interessenregelung durch Tarifverhandlungen von Arbeitgebern und Arbeitnehmern. Bereits der Titel Arbeitgeber und Arbeitnehmer wird für den diakonischen Dienst teilweise abgelehnt, weil er dem Charakter der Dienstgemeinschaft zuwiderlaufe. Vor allen Gegensätzen soll im diakonischen „Dritten Weg" zunächst das Gemeinsame des einheitlichen Dienstes zu Bewusstsein kommen, in dem es lediglich funktionell unterschiedlich Dienstgeber und Dienstnehmer geben kann. Dem gegenüber werden die gesellschaftlichen Vorgaben der Tarifverhandlungen als „dienstfeindlich"[183] angesehen, weil diese ein „institutionalisiertes Gegeneinander"[184] implizieren. Den Tatbestand dieses Gegeneinanders entnimmt das diakonische Modell der „arbeitsrechtsüblichen Arbeitgeber/Arbeitnehmer-Polarität"[185], die aufgrund von Konfrontation einen „Kampf miteinander"[186] betreibe, der „auf soziale Gegnerschaft ausgerichtet"[187] sei. Insbesondere wird darauf hingewiesen, dass der sozialistische Interessensgegensatz von Arbeit und Kapital nur für den Wirtschaftsbereich gelte[188]. Diese Gegnerschaft soll auf mehreren Ebenen vermieden werden. Statt des Arbeitskampfes ist im diakonischen Dienstrecht der AVR eine paritätisch besetzte Institution aus Dienstgebern und Dienstnehmern vorgesehen, um so dem diakonischen Konzept der Dienstgemeinschaft zu entsprechen und in „Versöhnung"[189] und „brüderlichem Einvernehmen"[190] und „mithilfe der begrifflich impliziten Kategorien Partnerschaft, Solidarität und Wortgebundenheit (in theologisch abgeleiteter Diktion: Unterschiedlichkeit, Gleichwertigkeit und Christusgebundenheit)"[191] die anstehenden Regelungen zu treffen. Zum zweiten soll eine eigene Mitarbeitervertretungsordnung (MVO) das Betriebsverfassungsgesetz ersetzen, die im Zeichen der Dienstgemeinschaft steht, worauf die Präambel der MVO eigens hinweist. Dabei spielt eine besondere Rolle, dass statt arbeitsgerichtlicher Interventionsmöglichkeiten der Mitarbeiterschaft nur die Anrufung einer innerkirchlichen Schlichtungsstelle vorgesehen ist, deren Entscheidungen jedoch für Dienstgeber keineswegs bindend sind. Somit bleibt die Wahrung des Dienstnehmerrechtes fundamental ungesichert.

In der innerdiakonischen Kritik dieses Dritten Weges wird vor allem bemängelt, dass dieser Dritte Weg lediglich „reale Gegensätze" verschleiert und damit ungerechte Handlungsstrukturen verfestigt[192]. Die Rede von dem einen Amt und den vielen Gliedern übersieht, dass es innerhalb der realen Dienstgemeinschaft nachweislich ungleiche Glieder gibt[193], deren Ungleichheiten nicht einfach in der Einheit des christlichen Auftrags aufgehoben werden können. Das Konzept leidet denn auch an der Schwierigkeit, auszuführen, wie sie unter derart harmoniegeladenen Begriffen wie Versöhnung und Brüderlichkeit noch angemessen mit Konflikten umzugehen vermag. In jüngster Zeit wird daher wieder verstärkt darauf hingewiesen, dass Konflikte als Chancen wahrgenommen werden können, wenn sie „in gegenseitigem Respekt" ausgetragen werden[194]. Wie Konflikte ohne eine Kultur des Konfliktes überhaupt offen ausgetragen werden können, bleibt indes innerdiakonisch ungelöst. Die jüngsten Leitlinien sprechen nur noch äußerst vorsichtig von der Dienstgemeinschaft, wobei auch wieder zu lesen ist, dass es so etwas wie „diakonische Arbeitgeber"[195] tatsächlich gibt. Auch der Versuch, den Interessensgegensatz allein als einen solchen von Arbeit und Kapital zu beschreiben, ist nicht überzeugend. Immerhin wird das Tarifrecht ebenso vom Öffentlichen Dienst angewandt, der im Gegensatz zu Wirtschaftsbetrieben einen solchen Gegensatz nicht kennt. Damit wirkt das Konzept der Dienstgemeinschaft im Kontext des Dritten Weges wie eine großangelegte Verschleierungstaktik, die ein theoretisches Modell der Gleichheit und Harmonie wie eine Decke über die faktischen Verhältnisse und Konflikte breitet und institutionell absichert. Dabei wird vermieden, den realen Verhältnissen ins Auge zu sehen, um angesichts der Ungleichheiten gleiche Zugangsmöglichkeiten zu Entscheidungsräumen zu ermöglichen, die freiheitliche Gleichheit konkret begründen könnte. Die Geschichte der arbeitsrechtlichen Kommission, dem Harmonieorgan der diakonischen Interessenvertretung im Gegensatz zum Tarifstreit, bietet dazu eine Fülle von Beispielen. Die Arbeit dieser Kommission funktioniert vor allem dadurch, dass sich die Mitarbeiter für ihre Belange kaum noch interessieren, weil sie sich in dieser Kommission gar nicht vertreten fühlen. Dadurch, dass Ungleichheit unter einen diakonietheoretischen Deckmantel der Einheit und Gleichheit gerät, kann auch nicht mehr reflektiert werden, wann das Machtgefüge in ungleiche Bahnen gerät. Das Konzept der Dienstgemeinschaft bleibt damit blind gegenüber Herrschaftsmomenten.

Nicht nur der Dritte Weg in Form von Tarifauseinandersetzungen, sondern auch das Mitarbeitervertretungsrecht[196] macht offensichtlich, dass das Proprium des Konzeptes der Dienstgemeinschaft allein von den Dienstnehmern bezahlt wird. Das Konzept beruht in seinen konkreten Implikationen allein auf der Einschränkung klassischer Arbeitnehmerrechte[197]. Der Dienst wird in seinen institutionspolitischen Komponenten überlagert von theologischen Implikationen, die die innerinstitutionellen Konflikte verbergen, statt sie zu erhellen. Schaut man die arbeitsrechtliche Kommission der Diakonie genauer an, so wird schnell deutlich, dass sie in keiner Weise einen Ersatz für die tarifliche Interessenvertretung bilden kann. Ihr Handeln ist nicht nur gänzlich unsichtbar und wird von den Hilfeleistenden der Diakonie überhaupt nicht wahrgenommen, sie ist in ihrer paritätischen Besetzung auf Arbeitnehmer-, sprich Dienstnehmerseite, oftmals wiederum von der diakonischen Führungsebene vertreten, die ja selbst innerhalb der Großinstitution Dienstnehmer sind. Die Einebnung des Konfliktes hat eine Blindheit gegenüber angemessener Repräsentation zur Folge. Wahrscheinlich wird sich bald herausstellen, dass das Konzept der Dienstgemeinschaft nur so lange funktioniert, wie die Kirche die anstrengenden Tarifauseinandersetzungen vom öffentlichen Dienst aushandeln lässt, um dann das ausgehandelte Ergebnis in ihr eigenes BAT-KF meist unbesehen zu übernehmen. Die jüngsten Versuche, aus den tariflichen Ergebnissen des Öffentlichen Dienstes auszubrechen, könnten sich schon bald als der Anfang vom Ende des arbeitsrechtlichen Versöhnungsmodelles herausstellen, weil die arbeitsrechtliche Versöhnung nur unter Verschiebung von Konfrontationen auf Foren außerhalb der Institution zu erkaufen ist. Die Praxis, die Ergebnisse der Tarifauseinandersetzungen je nach Gutdünken zu übernehmen, ohne sich selbst an dem harten Geschäft der Kompromissfindung zu beteiligen, wirkt dabei „schwerlich als ein kreativer Akt kirchlicher Autonomie"[198], sondern auch ausgesprochen bequem und unfair.

Die Frage nach dem Gehalt

Diese arbeitsrechtlichen Konsequenzen des Dienstgemeinschaftsmodells gehen indes manchen Autoren noch nicht weit genug. Der Versuch aus den Ergebnissen der Tarifverhandlungen des Öffentlichen Dienstes auszubrechen, entsteht nur zum Teil aus dem neuen Kostensparungsdruck. Eine unterschiedliche Besoldung ist eigentlich mit dem Konzept der Dienstgemeinschaft im wechselseitigen Dienen auf gleicher Ebene nicht vereinbar[199]. Weil es in der diakonischen Dienstgemeinschaft kein Oben und Unten mehr gibt, fragt sich auch, warum die Putzfrau anders entlohnt wird als der Leiter der Einrichtung. Müsste nicht eigentlich unter diesem Blickwinkel das ganze Lohnsystem verändert werden, so dass es sich nicht am „tariflichen Einkommen" orientiert, sondern am „gerechten Auskommen"[200]? Nun sucht auch die tarifrechtliche Auseinandersetzung nichts anderes als eine gerechte Lohnstruktur. Doch geht die innerdiakonische Diskussion einen anderen Weg. Im Einzelnen wird dabei überlegt, ob sich das Einkommen nicht weniger an der Qualifikation, sondern stärker an der Arbeitsbelastung orientieren soll. Dies wäre nichts anderes als eine verstärkte Leistungsorientierung, mit der aber gerade die protestantische Rechtfertigungslehre ihre eigenen Schwierigkeiten hat. Kann der Dienst als dankbar angenommene Gabe noch als Leistung entlohnt werden? Wer soll diese Leistung gerecht messen? Würde der Lohn nach dem diakonischen Modell dann nicht vielmehr Christus selbst zustehen? Oder sollten Unterschiede in der Lohnzahlung gar gänzlich ausgeglichen werden, so dass jeder Mitarbeiter, gleich welcher Tätigkeit, vollständig gleich entlohnt wird? Durch solche Fragen wird der utopische, realitätsfremde Charakter des Modells deutlich. Dieser utopische Charakter gipfelt in der Forderung eines Bischofs an die Beschäftigten seiner Kirche, „daß sie ihre Vergütung nicht in erster Linie als Verdienst ansehen, sondern als eine besondere Chance, nun ohne Rücksicht auf den notwendigen Broterwerb und eine deshalb notwendige Berufstätigkeit am Dienstauftrag der Kirche teilnehmen zu können."[201] Dabei sind endgültig die bestehenden Verhältnisse auf den Kopf gestellt. Das Konzept der Dienstgemeinschaft hat sich als utopisches Modell von allen realistischen Verhältnissen verabschiedet. Das Gehalt wird zur Gabe der Kirche mit sozialstaatlicher Refinanzierung zur Anregung quasi ehrenamtlicher Tätigkeit. Die Tatbestände beruflicher sozialer Arbeit, so beispielsweise Dienstpflichten und Weisungsgebundenheit ebenso wie fachliche Qualifikation scheinen unter dieser Perspektive gar nicht mehr zu existieren.

Miteinander oder Füreinander

Aus politischer Perspektive ist durch die Auseinandersetzung mit den konkreten Implikationen noch nicht das Zentrum der Kritik des Konzeptes der Dienstgemeinschaft getroffen. Dieses liegt vielmehr im Dienstverständnis selbst. Der Kern dieses Dienstverständnisses besagt, dass das christliche Dienen in klarer Abgrenzung gegen nichtkirchliche Verhältnisse, begründet durch das dienende Vorbild Jesu, jedes Herrschaftsgebaren, das auch die Hilfeleistung offensichtlich oder unterschwellig bestimmen kann, aufbricht und korrigiert. Dieses Dienstverständnis geht schließlich über das Miteinander helfender Mitarbeiter hinaus. Statt Hilfsbedürftige zu Opfern des Hilfsprozesses zu machen, sollen diese im Gegenteil das Hilfegeschehen bestimmen, während Hilfeleistende lediglich Erfüllungsgehilfen dieser Selbstbestimmung der Hilfebedürftigen sind. Theißen bringt diese Form des Dienstverständnisses auf den Punkt wenn er in seiner Exegese von Mt 25 feststellt: „Ihre Hilfe für Notleidende ist Dienst an Höhergestellten mit königlichem Status."[202]

Neben ganz konkreten Fragen nach der Praktikabilität dieses Konzeptes, die bereits gestellt wurden, ist die Ansicht auch grundsätzlich zu hinterfragen, dass diakonischer Dienst „herrschaftsfreier Dienst"[203] ist, indem er sich bewusst als Ablehnung und Gegenkonzept zu Herrschaft unter christologischer Maßgabe versteht[204]. Aus der politiktheoretischen Perspektive des Denkens von Hannah Arendt wird deutlich, dass Dienen lediglich die Kehrseite des Herrschens darstellt. Dienende unterstützen Herrschaft, machen sie erst möglich. Dienendes Tätigsein bleibt herrschaftskategorial, weil es dem besonders Hilfebedürftigen das Herr-sein über das Hilfegeschehen ermöglichen soll. Doch gerade dadurch ist Hilfsbedürftigen gar nicht geholfen. Sie bezahlen ihr Herr-sein mit Einsamkeit. Arendt bemerkt zu der Verwandlung von freiheitlich-welthaftem Handeln in herrschaftskategoriale Vollzüge: „An die Stelle der dieser Artikulation adäquaten Bezüge zwischen dem Einen, der anfängt, und den Vielen, die gemeinsam vollbringen, tritt das Verhältnis zwischen Befehl und Vollstreckung, in dem der Befehlende und die vollstreckend Gehorchenden sich in keinem Moment des Handelns mehr miteinander verbünden. Der Herrscher und Befehlshaber bleibt allein und isoliert von den anderen, als sei er für immer gleichsam festgefroren in der Position des Anfangenden und Anführenden. [...] Zwar mag der erfolgreiche Herrscher und Befehlshaber es sich leisten können, das für sich allein in Anspruch zu nehmen, was nur durch die Hilfe der Vielen hat vollbracht werden können, aber damit monopolisiert er für sich die zahllosen Kräfte, ohne deren Hilfe seine Stärke machtlos geblieben wäre. In dieser monopolisierenden Anmaßung, in der es ein eigentliches Handeln gar nicht gibt, weil weder der Befehlende noch die Vollstreckenden je wirklich handeln, entsteht dann das Trugbild, daß der Starke am mächtigsten allein sei."[205] Nun liegt der Fall der Hilfsbedürftigen natürlich anders als der der Herrscher. Ihr Herrsein im Hilfegeschehen soll ihre Schwäche, die in ihrem Angewiesensein auf Hilfe offenkundig ist, ausgleichen. Indem sie das Hilfegeschehen bestimmen, sollen sie Stärke gewinnen, so dass Stärken und Schwächen zwischen Hilfsbedürftigen und Helfenden quasi ausgeglichen werden. Die Ungleichheit in der Verteilung der Handlungsmöglichkeiten zwischen Hilfsbedürftigen und Helfern soll ausgeglichen werden durch eine freiwillige Zurücknahme der Initiativität der Helfenden, eine Reduktion von Handlungsfreiheit. Der Ausgleich zwischen Helfenden und in besonderem Maße Hilfsbedürftigen geschieht dem Modell nach durch Monopolisierung des Anfangens. Der Hilfsbedürftige soll das Hilfegeschehen bestimmen, während der Helfende dienendes, ausführendes Organ ist. Diese dienende Haltung bleibt freiwillig und damit in problematischer Weise willkürlich. Hinzu kommt, dass die Einsamkeit der Preis dieses Dienstverhältnisses ist, wie auf dem Hintergrund des Denkens von Hannah Arendt deutlich wird. Indem sich beide nicht mehr auf gleicher Ebene begegnen, weil nicht mehr beiden die gleiche Zugangsberechtigung zur Bühne des Handelns zugesprochen werden soll, kann auch kein Bezugsgewebe entstehen, das beide im Handeln miteinander verbindet. Das Defizit des Miteinanders ist ein solches des Miteinanderhandelns, in dem die Vermögen des Anfangenkönnens ein Gewebe bilden. Durch die Monopolisisierung des Anfangens durch Aufteilung in Herrschen und Dienen entfällt die Möglichkeit, ein solches Gewebe zu initiieren.

Zum anderen liegt dem herrschaftskategorialen Bezug zwischen Menschen ein Defizit der Kommunikation zugrunde. Auch hier hilft das griechische Verständnis des Miteinanders weiter, wie es Arendt in ihrer Analyse herrschaftskategorialer Vollzüge reflektiert: „Wenn die Griechen meinten, daß Sklaven und Barbaren ‚aneu logou' seien, des Wortes nicht mächtig, so meinten sie, sie befänden sich in einer Lage, in der freie Rede unmöglich ist. In der gleichen Lage befindet sich der Despot, der nur das Befehlen kennt; um reden zu können, brauchte er andere ihm Gleichgestellte."[206] Auf die Hilfesituation übertragen bedeutet dies, dass freie Rede, wirkliches Miteinanderreden, nur möglich ist, wo man sich auf gleicher Ebene begegnet. Das Denken in Herrschafts- oder Dienstkategorien verhindert aber eben diese Begegnung auf gleicher Ebene. Dabei ist an die Form der damit geforderten politischen Gleichheit zu erinnern, die nicht eine generelle Angleichung zum Ziel hat, sondern im Gegenteil lediglich eine gleiche Zugangsberechtigung zum Handlungsraum impliziert und dabei abblendet von allen anderweitigen, wie auch immer gearteten Verschiedenheiten und Ungleichheiten. Die Gleichheit betrifft das Anfangenkönnen im politischen Raum, im Tun dem Urteil der anderen ausgesetzt und offen für Fortführung des Angefangenen durch andere zu sein. Nicht die Zurücknahme des Stärkeren garantiert die Gleichheit, sondern der gleiche Zugang zu gemeinschaftlichen Möglichkeiten, der Einbezug der Initiativmomente auch derer, die für sich weniger Möglichkeiten haben. Ihre je individuellen Möglichkeiten verlieren im gemeinsamen Handlungsraum ihre Bedeutung angesichts der Möglichkeiten gemeinsamen Handelns und das Zuhilfeeilen der Vielen im Handeln aktiviert erst die höchsten menschlichen Möglichkeiten. Gleichheit geschieht nicht durch Ausgleich von Möglichkeiten, sondern durch Initiierung gemeinsamer Handlungsmöglichkeiten unter Einbezug der Initiativkräfte aller Beteiligten. Es wird einen fundamentalen Unterschied in der Wahrnehmung des Hilfegeschehens bedeuten, ob dieses Hilfegeschehen um die Kompensation von Defiziten bemüht bleibt oder daran interessiert ist, mit den vorhandenen Möglichkeiten etwas Gemeinsames zu gestalten, das möglichst viele Initiativmomente integriert. Helfen bedeutet im Horizont des politischen Denkens mehr als individuelle Hilfestellung, es impliziert vielmehr eine Anwaltschaft für die Welt und damit die Ermutigung zum Einbringen von Initiativen in die Welt sowie Hilfestellung bei der Integration der Initiativkräfte und Perspektiven von solchen, die aus Handlungsverbänden ausgeschlossen sind.

Wenn das diakonische Dienstverständnis die Ungleichheit in der Stärke zwischen Helfenden und Hilfsbedürftigen ausgleichen will, bedeutet dies nicht eine gleiche Ebene, auf der sich die Akteure des Hilfegeschehens begegnen können, sondern die Ungleichheit in der individuellen Selbstständigkeit soll ausgeglichen werden durch eine reziproke Ungleichheit im Anfangen und Folgen, im Bestimmen des Hilfegeschehens, nur dieses Mal mit umgekehrtem Vorzeichen, so dass der schwächere Partner das Geschehen bestimmen können soll. Dieser Sachverhalt ändert sich auch dann nicht wesentlich, wenn das Gefälle des Tätigseins für andere aufgelöst wird durch das Modell des Füreinander-Tätigseins. Das „Füreinander wird aufgehoben im Miteinander", so dass beide Partner „aufgrund der gleichen Verbundenheit mit Christus eines Sinnes" sind[207]. Es entsteht so ein „Miteinander, das sich in wechselseitiger Fürsorge aktualisiert"[208]. Unter politischer Perspektive ist diese Behauptung fragwürdig. Ein Für-andere-Tätigsein kann nicht ein Miteinander aktualisieren. Das Miteinander liegt vielmehr jenseits des Füreinanders, auch wenn dieses einen bedeutenden Platz im Miteinander einnehmen kann. Der Fehler liegt in der impliziten Behauptung, dass das Füreinander von selbst ein Miteinander entstehen lässt. Dabei wird übersehen, dass dem Miteinander Qualitäten zukommen, die dem Füreinander fremd sind. Das Füreinander blendet ab vom Gemeinsamen des Miteinanders. Es vollzieht sich herstellungskategorial quer zum bestehenden Bezugsgewebe. Wer für einen anderen tätig wird, zwingt diesen, diese Tätigkeit zu erdulden. Der Duldende kann nun seinerseits darauf aufmerksam machen, dass der Fürsorgende hilfsbedürftig ist und darum seinerseits Für-Sorge von ihm erdulden muss. Dennoch bleiben beide merkwürdig isoliert voneinander. Konkret erleben wir diesen Zusammenhang meist im Kontext einer Haltung: Wie du mir, so ich dir. Ich helfe dir, weil ich möglicherweise selbst irgendwann deine Hilfe brauche und hoffe, dass du mir dann ebenso hilfst. Solche stillschweigenden Abkommen können sich mehr oder weniger stark an dem internen Austausch der Hilfe orientieren. Das Konzept des Füreinanders wird nie ganz loskommen von der Sorge, dass das Hilfekonto beider Partner relativ ausgeglichen bleibt. Fürsorgende halten damit den jeweils anderen auf der Distanz des ausgeglichenen Austausches von Hilfeleistungen. Aber damit nicht genug. Nicht nur andere, auch sich selbst isolieren sie von einem möglichen

Miteinander. Dienen signalisiert eine Selbstzurücknahme des Dienenden zugunsten des anderen. Dienende bringen bestimmte Bereiche ihrer Persönlichkeit als Handelnde gerade nicht ein in die Handlungsgemeinschaft, um sich stattdessen ganz auf die Hilfe für den anderen zu konzentrieren. Sie berauben sowohl sich selbst als auch die helfenden Beziehungen ihrer höchsten Möglichkeiten[209].

Ein freiheitlich konstituiertes Miteinander hingegen liegt auf einer gänzlich anderen Ebene, die Handeln und Dulden miteinander verbindet: „Weil sich der Handelnde immer unter anderen, ebenfalls handelnden Menschen bewegt, ist er niemals nur ein Täter, sondern immer auch zugleich einer, der erduldet. Handeln und Dulden gehören zusammen, das Dulden ist die Kehrseite des Handelns; die Geschichte, die von einem Handeln in Bewegung gebracht wird, ist immer eine Geschichte der Taten und Leiden derer, die von ihr affiziert werden. [...] Da Handeln immer auf zum Handeln begabte Wesen trifft, löst es niemals nur Re-aktionen aus, sondern ruft eigenständiges Handeln hervor, das nun seinerseits andere Handelnde affiziert."[210] Erst in diesem Zwischen, in dem eigenständig Handelnde auf diese Weise aufeinander treffen, entsteht das Miteinander, das Hannah Arendt mit einem Bezugsgewebe vergleicht, in dem jedes Tun und Reden einem Faden gleicht, der in das bereits vorhandene Gewebe von Fäden hineingewoben wird. Dieses Gewebe gelingt aber nur dann, wenn keiner herrscht und keiner dient. Helfen im Kontext der Handlungsgemeinschaft von Handelnden braucht damit nicht nur einen Sinn dafür, Herrschaft im Helfen zu vermeiden, sondern auch einen Sinn für das Miteinander, die Liebe zur Welt. Erst wenn dieses freiheitliche Miteinander selbst als wertvoll erlebt wird, erhält auch das Füreinander seinen ihm zukommenden Ort im Kontext der Freiheit. Nicht das Füreinander aktualisiert das Miteinander, sondern die Lust am Miteinander aktualisiert Für-Sorge. Dabei kann diese Liebe zur Welt eine solche Dominanz einnehmen, dass die Opfer, die die Fürsorge freisetzt, angesichts der Liebe zur gemeinsam gestalteten Welt unbedeutend werden, zumal im Miteinander die Hilfe nicht auf einzelnen lastet, sondern viele zur Hilfe kommen können. Ein Herrschaftsausgleich, wie es das Konzept des Füreinanders kennt, ist im Kontext des handelnden Gestaltens eines Bezugsgewebes gar nicht mehr notwendig, ja steht ihm sogar im Wege, weil der Herrschaftsausgleich durch Selbtzurücknahme der Helfenden deren Handlungsmöglichkeiten reduziert, statt sie zu fördern. Folgerichtig wird im Konzept der Selbsthilfebewegung als Konzept einer selbsthelfenden Handlungsgemeinschaft der Fürsorgeaspekt zugunsten des Aspektes der Handlungsgemeinschaft stellenweise fast unsichtbar.

In diesem Kontext erhalten erst einzelne Aussagen der Diakoniewissenschaft ihren vollen Sinn, die deutlich machen wollen, dass „das pure Für trennt, nur das Miteinander schafft bleibende Hilfe und zwar für beide Seiten"[211]. Vielmehr muss „Für-Sorge im Mit-Tun ‚aufgehoben' sein"[212], so dass „vor allem Für-Andere-da-Sein das Mit-anderen-Leben"[213] stehen muss. Im „Das habe ich für dich getan" erkennt Bach eine Kluft, die im „Das haben wir getan" verschwunden ist[214]. Hilfe braucht Kooperation[215]. Ausdrücklich gefordert wurde dieses Umdenken auf der Weltkirchenkonferenz in Nairobi, wo die Formel der Kirche mit den Armen statt für sie eigens geprägt wurde[216]. Von der Perspektive des Denkens von Hannah Arendt aus ist der Kontext dieses Miteinanders aufweisbar. Die feine, aber tragende Unterscheidung zwischen Füreinander und Miteinander, die in der diakonischen Literatur noch meist synonym auftauchen, wird deutlich durch Arendts Weltkonzept, das jenseits von allem Rekurs auf individuelle Möglichkeiten und Bedürfnisse auf die gemeinsamen Handlungsräume rekurriert.

Erst in diesem Kontext der Suche nach einer authentischen Form des Miteinanders wird auch der Sinn des neueren Versuches verständlich, diakonisches Handeln nach ihrem „Auszug aus der Gemeinde" neu an die Gemeinde zurückzubinden. Gemeinde übernimmt in diesen neueren Diakonieansätzen vielfältige Funktionen. Sie kann als lebendige Gemeinde „Empfangsraum" sein nach der Entlassung aus einer Eirichtung[217] und als solcher Empfangsraum auch „Integrationsraum"[218], indem sie als bestehendes „Netzwerk nachbarschaftlichen Helfens"[219] Möglichkeiten des Miteinanderhandelns und Sprechens eröffnet. Sie kann therapeutischen Charakter[220] annehmen als „heilende Gemeinschaft"[221], indem die „Vereinzelung aufgehoben [wird] in der Gemeinschaft"[222] und in ihr Welt jenseits der Hilfsbedürftigkeit aufscheint, so dass die Gemeinschaft gleichzeitig innerhalb des gemeindlichen Miteinanders auch Fürsorgemöglichkeiten bietet. Gemeinde verbindet Menschen, doch nicht, wie es das innerinstitutionelle Hilfegeschehen manches Mal suggeriert, indem es die einzelnen zu einer Kette formt, sondern indem sie den Netzcharakter des Miteinanders deutlich macht[223]. Die Gemeinde kann dort, wo sie nicht nur Gottesdienstgemeinschaft einer nahezu passiven Gemeinde unter der Leitung eines allzuständigen Pastors ist, tatsächlich Momente einer integrierenden, freiheitlich qualifizierten Handlungsgemeinschaft tragen, die die Initiativmöglichkeiten auch solcher, die weniger individuelle Möglichkeiten aufgrund spezifischer Behinderungen haben, integrieren und ihnen in ihren Initiativen handelnd zur Hilfe eilen. Kritisch ist gegen dieses Konzept anzumerken, dass die Gemeinden angesichts des fortschreitenden Schrumpfungsprozesses der volkskirchlichen Ortsgemeinden immer weniger geeignet erscheinen, derartige Integrationsräume anzubieten, so dass die Rückbindung an die Ortsgemeinde angesichts dieser Entwicklung anachronistisch und utopisch anmutet, so sehr diese auch zu wünschen wäre[224].

Im Zuge dieser Entwicklung entdeckt die Diakoniewissenschaft neu die Möglichkeiten der Selbsthilfe. Nachdem kirchliche Diakonie lange der Selbsthilfebewegung aufgrund ihres „altruistischen"[225], unterordnend-dienenden Konzeptes von Ehrenamt fremd gegenüberstand, wird in der jüngeren Diskussion die Forderung nach einer besseren „Zusammenarbeit", „Kooperation" beziehungsweise „konstruktiven und kritischen und selbstkritischen Partnerschaft" laut[226]. Doch geht es in der Diskussion über die Selbsthilfebewegung letztlich um mehr als um einfache Zusammenarbeit. Vielmehr kann – so der Anspruch – Diakonie von der Selbsthilfebewegung lernen. In den Bürgerinitiativen wird die „[selbst-]heilende Kraft der Gesellschaft" erkannt und damit ein Moment „konkreter Hoffnung"[227], so dass sich „Christeninitiativen" als Pendant zu Bürgerinitiativen entwickeln können[228]. Dabei spielen insbesondere die Selbsthilfeprinzipien „Selbsthilfe", „Partizipation", „Freiraum für eigenverantwortliches Handeln" eine herausragende Rolle, die es neben dem Anspruch des diakonischen Dienstverständnis ermöglichen, dass aus Betroffenen Beteiligte werden[229]. Gegen den Alptraum einer „bedienten Gesellschaft"[230] rekurriert die Selbsthilfebewegung auf die Förderung der eigenen Kompetenz[231] und dies eben nicht nur auf der Seite der Hilfsbedürftigen, sondern auch auf der Seite der Helfenden. Im Gegensatz zum meist weit verbreiteten Verständnis von Ehrenamt als „Fremdbestimmung und Zuarbeit" wird entdeckt, dass Selbsthilfe vom selbstbestimmten Tätigsein auch der Helfenden ausgeht[232]. Die Selbsthilfegruppe wird zum „Ausdruck eines ‚anderen' Helfens, das die vorhandenen Hilfestrukturen der Gesellschaft ergänzen, hinterfragen, erweitern mag"[233]. Erst in dieser Form der Selbstbestimmung der Helfenden wie der Hilfsbedürftigen kann eine „Symmetrie von Beziehungen" als „Elementarform politischen Handelns"[234] entstehen, indem die Beteiligten ihre Kompetenzen in die Handlungsgemeinschaft einbringen können. Insofern kann Macht im positiven Sinne Hannah Arendts entstehen, indem Hilfsbedürftige befähigt werden, „sich zu organisieren, sich der Macht [des Zusammenschließens] bewußt [zu] werden [...] und Eigenständigkeit und Selbstbestimmung" zu verwirklichen[235]. Erst wenn alle Beteiligten ihre Initiativität einbringen können, kann ein Bezugsgewebe des Handelns und Sprechens entstehen, in das jeder so involviert ist, dass dieses Gewebe im Sinne Hannah Arendts eine Eigendynamik entwickeln kann, die von einzelnen Unterschieden abzusehen vermag, weil das verbindende Gewebe die Priorität erhält vor allen Ungleichheiten. Das Miteinander erhält damit eine Bedeutung für alle an ihm Beteiligten, mit der dann auch Lust und Freude an diesem Miteinander verbunden sein können[236]. Damit wird die Stellung von Hilfsbedürftigen in diesem Miteinander zum Prüfstein für den Charakter einer Handlungsgemeinschaft. Sofern Behinderung erst in zweiter Linie wichtig sein kann[237], insofern das Miteinander sich nicht ausschließlich um die bestehenden Schwierigkeiten dreht[238], ist Raum vorhanden für wirkliches Miteinander-handeln, zum Weben eines politisch qualifizierten Bezugsgewebes. Bach spricht in diesem Zusammenhang davon, dass das Miteinander in Selbstverständlichkeit geschieht[239], bei der das, womit Menschen sich beschäftigen, wichtiger wird als eventuell behindernde Einschränkungen. Diese Selbstverständlichkeit drückt sich gegenüber Hilfsbedürftigkeit aus in einer von Bach so genannten „Na-und?-Haltung"[240], die signalisiert, dass Unterschiede in der reflexiven Selbsthilfefähigkeit keine Barriere für das Miteinanderhandeln darstellen. Im Rückgriff auf Tocqueville könnte man sagen, dass Menschen im Miteinanderhandeln entdecken können, dass ihr individuelles Können gar nicht von großer Bedeutung ist im Vergleich mit den Möglichkeiten, die sich aus dem Zusammenschluss zum Zusammenhandeln ergeben können. Jeder einzelne, ob behindert oder nicht behindert – ist ohnmächtig. Der Rückzug auf die Privatsphäre mit ihren individualistischen Möglichkeiten ist ein Selbstbetrug, der der politischen Bevormundung Tür und Tor öffnet. Transitive Selbstbestimmung, etwas selbst zu bestimmen, im Gegensatz zur reflexiven Bestimmung seiner selbst ist erst möglich im Zusammenhandeln mit anderen.

Würde dieses Miteinander im diakonischen Kontext durchdacht werden, würde auch der falsche Ansatz des Dritten Weges offensichtlich. Die Vermeidung von Interessensgegensätzen verhindert gerade ein machtvolles Miteinander, das in Selbstbestimmung gründet. Mitarbeiter sind gebeten, ihre Interessen nicht oder doch wenigstens leiser zu äußern. Damit werden im Bild Hannah Arendts Fäden des Bezugsgewebes gekappt und Initiativität beschnitten. Auch wenn nicht bestritten werden kann, dass es im politischen Miteinander oftmals zu Konstellationen kommt, in denen sich Parteiinteressen gegenseitig blockieren, so kann die Lösung solcher unfruchtbarer Konfrontation nicht die Zurücknahme der Interessenhaftigkeit bedeuten und damit die Lahmlegung der politischen Dynamik, sondern der politisch einzige Weg liegt im Ringen um das konkrete Gemeinsame, in das die einzelnen Interessen eingebracht werden können. Nur wenn der gemeinsame Handlungsverband und das Interesse an diesem die partikularen Interessen an Bedeutung übertrifft, lösen sich solche Blockaden zugunsten fruchtbarer Kompromisse.

In enger Verbindung mit dem Dienstgemeinschaftskonzept steht die diakonische Einschränkung der Grundrechte der Koalitionsfreiheit[241]. Interessenskoalititionen sollen dem Dienstgemeinschaftsgedanken und damit das Gegeneinander der vorgegebenen Einheit des Dienstes untergeordnet werden. Abgesehen von der Frage, wie diese Einheit des Dienstes genau zu bestimmen ist und ob diese Einheit erfahrbar ist – gerade auch im Zusammenhang der volkskirchlichen Diakonie –, drängt sich aus politiktheoretischer Perspektive die Problematik auf, dass eine Einschränkung von Handlungsgemeinschaft und ihrer Kompetenzen zu einer Reduzierung ihrer selbst führen muss. Tocqueville macht deutlich, dass solche Einschränkung gleichbedeutend ist mit einer Amputation des Gemeinwesens[242]. Macht, so stellt Arendt klar, ist nur initiierbar durch Machtteilung. Ein Miteinander im Handeln ist nicht gewinnbar ohne die Möglichkeit des Gegeneinanders in einer Handlungsgemeinschaft.

Dieser Zusammenhang wird bei einer politiktheoretischen Reflexion der arbeitsrechtlichen Regelungen in der Kirche deutlich. Wenn es stimmt, dass das Konzept der Dienstgemeinschaft im Kern partizipativ gedacht werden muss[243], dann impliziert diese Partizipation eine Gleichheit in den Initiativrechten. Nur durch solche politische Gleichheit kann eine Kontrolle der Dienstgeber und damit eine Selbstbestimmung zum Handeln der Dienstnehmer gelingen. Solche Initiativrechte fehlen nicht nur in der MVO[244]. Vergleicht man die Organisation der Mitarbeitervertretung in Diakonie und Kirche mit dem Rätekonzept von Hannah Arendt, so wird der Unterschied deutlich. Jedoch das größte politische Defizit wird an der gestuften Institutionalisierung deutlich. Während freiheitliche Institutionen in ihren Kompetenzen wachsen, sobald sich ihre Einflusssphäre quantitativ erweitert, ist es bei der Mitarbeitervertretung genau umgekehrt. Mitwirkungsrechte der Mitarbeitervertretung, die im Großen und Ganzen lediglich in Zustimmungsrechten zu Dienstgeberinitiativen bestehen, finden sich fast ausschließlich auf institutioneller Ebene. Auf regionaler und erst recht auf Bundesebene ist die Mitarbeitervertretung fast gänzlich ohnmächtig und auf reinen Erfahrungsaustausch festgelegt. Von Partizipation lässt sich in diesem Zusammenhang nicht sprechen. Hinzu kommt, dass Zustimmungsrechte noch keine Mitwirkungsrechte sind. Mit dem alleinigen Recht auf Zustimmung öffnet sich Mitarbeitern kein Raum von Handlungsmöglichkeiten. Gleich den säkularen Gewerkschaften beschränkt die MVO auch die Aufgaben der Mitarbeitervertretungsordnung auf die Formulierung von Mitarbeiterinteressen, statt institutionell Handlungsräume zu gestalten, in die diese Interessen integrierbar werden. Schließlich entfällt der Streik als wichtigstes Gestaltungsmittel der Mitarbeiterschaft, Arbeitgeber dazu zu zwingen, die Belange der Arbeitnehmer ernst zu nehmen. Wenn dieses Recht im Arbeitsraum Kirche beschnitten werden soll, so muss ein Pendant geschaffen werden, das gleichwertige Möglichkeiten der Einflussnahme bietet, sofern politische Gleichheit erhalten bleiben soll.

Damit ist die diakonische Dienstgemeinschaft weiter entfernt von Partizipation als andere Institutionen. Freilich ist in der gegenwärtigen Diakoniediskussion noch nicht präsent, dass ein Konzept von Diakonie als Selbsthilfeinitiative das traditionelle Dienstverständnis der Unterordnung unter den anderen – auch wenn dieses in ein Konzept des Füreinander eingebettet ist – sprengt. Der Rekurs auf die Selbsthilfebewegung geschieht noch neben dem traditionellen Dienstkonzept, statt auf dessen Grundlage das bisherige Dienstverständnis zu überdenken. Erst ansatzweise wird bewusst, dass eine solches Konzept auch eine „neue Diakonie" impliziert, die nicht aus einer „Theologie des Opfers" heraus, „sondern immer mehr als Teilhabe an der Gestalt des Zusammenwirkens im Ganzen der einzelnen Einrichtungen"[245] geschieht. Die neue Diakonie wird „immer weniger als Selbstpreisgabe und Aufopferung verstanden, sondern vielmehr als Partizipation an der Entwicklung und Ausgestaltung der Diakonie"[246]. Im Horizont dieser neuen Diakonie gilt es, aufzuzeigen, dass sie nicht gegen biblisch-theologisches Dienstverständnis formuliert werden muss, sondern sich vielmehr auch theologisch gründen lässt. Nicht nur kennt das biblische Gemeindeverständnis eine Form des Miteinanders, in dem alle Unterschiede in der Einheit des Seins in Christus aufgehoben sind, so dass „Christus quer steht zu [...] gesund/krank [...] arm/reich und anderen Alternativen, die uns oft arg wichtig sind"[247], wie Bach im Verweis auf Gal 3,28 formuliert. Die Sache Christi hat eine Begeisterung zur Folge, die andere Unterschiede in den individuellen Handlungskompetenzen unbedeutend werden lässt. Wenn sich diese Begeisterung auch im Rahmen der volkskirchlichen Diakonie nicht nachahmen lässt, ohne in Scheinheiligkeit und Vergewaltigung der Rechte von Mitarbeitern zu enden, so ist auch heute Diakonie gefordert, gemeinsame Handlungsräume zu finden, in denen die einzelnen Geschmack daran finden können, ihre Initiativität einzubringen.

Ein besonderer theologischer Anknüpfungspunkt an eine neue, freiheitliche Diakonie besteht darin, sie „auszurichten auf den Anbruch der künftigen Gottesherrschaft"[248]. Reich Gottes spielt in der synoptischen Tradition eine zentrale Rolle als Bezugspunkt des heilenden und verkündigenden Handelns Jesu[249]. Der Horizont des Reiches Gottes ermöglicht dem diakonischen Handeln eine Perspektive: „Ohne die Reich-Gottes-Perspektive wird Diakonie zur ideenlosen Liebe, die nur kompensiert und wiedergutmacht. [...] Ohne Reich-Gottes-Hoffnung verliert die Diakonie ihre christliche Bestimmung und wird in Praxis und Theorie zu einem Teil sozialstaatlicher Dienstleistungen."[250] Soziale Arbeit im Horizont dieses Reiches Gottes weigert sich, Menschen als „hoffnungslose Fälle"[251] zu bezeichnen. Vielmehr umfasst es eine höchst konkrete Vision, die dem

Handeln in der Welt eine Orientierung zu geben vermag. Manche Züge der Beschreibung der Selbsthilfe scheinen idealistisch anzumuten angesichts nicht nur mancher Realität innerhalb der Selbsthilfebewegung, zumal wenn Selbsthilfeinitiativen in individualistische Grundströmungen zurückfallen; erst recht mag eine Übertragung auf Verhältnisse innerhalb der Diakonie unrealistisch anmuten. Von Bedeutung im Horizont des Gottesreiches ist das Aufspüren kleiner möglicher Anfänge dessen, was Vision der Zukunft ist. Das bedingt ein dialektisches Verhältnis zwischen Gottesreich und gegenwärtiger Wirklichkeit: „In Teilhabe am Reich Gottes", so macht Hollweg deutlich, „sucht [der Christ] seinen Weg des Denkens und Handelns in gleichzeitiger Teilhabe an der irdischen Wirklichkeit, die auch der Wahrnehmung und Erkenntnis durch ihn bedarf"[252]. Dieses Reich ist dann nicht nur eine rein jenseitige Größe wie das göttliche Gericht[253], das von Gott aus in die Welt einbricht[254] und auf diese Weise Welt verändert, sondern ist gekennzeichnet als „Möglichkeit in und aus Wirklichkeit"[255], so dass die theologische Praxis von der Frage nach „Vollzügen des Reiches Gottes in der konkreten geschichtlichen Situation" lebt[256]. Damit ist die Vision vom Reich Gottes offen für konkrete Fragen des heilen Lebens, das nicht nur theologische Größen, sondern auch die gelungene Gemeinschaft zwischen Menschen thematisieren kann. Das Reich Gottes hat „wesenhaft eine soziale Dimension"[257] und diese gelingende soziale Dimension kann an einzelnen Lichtpunkten des Zusammenlebens in der Welt senfkornartig deutlich werden. In diesem Sinne kann Moltmann das Modell der Bürgerinitiativen als „konkrete Hoffnung [...] der Liebe, die hier auf Erden verbinden, heilen, zurechtbringen will"[258] bezeichnen, von der aus Kirche und vor allem konkrete Kirchengemeinden „Modelle konkreter Utopie" gelingender Gemeinschaft entwickeln können[259].

Während die Kennzeichnung von Diakonie als einer solchen im Horizont des Reiches Gottes deutlich macht, dass die theologische Größe dieses Gottesreiches Aspekte gelungenen weltlichen Miteinanders aufzunehmen vermag, bietet das biblisch-theologische Verständnis des Bundes als „Basiskategorie im Prozeß der Herausbildung jüdischen Selbstverständnisses"[260] die Möglichkeit einer Qualifizierung dieses Miteinanders an, das auf Freiheit beruht, um dieses freiheitliche Miteinander theologisch zu reflektieren. Der Bundesgedanke impliziert Freiwilligkeit und

Wechselseitigkeit[261] gleichermaßen; er hat insofern Vertragscharakter. Wenn in der Literatur der Vertragsgedanke abgelehnt wird, so aus dem Grunde, dass dabei der rein kalkulierende Interessensausgleich eines bestimmten Vertragsdenkens dabei im Blick ist[262], bei dem diese individuellen Interessen der einzelnen Vertragspartner letzte Bezugsgrößen bleiben und nicht wieder in ein gemeinsames Miteinander eingebracht werden. Dagegen werden für den biblischen Bundesgedanken die „Wesensmerkmale [...] Treue und Spontaneität"[263] geltend gemacht, die aus dem vertraglichen Miteinander erst ein Miteinander eigener Qualität entstehen lasen. Diese Bundesgenossenschaft, so der Gedanke, findet in der christlichen Gemeinde seine vorläufige Darstellung[264] und kennzeichnet auch das helfende Miteinander in Gegenseitigkeit[265].

Nun ist jedoch offensichtlich, dass der Bund zwischen Gott und Mensch gerade nicht auf Reziprozität beruht, sondern viel stärker Ähnlichkeiten hat mit altorientalischen Staats-, Vasallen- und Schenkungsverträgen, in denen ein Oberer etwas anordnet, das ein wie auch immer Niedriger nicht ohne Schaden ablehnen kann[266]. So ist auch der Bund des Alten Testamentes eher einseitige Stiftung und Festsetzung, zu der allerdings die Zustimmung der Stiftungsbegünstigten eingeholt wird. Folgerichtig übersetzt die griechische Septuaginta den hebräischen Begriff berith mit διαθήκη, das stärker als den beidseitigen Vertrag die einseitige Verfügung benennt, statt mit dem stärker reziproken συνθήκη. Weder im Alten Testament noch im Neuen Testament sind deshalb Gott und Mensch gemeinsam Subjekt einer διαθήκη / eines berith. Insofern hat das einseitig verfügte Testament durchaus Ähnlichkeiten mit dem alt- und neutestamentlichen Bundesverständnis. Allerdings darf dabei die biblische Betonung der expliziten Zustimmung des Gottesvolkes nicht ausgeblendet werden. Die Abblendung von dem Unterschied zwischen wechselseitigem Bund und einseitigem Testament übersieht das eigentümliche Verhältnis zwischen biblischem Für-andere und Miteinander. Die Vorleistung Gottes, zu einem Endpunkt gekommen in der Selbstopferung am Kreuz für die Welt, ist noch nicht das Miteinander, aber indem die einseitige Vorleistung und Bundesverfügung auf die Zustimmung und Entscheidung seines Volkes beziehungsweise der Welt abgestellt wird, eröffnet sie durch das Sein für die Welt einen Raum des Miteinanders. Die paulinische Wendung „ἐν

Χριστῷ" ist räumlich zu verstehen[267]. Durch die Vor- und Fürleistung eröffnet Gott selbst einen Raum, in dem Miteinanderhandeln möglich wird. Es liegt alles daran, den Tod Christi nicht als nachahmenswert, sondern vielmehr als einmaliges Opfer[268], als Eröffnung eines Miteinanders anzusehen, indem es durch ein Miteinander unter Menschen mit Leben gefüllt werden kann. Der puritanische Gedanke des Covenant with God, der einen covenant untereinander zu einem „civil body politic" (Mayflower Compact) zur Folge hat, ist nur in diesem Zusammenhang verständlich[269]. Hellsichtig macht auch Philippi deutlich, dass der Sinn der Kenosis Christi, seiner Selbstverleugnung, nicht diese selbst, sondern die Menschwerdung unter Menschen ist. Allerdings zieht Philippi daraus den umgekehrten Schluss: Gott wurde Mensch, um unter Menschen Knechtsgestalt anzunehmen und damit eine diakonische Grundhaltung zum Nächsten aufzuweisen, statt sich als Mensch unter Menschen zu bewegen[270]. Das gnädig fürsorgende Tun Gottes für die Menschen will nicht zuerst zur Fürsorge, zum Für-andere-Sein, anstiften. Es will Anfang sein einer Gemeinschaft mit den Menschen und unter ihnen und stellt daher die menschliche Entscheidung, die Gabe Gottes anzunehmen, in das Zentrum des Glaubensgeschehens. Fürsorge ist nicht Selbstzweck, sondern hat Mitsein zu seinem Ziel.

Ein Verständnis des Menschseins Christi als individualistisches Dienstverständnis statt diesen Dienst als Eröffnung eines Miteinanders zu verstehen, steht schließlich auch im Widerspruch zum Bild Jesu, das die synoptischen Evangelien zeichnen[271]. Im Blickpunkt seines heilenden Tätigseins stand niemals nur der einzelne Hilfsbedürftige, sondern immer auch sein Bezugsgewebe. Jesus schickt den geheilten Aussätzigen zum Priester, der über die Neuaufnahme in die Gemeinschaft zu befinden hat, setzt sich an die Tische der Zöllner und Sünder, um in den jeweiligen Bezügen neue Gemeinschaftsmöglichkeiten aufzuzeigen und stiftet selbst seine Gemeinschaft von Jüngerinnen und Jüngern, die er in die Welt hinaus schickt, um diese Gemeinschaft zu öffnen, statt exklusiv zu schließen.

Freiheit und Dienst

Das protestantische Freiheitsverständnis

Die Frage nach dem diakonischen Dienstverständnis macht die Frage nach dem diakonisch-theologischen Verständnis von Freiheit in diesem Dienst dringend, zumal der Freiheitsbegriff in vieldeutiger Verwendung gebräuchlich ist. Freiheit wird von Hannah Arendt phänomenologisch verstanden. Es ist nicht so sehr Befreiung von einem wie auch immer gelagerten Widerstand, von Schuld, der Welt, Konflikten oder anderen Störfaktoren im Hinblick auf ein bestimmtes Handlungsziel, sondern kennzeichnet die spezifische menschliche Spontaneität im Handeln. Der Mensch handelt nicht nur kausal bedingt, sondern ist begabt mit der Fähigkeit, Kausalität zu durchbrechen, handelnd Neues in die Welt zu bringen, das Welt grundlegend verändern kann. Freiheit und Handeln fallen daher für Hannah Arendt zusammen: „Solange man handelt, ist man frei."[272] Die einzelnen Fäden des Bezugsgewebes einer politisch qualifizierten Handlungsgemeinschaft sind nichts anderes als Fäden dieser Freiheit. Freiheitliches Handeln trifft auf das Freiheitsvermögen anderer, das dem intendierten ursprünglichen Handeln auf einmal eine völlig neue Wendung geben kann. Arendt macht darauf aufmerksam, dass es äußerst verschiedene Formen des Freiheitsverständnisses gibt, wobei sie ihr politisches Verständnis von Freiheit einem radikal unpolitischen, ja freiheitsvernichtenden Sinn einer „Freiheit von Politik" gegenüberstellt[273]. Wer sich vom freiheitlich-politischen Miteinander abschließen will, um seinen individuellen Handlungsspielraum zu erweitern, schließt sich und die anderen von seinen höchsten Handlungsmöglichkeiten ab. Dieses Freiheitsdenken Hannah Arendts ermöglicht es, die hohe Würde der Handlungsfreiheit neu zu reflektieren und mit ihr die Gefahren des Verlustes von Freiheit für die Menschen und ihre Welt zu erkennen.

In der relativ breiten Rede von Freiheit in der diakoniewissenschaftlichen Literatur ist deshalb insbesondere zu prüfen, welches Verständnis von Freiheit zugrundeliegt, vor allem unter dem Aspekt, ob diese Freiheit Handlungsräume eröffnet. Die Freiheitsthematik nimmt in der protestantischen Literatur einen herausragenden Raum ein. Dies wird bereits daran deutlich, dass Luthers eigene Namensgebung aus der Latinisierung und anschließenden Germanisierung des griechischen Begriffs ἐλεύθερος – frei – herrührt[274], der nach klassisch griechischem Verständnis die politische Unabhängigkeit und Herrschaftslosigkeit ebenso implizierte wie das Sein unter Seinesgleichen[275]. Reflektiert man Luthers Freiheitsverständnis, wie es am deutlichsten in seiner Schrift „Von der Freiheit eines Christenmenschen" zum Ausdruck kommt, so wird deutlich, dass dieses Freiheitsverständnis zunächst einem rein innerlichen Geschehen entspringt, in dem der Mensch radikal passiv ist. Dies geschieht bei Luther in Gegenstellung zur Vorstellung der Gerechtigkeit vor Gott durch das Tun eigener Werke und damit menschlicher Mitwirkung am eigenen Heil, so dass „unsere Seligkeit außerhalb unserer Kräfte und Beschlüsse vom Wirken des alleinigen Gottes abhängt"[276]. Der Glaube ist damit zu verstehen als eine „passivitas", als das „schlichte Sich fallen lassen auf die bedingungslose Selbstvorgabe Gottes in Christus"[277]. Der Mensch tritt in diesem Glaubenszusammenhang niemals als Handelnder auf, „hier kommt er allein als Empfangender, als Gewirkter, als dem Urteil Ausgesetzter, als bejaht oder verworfen in Betracht. Aber dieses Sein des Menschen vor Gott ist nicht etwas neben und zusätzlich zu dem Sein des Menschen in und vor der Welt, sondern dasjenige, welches das In-der-Welt-Sein des Menschen bestimmt, ob er es wahrhaben will oder nicht."[278] Dennoch kommt auch hier ein Freiheitsmoment menschlicher Wahl ins Spiel, insofern die Gnade Gottes eine radikale Alternative aufzeigt. Umkehr zu Gott ist dann „das Wahrnehmen einer ethischen Option"[279]. Die Gottesfurcht ist von Gott nur gefordert und kommt nicht naturgesetzhaft über den Menschen. Der Mensch selbst ist aufgerufen, das Gute, das Gott anbietet, zu wählen[280]. Allerdings bereitet in diesem Zusammenhang der Gedanke der doppelten Prädestination besondere Schwierigkeiten, der sich nicht erst bei Calvin findet, sondern nach paulinischem Vorbild bereits bei Augustinus ausgestaltet ist und dann auch von Luther aufgenommen wurde. Wenn Gott im Voraus bestimmt, wem die Gnade zugeteilt wird und wem nicht, ist auch diese rudimentäre Wahlmöglichkeit des Menschen als Zustimmung zum Glaubensgeschehen zerstört. Dass dem christlichen Glauben der Gedanke der Wahl jedoch zutiefst innewohnt, zeigt sich bereits daran, dass die christliche Verkündigung untrennbar mit dem Appell an den Menschen verbunden ist, die Gnade Gottes zu wählen.

Der Prädestinationsgedanke zeigt auf, dass das im Innersten Getroffensein von der Gnade Gottes derart übermächtig von Menschen empfunden werden kann, dass das Bewusstsein der eigenen Wahlfreiheit darin gänzlich verloren gehen kann[281]. Das protestantische Freiheitsverständnis ist zutiefst mit der Gnadentheologie verbunden, es kennzeichnet nicht die Freiheit im Gnadengeschehen, sondern vielmehr die Folge des befreienden Geschehens durch Gott selbst[282]. Die Befreiung durch die Gnade Gottes bewirkt eine „Freiheit zum Bekenntnis der Schuld und zum Bekenntnis der Vergebung unserer Schuld, schließlich zum Bekenntnis zu Dienst und Liebe zur Welt"[283]. Freiheit – auch Freiheit im diakonischen Dienst – ist damit vor allem in der Glaubensfreiheit verankert: „Die Freiheit der Diakonie [...] ist dann gewährleistet, wenn Menschen in der Freiheit des Glaubens in der Nachfolge Jesu Christi den Dienst der Nächstenliebe tun."[284] Freiheit meint hier als „nachfolgende, und bei Christen dem Wort Gottes freudig antwortende Freiheit"[285] eine Freiwilligkeit im Tun des Willens Gottes nach dem Motto: „Ich bin so frei"[286]. Diese ganz persönliche, rein innerliche Freiwilligkeit im Dienen stellt die innere christliche Grundhaltung dar[287]; „denn Christus macht uns durch Liebe willig zum Dienen, läßt Diakonie zur Freude werden"[288]. Diese Freiwilligkeit wird gerne als „Spontaneität" gekennzeichnet[289], womit deutlich wird, dass hindernde Blockaden in innerweltlichen Vollzügen jeder Art durch das Christusgeschehen fortgeräumt sind, so dass in der Folge dieses befreienden Geschehens die guten Werke von selbst, spontan, aus dem Inneren fließen: „Eine freie, natürliche Willigkeit soll in uns sein, das Gute zu tun und das Böse zu lassen. Das ist geistliche Freiheit und Erlösung vom Gesetz."[290] Diese Willigkeit verwirklicht sich im diakonischen Tätigsein: „Christus [...] macht uns durch seine Liebe willig zum Dienen und – das ist das Geheimnis der Diakonie – läßt jeden Dienst zur Freude werden."[291] Die Gnade bedeutet dann nichts anderes als „Wiederannahme zum Dienst"[292]. Gottes Gnadenzuspruch wird zum Anspruch Gottes auf unser ganzes Leben. Das spontane, freiwillige Tun gründet wiederum in der Dankbarkeit für das Geschehen in der Gnade, dankbarer Dienst und Spontaneität gehören somit zusammen. Diese Dankbarkeit zu gebieten ist redundand, da Spontaneität gar nicht geboten werden kann. Im Gegenteil ist nichts tödlicher für die Spontaneität als die drängende Forderung[293]. In diesem komplexen

Verhältnis wurzelt der komplexe Zusammenhang von Indikativ und Imperativ im Neuen Testament[294].

Zwei Grundzüge sind für dieses Freiheitsverständnis grundlegend. Zum einen ist diese Freiheit nicht nur vereinbar mit äußerlicher Unfreiheit, sondern kann diese gar zur konsequenten Folge der Spontaneität haben. Die innere Freiheit korrespondiert mit äußerem dankbaren Dienst. Luthers Freiheitsschrift und insbesondere die beiden Kopfthesen Luthers: „Der Christ ist ein freier Herr aller Dinge und niemandem untertan" sowie „Der Christ ist ein dienstbarerer Knecht aller Dinge und jedermann untertan" bilden „die Magna Charta des lutherischen Verständnisses der Existenz des Christen"[295]. Während der Christ in seiner Gewissensfreiheit niemandem untertan ist, hat diese Freiheit lediglich rein dienstkategoriales Tätigsein zur Konsequenz. Unbestritten ist damit eine Überlegenheit dieser christlichen Freiheit über alle weltlichen Verhältnisse und Unfreiheiten gesichert[296]. Hier ist vor allem Paulus' Äußerung maßgebend: „Ob Überfluß oder Mangel: ich kann das alles durch den, der mich können läßt"[297]. Allerdings bedingt diese Überlegenheit eine gänzliche Unterbestimmtheit weltlicher Selbstbestimmung. Die Freiheit bedeutet damit lediglich freie – das meint ungestörte – Spontaneität im Dienst, nicht aus selbstbestimmtem Handeln heraus, ja nicht einmal zum freien Wollen. Auch dieser Zusammenhang wird bei Luther deutlich: „Wenn wir dieses Wort [freier Wille] nicht überhaupt aufgeben wollen, was am sichersten und frömmsten wäre, sollten wir lernen, es doch bis dahin gewissenhaft zu gebrauchen; daß dem Menschen ein freier Wille nicht in bezug auf die Dinge eingeräumt sei, die höher sind als er, das heißt daß er weiß, er habe in bezug auf seine zeitlichen Geldmittel und Besitztümer das Recht, etwas zu gebrauchen, zu tun, zu lassen nach freiem Ermessen (obwohl dies durch den freien Willen Gottes allein gelenkt wird, wohin immer es ihm gefällt). Im übrigen hat er gegenüber Gott oder in den Dingen, welche Seligkeit oder Verdammnis angehen, keinen freien Willen, sondern ist gefangen, unterworfen, geknechtet entweder vom Willen Gottes oder vom Willen des Satans."[298] An anderer Stelle kommt Luther zu dem Schluss: „Der freie Wille ist in Wirklichkeit eine Erdichtung oder eine bloße Bezeichnung ohne Wirklichkeit. [...] Denn keiner hat es in der Hand, etwas Böses oder Gutes zu denken, sondern alles [...] entspringt absoluter Notwendigkeit."[299] Von hier aus ist jede Möglichkeit abgeschnitten, einen Übergang zu schaffen zwischen geistlicher und ethischer beziehungsweise politischer Freiheit[300]. Äußerlich bleibt die Knechtschaft, die allerdings in freudiger Spontaneität ausgeübt werden soll. Christliche Freiheit im Sinne Luthers ist eine rein innerliche Gewissens- und Gesetzesfreiheit, die sich nach außen lediglich in erhöhter Leistungsfähigkeit beziehungsweise Fruchtbarkeit niederschlägt, aber in keiner Weise am selbstbestimmten Handeln interessiert ist. Es ist schließlich diese Spontaneität in Form einer Freiwilligkeit, die die Unterordnung im Dienen von dem Untensein von Notleidenden unterscheidet. Der Dienende entscheidet sich freiwillig, wiewohl auf Gottes Gebot hin, unten zu sein und in diesem Untensein zu dienen[301]. Das diakonische Freiheitsverständnis als Spontaneitätskonzept impliziert keine welthafte Gestaltungsmöglichkeiten, mithin keine politische Freiheit.

Die Trennung Luthers zwischen äußerer Heteronomie bei innerer Autonomie wird heute in der Theologie meist nicht mehr in Luthers radikalem Sinn vollzogen. Vielmehr wird versucht, deutlich zu machen, dass das Christusgeschehen im individuellen Gewissen letztlich eine Emanzipationsbewegung impliziert, die eine umfassende Emanzipation auch der äußeren Verhältnisse mit sich bringen muss. Am deutlichsten erkennbar ist der Zusammenhang von Gottesbund und Emanzipation in der alttestamentlichen Befreiung aus der Knechtschaft in Ägypten (2.Mose 20,2)[302]. Ebenso wird dieses umfassende Befreiungsgeschehen im neutestamentlichen Reich-Gottes-Verständnis wahrgenommen[303]. So gehört es auch in der Diakoniediskussion zusammen, „befreit [zu sein] von Menschenknechtschaft, erlöst von Gottesfinsternis" zu einem umfassenden „Ruf in die Freiheit"[304]. Die Befreiung gilt dem Menschen aus allen ihn behindernden Abhängigkeiten[305], weil Emanzipation die Aufhebung der Entfremdung jeglicher Art intendiert[306]. Im diakonischen Zusammenhang schließt dieses umfassende Emanzipationsgeschehen eine Freiheit von Hierarchie wie allgemein „gegenüber herkömmlichen Bindungen"[307] ein. Der Dienst duldet damit keine weiteren Abhängigkeiten außerhalb der dienenden Unterordnung unter den Nächsten und bleibt als Dienst in einer eigentümlichen Ambivalenz zwischen Freiheit und Dienst. Die Parallelität dieses äußeren Freiheitsverständnisses zur südamerikanischen Befreiungstheologie ist unverkennbar. Sie ist als Befreiungsbewusstsein rein negativ gekennzeichnet als Freiheit von Zwängen. Wie das Gnadengeschehen zur inneren Befreiung von Sünde befreit, so soll es auch weltliche Befreiung zur Folge haben.

Damit ist die emanzipatorische Freiheit gleichzeitig gekennzeichnet als individualistische Form von Freiheit. Auch wenn dabei die Verinnerlichung der Freiheit überwunden ist, wie sie neben der Stoa auch für das Luthertum kennzeichnend ist[308], stellt die Emanzipation eine solche dar gegenüber äußeren Zwängen. Jeder einzelne soll sich frei von Zwängen bewegen können. Typisch für dieses emanzipatorisch-individualistische Freiheitsdenken ist die Vermittlung von Freiheit und Bindung[309]. Die je individuelle Freiheit findet im je anderen ihre Grenze[310], während die Bindung an den anderen die individuellen Möglichkeiten einerseits begrenzt, wie sie sie auch erweitert[311]. Freiheit wird hier vorrangig interpretiert als eine individuelle Freiheit gegenüber, in Abgrenzung zu anderer Freiheit[312]. Eine Freiheit im Verein mit anderen, die ihre höchsten Möglichkeiten zu handeln aus dem Zusammensein mit anderen erhält, muss aus dieser Perspektive unterbestimmt bleiben. Nicht zuletzt ist diese individualistische Interpretation von Freiheit dem bis heute hochwirksamen Konzept der Existenztheologie verbunden, die die individuelle Existenz mit Freiheit identifiziert hat, wodurch politische Dimensionen dieser Freiheit nicht mehr in den Blick kommen konnten[313]. Auch das emanzipative Denken hat an diesem Grundtatbestand nichts geändert. Es kann nur politisch individuelle Freiheitsrechte einfordern, aber nicht politische Freiheit selbst anregen.

Auch wenn Luthers Radikalität des Verhältnisses von innerer Glaubensfreiheit bei äußerer Handlungsunfreiheit in dieser Form meist nicht mehr nachvollzogen wird, sein Grundgedanke bleibt bis in die gegenwärtige Diskussion um das diakonische Tätigsein wirksam. Der individuellen, innerlichen Freiheit des Gewissens entspricht auch im diakonischen Kontext ein dienstkategoriales Miteinander, interpretiert als „freiwilliges Sich-Unterordnen"[314]. Dieser Dienst soll zwar in Freiheit ausgeübt[315] werden, inwiefern aber diese Freiheit jenseits der Freiwilligkeit auch Momente eigener Autonomie im Handeln impliziert, bleibt unklar, wenn nicht unterbestimmt. Barth identifiziert gar Freiheit und Dienst: „Die Freiheit der Gemeinde und die Freiheit eines jeden der in ihr versammelten Christenmenschen ist eindeutig, mit keinem spekulativen Zweck verwirrt, diese Freiheit, die

Freiheit zum Dienen."[316] Teilweise kann das Dienstverständnis sogar ausdrücklich in den Gegensatz zur Emanzipation treten[317]. Zurück bleibt das Verpflichtetsein und als Rückseite der Freiheit die Verantwortung im Dienst[318]. Verantwortung ist Teil der Freiheit, doch sie bleibt nur so lange in den Sinnzusammenhang der Handlungsfreiheit eingebunden, solange die Freiheit das Maß der Verantwortung bestimmt und die Last der Verantwortung nicht jede Handlungsfreiheit erdrückt. Verantwortung im Kontext politischer Freiheit ist nicht abstrakt begründet, sondern verbunden mit der Rechtfertigung des Handelns gegenüber anderen im Kontext konkreter handlungskategorialer Versprechen und Verträge. Versprechen in Form von Verträgen kennzeichnen anders als eine abstrakt allgemeine Verantwortung ein freiheitliches, gegenseitiges Verpflichtetsein, das konkrete Absprachen enthält, die durch zwischenmenschliche Einigung erzielt wurden[319]. Unter der Perspektive einer abstrakten Verantwortlichkeit kann nicht mehr reflektiert werden, dass Miteinander nicht nur in einem wie fröhlichen Dienst auch immer geschehen soll, sondern dass es ein eigentümliches Weltinteresse gibt, aus dem heraus Miteinander gestaltet wird – und zwar in äußerst selbstbestimmter Weise. Die diakonische Dienstverpflichtung tritt in den Gegensatz zum selbstbestimmten Handeln, das folglich als „selbstmächtige Autonomie"[320] gekennzeichnet und damit abgelehnt wird.

Diakonisch Tätige nehmen sich nach dem diakonischen Dienstverständnis bei ihrem Tätigsein in ihrer Subjektivität auf eigentümliche Weise zurück, insofern Selbstaufgabe an die Stelle der Selbstbestimmung tritt. Hier wird Selbstbestimmung beziehungsweise Autonomie mit Souveränität verwechselt, statt zu sehen, dass es nicht-souveräne Formen von Selbstbestimmung gibt, die ein eigentümliches Miteinander eröffnen können. Der Dienst am anderen wird verstanden als ausdrücklicher Gegensatz zur „selbstmächtigen Autonomie". Dieses Urteil gründet in einer Interpretation von Emanzipation im Hinblick auf den Handelnden selbst. Zu den Befreiungen aus gottlosen Bindungen der Welt gehört nämlich schließlich auch die Freiheit als Befreitsein von sich selbst: „Die Freiheit, die sich in der Fähigkeit äußert, den eigenen Besitz dem anderen zu geben, ist nur die niedrigste Stufe der Freiheit; jemandem verfügbar zu sein, das heißt jemandem einen Teil dessen zu schenken, was unsere Substanz ausmacht, nämlich Zeit, stellt eine höhere Stufe der Freiheit dar. Jemandem oder für jemanden das Leben hinzugeben, ist jedoch die höchste Stufe unserer Freiheit, denn in dieser Freiheit erreichen wir den Gipfel der Liebe und den der Freiheit zugleich und zwar in dem Sinne, dass wir nicht mehr Gefangene unseres Selbst sind, daß das ‚Ich' sich als fähig erweist, von sich selbst Abstand zu nehmen, jene Solidarität mit sich selbst zu brechen, die die Wesenheit unserer Existenz ausmacht."[321]. Die Befreiung von inneren Blokkaden kann damit über die Erlösung von der Werkgerechtigkeit hinaus so weit interpretiert werden, dass sie die generelle Selbstaufgabe zum Inhalt hat, die die Aufgabe des je eigenen Autonomievermögens einschließt. Rätselhaft bleibt in diesem Zusammenhang vor allem, wie ein solcher Dienst dann noch „Dienst an seiner [eines Menschen] Freiheit"[322] sein kann. Wie soll ein Dienst Selbstbestimmung fördern, wenn der Dienende selbst diese Selbstbestimmung nicht ausüben darf? Der Gedanke der Befreiung von sich selbst steht in der ausdrücklichen Gefahr, mit dieser Befreiung auch die eigene Handlungsfreiheit zu zerstören. Selbstverleugnung wird allzu schnell zur Verleugnung von Freiheit und zerstört damit die höchsten menschlichen Möglichkeiten und untergräbt dann die menschliche Würde, die in nichts so deutlich wird wie in der menschlichen Fähigkeit, Neues in die Welt zu tragen.

Politisch qualifizierte Handlungsfreiheit im diakonischen Kontext

Arendt bricht in ihrem Verständnis von politisch qualifizierter Freiheit mit verschiedensten Freiheitskonzepten, vor allem aber mit dem der Philosophie. Freiheit in ihrem Sinne ist kein individueller freier Spielraum, der eine Freiheit von Politik kennzeichnen würde, weil dies einen solchen Raum darstellt, in dem keine anderen, freien Mitspieler vorhanden sind. Freiheit ist weder als Souveränität identifizierbar[323], noch und damit verbunden setzt Arendt Freiheit mit Befreiung gleich. Dabei leugnet sie nicht die Bedeutung von Emanzipationsbewegungen, stellt jedoch klar, dass Befreiung die conditio sine qua non der Freiheit, aber niemals ihre conditio per quam darstellt[324]. Emanzipation ist vorpolitische Freiheit, sie garantiert aber noch nicht, dass der durch die Befreiung gewonnene Handlungsraum auch freiheitlich genutzt wird. Desgleichen bricht sie mit der philosophischen Identifizierung von Freiheit mit der inneren Willensfreiheit und macht deutlich, dass politisch qualifizierte Freiheit gerade nicht in ein Innen ausweichen kann[325]. Spontaneität ist für sie zwar die individuelle Voraussetzung von Freiheit, aber nicht die Freiheit selbst[326], die für sie mit dem Handeln selbst zusammenfällt[327] und damit die Fähigkeit zum Neubeginnen unter dem Beistand anderer impliziert[328], „durch nichts Vorangegangenes beeinflußt und verursacht, aber als Ursache von Folgendem rechtfertigungsbedürftig [zu sein], so daß Handlung Fortsetzung einer vorangehenden Reihe ist"[329]. Damit ist Freiheit „bei Menschen nur im Bezug aufeinander"[330] möglich als ein Bezug unter Freien, den Arendt im Rückgriff auf die griechische Polis erläutert: „Nur wer sich unter Freien bewegte, war frei."[331] Im Rückgriff auf Herodot verdeutlicht Arendt, dass Freiheit mit Herrschaftslosigkeit gleichzusetzen ist, wobei Herrschaft das Verhältnis der Unfreien charakterisiert. Weder unterordnendes Dienen noch souveränes Herrschen sind freiheitliche Vollzüge im Sinne Hannah Arendts. Freiheit ist vielmehr mit Macht als der Kunst, sich mit seinesgleichen zusammenzuschließen, „fast synonym"[332]. Zur Freiheit gehört schließlich immer zum einen ein öffentlich garantierter Ort in der Welt[333], eine räumliche Bewegungsfreiheit[334], die einen Anteil an öffentlicher Freiheit ermöglicht, zum anderen ein Geschmack an der Freiheit, eine Liebe zur Welt, also ein Sinn für die Würde des freiheitlichen Zusammenhandelns und -sprechens unter Seinesgleichen unter der Maßgabe von Initiativität, Pluralität und Transparenz.

Diesem freiheitlichen Denken steht das diakonische Dienstverständnis gegenüber, das das selbstbestimmte Handeln im Miteinander in vielfältiger Weise unterbestimmt lässt, wenn es dieses nicht gar wie gesehen ausdrücklich leugnet. Daran ändert auch die Tatsache nichts, dass die neuere Diakonieliteratur teilweise dem selbstbestimmten Handeln wieder mehr Beachtung einräumt. So betont die jüngste Denkschrift beispielsweise, dass der Diakonische Dienst Gewicht [legt] „auf Freiheit, Mündigkeit und Selbständigkeit der hilfesuchenden Menschen neben seiner Teilhabe am gesellschaftlichen Leben"[335], also einen „Dienst an der Freiheit des Menschen"[336] zum Ziel hat, wozu auch gehört, in Hilfsbedürftigen „vorwegnehmend jetzt schon das zu freier und selbständiger Partizipation am Leben bestimmte Wesen [zu] sehen"[337]. In diesem Zusammenhang wird nicht vergessen, dass der Dienst an der Freiheit einen freiheitlichen Dienst voraussetzt, auch wenn dieser Zusammenhang nicht unmittelbar gesehen wird. Diakonie muss zur Förderung menschlicher Freiheit im Sinne selbstbestimmten Handelns anderes als Dienstmöglichkeiten im klassisch diakonischen Sinne bieten. Eher braucht sie Konzepte von „Betätigungs- und Beteiligungsmöglichkeiten und [...] damit auch Lernfelder für gesellschaftliche Verantwortung und Solidarität"[338], die eine freiheitliche Atmosphäre schaffen, in denen der Geist der Freiheit sich entfalten kann. Schibilsky spricht von den „neuen Werten", wozu er Entfaltung der Persönlichkeit, Sensibilität, Kreativität, Fantasie, Engagement zählt und macht deutlich, dass diese neuen Werte allzu oft in der Diakonie noch gleichgesetzt werden mit einem Abfall vom Glauben[339]. Nur eine ausdrückliche Unterstützung solcher neuen Werte in einem kreativen, mächtigen und offenen Miteinander gegen die Implikationen des traditionellen Dienstethos' wird freiheitliches und damit erst in letzter Konsequenz humanes Menschsein zu initiieren fähig sein. „Glaube muß", so macht Degen deutlich, „Wagnis und Initiative in unserer Welt stärken, in der man nur etwas erreichen kann, wenn andere mitmachen."[340] Freiheit in diesem Sinne erhält in der diakonischen Diskussion der Gegenwart eine Aufwertung, insofern die Diakonie selbst sich stärker dem gesellschaftlichen Wettbewerb stellen muss. Nicht nur verlangt der diakonische Aufgabenbereich aufgrund ständig sich veränderter gesellschaftlicher Verhältnisse und damit auch ständig neuer Notlagen „einen hohen Grad an Flexibilität und Anpassungsfähigkeit"[341], so dass von Diakonie ständig neu auszurichtende Gemeindenähe und Lebensweltorientierung gefordert ist[342]; und in diesem Zusammenhang machen „Innovation, Kreativität und Phantasie [...] Diakonie wettbewerbsfähig"[343]. Innovation beziehungsweise eine spezifische „spontane diakonische Kreativität"[344] verbunden mit einem „schöpferischen Umgang mit Strukturen"[345] werden darum immer stärker zu neuen Leitbegriffen für Diakonie[346]; Diakonie soll gar dem Anspruch nach ein anderes Wort sein für Innovation[347]. Diese neue Situation kann eine Chance sein für die Veränderung des Selbstverständnisses diakonischen Handelns, vor allem für eine Korrektur des diakonischen Dienstverständnisses. Ein unterordnendes Dienen, auch wenn diese Unterordnung wechselseitig geschieht, wird zu dieser Kreativität nicht in der Lage sein, da die Struktur der Für-sorglichkeit impliziert, dass diakonisch Tätige ihre Spontaneität zurücknehmen zugunsten des Für-seins, Initiativität also gerade nicht zulassen. Die Schaffung von Freiheitsräumen zur Ermöglichung von Innovation und Kreativität, von Anfangen und Folgen, das heißt von freiheitlichem Gestalten der Anfänge kann nur gelingen, wenn dem anfänglichen Charakter besondere Bedeutung beigemessen wird und das Bewusstsein der Mitarbeiter, etwas im Zusammenschluss mit anderen bewegen zu können, ausdrücklich gefördert wird. Diakonie steht damit vor einer Entscheidung, ob sie den Weg des traditionellen Dienstverständnisses weitergeht oder ob sie die Chance der Situation nutzen möchte, ein neues freiheitlich-politisch qualifiziertes Dienstverständnis auf den Weg zu bringen.

Vor allem wird leider übersehen, dass das Verhältnis von politisch qualifiziertem Dienst sich auf traditionelle Momente stützen kann, die im Laufe der Diakoniegeschichte wenig wirksam blieben. Gerade Wicherns Konzept von Diakonie war von einem starken Bewusstsein der Bedeutung und Würde von freien Assoziationen getragen. Er unterscheidet bürgerliche, kirchliche und freie Diakonie voneinander[348]. Dabei stehen sich bürgerliche und freie Diakonie diametral gegenüber. Während der bürgerlich-staatlichen Seite die Aufgabe der Administration und Armenfürsorge in Gesetzgebung, Steuererhebung und Polizei zufällt[349], bildet für Wichern die freie Diakonie diejenige Kraft, die durch freie Assoziation in Form „flüssiger Bildungen von Gemeinschaftsleben"[350] der Diakonie ständig neue Kräfte zuführt[351]. Die kirchliche Diakonie gründet sich demgegenüber auf den apostolischen Diakonat, ausgehend von der Gottesdienstgemeinschaft[352] und vermittelt hauptsächlich zwischen bürgerlicher und freier Diakonie[353]. Dabei übernimmt sie vor allem die Anwaltsfunktion der freien Diakonie[354] und bewahrt gleichzeitig die freie Diakonie vor Separatismus und Utopismus[355]. In der Gewichtung stellt Wichern klar, dass die freie Diakonie die ursprüngliche ist und die Voraussetzung der kirchlichen Diakonie bilde: „Die Schonung, Mahnung, Kräftigung, Reinigung der freien Diakonie muss allem Diakonat vorangehen, allen Diakonat begleiten, allen Diakonat wie eine Wolke umgeben; die innere kräftige Entwicklung der freien Diakonie kann und muss das Hervortreten eines Gemeindediakonats möglichst weit hinausschieben: sie ist so bedeutsam, dass ihr Verschwinden, ihre Unmöglichkeit bei zunehmender Armut den Gemeindediakonat ruinieren würde. Die freie Diakonie ist das Erste."[356] Die Betonung ihres freien Charakters zeigt sich insbesondere darin, dass Wichern eine Inanspruchnahme von staatlichen Mitteln für die freie Diakonie ablehnt[357]. Auch die jüngste Denkschrift übersieht in ihrem ausführlichen Rückgriff auf Wichern, dass hier ein Grundkonzept gelegt ist, in dem sich diakonisches Handeln auf Momente freier Assoziation gründet und kirchliche Diakonie konsequent von dieser politisch qualifizierten Freiheit aus reflektiert ist. Damit ist die Verbindung von Sebsthilfeinitiativität und kirchlicher Diakonie bereits bei Wichern grundgelegt und liegt zur Weiterentfaltung längst bereit.

Die radikale Unterbestimmung eines politisch qualifizierten Verständnisses von Handlungsfreiheit wird vor allem im kirchlichen Arbeitsrecht deutlich, das auf Arbeitnehmer- beziehungsweise Dienstnehmerebene durch fast gänzliches Fehlen von Initiativrechten gekennzeichnet ist[358]. Die Rede von einer „autonomen Dienstgemeinschaft"[359] wirkt dabei wie ein Widerspruch in sich. Dass sich, wie Mitarbeitervertretungen immer wieder beklagen, ein Desinteresse der Mitarbeiter an institutionspolitischen Entscheidungen und der Kritik am Dritten Weg herausbildet, wird dabei gerne als Argument genutzt, um aufzuzeigen, dass gar kein Interesse der Mitarbeiterschaft an verstärkter Partizipation besteht. Nicht in den Blick kommt dabei die Möglichkeit, dass aufgrund des Fehlens eigener Handlungsräume der Mitarbeiter ein Geschmack an der Freiheit, ein Sinn dafür, was bei Selbstbestimmung der Mitarbeiter miteinander gestaltbar ist, im Zuge der langjährigen Entmündigung der Mitarbeiterschaft fast gänzlich verloren gegangen ist.

Die Diskussion in der Diakonie ist unter anderem von der Argumentation bestimmt, dass Interessensgegensätze in den Tarifauseinandersetzungen sich in fruchtloser Weise gegenseitig blockieren. Übersehen wird dabei, dass auch das Betriebsverfassungsgesetz eine Partizipation lediglich in der Durchsetzung von Arbeitnehmerinteressen gegen solche von Arbeitgebern vorsieht und damit die Tarifauseinandersetzung auf den Zusammenprall der Interessenvertretungen festlegt, statt ihre Gestaltungskraft für selbstbestimmtes Gestalten der Arbeitsaufgaben zu nutzen. Es fehlen auch im Betriebsverfassungsgesetz weitgehend wirkliche Möglichkeiten selbstbestimmten, initiativen Handelns. Ein wirklich politisch qualifiziertes Miteinander müsste Konzepte entwickeln, die es erlaubt, dass

Initiativität und Pluralität der Mitarbeiter das institutionelle Geschehen mitgestalten, so dass das Interesse am gemeinsamen Handeln sich mit den individuellen Interessen verbinden lässt. Ein wirklich eigenständiges kirchliches Konzept von Miteinander wäre aufgerufen, hier eigene, kreative Möglichkeiten der Selbstbestimmung der Mitarbeiter in diakonischen Institutionen zu entwickeln. Das Rätekonzept Hannah Arendts könnte hier Möglichkeiten der institutionellen Gestaltung solcher Selbstverwaltungsorgane aufzeigen. Dieses an der Pariser Commune und den originären russischen Sowjets reflektierte Rätekonzept hat die Verbreitung der Freiheit durch die Institutionalisierung spontan gebildeter Entscheidungs- und Beurteilungsgefüge zum Ziel, die Schaffung von Inseln der Freiheit in einem Meer der Notwendigkeit[360]. Gestufte Kompetenzen und freiheitliche Selbstselektion in den jeweils nächsthöheren Räten lassen alle diejenigen an den Entscheidungsprozessen teilhaben, die an der Freiheit interessiert sind. Eine solche freiheitliche Verknüpfung von Teams, Entscheidungsgremien und Mitarbeitervertretungen könnte völlig neue Energien in diakonischen Institutionen freisetzen.

Ein solches Freiheitskonzept steht in klarem Widerspruch zum traditionellen protestantischen Dienstverständnis, aber interessanterweise nicht zur biblischen Tradition. Es müsste „die Würde des Dienens von der Freiheit aus neu erobern"[361]. Diese Eroberung darf jedoch nicht, wie Wendland meint, Dienst in den Gegensatz zu „selbstmächtiger Autonomie" rükken, sondern im Gegenteil müssten Dienst und Autonomie zusammengedacht werden. Soll dabei der Dienstbegriff erhalten bleiben, kann er am ehesten übersetzt werden mit Engagement[362]. Diakonischer Dienst meint dann eher eine ausdrückliche Beteiligung der Handlungspotenziale der Beteiligten, die sie einbringen in die diakonische Sache. Dies bedeutet mehr als eine „Balance zwischen Selbstverwirklichung und Hingabe"[363]. Vielmehr will Engagement nicht reflexiv sich selbst, sondern zuerst transitiv etwas selbst verwirklichen und dies mit engagierter Hingabe tun. Engagement hat dabei vor allem zwei Komponenten: es impliziert zum einen die Ansprache an das je individuelle Vermögen zur Spontaneität, zum anderen geht die Richtung der Spontaneität nicht auf den reflexiven Selbstbezug hin, sondern wird als Engagement erst im Zusammenhang der Welt möglich, im Knüpfen von Fäden der Freiheit inmitten eines Miteinanders, in dem sich Engagement entfalten kann. Diakonie hat dann einen wesentlichen Schwerpunkt in der Förderung und Institutionalisierung dieses Engagements. Institutionalisierung muss nicht Engagement ersticken[364], sondern kann dieses gerade insofern fördern, als es dieses Engagement auf Dauer stellt und sichere Räume schafft, die die Fortsetzungsfähigkeit von innovatorischen Anfängen ermöglicht.

Eine Entscheidung gegen das traditionelle Dienstverständnis bedeutet nicht eine Entscheidung gegen die christliche Tradition. Im Gegenteil liegt eine breite christliche Tradition bereit, die dieses Dienstverständnis als Engagement auch theologisch zu stützen vermag. Der christliche Glaube spricht im Zusammenhang der Umkehr und Hinwendung zu Christus von einer Wiedergeburt (Joh 3,16). Mit dem Glauben beginnt nach biblischem Verständnis etwas gänzlich Neues, das einer Neuschöpfung gleichkommt (2 Kor 5,17) und es ist gerade dieses Neue, das von selbst Menschen dazu befähigt, aus dem Geist des Neuen heraus Anfänge in die Welt zu bringen. Die Neuschöpfung im Christusereignis ist dann unmittelbar mit einem neuen Selbstverständnis bei gleichzeitiger neuer Selbstbefähigung verbunden[365], insofern die durch den Neuanfang gewonnene Spontaneität Glaubende für die Welt hin öffnet, nicht gegen die Selbstbestimmung, sondern vielmehr diese auf neue Art begründend. Zu überdenken ist dabei das christliche Verständnis von Nachfolge. Meint Nachfolge Christi das Betreten eines gänzlich vorgezeichneten Weges in seinen Fußstapfen oder ist die Tat Christi eine solche, die als einmaliger Anfang nicht unser gleichförmiges Opfer verlangt, sondern im Gegenteil uns als Anfangenden Räume eröffnet, in denen wir in Freiheit folgend an das Tun Jesu anknüpfen können[366]? Nicht gehorsamer Dienst der Nachfolge, sondern durch Nachfolge inspiriertes eigenständiges Handeln würde dieses Glaubensleben kennzeichnen. Philippi macht hellsichtig darauf aufmerksam, dass der Sinn der kenosis Christi in seinem Kreuz nicht in der Selbstverleugnung selbst liegt, sondern dass die Selbstverleugnung die Gemeinschaft mit den Menschen zum Ziel hat[367]. Philippi versäumte allerdings, daraus den Schluss zu ziehen, dass das Christusereignis eine neue Form von Gemeinschaft initiiert und betont stattdessen die in der Nachfolge gebotene Selbstverleugnung und Unterordnung. Im Umkreis eines Verständnisses von Dienst als Engagement wäre neu zu prüfen, was Selbstverleugnung im christlichen

Kontext bedeuten kann. Es kann und darf nicht die Verleugnung des Potenzials der Spontaneität umfassen, wenn es nicht das freiheitliche Miteinander selbst zerstören will.

Die frühe Christenheit sah in der Energie, die das Engagement aus dem Ereignis der Neuschöpfung freisetzte, den Geist Gottes wirksam, wobei Geist und Freiheit ausdrücklich miteinander in Verbindung gebracht wurden (Joh 3, 8; 2 Kor 3, 16)[368]. Die Verwandlung von Menschen im Glauben bewirkt eine Erneuerungskraft, die diese Menschen zur Aktivität befreit; und dieser Überschwang wurde derart stark empfunden, dass die Gläubigen sich in solchem Maße vom Geist inspiriert erlebten, dass sie diesen Geist als Subjekt ihres Handelns empfanden. Eine theologische Reflexion der Kirche im Zeichen des „diakonischen Geistes"[369] hat deshalb eine besondere Bedeutung für die Förderung freiheitlicher Handlungsvollzüge. Dabei heißt Nachfolge nicht Kopieren des Tuns Christi; und Geist bedeutet nicht, sich rein passiv einer fremden Kraft auszusetzen, sondern sich im durch Christus eröffneten Handlungsraum inspirieren zu lassen, um selbst zu handeln[370]. Geist umfasst nach christlichem Verständnis beide Komponenten des Handelns: Er initiiert nicht nur Spontaneität sowie Kreativität und Innovationsfähigkeit, sondern „führt mit anderen zusammen und in die Welt hinein"[371] und steht damit in besonderer Nähe zum handlungskategorialen Tätigsein. Diakonie und Handlungsfreiheit müssen keine Gegensätze sein, vielmehr kann die Reflexion des Sinnes von handelnder Freiheit dem Sinn von Diakonie neue Horizonte eröffnen.

Anmerkungen

1. Starnitzke: Diakonie als soziales System, S. 286
2. Beyer: Art. διακονέω; Theologisches Wörterbuch zum neuen Testament, Bd. II, S. 83
3. Vgl. EKD / Bund der Evangelischen Kirchen in der DDR: Barmen 1934/1984, S. 83
4. Starnitzke: Diakonie als soziales System, S. 299
5. Vgl. Järveläinnen: Gemeinschaft in der Liebe, S. 34

6. Vgl. Weth: Kirche in der Sendung Jesu Christi, S. 70; Beyer: Art. διακονέω; Theologisches Wörterbuch zum neuen Testament, Bd. II, S. 82 u.ö.
7. Vgl. Müller: Diakonie im Dialog mit dem Judentum, S.407, vgl. Prov 10,4a; Esther 1,10; 2,2; 6,3.5
8. Vgl. dazu insbesondere Barth: „Dienst heißt: *tätige Unterordnung*, und als Dienst der Gemeinde: tätige Unterordnung unter Gott, von dem sie herkommt, damit aber auch unter die Menschen, an die sie sich wendet, denen sie ja dienen soll, indem sie Gott dient. Nicht weniger als das verlangt Gott von ihr und nicht weniger als das dürfen die Menschen von ihr erwarten." (Barth: KD III/2, § 72, S. 955 Hervorhebung K.B.)
9. Vgl. Barmen IV. In: Burgsmüller/Weth: Die Barmer Theologische Erklärung, S. 37; EKD / Bund der Evangelischen Kirchen in der DDR: Barmen 1934/1984, 82
10. Vgl. Ansbacher Ratschlag A4
11. Vgl. Asmussen: Vortrag über die Theologische Erklärung zur gegenwärtigen Lage der Deutschen Evangelischen Kirche, S. 48. Die Tatsache, dass der Ansbacher Ratschlag darauf erweist, dass Christen dennoch entstellte von gütigen Ordnungen unterscheiden, kann über den Eindruck gefährlicher Ergebenheit im Rückgriff auf biblische Begründungen nicht hinwegtäuschen, weil diese Unterscheidung folgenlos und damit unwirklich bleibt.
12. Vgl. Barth: KD IV/2, S. 673: „Geht es nun in allen guten menschlichen Werken um deren Teilnahme am guten Werk Gottes, zu dem bestimmte Menschen durch Gott selbst erwählt und herangeholt, zu der sie wiederum durch ihn selbst in diesem bestimmten Tun ermächtigt werden, dann folgt von selbst, daß sie sich von allen anderen menschlichen Werken dadurch unterscheiden, daß sie auf Gottes *Anordnung, Gebot und Befehl* hin getan werden." (Hervorhebung K.B.); vgl. Lanz: Diakonie – gelebter Glaube, S. 69
13. Vgl. Wendland: Art. Dienst. Evangelisches Sozialexikon, S. 256
14. Jäger: Diakonie als christliches Unternehmen, S. 24f.
15. Vgl. ebd., S. 25, 294
16. Vgl. Haslinger: Diakonie zwischen Mensch, Kirche und Gesellschaft, S. 736
17. Ebd., S. 119f.
18. So beispielsweise Niemeier: Kirchliche Zeitgeschichte. Die Evangelische Kirche in Deutschland. Kirchliches Jahrbuch 1957, S. 12
19. Luther: WA 30 I; 150, 23-26. Aufgrund der Fülle der Lutherzitate sind diese um der besseren Lesbarkeit willen im heutigen Deutsch wiedergegeben.
20. Luther: WA 6; 252, 5
21. Peters: Kommentar zu Luthers Katechismen, S. 189
22. Vgl. ebd., S. 187
23. Luther: WA 30 I; 152, 19-27; vgl. WA 30 I; 153, 19ff.
24. Arendt: Elemente und Ursprünge totaler Herrschaft, S. 525
25. Arendt: Macht und Gewalt, S. 40f.
26. Vgl. Arendt: Eichmann in Jerusalem, S. 211ff.
27. Vgl. Arendt / Jaspers Briefwechsel, Brief 314
28. Vgl. Arendt: Vita activa, S. 181
29. Vgl. Starnitzke: Diakonie als soziales System, S. 289f.; Haslinger: Diakonie zwischen Mensch, Kirche und Gesellschaft, S. 122
30. Vgl. Müller: Diakonie im Dialog mit dem Judentum, S.416 im Verweis auf ein Zitat von Theodor Klausner, Art.: Diakon RAC 3, 905
31. Starnitzke: Diakonie als soziales System, S. 290

32. Vgl. dazu bereits Barth: „„*Diakonie*' heißt ja schlicht und allgemein ‚Dienstleistung', kennzeichnet als nicht nur ein bestimmtes Tun der Gemeinde, sondern ihr Tun in seiner ganzen Weite und Tiefe: mit dem Zeugnis *dient* sie Gott und *dient* sie den Menschen." (Barth: KD III/2, § 72, S. 1020 Hervorhebung K.B.)
33. Vgl. Dörner: Aufgaben diakonischer Ethik, S. 47. Doch gerade deshalb erscheint sein Votum für eine Dienstleistungscharakterisierung für den ganzen Sozialbereich als fragwürdig. (Vgl. ebd., S. 51)
34. Vgl. dazu die Einleitung
35. Vgl. Busch: Controlling und Theologie, S. 289ff.; Gohde: Zur Anwaltschaft herausgefordert, S. 26; Ihmig: Diakonie als Kundenservice?, S. 102ff.
36. Vgl. Ihmig: Diakonie als Kundenservice? S. 109, 111f.
37. Vgl. ebd., S. 115
38. Dörner: Aufgaben diakonischer Ethik, S. 47
39. Vgl. dazu die Einleitung. Ähnliche Argumentationen verfolgen in der Diakonieliteratur auch Turre: Diakonie im Spannungsfeld zwischen Kirche und Gesellschaft, S. 57; Risch: Diakonie – eine Außenwahrnehmung, S. 140; Kirchenamt der EKD: Herz und Mund und Tat und Leben, Abs. 92
40. Arendt: Vita activa, S. 205
41. vgl. Busch: Controlling und Theologie, S. 294
42. Vgl. ebd., S. 295
43. Vgl. ebd., S. 297
44. Gohde: Zur Anwaltschaft herausgefordert, S. 26
45. Huber: Den Menschen entdecken, S. 42
46. Vgl. Kirchenamt der EKD: Herz und Mund und Tat und Leben, Abs. 92
47. Vgl. Arendt: Vita activa, S. 207
48. Vgl. Gohde: Diaconia semper reformanda, S. 242
49. Vgl. beispielsweise Gerhard Risch: Diakonie – eine Außenwahrnehmung, S. 140
50. Paolo Ricca: Diakonie als Dimension der Kirche, S. 65; vgl. ders.: Die Waldenser Kirche und die Diakonie in Europa, S. 147; vgl. Sigrist: Die geladenen Gäste, S. 65; ebenso Barth: „Ihr Dienst besteht [...] schlicht darin, daß sie als die Gemeinde Jesu Christi [...] tätig für die Welt da zu sein, das heißt aber in deren Mitte ihren Auftrag, ihr das Wort Gottes zu bezeugen, auszuführen hat." (Barth: KD III/2, § 72, S. 951)
51. Vgl. Schweizer: Die diakonische Struktur der neutestamentlichen Gemeinde, S. 170; vgl. Philippi: Art. Geschichte der Diakonie. Theologische Realenzyklopädie Bd. 8, S. 622
52. Paul Philippi: Thesen zur Ortsbestimmung der Diakonie in der Theologie, S. 215 Hervorhebung P.P.
53. Vgl. Strohm / Schäfer: Abschließende Überlegungen, S. 239
54. Bonhoeffer: Widerstand und Ergebung, S. 206: „Die Kirche ist nur Kirche, wenn sie für andere da ist." Bonhoeffer zieht daraus radikale Schlüsse wie die Schenkung allen Kircheneigentums an die Armen. Vgl. auch Schäfer: Entwicklungen und theologische Begründungszusammenhänge der Diakonie, S. 164; Turre: Diakonik, S. 88
55. Vgl. Sekretariat der Deutschen Bischofskonferenz: Die Kirche in der gegenwärtigen Umwandlung Lateinamerikas im Lichte des Konzils, S. 327ff. Ziffer 1134ff.
56. Vgl. v.a. Haslinger: Diakonie zwischen Mensch, Kirche und Gesellschaft, S. 784ff.
57. Vgl. Sigrist: Die geladenen Gäste, S. 58
58. So auch. Kohler: Kirche als Diakonie, S. 177
59. Sigrist: Die geladenen Gäste, S. 58
60. Vgl. Brandt: Dienst und Dienen im Neuen Testament, zitiert in Beyer: Art. διακονέω,

Theologisches Wörterbuch zum Neuen Testament, S. 85
61. Vgl. Haslinger: Diakonie zwischen Mensch, Kirche und Gesellschaft, S. 578 unter Rückgriff auf die Beziehungstheorie von Lévinas
62. Vgl. ebd., S. 579 Hervorhebung H.H.
63. Philippi: Christozentrische Diakonie, S. 248
64. Ebd., S. 182
65. Ebd., S. 183
66. Barth: KD III/2, § 72, S. 955 Hervorhebung K.B.
67. Vgl. Horn: Diakonische Leitlinien Jesu, S.123
68. Philippi: Christozentrische Diakonie, S. 155
69. Ebd.
70. Vgl. ebd., S. 167
71. Vgl. Jäger: Diakonie als christliches Unternehmen, S. 259
72. Turre: Diakonik, S. 215
73. Vgl. Rannenberg: Tagesordnungspunkt Diakonie, S. 16
74. Vgl. Haslinger: Diakonie zwischen Mensch, Kirche und Gesellschaft, S. 737f. im Rückgriff auf Henning Luther
75. Sigrist: Die geladenen Gäste, S. 45
76. Ebd., S. 47
77. Ricca: Die Waldenserkirche und die Diakonie in Europa, S. 141
78. Philippi: Christozentrische Diakonie, S. 163
79. Sigrist: Die geladenen Gäste, S. 41
80. Philippi: Diaconica, S. 6
81. Vgl. Sigrist: Die geladenen Gäste, S. 67
82. Kohler: Kirche als Diakonie, S. 181
83. Vgl. Theißen: Die Legitimitätskrise des Helfens und der barmherzige Samariter, S. 46ff. und andere
84. Vgl. Starnitzke: Diakonie als soziales System, S. 290, 293
85. Vgl. Turre: Diakonik, S. 66f.; vgl. Ricca: Die Waldenserkirche und die Diakonie in Europa, S. 142
86. Vgl. Klessmann: Von der Annahme der Schatten, S. 118
87. Degen: Diakonie im Widerspruch, S. 40
88. Vgl. Bach: Boden unter den Füßen hat keiner, S. 199
89. Bach: Dem Traum entsagen, mehr als ein Mensch zu sein, S. 62
90. Vgl. ebd., S. 61
91. H. Luther: Wahrnehmen und Ausgrenzen, S. 261
92. Ebd., S. 262
93. Vgl. Bach: Getrenntes wird versöhnt, S. 185; ders.: Boden unter den Füßen hat keiner, S. 92, 198
94. Vgl. auch Bach: Boden unter den Füßen hat keiner, S. 207
95. Vgl. Bach: Getrenntes wird versöhnt, S. 185
96. Vgl. Bach: Boden unter den Füßen hat keiner, S. 74
97. Ebd., S. 81
98. Vgl. ebd., S. 92
99. Diakonisches Werk: Diakonie – stark für andere. Leitlinie 5: „Wir sind eine Dienstgemeinschaft von Männern und Frauen im Haupt- und Ehrenamt."
100. Vgl. Philippi: Diaconica, S. 122
101. Busch: Dienstgemeinschaft, S. 98
102. Vgl. Sauer: Ein kleines Stück der Vision Jesu, S. 316

103. Ebd.
104. Turre: Diakonik, S. 107
105. Vgl. Schäfer: Gottes Bund entsprechen, S. 411; Campbell: Nächstenliebe mit Maß, S. 136
106. Vgl. Philippi: Diaconica, S. 12
107. Diakonisches Werk: Diakonie – stark für andere. Beitext zur ersten Leitlinie
108. Sauer: Ein kleines Stück der Vision Jesu, S. 316 im Rekurs auf Busch; vgl. Hollweg: Gruppe – Gesellschaft – Diakonie, S. 203
109. Turre: Diakonik, S. 73; vgl. Strohm: Diakonie und Sozialethik, S. 12; Starnitzke: Diakonie als soziales System, S. 299; sowie Bach: Dem Traum entsagen, mehr als ein Mensch zu sein, S. 53 im Verweis auf 1.Petr. 4,10. Auch hierbei ist der sich dienen lassende Jesus selbst das Vorbild (Vgl. Hollweg: Gruppe – Gesellschaft – Diakonie, S. 174; Campbell: Nächstenliebe mit Maß, S. 139
110. Bach: Dem Traum entsagen, mehr als ein Mensch zu sein, S. 62
111. Vgl. Hollweg: Gruppe – Gesellschaft – Diakonie, S. 229
112. Diakonisches Werk: Diakonie – stark für andere. Beitext zur Leitlinie 3 im Leitbild Diakonie
113. Moltmann: Diakonie im Horizont des Reiches Gottes, S. 38
114. Starnitzke: Diakonie als soziales System, S. 99
115. Vgl. ebd., S. 302
116. Kirchenamt der EKD: Herz und Mund und Tat und Leben, Abs. 69
117. Moltmann: Diakonie im Horizont des Reiches Gottes, S. 68f.
118. Vgl. dazu vor allem die Schriften von Ulrich Bach, zum Beispiel ders: Dem Traum entsagen, mehr als ein Mensch zu sein, S. 57; ders.: Boden unter den Füßen hat keiner, S. 28
119. Vgl. Moltmann: Diakonie im Horizont des Reiches Gottes, S. 69
120. Vgl. Turre: Diakonik, S. 73
121. Vgl. Bach: Boden unter den Füßen hat keiner, S. 47
122. Vgl. Moltmann: Diakonie im Horizont des Reiches Gottes, S. 62
123. Vgl. dazu vor allem die Schriften von Ulrich Bach
124. Vgl. Diakonisches Werk: Diakonie – stark für andere. Leitlinie 5: „Wir sind eine Dienstgemeinschaft von Frauen und Männern im Haupt- und Ehrenamt."
125. Philippi: Diaconica, S.6
126. Weth: Kirche in der Sendung Jesu Christi, S. 57
127. Schmithals: Das Evangelium nach Markus, S. 464 Hervorhebung W.S.
128. Vgl. ebd.
129. Augustin: De civitate Dei, XIV 28
130. Luther: WA; 251, 14-18
131. Härle: Luthers Zwei-Regimenten-Lehre als Lehre vom Handeln Gottes, S. 20f.
132. Luther: WA 11; 249, 36- 250, 1
133. Vgl. Troeltsch: Die Soziallehren der christlichen Kirchen und Gruppen, S. 296, anders Bornkamm: Das Jahrhundert der Reformation, S. 292. Bornkamm kann seine These, daß Luthers Konzept das scholastische Denken in diesem Punkt voraussetze aber nicht belegen. Peters hingegen macht geltend, dass neben Gewalt auch Schutz die Funktion der Obrigkeit nach Luther kennzeichnet. Doch wird eben dieser Schutz durch nichts anderes als durch Gewalt erreicht. Vgl. Peters: Kommentar zu Luthers Katechismen, S. 199
134. Luther: WA 18; 305, 30-33
135. Luther: WA 11; 250, 11f.

136. Ausgenommen ist bei Luther lediglich der Widerstand bei politischem Zwang zur Verleugnung des Glaubens (vgl. z.B. WA 11; 267, 11-13). Doch da diese Gewalt lediglich das Gewissen betrifft, kann auch der Widerstand nur auf der Gewissensebene aufgeübt werden; er ist kein politischer Widerstand. Dazu Luther: „Es ist unmöglich, daß jemand das Evangelium verwehrt werden sollte. Es ist auch keine Gewalt im Himmel und auf Erden, die solches vermöchte." WA 18; 322, 34-36
137. Luther: WA 30 I; 148, 3-6
138. Luther: WA 11; 250, 15-17
139. Vgl. die diesbezügliche Aussage von von Hase, zitiert in: Reitz-Dinse: Theologie in der Diakonie, S. 128
140. Von Hase. In: Reitz-Dinse: Theologie in der Diakonie, S. 126, vgl. auch Benedict: Barmherzigkeit mit Gerechtigkeit verbinden
141. These IV der Barmer Theologischen Erklärung
142. Vgl. Schmithals: Das Evangelium nach Markus, S. 465
143. Vgl. Asmussen: Vortrag über die Theologische Erklärung zur gegenwärtigen Lage der Deutschen Evangelischen Kirche, S. 52
144. Ebd., S. 53
145. Von der Freiheit der Kirche zum Dienen. In: Krumwiede u.a. (Hg.): Kirchen- und Theologiegeschichte in Quellen IV/2, S. 188
146. Vgl. Sigrist: Die geladenen Gäste, S. 57f.
147. Vgl. ebd., S. 58
148. Vgl. Philippi: Christozentrische Diakonie, S. 202
149. Schmithals: Das Evangelium nach Markus, S. 469
150. Vgl. ebd., S. 471 in Verweis auf Wellhausen
151. Vgl. Philippi: Christozentrische Diakonie, S. 110
152. Vgl. Schmithals: Das Evangelium nach Markus, S. 464ff.
153. Barmer Theologische Erklärung: These III
154. Philippi: Christozentrische Diakonie, S. 114f.: „Daß diese juristisch gar nicht zu fassende Doppelpoligkeit ihr Wesen nur aus der christologischen Wende herleiten kann, erweist die christologische Begründung der eben ausgesprochenen Grundordnung."
155. Busch: Dienstgemeinschaft, S. 100
156. Vgl. Weth: Kirche in der Sendung Jesu Christi, S. 54
157. Vgl. Kirchenamt der EKD: Herz und Mund und Tat und Leben, Abs. 115: „Mitarbeiterinnen und Mitarbeiter, die ihr Christsein und ihre Kirchenmitgliedschaft als Voraussetzung in die Dienstgemeinschaft einbringen, wollen ihren Dienst mit dem Zeugnis ihres Glaubens und ihrer Berufung verbinden. Mitarbeitende, die nicht Christen sind, dürfen keinem Zwang ausgesetzt werden, sie sind aber einzuladen, sich mit Auftrag, Arbeit und Geschichte der Diakonie zu identifizieren, mit der Kirche zu leben. Deshalb sind Angebote der Information über den Glauben und seelsorgerliche Begleitung wesentlich." Doch diese auffällig moderate Einstellung zur Voraussetzung der Kirchenmitgliedschaft ändert nichts an der Tatsache, dass Bewerber ohne Kirchenzugehörigkeit im Raum der Diakonie keinen Platz finden.
158. Vgl. Haslinger: Diakonie zwischen Mensch, Kirche und Gesellschaft, S. 422ff.; vgl. auch Beyer-Nutzinger: Erwerbsarbeit und Dienstgemeinschaft, S. 52
159. Neukamm: Einleitende Überlegungen, S. 15; sowie Haslinger: Diakonie zwischen Mensch, Kirche und Gesellschaft, Diakonie zwischen Mensch, Kirche und Gesellschaft, S. 423 Anm. 408

160. Vgl. Haslinger: Diakonie zwischen Mensch, Kirche und Gesellschaft, Diakonie zwischen Mensch, Kirche und Gemeinschaft, S. 423
161. Vgl. dazu Hannah Arendts Unterscheidung des Öffentlichen und Privaten. Das Privatleben wie das öffentliche Leben sind nur dann geschützt, wenn beide Bereiche voneinander unterschieden werden.
162. Vgl. Degen: Diakonie als soziale Dienstleistung, S. 68
163. Vgl. Degen: Diakonie im Widerspruch, S. 108
164. Vgl. Abbing: Art. Theologische Grundprobleme der Diakonie. Theologische Realenzyklopädie Bd. 8, S. 655
165. Vgl. Turre: Diakonik, S. 289; Degen: Diakonie als soziale Dienstleistung, S. 68
166. Philippi: Christozentrische Diakonie, S. 165
167. Ebd., S. 220
168. Ebd., S. 200
169. Philippi: Diaconica, S. 24
170. Ebd.
171. Vgl. Starnitzke: Diakonie als soziales System, S. 310
172. Ebd., S. 311
173. Vgl. Philippi: Christozentrische Diakonie, S. 114
174. Vgl. Philippi: Thesen zur Ortsbestimmung der Theologie in der Diakonie, S. 221
175. Sigrist: Die geladenen Gäste, S. 59
176. Philippi: Thesen zur Ortsbestimmung der Diakonie innerhalb der Theologie, S. 216
177. Ebd., S. 217
178. Kirchenamt der EKD: Der evangelische Diakonat als geordnetes Amt der Kirche, S. 7
179. Schweizer: Die diakonische Struktur der neutestamentlichen Gemeinde, S. 170
180. Vgl. Kirchenamt der EKD: Der evangelische Diakonat als geordnetes Amt der Kirche, S. 7
181. 51. Federalist, S. 266
182. Strohm: Diakonie und Sozialethik, S. 211
183. Weth: Kirche in der Sendung Jesu Christi, S. 55
184. Schober: Parität und Spiritualität, zitiert nach Seibert: Diakonie – Hilfehandeln Jesu und soziale Arbeit des Diakonischen Werkes, S. 237
185. Ebd., S. 236
186. Herborg: Statt Tarifvertrag, epd, S. 65, vgl. ders.: Zur Entstehung des Dritten Weges, in Kirchliches Jahrbuch 81/82, S.277
187. Vgl. Herborg: Zur Entstehung des Dritten Weges, S. 281
188. Vgl. Beyer/Nutzinger: Erwerbsarbeit und Dienstgemeinschaft, S. 86
189. Herborg: Statt Tarifvertrag – der dritte Weg? (Thesen). In: Gemeinschaftswerk der evangelischen Publizistik (Hg.): epd Dokumentation 14/78, S.65; vgl. ders.: Zur Entstehung des Dritten Weges. In: Kirchliches Jahrbuch 81/82, S.277; vgl. ebenso Strohm: Diakonie und Sozialethik, S. 211f.
190. Grethlein: Entstehungsgeschichte des Dritten Weges, S. 8
191. Seibert: Diakonie – Hilfehandeln Jesu und soziale Arbeit des Diakonischen Werkes, S. 236
192. Vgl. Haslinger: Diakonie zwischen Mensch, Kirche und Gesellschaft, S. 434
193. So auch Busch: Wir sind eine Dienstgemeinschaft von Frauen und Männern im Haupt- und Ehrenamt, S. 276, vgl. Schibilsky: Dialogische Diakonie, S. 21
194. Kirchenamt der EKD: Herz und Mund und Tat und Leben, Abs. 118; Busch: Wir

sind eine Dienstgemeinschaft von Frauen und Männern im Haupt- und Ehrenamt, S. 275
195. Diakonisches Werk: Diakonie – stark für andere. Beitext zur Leitlinie 5, vgl. Busch: Wir sind eine Dienstgemeinschaft von Frauen und Männern im Haupt- und Ehrenamt, S. 275
196. Vgl. Sauer: Ein kleines Stück der Vision Jesu, S. 318
197. Vgl. ebd., S. 319
198. So Brakelmanns Nachwort in Beyer/Nutzinger: Erwerbsarbeit und Dienstgemeinschaft, S. 330
199. Busch: Dienstgemeinschaft, S. 105. So fragt Busch, ob sich Kirche mit einem Konzept der Dienstgemeinschaft angesichts der realen Besoldungsunterschiede nicht selbst überfordert.
200. Sauer: Ein kleines Stück der Vision Jesu, S. 319
201. Rosenboom: Was erwartet die Kirche von ihren Mitarbeitern? (Thesen). In: Gemeinschaftswerk der Evangelischen Publizistik (Hg.): epd Dokumentation 14/78, S. 60f.
202. Theißen: Die Rede vom großen Weltgericht (Mt 25,31-46), S. 60
203. Turre: Diakonik, S. 66
204. Vgl. dazu beispielsweise Wendland: „Die ‚Herrschaft' Christi nimmt also die Form der *dienenden Liebe* an und nicht die der ‚weltlichen Machtausübung'." (Wendland: Einführung in die Sozialethik, S. 38 Hervorhebung H.-D. W.)
205. Arendt: Vita activa, S. 181f.
206. Arendt: Was ist Politik, S. 40
207. Bach: Boden unter den Füßen hat keiner, S. 49
208. Schäfer: Gottes Bund entsprechen, S. 402
209. Vgl. dazu auch die Ausführungen zur sich selbst verleugnenden Liebe in dieser Arbeit
210. Arendt: Vita activa, S. 182
211. Bach: Boden unter den Füßen hat keiner, S. 118
212. Ebd., S. 28
213. Moltmann: Diakonie im Horizont des Reiches Gottes, S. 34
214. Bach: Boden unter den Füßen hat keiner, S. 134
215. Vgl. Turre: Diakonik, S. 82
216. Vgl. dazu Strohm / Schäfer: Abschließende Überlegungen, S. 240
217. Vgl. Leitlinien zum Diakonat. In: Reitz-Dinse: Theologie in der Diakonie, S. 197
218. Seibert: Diakonie – Hilfehandeln Jesu und soziale Arbeit des Diakonischen Werkes, S. 185f.
219. Strohm: Diakonie und Sozialethik, S. 247
220. Vgl. Turre: Diakonik, S. 100
221. Moltmann: Diakonie im Horizont des Reiches Gottes, S. 65, 73
222. Bach: Boden unter den Füßen hat keiner, S. 68
223. Vgl. Hollweg: Gruppe – Gesellschaft – Diakonie, S. 52, 55
224. Vgl. Seibert: Diakonie – Hilfehandeln Jesu und soziale Arbeit des Diakonischen Werkes, S. 185
225. Rannenberg: Tagesordnungspunkt Diakonie, S. 101
226. Anzeichen eines Umdenkens in der Diakonie ist der Raum, der in den jüngsten öffentlichen Verlautbarungen von EKD und Diakonischem Werk der Selbsthilfebewegung gewidmet wird. Vgl. dazu insbesondere das Jubiläumsjahrbuch Diakonie 1998, die Denkschrift: „Herz und Mund und Tat und Leben", sowie das Leitbild

Diakonie. Die ausdrückliche Aufforderung, der Selbsthilfe mehr Raum zu gewähren, findet sich insbesondere in: Kirchenamt der EKD: Herz und Mund und Tat und Leben, Abs.71, 79, 99, Diakonisches Werk: Diakonie – stark für andere, Leitlinie 6.
227. Moltmann: Diakonie im Horizont des Reiches Gottes, S. 39f.
228. Ebd., S. 73
229. Herz und Mund und Tat und Leben, Abs. 100
230. Schäfer: Gottes Bund entsprechen, S. 289 unter Rückbezug auf ein Zitat von McKnight
231. Kirchenamt der EKD: Herz und Mund und Tat und Leben, Abs. 68
232. Vgl. Schäfer: Gottes Bund entsprechen, S. 309
233. Degen: Diakonie im Widerspruch, S. 102
234. Schäfer: Gottes Bund entsprechen, S. 310, im Verweis auf Möller: Selbsthilfegruppen, S. 79ff.
235. Die Konferenz in El Escorial. Richtlinien über das Teilen II.5. In: Raiser: Ökumenische Diakonie, S. 98
236. Vgl. Bach: Boden unter den Füßen hat keiner, S. 56, 74, 139
237. Vgl. ebd., S. 133
238. So auch Moltmann: Diakonie im Horizont des Reiches Gottes, S. 53
239. Vgl. Bach: Boden unter den Füßen hat keiner, S. 56, 156
240. Ebd., S. 25
241. Vgl. Beyer/Nutzinger: Erwerbsarbeit und Dienstgemeinschaft, S. 45, 58, 88
242. Vgl. Tocqueville: Über die Demokratie in Amerika II, S. 178
243. Vgl. Beyer/Nutzinger: Erwerbsarbeit und Dienstgemeinschaft, S. 273
244. Vgl. dazu auch Beyer/Nutzinger: Erwerbsarbeit und Dienstgemeinschaft, S. 105
245. Nübel: Teilhabe statt Preisgabe, S.
246. Kirchenamt der EKD: Herz und Mund und Tat und Leben, Abs. 121
247. Vgl. Bach: Getrenntes wird versöhnt, S. 163; vgl. auch S. 185
248. Reitz-Dinse: Theologie in der Diakonie, S. 148 im Verweis auf Krimm
249. Vgl. Seibert: Diakonie – Hilfehandeln Jesu und soziale Arbeit des Diakonischen Werkes, S. 191
250. Moltmann: Diakonie im Horizont des Reiches Gottes, S. 20
251. Campbell: Nächstenliebe mit Maß, S. 145
252. Hollweg: Trendwende in der Diakonie, S. 207
253. Seibert: Diakonie – Hilfehandeln Jesu und soziale Arbeit des Diakonischen Werkes, S. 195 Im Rekurs auf Schillebeeckx
254. Ebd., S. 192
255. Ebd., S. 197 im Verweis auf Eberhard Jüngel
256. Hollweg: Gruppe – Gesellschaft – Diakonie, S. 44
257. Turre: Diakonik, S. 113
258. Moltmann: Diakonie im Horizont des Reiches Gottes, S. 39
259. Vgl. Schäfer: Gottes Bund entsprechen, S. 326
260. Müller: Diakonie im Dialog mit dem Judentum, S. 250 in einem Zitat von Vogel
261. Kutsch: Art. Bund. Theologische Realenzyklopädie Bd. 7, S. 397
262. Campbell: Nächstenliebe mit Maß, S. 131, 133
263. Ebd., S. 129
264. Schäfer: Gottes Bund entsprechen, S. 405
265. Campbell: Nächstenliebe mit Maß, S. 133f.
266. Kutsch: Art. Bund. Theologische Realenzyklopädie Bd. 7, S. 398

267. Vgl. Busch: Dienstgemeinschaft, S. 98f.
268. Vgl. Nübel: Teilhabe statt Preisgabe, S. 8
269. Vgl. S. E. Morison (Ed.): William Bradford of Plymoth Plantation, außerdem Winthrop: Ein Modell christlicher Liebe. In: Kirchen- und Theologiegeschichte in Quellen Bd. IV/1
270. Vgl. Philippi: Christozentrische Diakonie, S. 217ff.
271. Vgl. dazu insbesondere Degen: Diakonie im Widerspruch, S. 46; Horn: Diakonische Leitlinien Jesu, S. 115; Kohler: Kirche als Diakonie, S. 96
272. Arendt: Freiheit und Politik, S. 206
273. Vgl. ebd., S. 202; Arendt: Vom Leben des Geistes II, S. 189
274. Vgl. Stock: Luther und die Freiheit, S. 83
275. Vgl. Tödt: Freiheit. Theologisch. Evangelisches Kirchenlexikon, Sp. 1349f.
276. Luther: WA 18; 634, 16f.
277. Joest: Martin Luther, S. 138
278. Ebeling: Luther. Einführung in sein Denken, S. 251
279. Müller: Diakonie im Dialog mit dem Judentum, S. 252
280. Mehl: Art. Freiheit. Ethisch. Theologische Realenzyklopädie Bd. 11, S. 521
281. Vgl. Otto: Das Heilige, S. 107ff.
282. Vgl. Stock: Luther und die Freiheit, S. 86
283. Vgl. Von der Freiheit der Kirche zum Dienen. Theologische Sätze des Weißenseer Arbeitskreises. In: Krumwiede u.a. (Hg.): Kirchen- und Theologiegeschichte in Quellen IV/2: S. 186f.
284. Neukamm: Freiheit zum Dienst, S. 204
285. Tödt: Freiheit. Theologisch. Evangelisches Kirchenlexikon, Sp. 1355 im Rückgriff auf Luthers Freiheitsverständnis
286. Neukamm: Einleitende Überlegungen, S. 16
287. Vgl. Rohde: Charismen und Dienste in der Gemeinde, S. 208
288. Synode der EKD: An die Mitarbeiter in der Diakonie unserer Kirche. In: Niemeier Kirchliche Zeitgeschichte. Die Evangelische Kirche in Deutschland. Kirchliches Jahrbuch 1957, S. 19
289. Vgl. dazu beispielsweise Stock: Luther und die Freiheit, S. 94; Schäfer: Gottes Bund entsprechen, S. 402; Mehl: Art. Freiheit. Ethisch. Theologische Realenzyklopädie Bd. 11, S. 515, wo christliche Freiheit mit dieser Spontaneität ausdrücklich identifiziert wird. Vgl. Möller: Selbsthilfegruppen, S. 341ff.
290. Luther: WA 10 I 1; 361, 10-12
291. Synode der EKD: An die Mitarbeiter in der Diakonie unserer Kirche. In: Niemeier: Kirchliche Zeitgeschichte. Die Evangelische Kirche in Deutschland. Kirchliches Jahrbuch 1957, S. 19
292. Abbing: Theologische Grundprobleme der Diakonie. Theologische Realenzyklopädie, S. 651
293. Mehl: Art. Freiheit. Ethisch. Theologische Realenzyklopädie Bd. 11, S. 515: „Unter den Gefühlen, die das Herz eines Menschen bewegen können, gehört gerade die Dankbarkeit zu jenen, die nicht befohlen werden können; sie muß spontan entstehen."
294. Vgl. dazu insbesondere Bultmann: Theologie des Neuen Testamentes, 332ff.
295. Strohm: Diakonie und Sozialethik, S. 35
296. Vgl. Tödt: Art. Freiheit. Theologisch. Evangelisches Kirchenlexikon, Sp. 1355 im Rückgriff auf Calvins Freiheitsverständnis
297. Fuchs: Einübung der Freiheit, S. 245 im Rekurs auf Phil 4,12f.

298. Luther: WA 18; 638, 4-11
299. Luther: WA 7; 146, 4-8
300. Vgl. Mehl: Art. Freiheit. Ethisch. Theologische Realenzyklopädie Bd. 11, S. 517
301. Vgl. dazu insbesondere Philippi: Christozentrische Diakonie, S. 114
302. Vgl. Tödt: Art. Freiheit. Theologisch. Evangelisches Kirchenlexikon, Sp. 1353
303. Ebd.
304. Moltmann: Diakonie im Horizont des Reiches Gottes, S. 25
305. Vgl. Hollweg: Gruppe – Gesellschaft – Diakonie, S. 166
306. Vgl. ebd., S. 173
307. Starnitzke: Diakonie als soziales System, S. 296
308. Vgl. Hofmeister: Art. Freiheit. Philosophisch. Evangelisches Kirchenlexikon, S. 1350
309. Vgl. zum Beispiel Seibert: Menschendienst, S. 71ff.
310. Vgl. Haslinger: Diakonie zwischen Mensch, Kirche und Gesellschaft, S. 64
311. Vgl. ebd.; sowie Schwan: Art. Freiheit in der Sicht politischer Philosophie, Theologische Realenzyklopädie Bd. 11 S. 534
312. Ebd.
313. Vgl. dazu Tödt: Art. Freiheit. Theologisch. Evangelisches Kirchenlexikon, S. 1358
314.. Philippi: Christozentrische Diakonie, S. 114
315. Vgl. Gohde: Diaconia semper reformanda, S. 242
316. Barth: KD IV/2, § 67.4; 783, 16, zitiert nach Lienemann: Kirchlicher Dienst zwischen kirchlichem und staatlichem Recht, S. 515
317. Vgl. Wendland: Art. Dienst. Evangelisches Soziallexikon, S. 257
318. Vgl. Haslinger: Diakonie zwischen Mensch, Kirche und Gesellschaft, S. 64
319. Vgl. dazu v.a. Arendt: Vita activa, S. 239ff.
320. Wendland: Art. Dienst. Evangelisches Soziallexikon, S. 257
321. Mehl: Art. Freiheit. Ethisch. Theologische Realenzyklopädie Bd. 11, S. 524; vgl. auch Merk: Aspekte zur diakonischen Relevanz von Gerechtigkeit, Barmherzigkeit und Liebe, S. 150
322. Ricca: Die Waldenserkirche und die Diakonie in Europa, S. 144
323. Vgl. Arendt: Freiheit und Politik, S. 213
324. Vgl. Arendt: Vom Leben des Geistes II, 197
325. Vgl. Arendt: Freiheit und Politik, S. 216
326. Vgl. ebd., S. 226
327. Vgl. ebd., S. 206
328. Ebd., S. 218
329. Arendt: Vom Leben des Geistes, S. 200
330. Arendt: Freiheit und Politik, S. 201
331. Arendt: Über die Revolution, S. 37
332. Arendt: Vom Leben des Geistes II, S. 190
333. Vgl. Arendt: Freiheit und Politik, S. 201
334. Arendt: Vom Leben des Geistes II, S. 22
335. Kirchenamt der EKD: Herz und Mund und Tat und Leben, Abs. 65
336. Ebd., Abs. 151
337. Jäger: Diakonie als christliches Unternehmen, S. 270
338. Kirchenamt der EKD: Herz und Mund und Tat und Leben, Abs. 72
339. Schibilsky: Dialogische Diakonie, S. 22
340. Degen: Diakonie im Widerspruch, S. 94

341. Ricca: Die Waldenserkirche und die Diakonie in Europa, S. 146; vgl. ders.: Diakonie als Dimension der Kirche, S. 66
342. Kirchenamt der EKD: Herz und Mund und Tat und Leben, Abs. 87
343. Ebd., Abs. 95
344. Jäger: Diakonie als christliches Unternehmen, S. 32, 102
345. Degen: Diakonie im Widerspruch, S. 87
346. Vgl. Diakonisches Werk: Diakonie – stark für andere, Beitext zur Leitlinie 4
347. Gohde: Diaconia semper reformanda, S. 237f.
348. Wichern: Gutachten über die Diakonie und den Diakonat, S. 130f.
349. Vgl. ebd., S. 139
350. Ebd., S. 183
351. Vgl. ebd., S. 136
352. Vgl. ebd., S. 141
353. Vgl. ebd., S. 131
354. Vgl. ebd., S. 169
355. Vgl. ebd., S. 131
356. Ebd., S. 164; vgl. auch S. 149, 150
357. Vgl. ebd., S. 181
358. Vgl. Beyer / Nutzinger: Erwerbsarbeit und Dienstgemeinschaft, S. 105
359. Brakelmann in Beyer / Nutzinger: Erwerbsarbeit und Dienstgemeinschaft, S. 330
360. So Hannah Arendt in ihrer Auseinandersetzung mit dem Versprechen. Vgl. dies.: Vita activa, S. 240
361. Wendland: Art. Dienst; Evangelisches Soziallexikon, S. 257
362. Am nächsten kommt diesem Verständnis von Dienst als Engagement wohl die Feststellung, dass ein neues Diakonieverständnis sich an der Grundidee des „Dahinter-Stehens" orientieren sollte. (Vgl. Nübel: Die neue Diakonie, S. 11)
363. Degen: Vom Pathos des Helfens, S. 30
364. Vgl. zu diesem Aspekt Schibilsky: Dialogische Diakonie. Eine Einleitung, S. 16; vgl. die auch sonst häufige Gegenüberstellung von Spontaneität und „geordnetem Dienst" (z.B. Schäfer: Gottes Bund entsprechen, S. 219)
365. Vgl. die Äußerungen von Jürgen Albert, zitiert bei Reitz-Dinse: Theologie in der Diakonie, S. 250
366. Vgl. Ricca: die Waldenserkirche und die Diakonie in Europa, S. 147, Ricca spricht in dieser Form der Nachfolge ausdrücklich von „motivieren"
367. Vgl. Philippi: Christozentrische Diakonie, S. 74. Die Übersetzung von ἐκένωσεν ἑαυτόν (Phil 2,7), der Selbstentleerung Christi, ist exegetisch strittig. Während Käsemann sie als Vertauschung der präexistenten göttlichen Seinsweise mit der allgemein menschlich-irdischen versteht, sprechen Lohmeyer und Jeremias vom Ausgießen des Lebens und damit von der Selbstpreisgabe und Hingabe Christi (vgl. Tiedtke / Link: Art. κενός. Begriffslexikon zum Neuen Testament, S. 849). Die unterschiedliche Deutung zeigt den theologischen Konflikt der Deutung des Christusgeschehens auf. Steht die Menschwerdung unter Menschen im Zentrum seines Kommens oder die Selbstaufgabe im Selbstopfer?
368. Vgl. Strohm: Diakonie und Sozialethik, S. 156
369. So auch Ricca: Diakonie als Dimension der Kirche, S. 62
370. Vgl. Kohler: Kirche als Diakonie, S. 123
371. Turre: Diakonik, S. 71

Kapitel 2: Motiviert durch Barmherzigkeit und Solidarität

Diakonie unter dem Paradigma des Lebens

Διακονεῖν – Die Sorge um die Lebensnotwendigkeit

Bei der Reflexion des diakonischen Dienstverständnisses wurde bisher ein wichtiges Moment übergangen. Das antike Verständnis von διακονεῖν implizierte die persönliche Dienstleitung auf einer ganz besonderen Ebene. Διακονεῖν wird meist mit „bei Tisch aufwarten"[1], „für die Mahlzeit sorgen"[2] wiedergegeben und betrifft damit den Dienst der Frauen im griechischen Haushalt der Antike. Der διακονεῖν-Dienst bindet sich damit explizit an die elementaren menschlichen Lebensbedürfnisse, deren Versorgung er gewährleistet. Erst in Ableitung aus dieser ursprünglichen Bedeutung weitet sich der im Griechischen nicht häufig verwandte Begriff aus zu: „für den Lebensunterhalt sorgen"[3], wodurch der Dienst den materiellen Bereich insgesamt betrifft[4]. Diakonie impliziert in diesem Kontext über den unmittelbaren Tischdienst hinaus die Wirtschaftshilfe, das „planvolle und kluge Einsetzen der vorhandenen Ressourcen"[5] und damit eine Ökonomie, die die Sorge um den Lebenszusammenhang und damit auch diakonisch gewendet die Fürsorge allgemein[6], die an die Stelle innerfamiliärer Versorgung tritt, sowohl diejenige für das eigene als auch die für fremdes Leben. Eine Diakonie in Orientierung am Begriffsfeld von διακονεῖν grenzt sich damit bewusst gegen jegliche Form der „Luxusdiakonie" ab und weiß sich den „Grundbedürfnissen menschlicher Existenz"[7] verpflichtet. Im Kontext der Weltkirchenkonferenz in Nairobi wird folgerichtig von einer „umgreifenden Option für das Leben"[8] im sozialen Handeln der Kirche gesprochen.

Das diakonische Aufwarten bei Tisch hat im christlichen Kontext einen doppelten Sinngehalt. Neben der Sorge für die Mahlzeit ist der Tisch der christlichen Gemeinde immer auch der Abendmahlstisch der Erinnerung (ἀνάμνησις 1 Kor 11, 25) an die Erlösungstat Christi. In den urchristlichen Gemeinden waren liturgische Erinnerung und sättigende Mahlzeit miteinander verbunden[9], so dass die Abendmahlsgemeinschaft immer auch soziale Verbindlichkeit in sich schloss[10]. Insofern kann diakonisches Dienen auch gekennzeichnet werden als „Teilnehmen an der Tischgemeinschaft" Christi als Gast[11], an der jeder teilnehmend mit anderen teilt und gleichzeitig selbst empfängt, wobei die Gabe materielle und religiöse Momente unmittelbar miteinander verbindet.

Eine Zentrierung von Diakonie auf die Sorge um die elementaren Lebensbedürfnisse, wie sie das diakonische Denken im Horizont des Begriffsfeldes διακονεῖν vornimmt, ist aus politiktheoretischer Perspektive in hohem Maße problematisch. Das wird deutlich im Kontext von Hannah Arendts Analyse arbeitskategorialen Tätigseins. Dabei spielt ihre Auseinandersetzung mit dem Denken von Karl Marx eine Schlüsselrolle, der Arbeit als „Stoffwechsel mit der Natur" kennzeichnete[12]. Arbeitendes Tätigsein bleibt im Kreislauf der Natur beziehungsweise dem naturhaften Kontext von Produktion beziehungsweise Produktion der Gattung und Reproduktion[13], fügt sich in ihn ein, bleibt aber auch in ihm gefangen und entbehrt damit der spezifisch humanen Möglichkeiten freiheitlichen Tätigseins. Diese Naturhaftigkeit gibt dem Arbeiten den Charakter einer „ewigen Wiederkehr des Gleichen"[14], wie ihn die Natur vorprägt, so dass sich im Arbeiten Produzieren und Konsumieren beständig abwechseln. Aber genau diese ewige Wiederkehr hat für menschliches Tätigsein neben einem rhythmisch bergenden Element[15] immer auch den Charakter einer eigentümlichen Vergeblichkeit. Das Moment des Dauernden im sich Verändernden fehlt dem Arbeitenden auf schmerzhafte Weise[16]. Er kommt nie zu sich, weil er beständig mit seinen und den naturhaften Bedürfnissen anderer beschäftigt ist, Sklave dieser Notwendigkeit ist[17], sich um die Versorgung dieser Bedürfnisse zu kümmern hat ohne die Aussicht auf kreativ-freiheitliche Momente seines Tun. Je mehr die lebensnotwendigen Bedürfnisse zum Handeln zwingen, je größer die Not ist, die arbeitendes Tätigsein erzwingt, desto weniger Aussicht besteht, dass das Tätigsein auch freiheitlich-sinnvolle Momente implizieren kann. Die Not der Lebensnotwendigkeit erzwingt den Untergang der Freiheit und damit der spezifischen Humanität.

Diese Charakteristik arbeitenden Tätigseins korrespondiert auf eigentümliche Weise mit dem Verständnis diakonischen Tätigseins im Sinne von διακονεῖν. Das Paradigma diakonischen Tätigseins stellt die Tischgemeinschaft dar, in der verbunden mit dem Zeichen christlicher Mahlfeier für die elementaren Lebensbedürfnisse gesorgt werden soll. Im Zentrum des Geschehens stehen die materiellen und psychischen Nöte und Bedürfnisse menschlichen Lebens, eingebunden in die Gemeinschaft mit Gott. Christlicher Glaube will sich verpflichtet wissen, an menschlicher Not nicht vorbeizugehen, nicht die Augen vor ihr zu verschließen. Not soll nicht Not bleiben, sondern durch diakonisch dienende Fürsorge behoben werden. So wichtig solch eine diakonische Abwehr von Gleichgültigkeit gegenüber verschiedensten Lebensnöten auch ist, so problematisch ist dennoch der Versuch, in der materiellen Fürsorge das Zentrum diakonischen Handelns zu sehen. Wenn Diakonie jegliches Tun über die Sorge um die elementaren Lebensbedürfnisse hinaus als „Luxusdiakonie" abqualifiziert, bindet sie sich selbst in einer Weise an den Kreislauf des Lebens, die letztendlich jede spezifisch humane Qualität ihres Tuns bedroht. Menschsein bedeutet mehr als eine wie persönlich auch immer geleistete Versorgung der elementaren Lebensbedürfnisse. Dieses Mehr ist nicht Luxus, sondern muss Zielpunkt sozialen Handelns bleiben, sofern dieses sich als human verstehen will. Die Beseitigung von Not geschieht dann nicht um ihrer selbst willen, sondern auf humane Dimensionen hin, die über die reine physisch-psychische Lebendigkeit weit hinausgehen. Dieser Sachverhalt ist vor allem insofern von herausragender Bedeutung, als der Lebenskreislauf, dem das arbeitskategoriale Tätigsein nach Arendts Analyse verpflichtet ist, einer Sogwirkung unterliegt. Dieser Kreislauf zwingt mit umso größerer Gewalt, je drängender die den Lebenskreislauf bewegende Lebensnotwendigkeit ist. Je stärker soziales Handeln auf die Versorgung ausgerichtet ist, umso stärker entfaltet sich dieser Sog der Notwendigkeit, der schließlich jede Chance humaner, freiheitlicher Vollzüge in sich verschlingt. Das erste Opfer einer solchen notorientiert-arbeitskategorialen Diakonie ist die politisch qualifizierte Freiheit. Lebensnotwendigkeit bedroht Freiheit direkt, so dass eine Unterordnung von Freiheitsmomenten unter die Prozesshaftigkeit des Lebenszusammenhanges die Freiheit selbst vernichtet. Wenn Handeln zum Luxus wird, das angesichts der „eigentlichen" Aufgabe diakonischen Tätigseins, sich um die elementaren Lebensbedürfnisse zu kümmern, den Sinn von Diakonie bereits wieder verlässt, geht jeder Sinn für Freiheit und freiheitliches Miteinander unweigerlich verloren. Die Sorge um die elementaren Lebensbedürfnisse verlangt teilweise hohen Einsatz und gute Organisation, aber Momente von Initiativität, Pluralität und Transparenz können ein arbeitskategoriales Helfen mit dem Ziel der optimalen Verteilung der Mittel zur Notlinderung nur stören. Wenn sich Diakonie in Organisation und Fürsorge erschöpft, können Momente der Initiativität und Pluralität dem reibungslosen Ablauf nur hinderlich sein und verlieren ihren Sinn. Eine Diakonie im Dienste der Not und des Lebens bleibt politisch-freiheitlich radikal unterbestimmt.

Wo es die Not nicht ist, ist die arbeitskategoriale Routine die Ursache, dass der Lebenszusammenhang humane Möglichkeiten zum Verschwinden bringt. Wenn jedes soziale Tätigsein nach Arendt in der Gefahr steht, das menschliche Vermögen anzufangen und freiheitlich fortzuführen zu verlieren und die sie betreffenden Teilnehmer zu animalia zu degradieren[18], dann steht eine ausdrückliche Rückbindung an den Lebensprozess, wie er teilweise in der Diakonie geschieht, erst recht in dieser Gefahr. Dies betrifft nicht nur die menschliche Möglichkeit zu handeln. Es wäre vor dem Hintergrund des Denkens von Hannah Arendt zu überlegen, ob nicht auch in diesem Zusammenhang des alles verschlingenden Prozesses der Sorge um die elementaren Lebensbedürfnisse ein Grund dafür zu sehen ist, dass sich kontemplative Momente im Sinne von religiöser Rückbindung und diakonisches Handeln in diakonischen Institutionen immer weiter voneinander zu entfernen drohen. Arendt macht deutlich, dass weder Denken noch Kontemplation im Prozess der Arbeits- und Konsumgesellschaft irgendeinen Sinn haben[19]. Die routinierte Sorge um den Lebensprozess hat die Tendenz, sich gedankenlos in den Rhythmus des Lebens zu begeben und dabei gleichsam die Besinnung zu verlieren. Welche religiöse Würdigung auch immer die Sorge um die Lebensnotwendigkeit erfahren sollte, der Dienst an der Lebensnot ohne die Perspektive eines kategorial differenten Modus' des Helfens in solchen Notlagen zugunsten eines diakonischen Sichwerfens in den unendlichen Lebenskreislauf endet in einem Gefühl der Sinnlosigkeit des Tuns, weil ihm eine spezifisch humane Dimension fehlt. In diesem Zusammenhang wäre auch zu überlegen, ob Diakonie nicht aufgrund ihrer eigenen Kennzeichnung expliziter Rückbindung an den Lebensprozess selbst dazu beiträgt, dass sie sich allzu willig in die moderne Konsumgesellschaft einfügt. Unter dem Paradigma des Lebensprozesses kann sie sich gegen eine ungerechte Verteilung der Mittel wenden, aber ihr Protest vermag nicht die Grundlagen der Konsumgesellschaft selbst zu hinterfragen, insofern ihr eigenes Tun den Kontext von Arbeiten und Konsumieren nicht transzendiert. Auch eine Diakonie, die sich vorrangig um die elementaren Lebensbedürfnisse sorgt, bleibt letztendlich auf ihre Art und Weise konsumorientiert.

Der Leib als Kennzeichnung diakonischen Miteinanderseins

Diese arbeitskategoriale Kennzeichnung von Diakonie findet ihre Fortsetzung in einem Gemeinschaftsverständnis, das sich aus einem ganz anderen Zusammenhang speist. Das diakonische Konzept des Füreinanders in einer Dienstgemeinschaft wird in der diakonischen Literatur immer wieder im Rückgriff auf Paulus am Bild des Leibes Christi (1 Kor 12, 12-31; Röm 12, 3-8) verdeutlicht. Dieser Leib ist zunächst pneumatisch begriffen. Der Geist fügt die verschiedenen Gaben (χαρίσματα) der Gemeindeglieder als Gaben des einen Geistes zu einem einheitlichen Leib zusammen. Paulus geht es in seinen Ausführungen zu allererst um das Verhältnis von Vielheit und Einheit und daraufhin um das Füreinander-sorgen der einzelnen Glieder (ὑπέρ ἀλλήλων μεριμνεῖν 1 Kor 12, 25). Insofern fügt sich der Text von selbst in das Konzept der Dienstgemeinschaft ein und bildet eine wesentliche Grundlage des diakonischen Konzeptes des Füreinanders. Zum anderen geht Paulus ausdrücklich auf das Verhältnis von starken und schwachen Gliedern in seinem Bild ein. Schwäche wird ausgeglichen, zum einen durch den Hinweis auf die Unentbehrlichkeit schwacher Glieder am Leib, zum anderen durch eine besondere Aufmerksamkeit (τιμή), die diese schwachen Glieder erfahren (V. 22f.), die über diese Aufmerksamkeit eingefügt werden in den einen pneumatischen Leib.

Die diakonische Bedeutung der paulinischen Leibmetapher liegt auf der Hand. Sie erfährt ihre Zuspitzung dadurch, dass der Leib nicht nur metaphorisch verstanden wird, sondern Realcharakter erhält[20]. Diakonie, so der Anspruch, realisiert die „soziale Leiblichkeit des Leibes Christi"[21], sie ist „Lebensäußerung"[22], ja sogar „Lebensfunktion"[23] der Kirche[24]. Diese Wahrnehmung des diakonischen Miteinanders ist aus politischer Perspektive in mehrfacher Hinsicht problematisch. Zum einen besteht die Gefahr,

Differenzen lediglich unter dem Begriff der Verschiedenheit wahrzunehmen[25] und dabei zu vergessen, dass Verschiedenheit etwas gänzlich anderes beinhaltet als Pluralität. Während Verschiedenheit tatsächlich in ein größeres Ganzes aufgehoben werden kann, beruht Pluralität auf der menschlichen Eigentümlichkeit der Einzigartigkeit[26], der Möglichkeit einer sprechenden und handelnden Bekundung des je eigenen Wer-einer-ist[27], das zwar das Miteinander bereichern kann, aber nie in dieses verrechenbar ist. Die Leibmetapher beinhaltet damit harmonistische, freiheitsfeindliche Momente, die Unterschiede lediglich innerhalb einer „integralen Ganzheit"[28] wahrnimmt, statt die Einheit erst in der Bekundung von Einmaligkeit handelnd zu wagen.

Seibert kennzeichnet die Aufhebung diakonischen Miteinanders in das Leibkonzept als „organizistisch" und macht dabei darauf aufmerksam, dass der Organismus die einzelnen Glieder allein zweckrational neutralisiert[29]. Individuelles Tätigsein wird damit allein von seinem funktionalen Beitrag im Ganzen der Gemeinschaft wahrgenommen. Dabei wird vergessen, dass Spontaneität sich nur in Freiheitsräumen zu freiem Handeln entfalten kann. Wird Spontaneität funktional gebunden und Reden, das funktionalen Abläufen innerhalb von Gemeinschaften widerspricht, lediglich als Störung der organischen Einheit verstanden, führt dies unweigerlich zu einem Verlust des Freiheitssinnes und damit des freiheitlichen Handelns selbst.

Schließlich wird das Miteinander in einem Leib nicht durch Freiheit selbst zusammengehalten. Vielmehr sagen sich die einzelnen Glieder: „Wir haben uns nötig."[30] Nicht der Wille, gemeinsam zu handeln, bestimmt das Miteinander, sondern das Bewusstsein wechselseitiger Abhängigkeit der einzelnen Glieder voneinander schweißt die Glieder zu einer Einheit zusammen[31]. Nicht nur das Aufgabenfeld der Sorge um verschiedenste Formen menschlicher Not und die ausdrückliche Rückbindung an die Notwendigkeit in Form von Lebensbedürfnissen bestimmen damit den arbeitskategorialen Vollzug diakonischen Tätigseins, sondern auch das Konzept des Miteinanders als quasi biologischer Abhängigkeit der einzelnen Glieder eines einheitlichen Organismus. Die Wahrnehmung des Miteinanders unter der Leibmetapher muss jede Konstitution von politischer Freiheit unmöglich machen. Die Perspektive der organischen Abhängigkeit voneinander verdeckt die gemeinsamen freiheitlichen Möglichkeiten. Die Alternativlosigkeit der Abhängigkeiten droht das gemeinsame Tätigsein zu einem fruchtlosen und fremdbestimmten Vollzug unter allen möglichen Formen von Zwängen zu degradieren. Dass Paulus mit seinem Bild vom Leibe Christi anderes im Blick hatte, beweist die Tatsache, dass er in dem gleichen Brief an die Korinther noch ein zweites Bild verwendet, in dem er die Gemeinde mit einem Haus vergleicht, an dem jeder in je eigener Weise baut und dessen Tragfähigkeit erst nach diesem Leben deutlich werden wird (1 Kor 3, 9-17). Abgesehen davon, dass in diesem Bild das Miteinander so undeutlich geworden ist, dass man sich das daraus entstehende Haus kaum vorstellen kann, ist hier das Tun jedes einzelnen viel mehr als lediglich Funktion des Ganzen; es ist individuelle Realisierung eines selbstbestimmten Werkes. Damit relativiert sich allerdings die Bedeutung des paulinischen Bildes der Gemeinde als Leib erheblich. Die Leibmetapher ist für Paulus ein Bild unter vielen, das bestimmte Zusammenhänge verdeutlicht, während es andere vernachlässigt, aber eine Überstrapazierung unmöglich macht.

Deutlich wird durch diese politische Kritik, wie problematisch jeder Vergleich menschlichen Miteinanders mit Vorgängen aus biologischen Zusammenhängen ist. Aus dem gleichen Grunde ist auch jede ökologische Ethik als Ethik des Miteinanders aus politischer Perspektive höchst fragwürdig[32]. Eine ökologische Ethik versucht, das komplizierte Verhältnis der Interdependenzen in der Natur auf den Zusammenhang menschlichen Miteinanders zu übertragen. Dabei wird übersehen, dass menschliches Miteinander aufgrund des Vermögens, radikal Neues in eine bestehende Welt zu bringen, gänzlich anders verfasst ist als natürliche Entitäten und dass eine Reduktion des Menschseins auf natürliche Interdependenzen die menschliche Möglichkeit freien Handelns und Sprechens verleugnen oder zumindest banalisieren muss.

Diakonie und das Leiden

Mit diesen Ausführungen ist der Boden bereitet für die Reflexion diakonischer Handlungskonzepte, die das Leben und seine Nöte zur Grundlage ihres Handlungsverständnisses machen. Nicht die Notwendigkeit in der Sorge um menschliche Lebenszusammenhänge allgemein bildet den Anlass diakonischen Tuns, sondern die zwingenden Nöte aus diesem Lebenszusammenhang heraus veranlassen und gestalten daraufhin Diakonie. Die Weltgerichtsrede Mt 25, 31-45 als die „Magna Charta der Diakonie"[33] zählt exemplarisch die elementaren Lebensnöte menschlichen Daseins auf, die neben leiblich biologischen (Hungern, Dürsten, Krankheit, Nacktheit) auch soziale Nöte mitumschließt (Fremdheit, Gefangensein) als Nöte der Innerweltlichkeit insgesamt[34]. Diakonie weiß sich explizit der Sorge um diese Lebensnöte verpflichtet. Je stärker diese Verpflichtung gesehen wird, desto drängender stellt sich die Frage, ob dem diakonischen Handeln Qualitäten über diese Notlinderung und Notbeseitigung hinaus zukommen können.

Not wird subjektiv als Leiden erlebt. Die Reflexion über menschliches Leiden, dessen Sinnhaftigkeit und den Umgang mit ihm, ist damit nicht nur Anlass des diakonischen Tätigseins, sondern erhält in der Diskussion um diakonisches Handeln einen ausgezeichneten Stellenwert. In der Literatur wird in diesem Zusammenhang immer wieder von der „vorrangigen Option für die Schwachen" gesprochen beziehungsweise von einer „Orientierung an denjenigen Menschen, die nach den konventionellen Vorstellungen von Ordnung, Rang und sozialer Anerkennung die Geringsten und Benachteiligten sind"[35], ein Theorem, das als „vorrangige Option für die Armen" in der lateinamerikanischen Befreiungstheologie seinen Ursprung hat und auf den Generalversammlungen der lateinamerikanischen Bischöfe in Medellin und Puebla seine begriffliche Entfaltung erlangte[36]. Schwache, Notleidende sollen die Maßstäbe helfender Entscheidungen setzen, sollen Herr sein im Hilfegeschehen. Dahinter steht ein diakonischer Widerspruch gegenüber einer Wahrnehmung der Gesellschaft, das ein „olympisches Modell vom Menschen" impliziert und sich „orientiert [...] am makellosen, jugendlichen, leistungsfähigen Sieger: es ist ein im wesentlichen männlich geprägtes Modell." In Abgrenzung zu diesen gesellschaftlichen Tendenzen nimmt die Diakonie den Menschen gerade von seiner Schwäche her wahr: „Der christliche Glaube bringt demgegenüber ein anderes Modell ins Spiel. Das Menschenbild Israels, das Jesus übernommen, weitergeführt und in seiner Lebenspraxis anderen nahegebracht hat, nimmt die Begrenztheit und Verletzlichkeit des Menschen ernst. Es ermutigt dazu, die Endlichkeit des eigenen wie des fremden Lebens anzunehmen. Es verherrlicht die Krankheit nicht – wie wären dann die Krankenheilungen Jesu zu erklären? –; aber es degradiert Kranke, Behinderte und Alte nicht zu Menschen zweiter Klasse."[37] Vorbild für diese Option für die Schwachen ist damit das Verhalten Jesu selbst, sie wird als „entscheidendes Merkmal der Praxis Jesu" wahrgenommen. Weil Jesus Arme bevorzugte[38], ist auch Diakonie aufgerufen, Arme, Schwache, Notleidende zu bevorzugen. Diese Option für Notleidende geht bei Jesus nach diesem Verständnis bis zu dessen Identifikation mit den Leidenden, der sich selbst in besonderer Weise in den Schwachen anwesend sieht[39].

Doch nicht nur durch die besondere Wahrnehmung von solchen Menschen, die unter einer biologischen oder sozialen Not leiden, erfährt Not in der Diakonie eine besondere Würdigung, sondern gleichzeitig wertet die Bedeutung des Leidens Jesu angesichts der tiefsten menschlichen Not, die in deren Entfremdung von Gott zu suchen ist[40], die Leidenden selbst auf[41]. Weil nur der leidende Gott helfen kann[42], erhält Leiden selbst Heilkraft. Christus begegnet damit quasi in beiden Positionen. Er identifiziert sich nicht nur selbst mit den Leidenden, sondern heilt auch als leidender Helfer: „Gott und Leiden verschmelzen [...] zum leidenden Gott, der hilft."[43] Der Dienst Jesu findet seine zentrale Gestalt in seinem stellvertretenden Leiden und Sterben für die Menschen und gipfelt in seiner „Lebenshingabe für viele"[44]. Am deutlichsten entfaltet Moltmann diesen Zusammenhang: „Die Heilkraft Jesu liegt in seiner Leidenskraft. Er heilt nicht dadurch, dass er die Krankheiten beseitigt und abschafft, sondern dadurch, dass er sie auf sich nimmt. Menschen werden nicht durch die übernatürlichen Kräfte Jesu geheilt, sondern – durch seine Wunden. Das weist uns auf den Leidensweg Jesu und auf das Kreuz hin, das auf Golgatha stand. [...] Golgatha ist das Geheimnis der Heilungskraft Jesu."[45] Moltmann spricht aufgrund dessen von der „Leidenskraft Gottes"[46].

Indem das Leiden als Qualität des Menschseins Jesu interpretiert wird, wird es religiös glorifiziert. Wer leidet, ist in besonderer Weise mit Jesus verbunden. Gleichzeitig erlangt das Leiden Heilungskraft. In der Nachfolge Christi erhält damit das Leiden einen ausgezeichneten Stellenwert. Die lebenserhaltende Vermeidung von Leiden kehrt sich in eine religiöse Suche nach Leiden. Nicht nur Luther sah im Leiden der Christen ihre besondere Berufung[47]. Im diakonischen Zusammenhang geht es dabei nicht um einen blinden Masochismus, aber um eine besondere Aufmerksamkeit, die das Leiden erfährt – analog zu Jesu Übernahme der menschlichen Schuld – durch freiwillige Übernahme der Leiden anderer. Dazu Moltmann: „Das messianische Geheimnis des Heilens ist das genaue Gegenteil des abgeschobenen Leidens. Es ist das freiwillig angenommene und das für andere übernommene Leiden, damit die anderen leben sollen. Das freiwillige Annehmen von Leiden und Versagungen und das freiwillige Übernehmen von Leiden für andere ist die Verwandlung des Leidens: Es zerstört nicht, es vereinigt. Es isoliert nicht, es verbindet. [...] Wer Leiden nicht mehr auf andere abschiebt, wer Leiden annimmt, wer Leiden mit erleidet, wer Leiden abnimmt, der heilt."[48] Damit ist für Moltmann auch der Sinn von Diakonie gekennzeichnet als einer Diakonie unter dem Kreuz: „Diakonie unter dem Kreuz heißt Leiden teilen, Leiden annehmen, Leiden übernehmen."[49] Spuren einer solchen Gleichsetzung von Diakonie mit Leiden liegen nicht nur bei Moltmann vor, sondern auch in kirchlich-synodalen Texten: „Diakonie heißt Leiden, aber durch Leiden kommt Gott zu seinem Ziel."[50] Die Konzentration auf den Lebenszusammenhang verengt sich hier im Anschluss an eine alte, längst nicht überwundene Tradition auf eine Fokussierung des Lebensleides.

Die Chance der diakonischen Position gegenüber dem Leiden besteht darin, dieses Leiden nicht zu verleugnen, sondern in besonderem Maße ernstzunehmen. Doch liegen in der ausdrücklichen Würdigung beziehungsweise Überhöhung des Leidens auch besondere Gefahren verborgen. Die Problematik einer solchen Leidensfokussierung liegt nicht nur in einer gefährlichen Nähe zu einem christlichen Masochismus, in die eine Ethik des Heilens durch Leiden trotz aller gegenteiligen Äußerungen in der diakonischen Literatur unweigerlich geraten muss. Eng damit verbunden ist die Gefahr, dass sich diakonisches Tätigsein in einer auf dieser Grundlage entwickelten Ethik der Passivität, des Ertragens und Erleidens erschöpft, gegen die sich diakoniewissenschaftliche Literatur immer wieder abzugrenzen versucht[51]. Die Leidenstheologie gründet letztlich in einer Konzentration auf den Lebenszusammenhang, die nicht mehr offen sein kann für Freiheitsmomente im menschlichen Handeln und damit die Momente der Selbstbestimmung und des gemeinschaftlichen Handelns ausblenden muss. Vielmehr verwandelt sich eine solche Ethik freier Selbstbestimmung in einer mit anderen gemeinsamen Welt in eine Ethik der Ohnmacht, die Leiden glorifiziert, statt Leidenden einen solchen Umgang mit diesem Leiden zu ermöglichen, dass ein Leben jenseits und angesichts ihres Leidens möglich wird.

Das auffälligste Moment am Leidenskonzept ist die abstrakte Sprache im Zusammenhang mit der Bedeutung des Leidens. Das Leiden selbst erlangt Heilungskraft mit mystischer Qualität. Hier fehlt die Bezugsetzung des Leidens zur konkreten Lebenswirklichkeit, was zu einer Differenzierung des Leidensbegriffes führen würde[52]. Stattdessen wird Leiden als in sich sinnvoll interpretiert und damit letztlich glorifiziert[53]. Aber dieses Leidensverständnis trifft noch nicht einmal für Christi Leiden zu. Dieses Leiden Christi steht vielmehr im Zusammenhang des Evangeliums, der guten Botschaft, die Jesus so wichtig ist, dass er selbst die Passion für dieses Ziel auf sich nimmt[54]. Christi Leiden ist damit sinnvoll im Hinblick auf das Ziel, um das es ihm mit seiner Botschaft ging. Wie Jesus im Engagement für das Reich Gottes litt, von dessen Realität sein irdisches Leben beseelt war, so sind auch wir in seiner Nachfolge gerufen, nicht das Leiden an sich zu suchen, um dadurch zu heilen, aber leidvolle Erfahrungen nicht zu scheuen, wenn sie unausweichlich sind für das Ziel, an diesem Reich Gottes mitzubauen[55]. Genau diese Relation des Leidens auf ein bestimmtes Ziel hin fehlt immer wieder in der diakonischen Diskussion über die Bedeutung des Leidens.

Diakonie im Zeichen der Barmherzigkeit

Diakonische Konzepte der Barmherzigkeit

In enger Verbindung mit dem Konzept des Heilens durch Leiden, aber doch über dieses hinausweisend steht das diakonische Konzept von Barmherzigkeit, insofern Barmherzigkeit ein heilendes Helfen impliziert auf der Grundlage eines Leidensimpulses angesichts der Lebensnot anderer. Die Lebensnotwendigkeit, die in der diakonischen Arbeit begegnet, tritt als „kreatürliche Not" auf, als das Leiden, das „einen Menschen als Schicksal überkommt"[56]. Diese Not fordert die Tat heraus, die ein Zuhilfeeilen zu Notleidenden impliziert. Dieses Zuhilfeeilen bedarf eines eigenen Motivs.

„Von der Not des Mitmenschen geht ein Appell aus, und jeder, der diesen Appell wahrnimmt und positiv beantwortet und damit den anderen selbst bejaht, übt Liebe". Er öffnet sich dem Appell der Not, statt sich ihm gegenüber zu verschließen und hat „ein Herz für den Nächsten"[57]. Während der Liebesbegriff ein sehr allgemeines Konzept impliziert, das die spezifische Situation helfenden Hinzueilens angesichts von Not in dieser Allgemeinheit nicht zu treffen vermag, kennt die Kirche traditionellerweise einen weiteren Begriff zur Fokussierung des christlichen Motivs des Helfens: die Barmherzigkeit. Die Handlungen, die im Weltgericht nach Mt 25 zur Disposition stehen – Essen und Trinken geben, besuchen, kleiden –, werden auch als „sechs Werke der Barmherzigkeit"[58] bezeichnet und kennzeichnen somit die konkreten Äußerungen barmherzigen Tuns. Der Begriff Barmherzigkeit wird auch in diakoniewissenschaftlichen Argumentationen immer wieder zur Kennzeichnung diakonischer Arbeit herangezogen[59]. Barmherzigkeit gilt im Rückgriff auf das heilende und helfende Handeln Jesu als „umfassende Motivation", die als solche im Gegensatz zum technisch-funktionalen Umgang mit Not steht[60] und „denkt und handelt" ihrem Anspruch nach „vom notleidenden Menschen her"[61]. Dabei hat Barmherzigkeit mit dem eigenen Inneren des barmherzigen Täters zu tun, insofern sie aus dieser Innerlichkeit heraus spontane, barmherzige Handlungen aktiviert[62].

Als existenziale Grundhaltung des Menschen ist diese Appellwirkung der Not als barmherzige innere Grundhaltung im Menschen von Løgstrup unter dem Begriff der „souveränen Daseinsäußerungen" beschrieben worden. Zu solchen Daseinsäußerungen zählt er Vertrauen, Barmherzigkeit und Offenheit. Damit bietet Løgstrup das umfassendste Barmherzigkeitskonzept innerhalb der theologischen Diskussion. Diese Daseinsäußerungen sind von Løgstrup vorethisch verstanden, da sie als Existenziale im menschlichen Dasein verankert sind. Løgstrup hat seine Theorie der souveränen Daseinsäußerungen zum ersten Mal in seiner „Auseinandersetzung mit Kierkegaard" entwickelt und mit der existenzialen Freiheit verbunden. Die Freiheit der Existenz „besteht im Vollzug der souveränen Daseinsäußerungen."[63] Diese sind parallel zu Kierkegaards Verständnis des Absoluten zu verstehen, „das einen Anspruch an uns hat, den wir nicht zurückweisen und um den wir nicht feilschen können."[64] Ihrer Absolutheit entspricht deshalb eine spezifische Radikalität, weil „die souveräne Daseinsäußerung augenblicklich ins Entgegengesetzte umschlägt, wenn man sie mit Einschränkungen belegen will. Man kann am Vertrauen, an der Aufrichtigkeit oder an der Barmherzigkeit keine Abstriche machen, man kann sie nicht abschwächen oder dosieren, ohne sie im selben Moment ins Gegenteil zu verkehren; in Mißtrauen, Unaufrichtigkeit und Unbarmherzigkeit."[65] Der Radikalität entspricht eine spezifische Spontaneität. „Ob sich die Daseinsäußerung ihrem Impuls gemäß vollziehen lässt, liegt nicht in unserer Hand, ohne unser Zutun ‚überkommt' sie uns im buchstäblichen Sinne"[66]. – „Handelt der Mensch spontan, so tut er es ohne Zwang und ohne Hintergedanken. [...] Spontan ist die Barmherzigkeit, weil sie durch die kleinste Berechnung, die kleinste Drehung in Richtung auf Mittel-sein-für-etwas-anderes, als Barmherzigkeit verdorben ist"[67]. Damit erhalten die Begriffe Spontaneität und Souveränität einen unpolitischen Sinn. Sie weisen nicht auf ein Handlungsvermögen des Individuums hin, sondern im Gegenteil auf eine „Souveränität über das Individuum"[68]. Im Gegensatz zur Bedeutung der Selbsreflexion im Innewerden des Absoluten bei Kierkegaard wird das Selbst bei Løgstrup vom Vollzug der Daseinsäußerung her verstanden: „Das Souveräne der Daseinsäußerung liegt darin, daß der Mensch – ohne weiteres – in ihnen er selber ist. Er braucht nicht auf seine eigene Verselbständigung zu reflektieren, er braucht nicht auf die Aufgabe, wie er ein Selbst wird, zu reflektieren, er braucht nicht in ein Verhältnis zu sich zu treten, er hat sich nur in der souveränen Daseinsäußerung zu realisieren."[69] Diese Souveränität nennt Løgstrup Freiheit. Der Handelnde ist frei von Reflexivität und damit von bewusster Handlungsplanung und Willenssetzung. Dieses unmittelbare Sichüberlassen an die Daseinsäußerung kennzeichnet die spezifische Selbstlosigkeit als Freiheit von der selbstbezüglichen Reflexivität. Bei Løgstrup ist insofern zusammen mit dieser Selbstreflexivität im Vollzug der Daseinsäußerung das Vermögen der politischen Freiheit als Gestalten von Welt und dadurch auch von Selbstkundgebung in einer Geschichte insgesamt verloren. Løgstrup folgt auch hier Kierkegaard, indem er hervorhebt, dass das Individuum die Freiheit lediglich „benutzt, um selber unfrei und in Schuld zu leben"[70]. Handlungsfreiheit wird insofern rein negativ verstanden. Entscheidungsfreiheit ist reduziert auf die Alternative von Erfüllen und Verraten der souveränen Daseinsäußerung[71]: „Es handelt sich also darum, genötigt zu sein, das zu wählen, was ich – möglicherweise – dann tatsächlich wähle zu tun, oder was ich, obgleich ich dazu genötigt bin – möglicherweise – dann nicht zu tun wähle."[72] Selbstwerdung geschieht darum allein im Nachvollzug der Nötigung durch die Daseinsäußerung. Das Woran des Überlassens, das hinter der Daseinsäußerung steht, ist letztlich mit der Natur gegeben, indem „der Mensch im Einklang mit der Natur der Dinge und aus eigenem Antrieb"[73] handelt. Damit gerät die souveräne Daseinsäußerung in die Nähe affektiver Impulse[74], die Løgstrup betont von selbstbezüglich reflexiven Momenten abheben will[75]. Da diese affekthaft verstandenen Daseinsäußerungen zur Natur des Menschen gehören, wird alles Handeln von dieser Natur aus begründet: „Niemand kann mit seiner Natur schalten und walten, wie es ihm paßt. Unsere Natur beherrscht uns. [...] Die Natur des Menschen erweist ihm wiederum die Gunst, daß er in sich selbst ruhen kann."[76] Die Unverwechselbarkeit des Menschen wird schließlich gar auf diese Natur des Genötigtseins gegründet[77]. Damit ist die souveräne Daseinsäußerung πάθος (Leidenschaft) im ursprünglichen Sinne des Wortes. Sie wird passiv erlitten, sobald jemand sie zulässt. Die zwingende Not eines anderen wird subjektiv durch ein affektives Gezwungenwerden beantwortet und mündet in barmherziges Tun.

In deutlichstem Gegensatz zu Kierkegaard tritt Løgstrup in der näheren Fassung des Absoluten. Während Kierkegaard dieses Absolute darin erblickt, „daß wir aus der Ewigkeit und Jenseitigkeit leben"[78], macht Løgstrup deutlich, dass das Absolute in der Empirie gegeben ist in Form der souveränen Daseinsäußerungen[79]. Diese stellen somit kein absolutes Gutes dar, da ein solches Gutes niemals den konkreten Bedingungen Rechnung tragen kann und sich somit welt- und situationslos zeigen würde[80]. Demgegenüber ist die souveräne Daseinsäußerung explizit in einem doppelten Sinne an die Situation gebunden. Sie ist sowohl von der Situation ausgelöst als sie auch die Situation verändert.[81] Die Daseinsäußerungen selbst wollen sogar „zugunsten des Inhalts, den die Situation in sie hineinlegt, übersehen werden"[82], sie binden sich in unmittelbarer Weise an die Vorfindlichkeit der gegebenen Situation.

Løgstrups Konzeption birgt aus politiktheoretischer Perspektive eine Fülle von Schwierigkeiten in sich. Sein Konzept der Selbstlosigkeit als

Sichüberlassen an die Natur und mit ihr an die mit ihr verbundenen Daseinsäußerungen, bindet sich konsequent an die Notwendigkeit und betont das Gezwungensein angesichts ihrer; es demontiert damit die Handlungsfreiheit als grundlegende Möglichkeit menschlichen Daseins. Das bedürfnishaft selbstbezügliche Selbst ist genauso ausgeschaltet wie das selbstreflexive. Mit der Ausschaltung der Selbstreflexivität ist die Reflexivität insgesamt bei Løgstrup verloren. Diesem Tatbestand verdankt sich die spezifische Radikalität, die jedes Abwägen sowie jegliche Kompromissbereitschaft ausschließt. Die souveräne Daseinsäußerung erhält gegenpolitische Züge[83]. Wie die in dieser unmittelbaren, nötigenden Weise sich vollziehenden Daseinsäußerungen noch Fundament von Rationalität sein können[84], wie Løgstrup behauptet, bleibt dabei gänzlich ungeklärt.

Løgstrups Konzept der Barmherzigkeit hat weit reichende Folgen auch für das Verständnis des Miteinanders: „Was unsere gegenseitigen Beziehungen, trotz aller unserer Abbruchsversuche, trägt, ist nichts von uns Erzeugtes."[85] Daher ist auch nicht selbst bestimmbar, wer zum eigenen Leben dazugehört und wer nicht[86]. Nicht nur die Daseinsäußerung, auch das Miteinander wird im Modus der Notwendigkeit gedacht: „Fragen wir, welchem Zug unseres Daseins [das Liebesgebot] entspringen mag, so ist die Antwort, daß dies das Aufeinander-Angewiesensein ist, das mit zur Einrichtung unseres Daseins gehört. Das Liebesgebot entspringt der Interdependenz und der Macht, die wir von daher übereinander haben. Wir können dem Gebot auch die Formulierung geben: Du sollst die Macht, die dir durch die Interdependenz über den anderen Menschen verliehen ist, zu seinem besten gebrauchen."[87] Interdependenz und nicht Freiheit bilden damit die Grundlage des Machtphänomens[88]. Gleichzeitig unterliegt der Bezug zum Nächsten der gleichen Radikalität wie die Daseinsäußerung selbst. Die biblische, so genannte Goldene Regel bezeichnet nicht eine Begrenzung der Liebe zum anderen durch die Selbstliebe sondern sie ist ein Appell an das Vorstellungsvermögen, die Liebe, die jeder für sich selbst verlangt, anderen zu schulden[89]. Indem das Miteinander sich aus der Natur beziehungsweise einer sich der Natur verdankenden Souveränität über das Individuum versteht, fällt der politische Horizont, der sich vom nötigenden sozialen Bereich abhebt, vollständig aus. Miteinander kann nur noch aus der Abhängigkeit statt aus der Freiheit des Anfangenkönnens heraus verstanden werden. Die von Menschen erstellte Welt gerät nicht nur in den Hintergrund, sondern sie muss nach Løgstrup bewusst demontiert werden, um zur souveränen Daseinsäußerung vordringen zu können. Somit ist Løgstrups Ansatz aus politiktheoretischer Perspektive zutiefst antipolitisch.

Løgstrups Konzept der Barmherzigkeit als souveräner Daseinsäußerung bildet aufgrund seiner existenzialen Momente ein sehr eigenwilliges Verständnis des Phänomens an. Dennoch zeigt sein Konzept auffällige Parallelen zu diakonischen Barmherzigkeitskonzepten. Das Zentrum bildet dabei das Verständnis der Barmherzigkeit von ihrer Spontaneität und damit ihrer Radikalität her. Im Rückgriff auf Luthers Charakterisierung der Barmherzigkeit als schneller und williger Tat im Gegensatz zum kalkulierten Überlegen wird diakonische Barmherzigkeit als „einfach" und „spontan"[90] bezeichnet, deren „Qualitas" nach Philippi in ihrer „unverkürzten Leidens- und Dienstbereitschaft" liegt, die deshalb zur alttestamentlichen Gegenüberstellung von sich erniedrigender, kreatürlich fordernder Barmherzigkeit statt selbsterdachter, „aufwärtsgerichteter" Opfer geführt hat[91] und schließlich als Bewegung „von Gott her auf den Verachteten hin" in Kontrast gerät zu Formen vermeintlich „humanitärer Autonomie und Immanenz"[92]. Auch diakonische Barmherzigkeitskonzepte kennen daher eine Unmittelbarkeit von Barmherzigkeit, die einen Gegensatz zu Formen von Reflexivität erkennen lassen. Und auch in diakonischem Zusammenhang bedeutet diese Unmittelbarkeit eine Radikalität im Vollzug von Barmherzigkeit. Barmherzigkeit, so der Anspruch, umgreift „den ganzen Menschen" in seiner personalen Zuneigung[93] und sieht auch in dem barmherzigen Samariter eine „totale Bereitschaft zur rettenden, existenzialen Hinwendung, die alle Mittel, Zeit, Kraft, Leben einsetzt,"[94] wirksam, die sich dadurch auszeichnet, dass der Barmherzige „dem Mitgefühl in seinem Herzen keine Schranken setzt"[95], die die unmittelbare, ganzheitlich-radikale Hinwendung abschwächen könnte.

Løgstrup versteht die Reaktion auf den Appell der kreatürlichen Not existenzial. Diese Interpretation steht im Kontrast zum in der Diakonie verbreiteten Barmherzigkeitskonzept, das die Reaktion vielmehr als psychisch motiviert versteht. Die barmherzige Reaktion ergibt sich aus dem Zusammenhang von βίος und ψυχή fast von selbst. „Leben" hat im Griechischen zwei verschiedene Komponenten. Während βίος die körperliche Seite des Lebens, seine Bedürfnisse und Nöte in den Blick nimmt, weist ψυχή auf das lebendige Leben, wie es sich affektiv vollzieht. Beides ist untrennbar miteinander verbunden. Die ψυχή ist geradezu Funktion des βίος. So wird der Appell biologischer wie psychischer Not psychisch-affektiv empfunden und beantwortet. Barmherzigkeit stellt somit die psychische Reaktion auf die zwingende biologische wie psychische Not anderer dar. Sie ist zunächst ein allgemeinmenschliches Phänomen. Im deutschen Begriff der Barmherzigkeit ist diese psychisch-affektive Verfasstheit des Phänomens durch den Rückgriff auf das menschliche Herz bewahrt.

Dieser Zusammenhang wird auch etymologisch deutlich. Die wichtigsten griechischen Begriffe für Barmherzigkeit sind Derivate von „ἔλεος" beziehungsweise „σπλάγχνα". Ebenso wie ἔλεος ein entzweigeschnittenes Herz charakterisiert angesichts von Not, so sind auch die σπλάγχνα dem menschlichen Lebenszusammenhang entnommen und kennzeichnen die menschlichen Eingeweide. Σπλαγχνίζεσθαι kennzeichnet dann das Umgewendetwerden der Eingeweide als dem Sitz der Gefühle angesichts von Not[96]. Der Begriff leitet vor allem die Wunderheilungen Jesu sowie zentrale Handlungen von Gleichnispersonen, so des barmherzigen Samariters, ein[97]. Die Eingeweide gelangen durch das Auf-sich-wirken-lassen der Not aus ihrer Ordnung. Auch der griechische Begriff οἰκτιρμός kennzeichnet ein Mitleidsgefühl, das in enger Verbindung mit der bemitleidenswerten Klage und damit auch der subjektiven Ergriffenheit aufgrund dieser Klage steht[98]. Diese Begriffe finden ihr hebräisches Äquivalent in den Derivaten von racham, das neben dem Mutterleib auch die „Eingeweide als Sitz des zarten Mitgefühls"[99] charakterisiert und in enger Verbindung damit das Verwandtschaftsgefühl kennzeichnet. In gleicher Weise bewahrt der deutsche Begriff Barmherzigkeit den Zusammenhang psychisch-reaktiver Verfasstheit des Umgangs mit Not auf. In Parallelität zum lateinischen miseri-cordia, angesichts des Leidens ein elendes Herz zu haben, setzt sich Barmherzigkeit als Wortschöpfung der gotischen Kirchensprache zur Übersetzung von misericordia aus ab-armen und Herz zusammen[100]. Das Ab-armen ist durch einen Vorgang im Herzen motiviert.

Insofern liegt es nahe, dass auch im diakonischen Zusammenhang davon gesprochen wird, dass Hilfebereitschaft einer bestimmten „Leidenschaft"[101] bedarf beziehungsweise von dieser Leidenschaft „beseelt" ist[102], ja dass in Diakonie Glaube zur Leidenschaft wird[103] und diese „Leidenschaft für den Schwächeren [...] die elementare Grundlage diakonischer Praxis"[104] wird. Dieser Leidenschaft liegt eine „emotionale Empfindung" zugrunde, die die Menschen dazu „veranlaßt anzuhalten, hinzugehen und zu helfen"[105], die also die Menschen fähig macht zur Nachempfindung; sie „weckt und mobilisiert die Sensibilität für die Verletzlichkeit und Hilfsbedürftigkeit des Schwächeren"[106]. Im biblischen Barmherzigkeitsverständnis werden „antistoische Züge" des christlichen Glaubens reflektiert, dem „affektive, deszendierende, ekstatische, solidarische" Momente der Handlungsmotivation eigen sind[107]. Dabei braucht die barmherzige Reaktivität nicht eigens erzeugt zu werden, vielmehr kennzeichnet sie eine biologische, mit naturgesetzlich kausaler Notwendigkeit auf den Appell der Not folgende Reaktion. Sinn der Rede von der Barmherzigkeit ist die Tatsache, dass Menschen die Möglichkeit haben, sich diesem natürlichen Gefühl zu verschließen und so in Distanz zu gehen zur wahrnehmbaren Not. Die diakonische Inanspruchnahme von Barmherzigkeit will die Bereitschaft, „sich anrühren [zu] lassen", fördern und dieses innere Angerührtsein nach außen kehren: „Barmherzigkeit ist Sache des ganz nach außen gekehrten Innersten, des Herzens, nicht mit moralischer Entschlossenheit gleichzusetzen, sondern ihm zugrunde liegend."[108] Die innerliche Betroffenheit und daraus sich ergebende barmherzige Tat bringt Barmherzige „in größtmögliche Nähe zu Notleidenden" und lässt auf diese Weise die Notleidenden zu „geringsten Brüdern" werden[109]. Die Kritik der Distanz zu Notleidenden kehrt sich so allzu schnell in ein Konzept distanzloser Barmherzigkeit.

Dabei wird im diakoniewissenschaftlichen Zusammenhang eine Differenz zwischen Barmherzigkeit und bloßem Mitleid festgestellt[110]. Während Mitleid auf der Ebene rein psychischer Reaktivität verbleibt, reklamiert Diakonie unter dem Titel Barmherzigkeit einen Tatimpuls, in den die psychische Barmherzigkeitsreaktion einmündet. Barmherzigkeit hat damit immer aktive Komponenten[111]. Zum menschlichen Gefühl tritt ein „Akt des Gehorsams aus Betroffenheit durch das Wort"[112] hinzu. Die Barmherzigkeit drängt im Unterschied zum passiven Mitleidsaffekt zur Tat und ist somit „konkrete Lebensäußerung"[113], obwohl sie als barmherziges Tun eine Reaktion auf diesen psychisch-existenzialen Affekt bleibt.

Barmherzigkeit im Lichte des Denkens von Hannah Arendt

Das damit skizzierte Barmherzigkeitsmodell als Grundlage sozialen Handelns ist auch im theologischen Zusammenhang nicht unumstritten. Vielmehr werden in der diakonischen Praxis heute oftmals negative Konnotationen mit dem Barmherzigkeitsbegriff verbunden[114]. Kaum ein beruflich Tätiger im diakonischen Bereich wird sein Handeln noch unter Berufung auf den Begriff Barmherzigkeit rechtfertigen. Darum wird in der diakonischen Diskussion mittlerweile verstärkt gefragt, inwiefern nicht nur Barmherzigkeit, sondern gar auch Gerechtigkeit noch „Leitbegriffe darstellen, die das Leben und Handeln in der Diakonie bestimmen"[115]. Gegen das Modell eines radikalen, unmittelbaren Barmherzigkeitsvollzuges ist in jüngerer Zeit vermehrt Kritik laut geworden, nicht zuletzt aufgrund der Diskussion um das Helfersyndrom in helfenden Berufen. Theißen macht an der Geschichte vom barmherzigen Samariter deutlich, dass der Samariter sich gerade nicht radikal einem wie auch immer gearteten Barmherzigkeitsimpuls hingibt, sondern nicht nur seine eigenen Grenzen respektiert[116], sondern auch nüchtern und sachlich das Seine tut, um die Hilfe für den unter die Räuber Gefallenen schließlich an den Wirt zu übergeben[117]. Das Beispiel des Samariters wird zum Vorbild für helfende Christen. Das Verhältnis zwischen Hilfsbedürftigem und Helfer ist dabei durch ein ausgewogenes Verhältnis von Nähe und Distanz geprägt, um zu dieser Nüchternheit fähig zu sein. Die jüngste Denkschrift bemerkt dazu: „Hilfsbedürftige können nie ganz von denen verstanden werden, die helfen und nicht selbst in der Situation des Hilfsbedürftigen sind. Helferinnen und Helfer erfahren in dieser Situation auch die Grenzen ihrer Möglichkeiten."[118] Diese Grenzen gilt es zu respektieren, nicht nur um der psychischen Stabilität von Helfenden willen, sondern auch, um das „Mitleid auslösende Leiden in einen vernünftig-allgemeinen Sachverhalt [zu] überführen"[119] Ein reflektiertes Nähe-Distanz-Verhältnis tritt damit an die Stelle des Konzeptes spontanen, distanzlosen und radikalen Sichüberlassens an einen inneren Barmherzigkeitsimpuls und öffnet das Helfen somit rational abwägenden Impulsen. Es wird offen für selbstbestimmte, professionelle und freiheitlich-politische Qualitäten.

Ein weiterer Schwerpunkt der innerdiakonischen Kritik des Barmherzigkeitskonzeptes betrifft die Tatsache, dass Barmherzigkeit aufgrund ihrer Spontaneität und Unmittelbarkeit „unverrechenbar" und damit „gesellschaftlich unzuverlässig" bleibt. Barmherzigkeitsimpulse halten zudem nicht lange an und sind daher zur Konzeption zuverlässiger Hilfeleistung untauglich[120]. Um zu gesellschaftlich wirksameren Lösungen zu gelangen, wird versucht, eine theoretische Verbindung von Gerechtigkeit und Barmherzigkeit zu schaffen. So wie Gott vor allem auf der Grundlage des Alten Testamentes als ein „Gott der Barmherzigkeit und des Rechts" verstanden wird[121], so ergänzen sich im diakonischen Zusammenhang auch Gerechtigkeit und Barmherzigkeit gegenseitig. Christliche Menschlichkeit bedeutet mehr als Gerechtigkeit, sie „überbietet" diese gleichsam, insofern diese Menschlichkeit in Formen personaler Zuwendung zu suchen ist, deren elementarer Bestandteil die Barmherzigkeit bildet[122] als „nicht einklagbares Mehr [im Vergleich zur Gerechtigkeit], das in Freiheit gewährt wird"[123]. In gleicher Weise erhält auch Barmherzigkeit durch den Gerechtigkeitsbegriff eine Ergänzung, so dass Barmherzigkeit zur „umfassenden Gerechtigkeit"[124] wird, ihr „eingespielte und erwartbare" Momente verleiht[125] und damit zur „Keimzelle einer Gerechtigkeit [wird], der eschatologische Relevanz zukommt"[126]. Dabei wird darauf rekurriert, dass das alttestamentliche Barmherzigkeitsverständnis „Kategorien des Rechtslebens und des individuellen Gefühlslebens theologisch zusammenführt"[127]. Dem individualistischen Barmherzigkeitsverständnis werden auf diese Weise Momente der ausgleichenden Gerechtigkeit zur Seite gestellt[128]. Barmherzigkeit in diesem Kontext „initiiert ‚Gleichheit' und ‚Gerechtigkeit'"[129], barmherziges Tun wird auf Rechtsetzung hin ausgerichtet[130].

Über diese Vermittlung von Barmherzigkeit und Gerechtigkeit hinaus geht eine Kritik des Barmherzigkeitskonzeptes, die an der psychischen Grundlage der mitleidenden Reaktion selbst ansetzt. Hier wird deutlich gemacht, dass barmherziges Handeln nicht ein Handeln vom Notleidenden her implizieren muss[131], sondern dass diese auch leicht in ihr Gegenteil umschlagen kann und so zur Entmündigung von Notleidenden führt[132]. Am deutlichsten wird eine solche Herabsetzung im mitleidigen Belächeln des Notleidenden[133]. Der Mitleidige bringt sich durch seine Sentimentalität auf verletzende Weise in Distanz zum Bemitleideten und bleibt so passiv[134]. Dabei kann Mitleid auch den Versuch darstellen, die Distanz zu

Menschen mit Behinderung durch das mitleidige Gefühl zu überspielen[135]. Durch diese Perspektive auf das Phänomen verändert sich das Verständnis von Barmherzigkeit grundlegend: Zwar bleibt der Auslöser der barmherzigen Situation der Notleidende in seiner Not, doch steht im Blickpunkt des barmherzigen Tuns der Täter selbst[136], der handelnd versucht, mit seinem Barmherzigkeitsimpuls umzugehen. Mitleid wird unter dieser Perspektive zum Selbstmitleid[137], das die Barmherzigen an den Notleidenden abarbeiten wollen. Die vermeintliche Nähe, die Barmherzigkeit zwischen Menschen schafft, zeigt sich damit unter der Hand als Distanzierung, die andere für eigene, affektive Interessen missbraucht. Der psychische Barmherzigkeitsimpuls durchbricht damit nicht den Zusammenhang der selbstinteressierten Motivierung des Tätigseins, sondern unterstützt die damit verbundene primäre Selbstbezüglichkeit.

Problematisch ist in diesem Zusammenhang beispielsweise die Interpretation Moltmanns, der solches beleidigende Mitleid als „Ausdruck der Angst" verstehen will, „das fremde Leid zu nahe an sich herankommen zu lassen"[138]. Indem Moltmann jedoch selbst ausdrücklich auf die Bedeutung des Leidens und Mitleidens rekurriert, signalisiert er damit gleichzeitig, dass solches Mitleid sich noch nicht radikal genug dem Mitleidsimpuls überlässt. Die Abwehr beleidigenden Mitleids hat so eine Verstärkung ihrer Unmittelbarkeit und Nähe zur Folge. Damit wird die Lösung für die Distanz in einer Radikalisierung der Nähe gesucht, statt ein gelungenes Verhältnis von Nähe und Distanz anzuvisieren.

Mit der Kritik der psychischen Grundlage helfender Motivation unter dem Titel Barmherzigkeit ist auch der Ansatzpunkt der Kritik Hannah Arendts am Mitleidskonzept berührt, die aber gleichzeitig diese ihre Kritik politisch wendet. Arendt versteht die affektive Antwort auf den Appell der Not, den sie unter dem Begriff des Mitleidens diskutiert, politisch nicht nur als defizitär, sondern auch als ausgesprochen gefährlich, zumal wenn diese Affektion in Form des redseligen Mitleids versucht, eine öffentliche Norm zu werden. Philosophisch gelangte das Mitleid im letzten Jahrhundert zu neuer Bedeutung, indem es als Kunst des Einfühlens in Gegensatz trat zum selbstbezüglichen Egoismus[139]. Arendts Kritik des Mitleids ist in besonderem Maße von ihrer Rousseau-Kritik geprägt. Während bei Rousseau das Mitleid diejenige seelische Stimmung darstellt, die gegen den partikularen Willen rebelliert und insofern dem eigenen Interesse diametral entgegensteht[140], macht Arendt deutlich, dass diese politische Form des Mitleids der Rousseau-Anhänger mit den Malheureux der französischen Revolution eine Verherrlichung des Leidens selbst darstellt, die außerordentliche und unkontrollierbare Kräfte zu entfesseln vermag, insofern die zu Enragés gewordenen Malheureux fortan den politischen Raum beherrschen[141]. Das Mitleid rousseauscher Prägung ist eine Abart echten Mitleidens, da es gar nicht mehr an der Änderung der Umstände interessiert ist[142]. Echtes Mitleiden, so macht Arendt geltend, lässt sich überhaupt nicht generalisieren, sondern vermag sich nur auf einzelne zu richten[143].

Doch zeigt Arendt auch die Problematik echten Mitleidens und des aus ihm resultierenden spezifischen Miteinanders auf. Mitleiden ist „die natürliche Reaktion des Menschen beim Anblick fremden Leidens"[144], „ein natürlich-kreatürlicher Affekt"[145]. Es erstellt in der Tat ein natürliches Band zwischen Menschen[146], das jedoch in den Umkreis der „Brüderlichkeit" gehört. Arendt stellt diese Menschlichkeit in Form von Brüderlichkeit als „das große Vorrecht der Pariavölker"[147] dar. Doch ist sie dabei weit davon entfernt, diese Brüderlichkeit positiv zu sehen, vielmehr impliziert dieses Pariatum für sie einen „radikalen Weltverlust, eine so furchtbare Verkümmerung aller Organe, mit denen wir der Welt zugewandt sind – von dem Gemeinsinn oder gesunden Menschenverstand angefangen, mit dem wir uns in einer gemeinsamen Welt orientieren, bis zu dem Schönheitssinn oder Geschmack, mit dem wir die Welt lieben."[148] Mit diesem Weltverlust geht eine Verurteilung zum Rückzug von der Sichtbarkeit qua Öffentlichkeit einher: „In der Unsichtbarkeit, in dem Dunkel, in dem man selbst verborgen auch die sichtbare Welt nicht mehr zu sehen braucht, kann allerdings nur die Wärme und die Brüderlichkeit der eng aneinander gerückten Menschen für die unheimliche Realitätslosigkeit entschädigen, die menschliche Beziehungen überall da annehmen, wo sie schlechterdings weltlos, unbezogen auf eine den Menschen gemeinsame Welt, sich entfalten."[149] Unsichtbarkeit ist damit konstitutives Moment der Brüderlichkeit, nicht zuletzt weil sie familialen Zusammenhängen entlehnt ist. Sobald die brüderlich Verbundenen sich in der Öffentlichkeit zeigen, verschwindet damit notwendigerweise auch die brüderlich-menschliche Dimension ihres Miteinanders. „Die Menschlichkeit der Erniedrigten und Beleidigten hat die Stunde der Befreiung noch niemals auch nur um eine Minute überlebt. Das heißt [...], daß sie politisch schlechterdings irrelevant ist."[150] Der Verlust der emotionalen Wärme ist der Preis der politischen Freiheit[151]. Brüderlichkeit ist nicht mit freiheitlichen Vollzügen kompatibel.

Wie die Brüderlichkeit so entbehrt auch das durch Mitleiden gestiftete Miteinander eines politisch qualifizierten Miteinanders[152]. Stattdessen drängt das Mitleiden „mit leidenschaftlicher Intensität über die Welt hinweg direkt zu den Leidenden selbst"[153]. Die Unmittelbarkeit des Bezuges bedeutet zunächst Vernichtung von Freiheit. Der „natürlich-kreatürliche Affekt" des Mitleids als rein „natürliche Reaktion auf fremdes Leid", das Arendt auch beschreiben kann als „gleichsam animalische Unfähigkeit, den Anblick fremder Leiden zu ertragen, zu essen, wenn der andere hungert"[154], lässt keine Freiräume zu, in denen sich ein durch Freiheit gestaltetes Miteinander entfalten kann: „Mitleid ist eine Leidenschaft, und der Leidenschaften ist der Mensch nicht Herr."[155] Zwar gesteht Arendt zu, dass das Mitleid mit anderen durchaus dem eigenen Interesse entgegensteht, doch stellt sie Rousseaus Konzept des Mitleids als derjenigen seelischen Stimmung, in der sich die Rebellion gegen den selbstbezüglichen Willen in sich selbst vollzieht, grundlegend in Frage[156]. Vielmehr weist sie auf Aristoteles hin[157], der das Mitleid im Zusammenhang der Furcht behandelt und macht damit deutlich, dass das Mitleiden selbstbezüglich bleibt, weil alle Leidenschaften auf das Subjekt des von der jeweiligen Stimmung Befallenen bezogen bleiben. Dies wird vor allem in ihrem Hinweis auf Cicero deutlich, der Mitleid und Neid auf der gleichen Ebene sah: „Wer Leid empfindet an eines anderen Unglück, der leidet auch an eines anderen Glück."[158] Die egoistische Bezogenheit auf den je eigenen Lustgewinn der selbstbezogenen Leidenschaften macht im Mitleiden nur einer Konzentration auf das Leiden als einem „auf sich selbst reflektierten Gefühls [...] der leidenschaftlichen Ergriffenheit durch das Leiden anderer"[159] Platz und führt damit zu einer Verherrlichung des Leidens[160].

Dieser Zusammenhang ist in der Tat im Kontext des helfenden Handelns immer wieder zu beobachten. Die Fähigkeit zum Mitleiden impliziert dann lediglich die Weigerung, das eine pathologische Gefühl angesichts des Leidens anderer nicht durch andere, gemeinhin als selbstbezogen bezeichnete Leidenschaften zu ersetzen oder zu überspielen, die in der Abwehr von Leid und Lustgewinn gründen. Mitleidensfähigkeit bedeutet dann nicht unbedingt, dass sich der Mitleidende auch mit dem Glück anderer mitfreuen kann, vielmehr bedeutet es im Gegenteil nichts anderes als eine Fixierung auf ein pathologisches, subjektives und damit egozentrisches Leidensgefühl. Erst in der Mitfreude zeigt sich für Arendt eine „Offenheit für andere", die zu wirklichem Miteinander führt[161], insofern Mitfreude zum Gespräch miteinander und damit zur Begegnung anstiftet. Mitleiden hingegen kultiviert das Leiden und verleiht diesem eine herausragende Bedeutung, bis es sich schließlich in das von Arendt am Beispiel Rousseaus dargestellte „beredte Mitleid" pervertiert, das dieses Leiden lediglich noch in abstrakter Form kennt. Dieses beredte Mitleid besteht für Arendt in der Umwandlung einer authentischen, aber rein privaten Leidenschaft in ein kommunizierbares, öffentlich reklamierbares Gefühl: „Nur das Gefühl des Mitleids, das sich in gefühlsseliger Distanz zu seinem Objekt hält, kann sich einer Menge mitteilen und im Raum der Öffentlichkeit erscheinen, um dann als der demagogisch gefährlichste Konkurrent der Solidarität überall da aufzutreten, wo die Unterdrückten und Enterbten die Mehrheit ausmachen. Denn im Unterschied zur Solidarität kann das Mitleid niemals dem Glück und dem Unglück, den Starken und den Schwachen gleicherweise Rechnung tragen; ohne Unglück gäbe es kein Mitleid, und Mitleid ist ebenso interessiert daran, daß es Unglückliche gibt, wie der „Machthunger daran interessiert ist, daß Schwäche und Ohnmacht ihm in die Hände spielen. Hinzu kommt, daß die sentimentale Gefühlsseligkeit des Mitleids beinahe automatisch dazu führt, den Anlaß des Gefühls, also das Leiden der anderen, zu glorifizieren."[162] Die Kommunikation, die authentische Mitfreude von selbst anstiftet, bewirkt bezüglich des Mitleidens das Gegenteil. Sie verkehrt das seinem Wesen nach stumme, authentische Mitleiden in ein pervertiertes, aber mitteilbares Mitleidsgefühl. Mitleid ist daher authentisch nur in der Verborgenheit der Sprachlosigkeit. Jede öffentliche Reklamierung von Mitleid oder Barmherzigkeit als Grundmotiv sozialen Handelns gehört danach bereits in den Zusammenhang der Pervertierung echten Mitleidens, schafft Distanz zwischen den Betroffenen und fixiert, ja glorifiziert gar das Leiden. Es wirkt damit eher peinlich, weil die Privatheit des Gefühls nicht gewahrt wird. Arendts Kritik des

Mitleidens ist so gesehen keine Kritik der Leidenschaft des Mitleidens, sondern eine solche der öffentlichen Inanspruchnahme von Mitleiden. Letztlich ist das beredte Mitleid schlicht geschmacklos; es verfügt nicht über das feine Gespür, was in den öffentlichen Raum gehört und was nicht. Es bleibt die Frage bestehen, ob Arendts Kritik nicht auch eine diakonische Inanspruchnahme von Barmherzigkeit verbietet, weil auch die diakonische Barmherzigkeit eine teilöffentliche Inanspruchnahme eines privaten Gefühls bedeutet, durch die dieses Gefühl erst pervertiert wird.

Wirkliches Mitleiden bleibt für Arendt stumm und passiv zugleich. Der Mitleidende findet keinen Weg aus dem Leiden heraus. Findet der Mitleidige dennoch einen Weg zum aktiven Tätigsein, so sind die politischen Folgen eines öffentlich-politischen Mitleidsaktes verheerend. Diese Aktion gründet Arendts Überzeugung nach in einer Verwandlung des Mitleids in Zorn, „weil [die Revolutionäre] wußten, daß Mitleid das ist, ‚was man denen nicht versagt, denen man Hilfe versagt'. Man kann also das Mitleid loswerden, wenn man sich ‚in die Leidenden [versetzt], nicht, um zu leiden, sondern um ihre Leiden zu beenden'."[163] Der Maßlosigkeit der mitleidenden Leidenschaft[164] entspricht dabei eine Maßlosigkeit in der Reaktion auf das Leiden: Die Malheureux der Französischen Revolution werden angesichts des Leidens zu Enragés. Das Leiden erzeugt einen Kampf gegen dieses Leiden, der den Sturm der Gefühle zu einem Sturm der Gewalt entfesselt: „Und so ist es auch keineswegs das Mitleiden, das es unternimmt, die Welt zu ändern, um menschliches Leid zu lindern; wenn es aber aus irgendwelchen besonderen Umständen heraus dazu doch gedrängt wird, so wird es seiner Natur gemäß vor den langwierigen und langweiligen Prozessen des Überredens, Überzeugens, Verhandelns und Kompromisseschließens, welche die der Politik gemäßen Handlungen sind, zurückscheuen; es wird stattdessen versuchen, dem Leiden selbst Stimme zu verschaffen und zur ‚direkten Aktion' schreiten – nämlich zum Handeln mit den Mitteln der Gewalt."[165]

Weil Mitleid sich aus vorpolitischer Leidenschaft rekrutiert, sind den Aktionen aus dem Mitleid heraus auch politische Momente fremd. Zum einen ist dieser Aktivität aufgrund ihrer Unmittelbarkeit jedes abwägende Überlegen und Reflektieren fremd, zum anderen und damit verbunden ist Mitleid stumm und daher unfähig zu öffentlicher Beurteilung. Eng damit verbunden ist die Tatsache, dass Mitleid einen derart unmittelbaren Bezug zwischen den Beteiligten schafft, dass es sich mit dem Bestand dauerhafter Institutionen nicht verträgt. Einer Ergänzung von Mitleid oder Barmherzigkeit durch die Gerechtigkeitsforderung, wie er in der diakonischen Diskussion oft zu finden ist, ist darum im Ansatz skeptisch zu begegnen, weil ein solches Modell dem unpolitischen Charakter von Mitleid beziehungsweise Barmherzigkeit nicht gerecht wird.

Schließlich beschreibt Arendt die Gefahr, dass Mitleid mit der Distanz auch die Differenz zwischen Menschen zu verlieren droht und sich identitär vollzieht. Arendt spricht im Rückgriff auf Robbespierre von dem „Meer des Elends", durch dass das Miteinander der Leidenden und damit auch der Mitleidenden gekennzeichnet ist: „Die ‚Unglücklichen', welche die Französische Revolution aus der Finsternis der Not und des Elends befreit hatte, waren nur zahlenmäßig eine Vielheit. Rousseaus Bild von einer ‚Menge, die in einem Körper vereint' und von einem Willen beseelt ist, betraf durchaus eine Realität; denn diese Menge war vom Hunger getrieben, und der Schrei nach Hunger ist unisono. Was den Hunger betrifft [und damit auch die Leidenschaft des Mitleidens], gibt es keine Unterschiede, und eine Menge, die von ihm getrieben ist, ist in der Tat wie ein einziger, durch die Straßen sich wälzender Leib."[166] Wie jede andere Leidenschaft vernichtet auch das Mitleid, wo sie die Aktion beherrscht, jede Pluralität und endet damit im politischen Desaster. Da Mitleiden nicht generalisierbar ist, ohne sich gleichzeitig in Form des rousseauschen Mitleids zu pervertieren, bleibt es auf einzelne gerichtet, anstatt politisch Gerechtigkeit für alle etablieren zu können[167]. Während echtes Mitleid „politisch gesprochen, ohne Bedeutung und ohne Folgen"[168] ist, zeitigt es als pervertiertes Mitleidsgefühl, als das es in einziger Form zu öffentlicher Geltung gelangen kann, politisch höchst destruktive Folgen. Es ist jedenfalls in keiner Weise dazu in der Lage, dauerhafte Institutionen zu schaffen[169], da es hierzu den Blick von der unmittelbaren personalen Beziehung weglenken müsste auf eine der Urteilskraft entstammende Gemeinsinnigkeit beziehungsweise eine mit anderen gemeinsame und dennoch von ihnen unterschiedene Welt. Die Politik Robbespierres sieht Arendt als Beispiel für diesen Zusammenhang: „Hinzu kommt, daß Gefühle im Unterschied zu Leidenschaften und Prinzipien ihrer Natur nach maßlos sind und daß Robbespierre, gesetzt den Fall, er war wirklich ein Opfer der Leidenschaft des Mitleidens, gar nicht anders konnte, als diese Leidenschaft in ein Gefühl zu verwandeln und zu pervertieren, wenn er sie politisch einsetzen wollte, das heißt in einem Bereich, in dem er nicht mehr mit dem konkreten Leiden einzelner Personen konfrontiert war. So verwandelte sich, was vielleicht ursprünglich ein echtes Leiden und eine Leidenschaft gewesen war, in die Grenz- und Maßlosigkeit bloßer Gefühle, deren kontrollierte Ausbrüche gerade darum nur zu gut den wirklich grenzenlosen Leiden einer unübersehbar großen Masse des Volkes entsprachen. Für diese Erfolge bei der Menge bezahlte er mit dem Verlust der Fähigkeit, Beziehungen zu Personen in ihrer Singularität herzustellen und an ihnen festzuhalten. Auf die Flut des Leidens rings um ihn antwortete er, indem er den Sturm der Emotionen in sich selbst losließ, und beide zusammen überspülten alle konkreten Erwägungen und Bedenken, ob diese nun freundschaftlicher oder staatsmännischer oder prinzipieller Natur waren."[170] Angesichts dieses Zusammenhanges verkennt ein Appell an Mitleid und Barmherzigkeit die Problematik des Mitleids für den öffentlichen Bereich. Die individualistischen Momente des Mitleids können nicht durch eine Ergänzung, beispielsweise durch eine Verbindung von Barmherzigkeit und Recht, neutralisiert werden und so für das Politische fruchtbar gemacht werden, sondern die Barmherzigkeit steht prinzipiell dem Politischen fremd beziehungsweise feindlich gegenüber.

Aufgrund der eminent politischen Gefahr des Mitleids ist jede Inanspruchnahme von Barmherzigkeit und Mitleid für öffentliches soziales Engagement in hohem Maße problematisch. Arendt diffamiert dabei nicht das Mitleiden selbst, sondern macht deutlich, dass es politisch gesprochen nur eine einzige authentische Weise des Umganges mit dem Mitleiden gibt: diese Leidenschaft in ihrem pathologischen Charakter zu verbergen, um in sich frei zu werden zum Handeln in der Welt. Dazu dient ihr Berthold Brecht als Beispiel: „Brecht jedenfalls hat kaum etwas anderes so sehr zu verbergen getrachtet als die Leidenschaft, an der er am meisten litt, die Leidenschaft des Mitleids. Und gerade um dieser Verborgenheit willen leuchtet sie uns so überzeugend aus nahezu allen seinen Stücken hervor."[171] Die Folge solchen Verbergens ist für Arendt nicht die Gleichgültigkeit, sondern die Möglichkeit, sich in den Standpunkt anderer zu versetzen und sie nicht mehr von ihrem Leiden, sondern vielmehr von der Vielschichtigkeit ihrer Situation aus wahrzunehmen. Mitleid hat seinen Stellenwert als privates Einfühlungsvermögen, verborgen vor jeder Öffentlichkeit, die mit jedem Gespräch bereits präsent ist. Dieses authentische Mitleid kann stumm zum Handeln motivieren, aber nicht appellativ reklamiert werden. Die politische Wahrnehmung von Not ist nicht eine solche des subjektiven Leidens und damit des Mitleidens, sondern eine Wahrnehmung der spezifisch politischen Schande der Armut. So bemerkt Arendt auch über Brecht, „daß ihn an der Armut nicht nur das physische Leiden empörte, sondern die Unsichtbarkeit der von ihr betroffenen Menschen"[172]. Das politische Problem der Leidenden besteht in ihrer Unsichtbarkeit aufgrund ihres Leidens. Die politische Intervention betrifft daher die Schaffung von Zugängen zum politischen Bereich auch angesichts des je eigenen, subjektiven Leidens. Das Politische bewahrt sich damit eine Perspektive über die unmittelbare Sorge um die Leidenden hinaus. Nicht weil Notleidende an ihrer Not leiden, soll ihnen politisch in erster Linie geholfen werden, sondern weil sie aufgrund ihrer Not aus der Öffentlichkeit ausgeschlossen und in die Unsichtbarkeit gestoßen sind. Jede Not stößt die an ihr Leidenden in die Unsichtbarkeit unabhängig davon, ob eine Gesellschaft diese Selektion aktiv betreibt. Not zeichnet sich dadurch aus, dass sie jeden auf sich selbst zurückwirft, ein Gefühl der Ohnmacht erzeugt und alle Kapazitäten zu handeln und zu urteilen verschlingt, so dass auch alle öffentlichen Initiativkräfte erlahmen müssen.

Von der Barmherzigkeit zur Solidarität

Diakonische Solidaritätskonzepte

Um den diakonischen Umgang mit dem Leiden begrifflich zu eruieren, vollzieht sich in jüngster Zeit in der Diakonie ein Paradigmenwechsel. Der ältere, in jüngerer Zeit immer weniger gebrauchte, aber klassisch diakonische Begriff der Barmherzigkeit wird mehr und mehr ersetzt durch den der Solidarität. Der Begriff Solidarität hat seine Herkunft aus den sozialistischen Arbeiterbewegungen des 19. Jahrhunderts und war ein Kampfbegriff im Klassenkampf von Arbeit und Kapital[173]. Die solidarische Vereinigung der benachteiligten Arbeiter bildete machtvolle Interessenskoalitionen aus, die für die Verbesserung ihrer Lebenssituation eintraten. Wir erleben heute, wie die Gewerkschaften als direkte Nachfahren dieser solidarischen Verbände in dem Maße ihr Solidargefüge und damit ihre politischen Potenzen verlieren, je weniger diese Benachteiligung noch eine alles dominierende Rolle spielt. Die Machtlosen stehen so lange solidarisch zusammen, wie ihre Machtlosigkeit andauert[174]. Dem Druck der Not und des Leidens entspricht die Konsistenz der Solidargemeinschaft. Wohl von dort aus ist der Solidaritätsbegriff auch im christlichen Kontext rezipiert worden als Kennzeichnung des Verhältnisses der Christen zueinander und zur Gesellschaft[175] und schließlich auch zu einem Grundbegriff der katholischen Soziallehre geworden, insofern dem Leiden und Schwachsein im christlichen Denken eine entscheidende Rolle zukommt. Die Grunderfahrung der Solidargemeinschaft, der Ohnmacht nur Herr zu werden, indem sich die Machtlosen zusammenschließen zu einem Handlungsverband, drückt sich aus in der Einsicht, dass letztlich alle in einem Boot sitzen[176] und einander brauchen. Der Grundgedanke der wechselseitigen Abhängigkeit bildet einen grundlegenden Aspekt des Solidaritätsgedankens[177]. Auch der Solidaritätsbegriff ist damit organizistisch vorgeprägt und unter dem Druck drängender Lebensnot vom Notwendigkeitsgedanken biologischer Provenienz durchsetzt, die im christlichen Kontext eng mit dem Gedanken des Leibes Christi verwoben ist[178].

Mit der christlichen Rezeption des Solidaritätskonzeptes wird auch das Tun Jesu als solidarisches Handeln begriffen. Der Opfertod Christi wird zum „höchsten Ausdruck der Solidarität Gottes mit den Menschen"[179], und die biblische Überlieferung über sein Wirken zeigt seine Solidarität mit den Armen seiner Zeit[180]. Turre konstatiert im Kontext der christologischen Orientierung seiner Arbeit: „In seinem Leiden und Kreuz wird Jesus selbst solidarisch mit dem Leiden und Sterben in dieser Welt."[181] Damit ist eine altruistische Komponente des christlichen Solidaritätsbegriffes angesprochen, die gegenüber dem säkularen Verständnis von Solidarität eine eigentümliche Wendung nimmt. Die Solidarität der Schwachen der Arbeiterbewegung erweitert sich im diakonischen Kontext zu einer Solidarität mit den Schwachen. Diese Solidarität mit den Schwachen wiederum gründet dem Konzept nach auf einem spezifischen Schwächebewusstsein der vermeintlich Starken. Solidarität ist nur dann möglich, wenn alle Beteiligten sich in gleicher Weise als Leidende verstehen. Diese Gleichheit im Leiden wird auch für den diakonischen Zusammenhang gefordert. Die Hilfe für Schwache setzt dann das Eingestehen eigener Schwäche voraus[182], der Notleidende erinnert uns an unsere eigene Schwäche. Die Solidarität ist personale und gemeinschaftliche Solidarität „mit der Schwäche der Schwachen"[183] und lässt uns „an seiner [des Schwachen] Not solidarisch partizipieren"[184]. Helfende sind damit aufgerufen, explizit auf ihre Schwäche zu rekurrieren, um auf der Grundlage dieses Schwächebewusstseins solidarisch helfen zu können. Solidarität ist solidarisches Schwach- und Untensein: „Ich befinde mich zum vornherein und dann auf der ganzen Linie in einer tiefen Solidarität mit dem anderen und stehe mit dem da unten ganz auf demselben Boden. In solcher Solidarität bin ich ihm verbunden. [...] Darum stehe ich bevorzugt immer wieder bei denen, die sichtlich und unmaskiert unten sind."[185] Bach spricht in diesem Zusammenhang von der Kirche als einem „Patientenkollektiv"[186], das Helfende und Hilfsbedürftige in gleicher Weise umfasst. Hilfe wird zur Partnerschaft von Schwachen in Form der „Solidarität von Menschen mit Grenzen"[187]. Indem Helfende das Bewusstsein der eigenen Hilflosigkeit in den ersten Lebensjahren wachhalten, werden sie selbst fähig, die Schwäche von Hilflosen solidarisch zu tragen[188]. Hilfe wird aus dieser Perspektive zum „Miteinander zweier Bettler"[189]. Sigrist schließlich überhöht in Rückgriff auf Bach[190] diese Leidensperspektive zusätzlich und reklamiert „eine Gemeinschaft, die aus der Ohnmacht heraus Partei für das Elend ergreift"[191] analog dem leidenden Christus[192] und fordert eine „teilende Wirklichkeit von unten her"[193], in der die Mitglieder aufgerufen sind, eine „Kirche der Geringsten" zu bilden, in der diese Kirche sich „den Menschen am Boden der [gesellschaftlichen] Pyramide anschließen"[194] soll. Damit ist die Nähe des Solidaritätskonzeptes zum Konzept des Heilens durch Leiden[195] deutlich. Solidarität gründet explizit oder implizit auf der Reflexion von Schwäche und Leiden. Heilung entsteht durch das Erleben, nicht allein leidend zu sein, sondern Teil eines Leidens- und Schwächekollektivs zu sein. Dieses Konzept birgt viele Fragen. Wie will dieses Solidaritätskonzept vermeiden, dass unterschiedliche Leidensqualitäten durch den Solidargedanken eingeebnet werden? Ist denn wirklich die Not von Schwerstbehinderten oder

Hungernden vergleichbar mit den Schwächen, von denen die vermeintlich Gesunden geplagt sind? Wie kann das Solidaritätskonzept angesichts der Leidenszentrierung noch die Stärken der Beteiligten angemessen zur Geltung bringen? Ist das Solidaritätskonzept nicht gleichzeitig ein solches der Ohnmacht, der Unmöglichkeit zu handeln, statt die Initiativmomente von Menschen und die Macht zwischen Menschen zu stärken? Das diakonische Solidaritätsverständnis gründet auf der Betonung der ohnmächtigen statt der ermächtigenden Momente handlungsfähiger Menschen, die folglich auch in ihrem Miteinander mehr als die Möglichkeit zu handeln die Unmöglichkeit dazu betonen müssen.

Solidarität mit den Schwachen aus politiktheoretischer Perspektive

Hannah Arendt gesteht der Solidarität eine beschränkte politische Gestaltungskraft zu, die, „sofern sie sich auch als Gefühl äußert, durch den Anblick fremder Not geweckt [wird], aber sie wird sie selbst erst, wenn sie das reine Mit-Leiden übersteigt und die Starken und Reichen ebenso miteinbezieht wie die Armen und Schlechtweggekommenen." Statt auf eine „allgemeine Menschenliebe" gründet sich die „an Ideen orientierte und von der Vernunft geleitete Solidarität" auf die „Prinzipien der Größe, Ehre und Würde des Menschen", die zwar der emotionalen Wärme weithin entbehren, dafür aber „erheblich dauerhafter als Gefühl und Leidenschaft"[196] sind und auf diese Weise öffentliche Institutionen zu gründen und zu bewahren vermögen. Nicht die je eigene Schwäche, sondern allein die allen gemeinsame Würde bildet damit die Verbindungskraft des solidarischen Gefüges. Arendts Verständnis impliziert keine vorrangige Verbundenheit der Schwachen oder mit den Schwachen, sondern vielmehr eine solche auf einer kategorial anderen Ebene, in die alle miteinbezogen werden können.

Arendt sieht die Bedeutung der Solidarität gerade aufgrund ihres Rekurses auf die Menschenwürde dennoch als äußerst begrenzt an. Dies hängt mit ihrer Kritik der Menschenrechte selbst zusammen. Diese Kritik verdeutlicht sie an der Situation der Flüchtlinge und Heimatlosen, deren Lage ihr aus ihrer eigenen Biografie heraus unmittelbar präsent war. Sie stellt klar, dass der Skandal der Flüchtlinge darin besteht, zu keiner Gemeinschaft dazu zu gehören[197] und dass es gerade dieser Tatbestand ist, den die Menschenrechte nicht garantieren können. Vielmehr gründen sich die Menschenrechte auf eine rein abstrakte Menschennatur, das „Nichts-als-ein-Mensch-sein"[198], vor dem die Welt keine Ehrfurcht hat und dem deshalb Menschenrechtsgarantien auch nicht helfen können. Menschenrechte gründen auf einer Natur des Menschen, während Arendt deutlich macht, dass die höchsten Möglichkeiten von Menschen in einer solchen Natur nicht gefasst werden können. Freiheit, so ihre Behauptung, ist „Produkt menschlichen Handelns und [hat] mit der ‚Natur' gar nichts zu tun"[199]. Ein Menschenverständnis, das der Pluralität des Menschen nicht gerecht wird, verfehlt damit das, was Menschsein auszeichnet. Flüchtlinge sind „nichts als Menschen" und als solche politisch nackte Gestalten jeglicher „Mittel beraubt, Individualität in das Gemeinsame zu übersetzen"[200]. Das politisch auszeichnende Merkmal der Flüchtlinge besteht in ihrer Weltlosigkeit.

Der Sinn der Menschenrechte ist es, zuverlässige Beschränkungen und Kontrollen politischer Macht zu errichten, also vorpolitische Grenzziehung politischer Macht. Was geschieht, wenn ein Gemeinwesen seine Politik auf die Menschenrechte zu gründen versucht, verdeutlicht Arendt an der Geschichte der französischen Revolution. Der Versuch der französischen Menschenrechtserklärung läuft darauf hinaus, die Menschenrechte als politische Macht zu etablieren und damit „das Politische auf die Natur zu reduzieren"[201]. Das Wesen des Politischen, die Freiheit, wird in der Wesensbestimmung der menschlichen Natur zum Verschwinden gebracht, auf die sich die Menschenrechte gründen. Die Menschen sind aber in keinem Wesen zu fassen, sondern indem sie beständig ihre Einmaligkeit handelnd darstellen, sind sie immer in der Lage, radikal Neues in die Welt zu bringen; und dieses Neue kann die bisherige Wesensbestimmung des Menschen immer wieder sprengen. Damit ist nicht nur der Versuch, die Menschenwürde als Grundmotiv sozialer Gestaltung zu etablieren, sondern auch die Absicht, eine auf eine solche allgemeine Menschennatur sich berufende Solidarität dafür zu reklamieren, aus politischer Perspektive in hohem Maße problematisch. Gemeinschaftliches Handeln trägt fundamental differente Züge, je nachdem, ob es sich auf konkrete Möglichkeiten bezieht oder aber auf abstrakte allgemeinmenschliche Charakteristika.

Damit ist jedoch noch nicht das Zentrum der Kritik des diakonischen Solidaritätskonzeptes aus politischer Perspektive getroffen. Auch wenn dieses Solidaritätskonzept die Gefahren affektiver Grundlage sozialer Motivation gebannt hat, bleibt auch die Solidarität als Solidarität der Schwachen und daraus entwickelt Solidarität mit den Schwachen auf eben diese Schwäche fixiert. Die Diakonieliteratur kennt dabei zwei verschiedene Pole des Umgangs mit dieser Schwäche. Auf der einen Seite steht der Protest gegen das Leiden als Grundmotiv sozialen Handelns, den Bach als „Sozialrassismus" kennzeichnet, insofern sich aus diesem Motiv die Problematik ergibt, wie unheilbar Kranke und damit auch ihre Umwelt auf diesem Hintergrund mit unheilbaren Leiden umgehen sollen. Der Protest gegen das Leiden muss fast zwangsläufig zum Protest gegen unheilbar Kranke führen. Auf der anderen Seite steht die diakonische Betonung der Würde des Leidens und der Schwäche, die die Schwachen lediglich von ihrer Schwäche aus wahrnimmt. Beide Positionen bleiben dem Zusammenhang der Fixierung auf das Leiden verhaftet, nur mit je verschiedenem Vorzeichen. Aus der Perspektive des Denkens von Hannah Arendt bedeutet jedoch gerade eine solche Notorientierung eine Bedrohung für das Politische[202]. Je drängender diese Not, desto stärker engt diese den Freiheitsraum des Handelns ein, desto weniger Möglichkeiten für die Ausübung von Spontaneität bleiben erhalten. Notorientierung bedeutet gleichzeitig Orientierung auf das Selbst der von Not Betroffenen. Durch die Konzentration auf die von Not betroffenen Subjekte in Form der Solidarität mit ihnen gerät notwendig der Gemeinsinn aus dem Blick, so dass unter dem Paradigma der Not das Selbstinteresse der Notleidenden zur alleinigen Grundlage allen Tuns wird und die gemeinsame Welt verlorengeht. Solange Notleidende vor allem als Leidende öffentliche Wahrnehmung erfahren, werden sie nicht nur als solcherart Leidende auf ihr Leiden festgelegt, sondern erfahren damit auch ihre entsprechende Würdigung. Denn Solidarität erfahren die Schwachen schließlich nur so lange, wie sie als schwach und leidend wahrgenommen werden. Heilung würde ein Herausfallen aus dem Solidaritätsgefüge bedeuten. Zumindest legt die Solidaritätsperspektive die Wahrnehmung einseitig auf die Schwäche fest. Dieser Zusammenhang gilt vor allem für jede Form der Verherrlichung der Würde des Leidens. Die Verherrlichung des Leidens und damit der Leidenden verherrlicht und bestärkt Menschen in ihrem Leiden und kultiviert damit dieses Leiden. Leidende müssen und dürfen sich in ihrem Leiden einrichten, um von „Starken" umsorgt und gewürdigt zu werden, die sich wiederum in ihrer Solidarität gleichfalls primär ihrer Schwächen bewusst bleiben. Dabei zeigt Arendt, dass die Ohnmacht, die aus diesem Leiden erwächst, keine Alternative zur Macht darstellen kann und keineswegs vor Machtmissbrauch schützt, sondern vielmehr ein Machtvakuum hinterlässt, das den politischen Raum der Gewalt öffnet[203]. Schließlich ist die Fokussierung auf die Not problematisch, weil angesichts der zwingenden Gewalt der Not das politische Bereden, Kompromisseschließen und Koalitionenbilden lächerlich erscheint. Je stärker und ausschließlicher die Not sichtbar wird, desto mehr wird sie nach herrschaftskategorialen Lösungen verlangen und damit den politischen Raum überspülen.

Angesichts einer solchen Perspektive drängt sich die Frage auf, ob die politische Perspektive auf die soziale Frage eine Gleichgültigkeit gegenüber Notleidenden zur Folge hat. Gibt es ein politisches Motiv für den Umgang mit Notleidenden oder ist das Politische doch letztlich elitär und alle, die die Voraussetzungen für ein öffentliches Engagement nicht mitbringen, wozu auch die sozialen Voraussetzungen zählen, sind am besten aus dem politischen Verband auszuschließen? Arendt zieht diesen Schluss nicht. Die Ablehnung der besonderen Würdigung des Leidens bedeutet für sie keine Ablehnung der Leidenden im politischen Kontext. Politisch hat Leiden meist Ohnmacht zur Folge; und in der Tat gibt es Äußerungen innerhalb der Diakonie, die auch der Ohnmacht eine besondere Würde zusprechen. Arendts freiheitliches Konzept des Politischen ist kein wirtschaftsliberales Konzept der Stärkung des Stärkeren, sondern ein Konzept des Miteinanders, in dem Schwache und Starke gleichermaßen ihren Platz haben, jedoch unter der Voraussetzung, dass Schwache wie Starke als solche nicht mehr kenntlich sind. Stärke und Schwäche sind individualistische Kategorien, die im Kontext gemeinsamen Handelns ihre Bedeutung verlieren. Im Konzept der Macht als einem zwischenmenschlichen Handlungsverband, der von den gemeinsamen Möglichkeiten lebt, wird Stärke wie Schwäche irrelevant[204]. Die soziale Frage erscheint damit im politischen Zusammenhang als Frage nach der politischen Gleichheit von Schwachen und Starken im Sinne einer gleichen Zugangsberechtigung zu den gemeinsamen Handlungsmöglichkeiten. Politische Not entscheidet sich an der gleichen Zugangsmöglichkeit Notleidender zum öffentlichen

Raum, indem dann auch – allerdings nicht primär und nur unter der Voraussetzung, dass die Leidenschaften und Interessen sich in Meinungen verwandeln können – der soziale Ausgleich thematisiert werden kann. Insofern ist aus politischer Perspektive nicht die individuelle Schwäche, sondern die Unsichtbarkeit der Notleidenden empörend[205], weil die Unsichtbarkeit die politische Gleichheit gefährdet und damit die Grundlage des politischen Raumes erschüttert. Die politische Sorge um Notleidende gründet nicht in einem Mitleidsgefühl, sondern in einem leidenschaftlichen Einsatz für die politische Gleichheit, die überall dort gefährdet ist, wo einzelne oder Gruppen aus der politischen Gemeinschaft ausgeschlossen sind. Damit ist die politische Motivation des Umgangs mit Not in ausgezeichnetem Maße integrativ. Indem den Notleidenden die Voraussetzungen gegeben werden sollen, am Politischen teilzuhaben, hineingenommen zu werden in den Handlungsverband, haben sie teil an der politischen Freiheit und in diesem Zusammenhang kann auch eine Lösung ihrer Notlage thematisiert werden. Weil die politische Freiheit sich nicht in der Einsamkeit vollziehen kann, sondern anderer bedarf, die dem Handelnden zu Hilfe eilen, ist diese Freiheit von sich aus integrativ. Mitmenschen geraten unter der Perspektive ihrer Möglichkeiten spontanen Handelns in den Blick, so dass die Handlungsgemeinschaft immer darauf bedacht sein wird, wie sie das Vermögen der Spontaneität der Mitglieder bewahrt und fördert. Dieser Zusammenhang gilt nicht nur für die politische Gemeinschaft, sondern in gleicher Weise für jedes Miteinander, das sich aufgrund freiheitlicher Selbstbestimmung im Verband mit anderen konstituiert.

Die Lebendigkeit des Handlungsverbandes ergibt sich allein aus der Pluralität der Handelnden, die gleichzeitig über die Größe der Handlungen entscheidet. Für diese Größe ist nicht die Stärke oder Leistungsfähigkeit entscheidend, sie misst sich auch nicht unbedingt am in der Geschichte erworbenen Ruhm, sondern vielmehr allein an dem außerordentlichen und kreativ-initiativen Charakter des Tuns. Arendt zitiert dazu gerne einen Satz von Cato: „Victrix causa diis placuit, sed victa Catoni. – Die siegreiche Sache gefiel den Göttern, die unterlegene aber gefällt Cato."[206] Dieses Zitat repräsentiert für Arendt die „republikanische Gesinnung"[207], insofern das politische Urteil sich nicht am Lauf der Geschichte mit Ihren Erfolgen orientieren muss. Scheinbar und im geschichtlichen Zusammenhang wirklich Unterlegene können durch politisches Urteilen eine neue, gänzlich andere Würdigung für ihr Handeln und Urteilen erfahren. Die im Urteilen zugesprochene Bedeutung ist eine Kategorie der jeweiligen Perspektive, die unabhängig bleibt vom geschichtlichen Verlauf. Die politische Meinung stellt der Geschichte „ihr Recht auf ein letztes Urteil" in Frage, indem dieses politische Urteil über die Geschichte selbst zu Gericht sitzt[208]. Auf diese Weise wird eine „volle Gerechtigkeit für die Sache der Unterlegenen"[209] möglich. Nur aufgrund der politischen Meinung gibt es so etwas wie einen „Ruhm der Unterlegenen"[210], indem Urteilende den Perspektivenreichtum der Wirklichkeit zur Geltung bringen und alles Geschehen von verschiedensten Seiten wahrnehmen und artikulieren. Unterlegene können anerkannt werden aufgrund ihrer Initiativität, wie erfolgreich diese auch immer im Konkreten sein mag.

Zur Wahrnehmung des dieses Urteilen voraussetzenden Aspektreichtums bedarf es der Pluralität der Urteilenden, so dass jede Ausgrenzung einer Perspektive aus dem politischen Verband „einen Teil der gemeinsamen Welt vernichtet"[211]. Die Sorge um aus individualistischer Perspektive schwach Erscheinende, Unterlegene oder Unterprivilegierte ist so Teil der Sorge um die mit anderen gemeinsame Welt, die auch Mühen nicht scheut, die menschlichen Möglichkeiten aller anderen in ihrer Welt zur Geltung zu bringen. Die historisch oder gesellschaftlich Unterlegenen bleiben damit aufgrund der Pluralität selbst in hohem Maße bedeutungsvoll für das Gemeinwesen, weil die Geschichte nur in ausgewählten Aspekten über Bedeutung entscheiden kann und bisherige Urteile bedeutsame Perspektiven vielleicht noch nicht ans Licht fördern beziehungsweise zur Geltung bringen konnten. Ausgrenzung bedeutet in diesem Zusammenhang die Verweigerung, dass Teile des Gemeinwesens ans Licht kommen können; sie stellt eine Amputation der politischen Pluralität dar. Die Bewahrung der Perspektivenvielfalt in der Welt braucht daher eine politisch qualifizierte Sorge um soziale Belange, die es allen Mitgliedern ermöglicht, an der Handlungs- und Urteilsgemeinschaft teilzunehmen.

Arendt verdeutlicht einen solchen politisch qualifizierten Umgang mit Not und Ungerechtigkeit in einem Brief an Jaspers an einem Beispiel aus ihrer neuen Heimat USA, das den hier beschriebenen Sachverhalt veranschaulichen soll: „Als zum Beispiel zu Beginn des Krieges alle Amerikaner japanischer Herkunft in Konzentrationslager gesperrt wurden, ging ein wirklicher Sturm der Empörung durch das Land, der sich heute noch spürbar macht. Ich war damals in New England bei einer amerikanischen Familie zu Besuch. Das waren ganz durchschnittliche Leute – was man bei uns ‚Kleinbürger' genannt hätte – und sie hatten bestimmt nie in ihrem Leben einen Japaner gesehen. Die und viele ihrer Freunde, wie ich später erfuhr, schrieben sofort *spontan* an ihren Congressman, insistierten auf den konstitutionellen Rechten aller Amerikaner gleich welcher Herkunft, erklärten, daß wenn so etwas passieren könne, sie sich auch nicht mehr sicher fühlten (die Leute waren anglosächsischer Herkunft und seit mehreren Jahrhunderten im Lande) und so weiter."[212] Gerade an diesem Beispiel wird deutlich, welch starke politisch qualifizierte Empörung die Sorge um die politische Gleichheit bei sozialen Belangen entfalten kann. Nicht die Nöte der Konzentrationslager bilden hier den Anlass der Empörung, sondern der Ausschluss einer bestimmten Gruppe aus dem Gemeinwesen. Dieser Ausschluss wird als Bedrohung des gesamten Gemeinwesens empfunden und veranlasst die Bürger zu politischem Widerspruch. Die politische Gesinnung lässt keine Gleichgültigkeit zu sozialen Fragen zu, sondern fordert ein politisches Engagement zur Wahrung politischer Gleichheit, aus der sich schließlich die Lösung der sozialen Frage fast von selbst ergibt. Die Schwäche der Schwachen ist kein Thema, solange sie in Handlungsverbänden integriert bleiben, weil sich in diesen Handlungsverbänden alle beständig gegenseitig zu Hilfe eilen in Anfangen und Fortführen. Jedes Fortführen eines Anfangs ist ein Zuhilfeeilen, so dass Helfen einen Grundbestandteil freiheitlichen Miteinanders darstellt[213]. So faszinierte auch Arendt an Amerika von Anfang an die Grundhaltung, „inmitten einer oft wirklich halsabschneiderischen Konkurrenz die fair chance des einzelnen"[214] zu wahren. Nur wo einzelne eine realistische Chance haben, sich in ein Handlungsgefüge einzuschalten mit ihren individuellen Fähigkeiten, nur dort ist ein freiheitliches Miteinander möglich.

Eine solche politisch qualifizierte Sorge um soziale Notlagen ist auch biblisch-theologischem Denken nicht fremd. Vielmehr kennt auch das Alte Testament die Wahrnehmung von Not von der Gemeinschaft her. In den neueren theologischen Auseinandersetzungen um den Umgang mit Notleidenden tritt eine Perspektive in den Blick, die den aufgezeigten politischen Momenten sozialen Handelns im Umkreis des Denkens von Hannah Arendt eine theologische Begründung beilegen kann. Der Umgang mit Notleidenden wird dabei vom alttestamentlichen Bundesgedanken aus wahrgenommen[215]. In diesem Zusammenhang wird darauf aufmerksam gemacht, dass die erbarmende Zuwendung Gottes nicht ihren Sinn in sich selbst hat, sondern dieses Erbarmen ist auf Beziehung aus und befähigt als Folge dieser Beziehungsintention Menschen wiederum zu Beziehungen[216]. Das alttestamentliche Barmherzigkeitsverständnis wird damit im Kontext des Bundesverhältnisses – berith – zwischen Gott und Volksgemeinschaft wahrgenommen. Als grundlegender Erweis des Erbarmens Gottes gilt dabei die Befreiung aus Ägypten. Auf der einen Seite ist Erbarmen beziehungsstiftend, auf der anderen Seite setzt das menschliche Erbarmen die Gemeinschaftsbeziehung voraus, die alttestamentlich durch Bund, berith und damit gleichzeitig auch Treue, ämäth, bestimmt ist. Das Erbarmen ist nicht eine abstrakte, prinzipielle Größe, sondern empfängt ihr Maß und ihren Inhalt von der Gemeinschaft, in der sie steht. Diesem Begriff von Erbarmen liegt im hebräischen Alten Testament meist chässäd zugrunde, das in den deutschen Übersetzungen neben Barmherzigkeit auch mit Güte oder Gnade wiedergegeben wird und in der biblisch-theologischen Diskussion dann auch die Konnotation Bundestreue beziehungsweise Vertragstreue erhält. Auffällig ist in dieser Diskussion die enge Zuordnung von chässäd zu zedaqa und mishpath. Beide Begriffe werden landläufig mit Gerechtigkeit und Recht übersetzt. Ein formalistisches Rechtsverständnis ist jedoch allenfalls für das Spätjudentum nachweisbar[217]. Das alttestamentliche Verständnis von Recht intendiert eher eine Institutionalisierung, ein Auf-Dauer-stellen von chässäd. Zedaqa und mishpath umfassen eher eine Form von „Gutheit" im umfassenden nicht-moralischen Sinn[218], so dass beide Begriffe mittlerweile öfter mit „Gemeinschaftstreue" wiedergegeben werden[219]. Damit stellt das Begriffsfeld beider Vokabeln die Gemeinschaftsbezüge in das Zentrum der Betrachtung statt abstrakte Prinzipien[220] und beide Begriffe kennzeichnen die Zuverlässigkeit, Nicht-Willkür eines Handelns[221], das diese Gemeinschaftsbezüge achtet[222] und von dieser Gemeinschaft ihr Maß nimmt. Auch chässäd erhält im Kontext dieses gemeinschaftsbezogenen Gerechtigkeitsverständnisses als Qualität der Bundestreue die Bestimmung „umfassende Gerechtigkeit"²²³ und steht damit in Nachbarschaft zur Gerechtigkeit als Gemeinschaftstreue²²⁴. Die Zusammenordnung von chässäd und zedaqa bedeutet daher mehr als lediglich eine Ergänzung einer affektiven Barmherzigkeit durch eine dieser Affektion Dauer verleihende Gerechtigkeit²²⁵. Sie stellt vielmehr das Miteinander in das Zentrum beider Phänomene, der Gerechtigkeit wie des Erbarmens. Dabei stehen chässäd und zedaqa in einem besonders engen Verhältnis zueinander. Während mishpath eher auf den „selbstverständlichen Akt der Gerechtigkeit" innerhalb des durch Gott gestifteten Bundes rekurriert, tritt zedaqa zum Buchstaben selbstverständlicher Gerechtigkeit hinzu und sperrt sich auf diese Weise dem formaljuristischen Prinzip²²⁶. Diese Transzendenz formaljuristischer Gerechtigkeit erfolgt jedoch nicht gegen das formale Recht, sondern als „Optimierungsangebot" dieser Gesetzespflichten, als ideale Größe der Handlungsorientierung am Maßstab der idealen Gemeinschaft²²⁷. Der Wert der zedaqa bestimmt sich allein durch die chässäd in ihr, die neben der Gemeinschaftstreue vom Wortfeld her immer auch „das Moment eines letztlich Unverfügbaren, Überschwenglichen, Unerwarteten bewahren will"²²⁸, die aber ihr Übermaß nur gewinnen kann, wo zedaqa als verlässliche Zuwendung stark gemacht ist²²⁹ und die ihre Energie aus ihrem Gottesbezug als „Frömmigkeit im umfassenden Sinne" gewinnt²³⁰. Dem Verhältnis von chässäd und zedaqa entspricht dabei ein Bezug von Innen und Außen des Gläubigen. chässäd im Inneren drängt zu zedaqa im Äußeren und die Äußerung von zedaqa erfährt ihre Sinnmitte in ihrer Konzentration auf chässäd²³¹. Man könnte auch sagen, der Sinn für die gemeinsame Welt bedingt ein gemeinsinniges Handeln, während dieses politisch qualifizierte Handeln auch erst im Kontext des Gemeinsinns seine Bedeutung erhält. Damit erhält der alttestamentliche Barmherzigkeitsbegriff Konnotationen, die jedes affektive, auf Not konzentrierte Verständnis des Phänomens weit übertreffen. Barmherzigkeit beziehungsweise chässäd als gemeinschaftstreues Engagement wird zu Gottes „revolutionierendem Mittel der Neuschöpfung"²³², das neue Anfänge in einer Gemeinschaft von Gott und Volk initiiert. Die alttestamentliche chässäd signalisiert dabei ein Verständnis von Pluralität, das initiatorische und gemeinschaftliche Momente miteinander verbinden kann und so wie eine theologische Grundlegung von politisch qualifiziertem Miteinander im Sinne Hannah Arendts anmutet. Diese Verbindung von biblisch-theologischem Zusammenhang sozialen Handelns mit politischem Denken hätte eine neue Wahrnehmung diakonischen Tätigseins zur Folge, das sich allerdings gegen mächtige Theorietraditionen der Diakonie in ihrer Konzentration auf die Schwäche der Schwachen sperrt und stattdessen ein freiheitlich engagiertes Miteinander voraussetzt.

Anmerkungen

1. Beyer: Art. διακονέω. Theologisches Wörterbuch zum Neuen Testament Bd. II, S. 81
2. Ebd.; vgl. auch Balz / Schneider: Exegetisches Wörterbuch zum Neuen Testament, S. 726
3. Beyer: Art. διακονέω. Theologisches Wörterbuch zum neuen Testament Bd. II, S. 81; Merk: Aspekte zur diakonischen Relevanz von ‚Gerechtigkeit', ‚Barmherzigkeit' und ‚Liebe', S. 146; Balz / Schneider: Exegetisches Wörterbuch zum Neuen Testament, S. 726
4. Holtz: Christus Diakonos, S. 133
5. Vgl. Müller: Diakonie im Dialog mit dem Judentum, S. 411
6. Horn: Diakonische Leitlinien Jesu, S. 123
7. Ricca: Diakonie als Dimension der Kirche, S. 65
8. Strohm / Schäfer: Abschließende Überlegungen, S. 241 im Rückgriff auf einen Ausdruck von Guillén
9. Vgl. v.a. 1 Kor 11, 20-22: Paulus mahnt hier an, dass die Korinther bei der Mahlfeier kein wirkliches Teilen vollziehen, sondern jeder für sich isst (ἴδιον δεῖπνον V.21) und damit Unterschiede zwischen den Teilnehmern entstehen.
10. Vgl. zum Beispiel Rannenberg: Tagesordnungspunkt Diakonie, S. 163; außerdem Abbing: Art. Theologische Grundprobleme der Diakonie. Theologische Realenzyklopädie Bd. 8, S. 621
11. Sigrist: Die geladenen Gäste, S. 72
12. Marx: Das Kapital, MEW 23, 59; Arendt: Vita activa, S. 90; dies.: Labor, Work Action, S. 32
13. Vgl. Arendt: Vita activa, S. 81f. insbesondere Anm. 21; dies.: Labor, Work, Action, S. 32
14. Vgl. Arendt: Vita activa, S. 89
15. Vgl. ebd., S. 98
16. Vgl. ebd., S. 81
17. Vgl. ebd., S. 78
18. Arendt charakterisiert folgerichtig den Arbeitenden als animal laborans, als arbeitendes Lebewesen, also vormenschlich; vgl. dies.: Vita activa, S. 79
19. Vgl. Arendt: Vita activa, S. 314; dies.: Labor, Work, Action, S. 31
20. So beispielsweise Järveläinnen über Philippi. Vgl. Järveläinnen: Gemeinschaft in der Liebe, S. 85
21. Strohm: Die permanente Herausforderung, S. 30 in seiner Auseinandersetzung mit dem Diakonieverständnis von Karl Barth

22. Art. 15 GO EKD
23. Haas: Diakonie 2000, S. 153
24. Vgl. auch Philippi: Thesen zur Ortsbestimmung der Diakonie in der Theologie, S. 215, 225
25. So zum Beispiel Moltmann: Diakonie im Horizont des Reiches Gottes, S. 21
26. Vgl. Arendt: Vita activa, S. 164f.
27. Vgl. ebd., S. 167
28. Jäger: Diakonie als christliches Unternehmen, S. 101 in seiner Auseinandersetzung mit Wicherns Gemeinschaftskonzept
29. Seibert: Diakonie – Hilfehandeln Jesu und soziale Arbeit des Diakonischen Werkes, S. 79
30. Sigrist: Die geladenen Gäste, S. 55
31. Dieser Zusammenhang wird am deutlichsten bei Hollweg: Gruppe – Gesellschaft – Diakonie, S. 65, 172
32. Vgl. dabei vor allem Sigrist: Die geladenen Gäste, S. 101ff. sowie in Anklängen aufgrund seines Konzeptes von Ganzheitlichkeit Turre: Diakonik, S. 165
33. Kirchenamt der EKD: Herz und Mund und Tat und Leben, Abs. 19
34. Vgl. Philippi: Christozentrische Diakonie, S. 154f.
35. Haslinger: Diakonie zwischen Mensch, Kirche und Gesellschaft, S. 122f., 693; Kirchenamt der EKD und Sekretariat der Deutschen Bischofskonferenz: Für eine Zukunft in Solidarität und Gerechtigkeit, S. 105; Bedford-Strohm: Menschenwürde als ein Leitbegriff für die Diakonie, S. 59
36. Vgl. hierzu am ausführlichsten Haslinger: Diakonie zwischen Mensch, Kirche und Gesellschaft, S. 790ff.
37. Huber: Den Menschen entdecken, S. 42
38. Haslinger: Diakonie zwischen Mensch, Kirche und Gesellschaft, S. 661, 790; vgl. Seibert: Diakonie – Hilfehandeln Jesu und die soziale Arbeit des Diakonischen Werkes, S. 18f.
39. Mt 25, 40: Was ihr getan habt einem von diesen meinen geringsten Brüdern (ἀδελφῶν μου τῶν ἐλαχίστων), das habt ihr mir getan.
40. Vgl. Weth: Kirche in der Sendung Jesu Christi, S. 56
41. Vgl. Turre: Diakonik, S. 47
42. Bonhoeffer: Widerstand und Ergebung, S. 192, zitiert nach Weth: Kirche in der Sendung Jesu Christi, S. 79, ebenso Sigrist: Die geladenen Gäste, S. 34
43. Sigrist: Die geladenen Gäste, S. 28
44. Uhlhorn: Die christliche Liebesthätigkeit, S. 36; vgl. Horn: Diakonische Leitlinien Jesu, S. 110; Holtz: Christus Diakonos, 140
45. Moltmann: Diakonie im Horizont des Reiches Gottes, S. 64
46. Ebd., S. 70
47. Vgl. neben vielfältigen Passagen in der Obrigkeitsschrift vor allem Luthers Aussage an die Bauern gerichtet: „Denn an diesen Sprüchen (Matth. 5, 39ff.; Röm. 12, 19; 2. Kor. 11, 20; 1 Kor. 6, 7) begreift ein Kind wohl, daß christliches Recht sei: nicht sich gegen Unrecht sträuben, nicht zum Schwert greifen, nicht sich wehren, nicht sich rächen, sondern Leib und Gut dahingeben, daß es raube, wer da raubt. Wir haben doch genug an unserem Herrn, der uns nicht verlassen wird, wie er verheißen hat. *Leiden, Leiden, Kreuz, Kreuz ist der Christen Recht, das und kein anderes.*" WA 18; 310, 6-11 Hervorhebung M.L.
48. Ebd., S. 30
49. Ebd., S. 32

50. Synode der Evangelischen Kirche in Deutschland: Diakonie in der veränderten Welt. In: Kirchliche Zeitgeschichte. Die Evangelische Kirche in Deutschland. Kirchliches Jahrbuch 1957, S. 18
51. So zum Beispiel Turre: Diakonik, S. 47f.; Bach: Getrenntes wird versöhnt, S. 123ff.
52. Vgl. Volkenandt: Die Leiden des Christen und die Frage nach Gott, S. 15
53. Vgl. ebd., S. 16
54. Vgl. ebd., S. 31, 34 im Verweis auf Schillebeckx
55. Vgl. ebd., S. 36, 38
56. Abbing: Art. Theologische Grundprobleme der Diakonie. In: Theologische Realenzyklopädie, Band 8, S. 644
57. Ebd., S. 647
58. So zum Beispiel Philippi: Christozentrische Diakonie, S. 153
59. Vgl. Reitz-Dinse: Theologie in der Diakonie, S. 114
60. Seibert: Diakonie – Hilfehandeln Jesu und die soziale Arbeit des Diakonischen Werkes, S. 39, 188
61. Ebd., S. 35
62. Vgl. Kohler: Kirche als Diakonie, S. 110
63. Løgstrup: Auseinandersetzung mit Kiekegaard, S. 150
64. Ebd.
65. Løgstrup: Norm und Spontaneität, S. 9
66. Ebd., S. 21
67. Ebd., S. 9
68. Løgstrup: Solidarität und Liebe, S. 117
69. Løgstrup: Auseinandersetzung mit Kierkegaard, S. 135
70. Ebd., S. 149
71. Vgl. ebd., S. 142
72. Løgstrup: Norm und Spontaneität, S. 44
73. Ebd., S. 9
74. Vgl. ebd., S. 19ff.
75. Vgl. Løgstrup: Solidarität und Liebe, S. 121
76. Løgstrup: Norm und Spontaneität, S. 150
77. Vgl. Løgstrup: Norm und Spontaneität, S. 153
78. Vgl. Løgstrup: Auseinandersetzung mit Kierkegaard, S. 149
79. Vgl. ebd., S. 150
80. Vgl. ebd., S. 145
81. Vgl. Løgstrup: Auseinandersetzung mit Kierkegaard, S. 151ff.; ders.: Norm und Spontaneität, S. 28ff.
82. Løgstrup: Solidarität und Liebe, S. 117
83. So Løgstrup selbst: Solidarität und Liebe, S. 125f.: „Erstens: Die christliche Botschaft ist radikal. Zweitens: In der Politik ist man genötigt, auf Radikalität zu verzichten. [...] Die Radikalität in der ethischen Forderung, das Leben unseres Nächsten zu schützen, ist lebendig zugegen im politischen Leben als die Unruhe und Anfechtung dieser Frage. Doch wird sie sich niemals in einer ein für allemal geltenden Lösung finden lassen." Politik bleibt damit angesichts der souveränen Daseinsforderungen sekundär, ohne ihnen je genügen zu können.
84. Vgl. ebd., S. 122
85. Løgstrup: Auseinandersetzung mit Kierkegaard, S. 150
86. Vgl. Løgstrup: Die ethische Forderung, S. 142
87. Vgl. Løgstrup: Norm und Spontaneität, S. 17

88. Vgl. ebd., S. 161, 167ff
89. Vgl. ebd., S. 10f., 16
90. Philippi: Christozentrische Diakonie, S. 160, 181
91. Vgl. ebd., S. 180, 223
92. Ebd., S. 193
93. Turre: Diakonik, S. 49
94. Eßer: Art. Barmherzigkeit σπλάγχνα. Theologisches Begriffslexikon zum Neuen Testament, S. 57
95. Wingren: Art. Barmherzigkeit. Ethisch. Theologische Realenzyklopädie Bd. 5, S. 237
96. Vgl. dazu v.a. Kamlah: Art. Barmherzigkeit. Neues Testament. Theologische Realenzyklopädie Bd. 5, S. 226
97. Vgl. ebd., S. 227
98. Eßer: Art. Barmherzigkeit ἔλεος οˮκτιρμός. Theologisches Begriffslexikon zum Neuen Testament, S. 53, 56
99. So Gesenius: Hebräisches und aramäisches Handwörterbuch über das Alte Testament, S. 690
100. Vgl. Drude: „Alles was Recht ist... wo bleibt die Barmherzigkeit?", S. 90
101. So Daiber unter Hinweis auf „Charismatiker der Diakonie". In: Diakonie und kirchliche Identität, S. 153
102. Kirchenamt der EKD: Herz und Mund und Tat und Leben, Abs. 67
103. Haas: Diakonie 2000, S. 148
104. Daiber: Diakonie und kirchliche Identität, S. 145
105. Nembach: Wer ist mein Nächster, S. 15
106. Huber: Reichtum und Armut, S. 403
107. Bayer: Art. Barmherzigkeit. Evangelisches Soziallexikon, S. 122
108. Ebd.
109. Sigrist: Die geladenen Gäste, S. 53
110. Vgl. zum Beispiel Wagner: Art. Mitleid. Theologische Realenzyklopädie Bd. 23, S. 105
111. Vgl. Turre: Diakonik, S. 49: „In Wirklichkeit ist [Mitleid bzw. Barmherzigkeit] die höchste *aktive Teilnahme am Geschick des Leidenden*". (Hervorhebung R.T.)
112. Vgl. ebd., S. 50
113. Preuß: Art. Barmherzigkeit. Altes Testament. Theologische Realenzyklopädie Bd. 5, S. 219
114. So konstatiert beispielsweise auch Lanz: Wir leisten Hilfe und verschaffen Gehör, S. 270
115. Vgl. Lanz: Diakonie – gelebter Glaube, S. 66
116. Theißen: Die Legitimitätskrise des Helfens und der barmherzige Samariter, S. 68
117. Vgl. ebd., S. 55
118. Kirchenamt der EKD: Herz und Mund und Tat und Leben: Abs. 69
119. Wagner: Art. Mitleid. Theologische Realenzyklopädie Bd. 23, S. 109
120. Vgl. Gohde: Diaconia semper reformanda, S. 242
121. Kirchenamt der EKD: Herz und Mund und Tat und Leben, Abs. 12
122. Vgl. Kirchenamt der EKD und Sekretariat der Deutschen Bischofskonferenz: Für eine Zukunft in Solidarität und Gerechtigkeit, S. 114
123. Reitz-Dinse: Theologie in der Diakonie, S. 114
124. Degen: Diakonie im Widerspruch, S. 24 unter Rückgriff auf Lk 1, 46-79
125. Kirchenamt der EKD: Herz und Mund und Tat und Leben, Abs. 14

126. Müller: Diakonie im Dialog mit dem Judentum, S. 436
127. Degen: Diakonie im Widerspruch, S. 23
128. Vgl. Reitz-Dinse: Theologie in der Diakonie, S. 115 unter Rückgriff auf Luidesdorf
129. Vgl. Müller: Diakonie im Dialog mit dem Judentum, S. 438 im Rückgriff auf Cyprian
130. Vgl. Drude: „Alles was Recht ist... wo bleibt die Barmherzigkeit?", S. 92
131. Vgl. beispielsweise Seibert: Diakonie – Hilfehandeln Jesu und soziale Arbeit des Diakonischen Werkes, S. 35
132. So auch Lanz: Wir leisten Hilfe und verschaffen Gehör, S. 270
133. Vgl. Wagner: Art. Mitleid. Theologische Realenzyklopädie Bd. 23, S. 108
134. Vgl. Wingren: Art. Barmherzigkeit. Ethisch. Theologische Realenzyklopädie Bd. 5, S. 234
135. Vgl. Degen: Diakonie im Widerspruch, S. 47
136. Vgl. Drude: „Alles was Recht ist... wo bleibt die Barmherzigkeit?" S. 90, 99
137. Dörner: Aufgaben diakonischer Ethik, S. 41
138. Moltmann: Diakonie im Horizont des Reiches Gottes, S. 57
139. Vgl. dazu insbesondere Schopenhauer: Die beiden Grundprobleme der Ethik § 14,16
140. Arendt: Über die Revolution, S. 99f.
141. Vgl. ebd., S. 142
142. Vgl. Løgstrups ähnliche Unterscheidung zwischen Barmherzigkeit und Mitleid. In: Ders.: Auseinandersetzung mit Kierkegaard, S. 134
143. Vgl. Arendt: Über die Revolution, S. 108
144. Ebd., S. 101
145. Arendt: Gedanken zu Lessing, S. 29
146. Arendt: Über die Revolution, S. 103
147. Arendt: Gedanken zu Lessing, S. 28
148. Ebd., S. 28
149. Ebd., S. 31
150. Ebd., S. 32
151. Vgl. Arendt: Was bleibt? Es bleibt die Muttersprache. S. 28
152. Vgl. Arendt: Über die Revolution, S. 109
153. Ebd., S. 110
154. Arendt: Berthold Brecht, S. 277
155. Ebd., S. 273
156. Vgl. Arendt: Über die Revolution, S. 99f.
157. Vgl. Arendt: Gedanken zu Lessing, S. 30
158. Ebd.
159. Arendt: Über die Revolution, S. 112
160. So Arendt explizit ebd., S. 142
161. Arendt: Gedanken zu Lessing, S. 31
162. Arendt: Über die Revolution, S. 113
163. Arendt: Berthold Brecht, S. 274
164. Vgl. auch Arendt: Über die Revolution, S. 114
165. Ebd., S. 110
166. Ebd., S. 120
167. Ebd., S. 108, vgl. dies.: Gedanken zu Lessing, S. 30
168. Arendt: Über die Revolution, S. 109f.
169. Vgl. ebd., S. 110

170. Ebd., S. 114f.
171. Arendt: Bertold Brecht, S. 273f.
172. Ebd., S. 276
173. Vgl. Raiser: Diakonie in weltweiter Perspektive, S. 201
174. Die Erklärung von Lanarca. In: Raiser: Ökumenische Diakonie – eine Option für das Leben, S. 57
175. Walther: Art. Solidarität. Evangelisches Soziallexikon, S. 1146
176. Kirchenamt der EKD und Sekretariat der Deutschen Bischofskonferenz: Für eine Zukunft in Solidarität und Gerechtigkeit, Abs. 119
177. Vgl. dazu Grimm: Art. Solidaritätsprinzip. Evangelisches Staatslexikon, Sp. 3145; Kirchenamt der EKD und Sekretariat der Deutschen Bischofskonferenz: Für eine Zukunft in Solidarität und Gerechtigkeit, Abs. 116, 118; von besonderer Bedeutung diesbezüglich sind dabei die Organismusvorstellungen von Fouillé (vgl. dazu die Ausführungen von Grimm: Art. Solidaritätsprinzip. Evangelisches Staatslexikon, Sp. 3145)
178. Vgl. zum Beispiel Raiser: Diakonie in weltweiter Perspektive, S. 201
179. Grimm: Art. Solidaritätsprinzip. Evangelisches Staatslexikon, S. 3146
180. Vgl. Daiber: Diakonie und kirchliche Identität, S. 145
181. Turre: Diakonik, S. 4
182. Schibilsky: Ethik der Menschenwürde, S. 223
183. Jäger: Diakonie als christliches Unternehmen, S. 289
184. Ebd., S. 291
185. Busch: Wer ist mein Nächster, S. 291; vgl. auch Barth: „In der Diakonie solidarisiert sich die Gemeinde ausdrücklich mit den ‚Geringsten', den ἐλάχιστοι (Matth. 25, 40, 45), mit denen im Dunkel, die man nicht sieht, mit den an den Rand, zum Teil an den äußersten Rand des Lebens der menschlichen Gesellschaft gedrängten und damit für diese vorübergehend, vielleicht aber auch dauernd bedeutungs- und nutzlos, wenn nicht lästig und störendgewordenen Mitgeschöpfen." Barth: KD III/2, § 72, S. 1021f.
186. Bach: Boden unter den Füßen hat keiner, S. 30, 125, 203 im Rückgriff auf Luther: WA 5, 243, 10-12, sowie ders.: Dem Traum entsagen, mehr als ein Mensch zu sein, S. 72 unter Rekurs auf 1 Petr. 4, 10
187. Bach: Boden unter den Füßen hat keiner, S. 136
188. Ebd., S. 206
189. Ebd., S. 92
190. Vgl. Sigrist: Die geladenen Gäste, S. 58f.
191. Ebd., S. 34
192. Vgl. ebd., S. 43f.
193. Ebd., S. 149
194. Ebd., S. 58
195. Vgl. Kap. 3.2.1.3.
196. Arendt: Über die Revolution, S. 113
197. Arendt: Elemente und Ursprünge totaler Herrschaft, S. 460
198. Ebd., S. 466
199. Ebd., S. 463
200. Ebd., S. 470
201. Arendt: Über die Revolution, S. 138
202. Vgl. dazu Arendts Auseinandersetzung mit der sozialen Frage (Dies.: Über die Revolution, S. 73ff.)

203. Vgl. Arendt: Macht und Gewalt, S. 55f.; dies.: über die Revolution, S. 141; vgl. Young-Bruehl: Hannah Arendt, S. 564
204. Vgl. Arendt: Vita activa, S. 180: „Stärke ist im Zusammenhang der Welt gänzlich wertlos." Ebenso Arendts Auseinandersetzung mit Stärke in „Macht und Gewalt", S. 45f.
205. Vgl. Arendt: Berthold Brecht, S. 276; dies.: Über die Revolution, S. 87
206. Arendt: Briefwechsel mit Jaspers, Brief 158; dies.: Vom Leben des Geistes I, S. 212; dies.: Was ist Politik? S. 104
207. Arendt - Jaspers: Briefwechsel, Br. 158
208. Arendt: Vom Leben des Geistes I, S. 212
209. Arendt: Was ist Politik, S. 104
210. Ebd.
211. Ebd., S. 105
212. Arendt - Jaspers: Briefwechsel, Brief 34, S. 66 Hervorhebung H.A.
213. Vgl. dazu Arendt: Vita activa, S. 181: „Etwas wird begonnen oder in Bewegung gesetzt von einem Einzelnen, der anführt, woraufhin ihm viele gleichsam zu Hilfe eilen, um das Begonnene weiter zu betreiben und zu vollenden."
214. Arendt - Jaspers: Briefwechsel, Brief 34, S. 66
215. Vgl. hierzu vor allem die grundlegende Auseinandersetzung von Schäfer: Gottes Bund entsprechen
216. Vgl. Müller: Diakonie im Dialog mit dem Judentum, S. 430. Müller verweist dabei insbesondere auf Hos 2, 21 und Jer 2, 2
217. Vgl. Koch: Wesen und Ursprung der „Gemeinschaftstreue" im Israel der Königszeit, S. 127
218. Vgl. von Rad: Weisheit in Israel, S. 106
219. Vgl. die Übersichten in der exegetischen Entwicklung bei Johnson: zedaqa. In: Theologisches Wörterbuch zum Alten Testament Band VI, Sp. 903 wie auch Koch: Wesen und Ursprung der „Gemeinschaftstreue" im Israel der Königszeit, S. 108f.
220. Vgl. Koch: Wesen und Ursprung der „Gemeinschaftstreue" im Israel der Königszeit, S. 127
221. Vgl. Johnson: zedaqa. In: Theologisches Wörterbuch zum Alten Testament Band VI, Sp. 906
222. Vgl. Koch: Wesen und Ursprung der „Gemeinschaftstreue" im Israel der Königszeit, S. 110
223. Schäfer: Gottes Bund entsprechen, S. 361
224. Vgl. dazu insbesondere auch Hungar: Art. Solidarität. Evangelisches Kirchenlexikon, Sp. 279., der den Solidaritätsbegriff im Verweis auf Gollwitzer in den Zusammenhang der chässäd stellt.
225. Davon legt auch die Übersetzung der Septuaginta noch Zeugnis ab, die chässäd mit dem für die Septuaginta genuinen Substantiv ἐλεημοσύνη wiedergibt und damit die Besonderheit des hebräischen Begriffes von Erbarmen widerspiegelt (Vgl. dazu Müller: Diakonie im Dialog mit dem Judentum, S. 427).
226. Müller: Diakonie im Dialog mit dem Judentum, S. 218f.
227. Ebd., S. 220
228. Ebd., S. 180
229. Vgl. ebd., S. 181
230. Ebd., S. 179
231. Vgl. ebd., S.441
232. Preuß: Art. Barmherzigkeit. Theologische Realenzyklopädie Bd. 5, S. 222

Kapitel 3: Gegründet in der Liebe

Glaube und Liebe

Die theologische Wesensbeschreibung diakonischen Handelns ist mit den Begriffen Dienst und Barmherzigkeit noch nicht zureichend gekennzeichnet, vielmehr gründen beide wiederum in dem größeren Zusammenhang der Liebe. So wird auch im diakoniewissenschaftlichen Zusammenhang darauf hingewiesen, dass Diakonie ihr Proprium in der Liebe habe[1]. Weil nach eigenem Verständnis die Kirche selbst die „Verkörperung der Liebe in der Welt" darstellt[2], gehört auch die Diakonie in diesen Liebeszusammenhang; sie hat sogar in ausgezeichneter Weise an der christlichen Liebe teil, insofern die Liebe das „Medium der Diakonie"[3] darstellt, so dass diakonische Helfer auch als „Moderatoren der Liebe"[4] im helfenden Geschehen beschrieben werden. Der Begriff des Moderators verdeutlicht dabei, dass Liebe im christlichen Kontext ein Phänomen kennzeichnet, das über die agierenden Personen hinausweist. Liebe ist nicht machbar[5], allenfalls ist das Miteinander in ihr moderierend gestaltbar, sie ist „nicht institutionell objektivierbar"[6], sondern „freies, unverfügbares Ereignis"[7].

Das Verständnis dieser Gründung der Diakonie im unverfügbaren Liebesereignis macht eine Reflexion des spezifisch christlichen Liebesverständnisses erforderlich. Nicht ohne Grund hat sich das katholische Sozialwerk den Namen „Caritas" beigelegt. Im Gegensatz zum äußerst unbestimmten Begriff Liebe, der in unserer Sprache zu viele Facetten angenommen hat, um noch ein eindeutiges Wortfeld zu haben, will der Begriff Caritas den Nachdruck auf eine „aus Hochachtung stammende Zuneigung zwischen Menschen"[8] legen als adäquater Übersetzung des griechischen Begriffes ἀγάπη, der grundlegend ist für das neutestamentliche Liebesverständnis. In der Tat ist auffällig, dass das klassische griechische Verständnis von ἀγάπη äußerst farblos ist und alternativ zu ἔρως mit schwächerer Intention verwandt wird[9]. Wenn die biblischen Texte auf diesen Begriff zurückgreifen, während dabei ἀγάπη den Begriff ἔρως zumal im Neuen Testament gänzlich verdrängt, so deutet dies darauf hin, dass mit dem Wechsel der Begriffe auch eine Veränderung im Verständnis von Liebe verbunden ist[10]. Die neutestamentliche ἀγάπη grenzt sich damit deutlich vom griechischen ἔρως-Verständnis ab. Die Neuinterpretation des Phänomens des Grundes einer bestimmten Zuneigung zwischen Menschen und damit der Gebrauch des Begriffes ἀγάπη kündigt sich bereits in der Septuaginta an und erfährt im Neuen Testament eine neuerliche Aufwertung[11]. Das Neue Testament stellt die zwischenmenschliche Beziehung in Abgrenzung zum Liebesverständnis seiner Zeit auf einen neuen Grund.

Dieses biblische Liebesverständnis ist eng mit dem biblischen Glaubensverständnis verbunden; man könnte die christliche Liebe auch als die Außenseite des christlichen Glaubens bezeichnen. Die Liebe ist „Ausdrucksform des Glaubens, Seinsweise des Glaubens"[12] dergestalt, dass die menschliche Liebe nichts anderes darstellt als die „unmittelbare Rückstrahlung der Himmelsliebe"[13]. Gott ist es, der zuerst geliebt hat (1 Joh 4, 10. 19) und diese Liebe befähigt Glaubende wiederum dazu, ihre Nächsten zu lieben. Sie bewirkt in Menschen als Empfängern der Liebe eine Aufwertung ihrer Person. Menschen verdienen vor all ihrem Tun allein aufgrund des göttlichen Geliebtseins die Hochachtung, die einen Bestandteil der Liebe darstellt, so dass Nächstenliebe immer auch den Aspekt der Achtung der Würde der Person dieses Nächsten mitbeinhaltet.

Diese Liebe Gottes ist jedoch eine Sache des glaubenden Vertrauens, so dass die Liebe ihre Kraft aus diesem Glauben heraus erhält. Liebe wird damit als „in der Öffnung Gottes und darin auch in der Öffnung der Kirche zur Welt wirkende Kraft"[14] verstanden. Vor allem Wichern, der für den diakonischen Zusammenhang von der „rettenden Liebe"[15] spricht – die rettende Liebe Gottes in der Erlösung strahlt dann in die Welt hinein, um dort missionarisch wie helfend ebenfalls zu retten – hat die Liebe als die Außenseite des Glaubens zu seiner Zeit in besonderer Weise betont. Er sah in der Selbstkonzentration der Gemeindeglieder auf das individuelle Glaubensverhältnis die Gefahr, dass die Außenseite der Liebe unkenntlich wird, so dass noch heute sein Diktum: „Die Liebe gehört mir wie der Glaube"[16] im diakonischen Zusammenhang häufig zitiert wird[17]. Die Liebe ist damit die Ausdrucksform des Glaubens, so dass Glaube und Liebe unauflöslich miteinander verbunden sind. Ohne Liebe bleibt der Glaube leer, erst in der Nächstenliebe wird die im Glauben erfahrene Liebe Gottes konkret[18], so dass christliche Gemeinden aus diesem Blickwinkel zu „Verwirklichungsfeldern der Liebe Gottes"[19] werden. Auf der anderen Seite bleibt Liebe ohne Glauben nicht nur uneindeutig, sondern auch ohnmächtig[20], weil erst der Glaube der Liebe die ihr eigene Kraft zu geben vermag.

Diese theologische Begründung hat Auswirkungen auf das Wesen der christlichen Liebe. Dieses Wesen der christlichen Liebe geht weit über das Alltagsverständnis von Liebe als einem Gefühl des leidenschaftlichen Hingezogenseins hinaus, auch wenn das christliche Liebesverständnis diese leidenschaftliche Seite nicht von vornherein ausklammert[21]. Der Neuanfang im Glauben reicht vielmehr weit in die Existenz des Menschen hinein und die Liebe gibt dieser neuen Existenz ihre Begründung, so dass Liebe auch gekennzeichnet werden kann als „Empfangen eines neuen Existenzgrundes"[22] beziehungsweise „Grund einer Daseins-Neuordnung [...], in der *Gott* Jedem das Seine zuspricht."[23] Weit über ein Verständnis leidenschaftlicher Befindlichkeit gegenüber anderen hinaus versteht sich die christliche Liebe als Außenseite des Glaubens, die eine existenziale Gründung im göttlichen Liebesgeschehen erfährt und Glaubenden eine neue Existenz ermöglicht. Im Folgenden wird es darum gehen, die Konnotationen der diakonischen Interpretation dieses besonderen christlichen Liebesverständnisses auf ihre Konsequenzen für das Miteinander im Zeichen dieser Liebe zu reflektieren.

Liebe und brüderliche Nähe

Diakonische Konzepte brüderlicher Liebe

Im diakonischen Liebesverständnis sind zwei grundlegende Momente eruierbar, die in vielfältigen Argumentationszusammenhängen der Auseinandersetzung mit Diakonie wiederkehren, aber aus der Perspektive freiheitlichen Zusammenseins in der Welt in hohem Maße problematisch sind. Das erste Moment ist eng mit dem Begriff des Nächsten verbunden. „Wer," so fragt Jesus im Anschluss an das Gleichnis vom Samariter den Schriftgelehrten, „hat sich diesem unter die Räuber Gefallenen genähert?" (τίς τούτων τῶν τριῶν πλησίον δοκεῖ σοι γεγονέναι τοῦ ἐμπεσόντος εἰς τοὺς λῃστάς; Lk 10, 36) Die Frage des Schriftgelehrten nach dem Nächsten beantwortet Jesus mit dem Hinweis darauf, dass Liebe ein Nahekommen beinhaltet, durch das ein Gegenüber zum Nächsten wird. Und so gibt es auch im diakoniewissenschaftlichen Zusammenhang eine Argumentationslinie, die die durch Liebe gewonnene oder zu gewinnende Nähe in besonderer Weise hervorhebt und damit oft leidenschaftliche wenn nicht gar romantische Züge trägt. So wird beispielsweise in Abgrenzung zur „gesellschaftlichen Grunderfahrung der Atomisierung und Anonymität, der Verzweckung und Warenartigkeit menschlicher Beziehungen", die „Erfahrung einer Gemeinschaft brüderlich-schwesterlicher Nähe, des Teilens und der gegenseitigen Hilfe"[24] für die Kirche von heute reklamiert, die eine „persönliche Nähe und atmosphärische Wärme"[25] unter den in dieser Weise sich Nahegekommenen stiftet und alle trennenden Grenzen sprengt. Bereits im Zusammenhang mit der Auseinandersetzung mit dem diakonischen Barmherzigkeitskonzept klang die Intention durch, dass durch Barmherzigkeit und Solidarität in der diakonischen Gemeinde die Distanz zwischen Starken und Schwachen abgebaut werden soll und sich beide Partner dadurch näherkommen sollen, während die Unterschiede „eingeebnet" werden[26]. Diese Aufhebung alles Trennenden wird im Verständnis christlicher Nächstenliebe eigens in den Blick genommen. Die verbindende Liebe sprengt alle Grenzen[27] und stiftet ein Gefühl der Zusammengehörigkeit[28]. Diakonie geschieht angesichts und inmitten eines ausgezeichneten „Wir-Gefühls"[29], das alle Grenzen sprengt.

Schaut man genauer hin, wie die durch solche Nähe gestiftete Gemeinschaft gedacht ist, so fällt der betonte Rückgriff auf familiäre Gemeinschaftsformen auf. Am stärksten hat Wichern die Diakonie auf die Vorstellung einer familia Dei gegründet, deren Verbundenheit er als solidargemeinschaftlich im Sinne der Liebe der Hausgenossen untereinander verstanden hat: „Das Volk Gottes, die Gottesgemeinde, ist das Haus und die Familie Gottes, in welcher der Herr die nach allen Seiten sprudelnde Quelle der Liebespflege zur Erweckung, Erhaltung und Bewahrung des innig verbundenen geistlichen und leiblichen Lebens bleibt. Der Herr baut oder straft sein Haus, er speist und tränkt seine Hausgenossen und sammelt sie um seinen Tisch, wo sie Gäste und Hausgenossen sind und er ihnen mit seinen Gaben dient [...] so daß in dieser Gottesfamilie und dem ihr zugewandten διακονεῖν des Herrn das tatsächliche Urbild der Familie gegeben ist, welches sich in der Menschenwelt in dem Maße widerspiegelt, als die

Hausfamilien und Völkerfamilien das Reich Gottes aufnehmen und die himmlischen Kräfte der Gottesfamilie heilend, züchtigend, pflegend, verklärend in sich wirken lassen."[30] Die Gottesfamilie inkarniert sich so auch in den diakonischen Institutionen. Letztlich setzt Wichern „Liebespflege" mit „Familienpflege" gleich[31], διακονία mit οἰκοδομή[32], diakonisches Miteinander mit Brüderlichkeit mit deutlichen Anklängen an patriarchale Herrschaftsstrukturen. Die Familie und ihre Wiederherstellung bezeichnet er schließlich als die Hauptaufgabe der Inneren Mission[33]. Die familiär strukturierte Diakonie kommt primär Familien zugute.

Ebenso war Fliedner der Auffassung, dass die Diakonissen eine Familie bilden[34], wobei er selbst als Leiter der Diakonenschaft die Vaterfigur der familiären Gemeinschaft bildete. So verband sich familiale Verbundenheit mit patriarchalischer Herrschaftsstruktur von selbst, wobei nicht die strenge, sondern die väterlich gütige Vaterrolle konzeptionell im Mittelpunkt des Gemeinschaftsgeschehens stand. Dabei wird im Rückgriff auf diese Konzepte auch heute noch teilweise explizit gefordert, im Zusammenhang der Diakonie die Trennung von beruflich und privat aufzuheben zugunsten einer „Verbindung von Persönlichem und Beruflichem, – von Glaube und Handlung –" als der „entscheidenden Ressource der Diakonie"[35], Lebens- und Arbeitswelt nicht zu trennen[36], sondern eine Einheit von Dienst-, Lebens- und Glaubensgemeinschaft zu realisieren[37].

Im Zentrum des gegenwärtigen Liebeskonzeptes als einer Gemeinschaft auch emotional geprägter Liebe steht dabei das Verständnis der geschwisterlichen Gemeinschaft. War die Diakonie anfänglich getragen von einer geschwisterlichen Gemeinschaft – allen voran den diakonischen Schwesternschaften –, die in einer Einheit von Anbetung, Zeugnis, Dienst und Leben diakonisch tätig waren, so bildet auch heute noch diese Form konzeptionell ein Idealbild für die Diakonie[38]. Die Diakonisse ist dann die „Trägerin der Diakonie im eigentlichen Sinne"[39], die im Zuge der Professionalisierung diakonischen Handelns „leider" in den Hintergrund getreten ist. Aber es gilt dann, Momente der brüder- und schwesternschaftlichen Diakonie unter den Bedingungen des ausgehenden zwanzigsten Jahrhunderts so weit wie möglich zu bewahren.

Dabei ist das Konzept des diakonischen Miteinanders als geschwisterliche Gemeinschaft unmittelbar verbunden mit der Konzeption der Kirche als einer „Gemeinde von Brüdern"[40], wie sie bereits in der Barmer Erklärung reflektiert wurde. Dadurch wird die Bruderschaft zur „sozialen Grundform des Christseins"[41] und als diese geschwisterliche Gemeinschaft zur „befreienden Gemeinschaft"[42], die eine geschwisterliche Bewältigung der anstehenden Aufgaben mit sich bringen soll[43]. Das diakonische Miteinander zielt demnach über eine „Sozialanwaltschaft für Schwache" hinaus „auf den Aufbau einer Gemeinschaft in der Liebe, in der Gesunde und Kranke, Behinderte und Nichtbehinderte miteinander leben und einander wechselseitig mit der Gabe dienen, die sie empfangen haben."[44] Die Gemeinschaft, vor allem die der Mitarbeiter untereinander, erhält Vorbildfunktion in der Welt[45], sie wird zur „Hebel- und Durchbruchsgemeinschaft"[46]. Die in johannischer Bruderliebe konstituierte Gemeinschaft verlangt damit von den diakonisch Tätigen mehr als eine Sozialanwaltschaft für Schwache. Die Beziehung auf der Basis der Brüderlichkeit braucht vielmehr Momente der privaten, näheorientierten Freundschaft in der diakonischen Beziehung[47]. Ihre Professionalität übersteigend sind diakonische Helfer aufgerufen, nicht nur untereinander freundschaftliche, liebevolle Verbundenheit zu zeigen, sondern sich auch auf diese freundschaftlich-liebevolle Weise mit Hilfsbedürftigen zu verbinden.

Diakonie im Kontext geschwisterlicher Nähe hat damit unmittelbare Konsequenzen für die Gestaltung helfender Beziehungen. Eng verbunden mit diesem Liebeskonzept brüderlicher Nähe steht der Versuch, Diakonie auf das Versöhnungsgeschehen zu gründen, wie dies vor allem im diakonietheoretischen Denken Strohms geschieht[48]. Strohm rekurriert dabei auf das Versöhnungsgeschehen zwischen Mensch und Gott, das das christliche Verkündigungsgeschehen bestimmt (vgl. 2 Kor 5, 18-21), doch verbindet er dabei gleichzeitig Schöpfung und Erlösung miteinander. Es gibt nicht nur eine Versöhnung mit Gott, sondern gleichzeitig ein versöhntes Menschsein, eine „nova creatura"[49], auf deren Offenbarwerden die Diakonie der Versöhnung zielt. Dieses versöhnte Menschsein hat dabei immer auch ethisch-politische Aspekte: „Im Dienst der Versöhnung kommt es zur Umwertung aller Werte, zur reformatio der beschädigten Gottebenbildlichkeit"[50], wobei diese Umwertung ganz besonders die sozialen Bewertungen der Gesellschaft betrifft. Der Diakonie wird damit eine zentrale Stelle im Versöhnungsgeschehen zugewiesen, indem sie „durch konkretes Handeln an leidenden Menschen die Versöhnung zur lebendigen Liebestat werden läßt."[51] Neben dieser Versöhnung als Erlösungsbotschaft und als ethischem Handlungsziel ist Versöhnung schließlich auch „Lebensform der Gemeinde", die diese zum „Ort der Versöhnung der Menschen untereinander, als Ort der Versöhnung im Blick auf die geängstigte Schöpfung"[52] werden lässt. Versöhnung ist also nicht nur die geistliche Konsequenz der Rechtfertigung, sondern hat im sozialen Bereich ein „versöhntes Miteinander in der Gemeinde"[53] zur Folge. Das Miteinander wird aus der Perspektive des Versöhntseins beziehungsweise der Versöhnungsbedürftigkeit heraus wahrgenommen. Damit wird der soteriologische Versöhnungsbegriff offen für ein zwischenmenschliches Modell von Gemeinde und Gesellschaft, das in der Versöhnung seine Mitte finden soll, ein Modell, über deren Implikationen Strohm sich nur sehr zurückhaltend äußert. Sigrist dagegen zieht die Verbindung zum Nähekonzept christlicher Liebe sehr offen: So wie „sich die Menschen mit der geradezu unglaublichen Nähe Gottes in Christus versöhnen lassen" müssen, indem durch das Versöhnungsgeschehen „die Distanz des menschlichen Gotteshasses, der Feindschaft des Menschen Gott gegenüber aufgehoben ist"[54], so steht auch der diakonische „Dienst der Versöhnung" im Zeichen dieser Aufhebung von Feindschaft: „Das Dasein für die Versöhnung überwindet die Feindschaft gegenüber Gott, die sich in der Feindschaft gegenüber dem Leben selber auswirkt."[55] Versöhnung dieser Prägung impliziert damit eine Konzentration auf die Aufhebung jeder Distanz, zunächst zwischen Gott und Mensch, doch in der Folge dessen auch der Menschen untereinander. Der Weg der Versöhnung kennzeichnet somit den Wegfall aller trennenden Schranken zwischen Menschen und damit einen gänzlichen Ausgleich zwischen den Versöhnten in ihrer Unterschiedenheit der Lebenssituationen, soweit diese in menschlicher Hand liegen.

Ein solches Modell impliziert dann notgedrungen ein Miteinander in der Perspektive einer Konfliktregelung, die von der versöhnlichen Überwindung von Spannungen verschiedenster Art geprägt ist. Im Zeichen der Versöhnung muss dann für das Miteinander der Ausgleich von Spannungen im Mittelpunkt des Interesses stehen. Das Konzept der Dienstgemeinschaft erhält in diesem Zusammenhang die Bedeutung eines Realisierungsversuches einer versöhnten Gemeinschaft, indem die Bruderliebe nicht nur die Oben-Unten-Beziehungen aufhebt[56], sondern auch „Gegeneinander", „Konfrontation, „Kampf miteinander" verhindern soll[57]. Im Nähekonzept der christlichen Gemeinde unter dem Paradigma der Brüderlichkeit ist letztlich der Grund zu sehen für die Reserviertheit innerhalb der Diakonie gegenüber jeglichem „strukturierenden Gegensatz"[58] beziehungsweise „institutionalisierten"[59] Gegeneinander, das per se als „gemeinschaftsverneinend"[60] angesehen wird. Übersehen wird dabei, dass diese Institutionalisierung nichts anderes ist als ein Sichtbarmachen unterschiedlicher realer Positionen, das Bedingung dafür ist, dass durch gegenseitiges Überreden und Überzeugen ein gemeinsames Handlungsgefüge entstehen kann. Unter dem Paradigma der Versöhnung und Brüderlichkeit wird die Gefahr sichtbar, dass Konflikte gar nicht mehr als Chance wahrnehmbar sein können, wie dies in diakonischen Entwürfen behauptet wird[61], weil der Selbstwert der politischen Auseinandersetzung, die beides, das Gemeinsame wie das Unterscheidende sichtbar macht und so einen Machtraum stiftet, unter der Perspektive der Versöhnung gar nicht mehr adäquat wahrgenommen werden kann. Das brüderliche Miteinander im Horizont der Versöhnung gerät damit in den Verdacht, unter dem Deckmantel christlicher Liebe Konflikte zuzudecken, statt ihnen einen institutionalisierten Raum zu geben, der einen politisch qualifizierten Umgang mit ihnen ermöglicht.

Brüderlichkeit und Liebe im Lichte des Politischen

Nicht nur auf der Ebene des Dienstgemeinschaftskonzeptes ist Diakonie im Horizont der Brüderlichkeit in hohem Maße fragwürdig, wenn nicht gar gefährlich. Dass Gemeinsamkeit von sich aus eine hohe Kohäsionskraft zwischen Menschen erzeugen kann, liegt auf der Hand. Diese Kohäsion gilt in besonderem Maße für die Gemeinsamkeit im Erleben von Not, die ein starkes Solidarisierungspotenzial entfalten kann. Nicht ohne Grund wurde die fraternité im Kontext der Französischen Revolution zu einem Paradigma der Reflexion des Politischen. Das Kohäsionskonzept geschwisterlicher Verbundenheit gilt in gleicher Weise für den religiösen Bereich, zumal der Glaube in hohem Maße die Bestätigung durch andere braucht, ein Umstand, den sich nicht zuletzt auch jede Sekte zunutze macht, indem sie alle Mitglieder auf bestimmte Glaubenssätze festlegt, während sie abweichende Meinungen konsequent ausschließt, weil diese die Verbundenheit untereinander gefährden. Dieser Missbrauch des Phänomens ändert nichts an der Tatsache, dass gemeinsam gelebter und gefeierter Glaube ein Zusammengehörigkeitsgefühl stiftet und stützt, das die Qualität eines inneren, religiösen Zuhauses annehmen kann.

Die Problematik beginnt dort, wo die Kategorie der brüderlichen Verbundenheit auf öffentliche Institutionen mit gesellschaftlichem Auftrag und dem Anspruch, selbst Vorbildfunktion in der Gesellschaft zu übernehmen, übertragen werden soll oder gar das Modell der Brüderlichkeit selbst Vorbildfunktion für gesellschaftliches Miteinander übernehmen soll. Genau dies ist im diakonischen Modell der Fall. Dabei gerät diese Brüderlichkeit und Liebe im diakonischen Geschehen selbst relativ offensichtlich an ihre Grenzen. Deutlich wird die Überforderung artikuliert, die mit dieser Brüderlichkeit verbunden ist. Freundschaftliche Liebe ist in hohem Maße wählerisch. Die Übertragung des freundschaftlichen Miteinanders gegenüber Personen, denen gegenüber jeder sich bewusst entscheidet, dass er zu ihnen eine Beziehung der Nähe haben möchte, auf diakonische Beziehungen ist nicht möglich, ohne die Beteiligten grenzenlos zu überfordern. Freundschaft kann weder für die helfende Beziehung noch für das Miteinander in einer Dienstgemeinschaft eine Grundlage bilden[62]. Dabei geht es in dieser Kritik nicht um eine Vermeidung von Nähe, wo sie von sich aus entsteht, sondern um die Anfrage an ein Konzept, das diakonisches Handeln einseitig auf die Nähe gründet, statt auf ein als geglückt zu bestimmendes Verhältnis von Nähe und Distanz. Solche letztlich romantischen Konzepte des Helfens machen es nicht mehr möglich, sich in einem guten Sinne professionell zu distanzieren und damit sich selbst und die helfende Beziehung vor einer Überforderung ihrer Leistungsfähigkeit zu schützen.

Zum anderen wird im Zuge des Kostendruckes immer deutlicher, dass Liebe Handlungen zur Folge hat, die in einem Maße über professionelles Handeln hinausweisen, dass sie schlicht unbezahlbar sind. Näheorientierte Liebe und Handeln aus dieser Liebe gehören dem privaten Bereich an. Diakonisches Handeln kann helfen, solche privaten Beziehungen zu stiften, in Gemeinschaften aufgenommen zu werden, in denen Freundschaft möglich wird, aber professionelles diakonisches Miteinander kann dieses freundschaftliche Miteinander nicht oder nur übergangsweise ersetzen.

Gerade der Übergangscharakter helfender Beziehungen macht es jedoch notwendig, dass zur Professionalität auch eine gewisse professionelle Distanz gehört.

Eine brüderliche oder freundschaftliche Beziehung im diakonischen Handlungsfeld ist letztendlich unehrlich, weil diakonische Beziehungen gerade nicht aus reiner Liebe, sondern beruflich gestiftet sind, die mit einem Wechsel des Arbeitsplatzes oder dem Erlöschen des Hilfeauftrages in den allermeisten Fällen enden oder zumindest an Intensität verlieren müssen. Eine helfende Beziehung muss daher dieses unweigerliche Ende immer im Blick haben, wenn sie nicht das Vertrauen von Hilfsbedürftigen missbrauchen möchte. Dies bedeutet nicht, dass persönliche und emotionale Dimensionen aus der helfenden Beziehung ausgeschlossen werden sollen, aber dass diese Form der Liebe nicht das bestimmende Merkmal der Hilfebeziehung sein darf. Diakonisch helfende Beziehungen brauchen eine andere Grundlage des Miteinanders als die größtmögliche Nähe zueinander, ohne dabei jedoch personale Qualitäten dieser Beziehungen zu leugnen, die ein Verhältnis von Nähe und Distanz implizieren, das persönliche Zuneigung zulässt, aber nicht deren letzten Grund bildet. Und diese Forderung gilt gerade angesichts der Tatsache, dass Hilfsbedürftige teilweise nicht zuletzt aufgrund von Isolationserfahrungen solche Formen von Nähe suchen, die professionalisierte Sozialarbeit nicht leisten kann. Ehrenamtliche Arbeit ist hier in einer anderen, aber nicht unbedingt in einer besseren Position. Sie verfügt nicht über die Distanzierungsmöglichkeit aufgrund einer beruflichen Qualifikation der helfenden Beziehung. Solche freiwilligen Mitarbeiter haben aber gerade aufgrund dieser Tatsache oftmals auch größere Schwierigkeiten, ein gelungenes Maß von Nähe und Distanz in helfenden Beziehungen für sich zu definieren.

Dieser Zusammenhang weist auf Arendts Kritik brüderlich nähekonzentrierter Liebe hin. Bereits im Zusammenhang der Barmherzigkeit wurde diskutiert, dass dem Mitleid qua Barmherzigkeit immer auch der Aspekt eigen ist, den Schwachen nahe zu kommen, mit ihnen Nähe zu stiften. Arendt macht in diesem Zusammenhang deutlich, dass Brüderlichkeit „aus einem Haß auf die Welt, in der Menschen ‚unmenschlich' behandelt werden, entspringt"[63], so dass sie dieser Brüderlichkeit ihren besonderen Stellenwert in finsteren Zeiten zuerkennt, in denen Menschengruppen aus der

Öffentlichkeit in die Gemeinsamkeit auf der Basis eines engen Zusammenrückens zurückgeworfen werden. Das Licht der Öffentlichkeit wirkt tödlich auf diese brüderliche Nähe: „Die Menschlichkeit der Erniedrigten und Beleidigten hat die Stunde der Befreiung noch niemals auch nur um eine Minute überlebt. Das heißt nicht, daß sie nichts sei, sie macht in der Tat die Erniedrigung tragbar; aber es heißt, daß sie politisch schlechterdings irrelevant ist."[64] Arendt verachtet nicht die Brüderlichkeit, die sie selbst aus ihrer Flüchtlingszeit gut kannte. Im Gegenteil sieht sie den Verlust der Brüderlichkeit und der ihr eigentümlichen Wärme beziehungsweise Menschlichkeit als den hohen Preis der Freiheit an[65], das heißt sie reflektiert die Brüderlichkeit im Kontext des Politischen, wobei ihr die Unverträglichkeit mit der politischen Öffentlichkeit ins Auge fällt. Aus politischer Perspektive kann die brüderliche Liebe daher nur als in hohem Maße defizitär erkannt werden, weil die der brüderlichen Liebe eigentümliche Nähe einen eklatanten Weltverlust zur Folge hat. Das Näherrücken vernichtet den Zwischenraum, der das gemeinsame Handeln und Bereden aufgrund politisch qualifizierter Urteile möglich gemacht hat. Das Urteilen benötigt ein sehr ausgewogenes Verhältnis von Nähe und Distanz, um sich zum einen den Gegenständen des Urteilens so zu nähern, dass es sie angemessen wahrnehmen kann, um sich zum anderen aber auch so distanzieren zu können, dass es möglich bleibt, diese Gegenstände aus verschiedenen Positionen heraus zu reflektieren[66]. Das „Pariatum" der brüderlich verbundenen Gemeinschaft hat damit einen hohen Preis: „Ihm entspricht oft ein so radikaler Weltverlust, eine so furchtbare Verkümmerung aller Organe, mit denen wir der Welt zugewandt sind – von dem Gemeinsinn oder gesunden Menschenverstand angefangen, mit dem wir uns in einer gemeinsamen Welt orientieren, bis zu dem Schönheitssinn oder Geschmack, mit dem wir die Welt lieben –, daß man in extremen Fällen, in denen das Pariatum über Jahrhunderte angedauert hat, von wirklicher Weltlosigkeit sprechen kann. Und Weltlosigkeit ist leider eine Form der Barbarei."[67] Unsachlichkeit aufgrund von Überschwemmung der sachlichen Ebene durch die Kommunikation auf der Beziehungsebene bildet lediglich den Anfang der Problematik der Nähegemeinschaft. Sie geht bis hin zum Verlust des Geschmackssinnes, mit dem uns der Sinn für die gemeinsame Welt verloren geht.

Im Zusammenhang mit ihrer Auseinandersetzung mit dem Verzeihen beleuchtet Arendt einen weiteren Aspekt der Ursache der Weltlosigkeit der brüderlichen Liebe. Sie zeigt auf, „daß die Liebe so ausschließlich auf das Wer-jemand-ist sich richtet, daß sie geneigt sein wird, Vieles und vielleicht Alles zu verzeihen."[68] Der Konzentration auf die unmittelbare Beziehungsebene fällt dabei nicht nur die sachliche Ebene zum Opfer, sondern auch die Welt als Bezugsgewebe selbst wird zerstört, so dass der Liebe „eine in der Tat so unvergleichliche Macht der Selbstenthüllung und ein so unvergleichlicher Blick für den Wert der Person in dieser Enthüllung eignet, daß sie mit Blindheit geschlagen ist in bezug auf alles, was die geliebte Person an Vorzügen, Talenten und Mängeln besitzen oder an Leistungen und Versagen aufzuweisen haben mag. Das heißt aber, daß der Scharfblick der Liebe gegen all die Aspekte und Qualitäten abblendet, denen wir unsere Stellung und unseren Stand in der Welt verdanken, daß sie das, was sonst nur mitgesehen wird, in einer aus allen weltlichen Bezügen herausgelösten Reinheit erblickt. In der Leidenschaft, mit der die Liebe nur das Wer des anderen ergreift, geht der weltliche Zwischenraum, durch den wir mit anderen verbunden und zugleich von ihnen getrennt sind, gleichsam in Flammen auf. Was die Liebenden von der Mitwelt trennt, ist, daß sie weltlos sind, daß die Welt zwischen den Liebenden verbrannt ist. [...] Die Liebe ist ihrem Wesen nach nicht nur weltlos, sondern sogar weltzerstörend, und daher nicht nur apolitisch, sondern sogar antipolitisch – vermutlich die mächtigste aller antipolitischen Kräfte."[69] Es mag vielleicht übertrieben anmuten, diese Kritik auf den Zusammenhang diakonischen Helfens zu übertragen, zumal Arendt hier ganz offensichtlich die Liebe zwischen Mann und Frau im Blick hat. Doch wird in dieser Kritik ein Grundproblem näheorientierter Liebe im politischen Kontext allgemein deutlich. Die Unmittelbarkeit der Subjektorientierung in leidenschaftlicher Suche der Überwindung von Distanz gegenüber anderen zerstört den fragilen Raum der Welt, indem die Liebe ihr gleichsam jeden Zwischenraum zwischen Menschen nimmt. Der ausschließliche Blick auf die Person des Geliebten nimmt dem Zwischenraum den stabilen Boden des gegenständlichen Zwischen, verflüssigt das Zwischen in reine Bezüge. Am offensichtlichsten sind in diesem Zusammenhang in der Praxis meist die Schwierigkeiten, angesichts einer Konzentration auf die Beziehungsebene die

Sachlichkeit im Argumentieren zu bewahren. Doch geht der Weltverlust angesichts der Nähe noch weiter. Indem der Welt jeder Raum fehlt oder die Bewegungsfreiheit in ihr zumindest eingeengt ist, ist nicht nur das Realitätsgefühl dessen bedroht, was in der Nähebeziehung geschieht. Konzentrierte Nähe entzieht auch der Pluralität und damit einer Entfaltung der Initiativmöglichkeiten der Beteiligten im Miteinander jeden Raum.

Am deutlichsten ist die Gefahr der brüderlichen Liebe in ihrem Verhältnis zum Recht. Die Liebe ist „Herrin des Gesetzes"[70] und „Erfüllung des Gesetzes"[71]. Sie füllt das Recht nicht nur aus, sondern weist es in seine Schranken. Die entsprechenden Konsequenzen zog vor allem Luther, der die „Obrigkeit" mehr als an das Recht an die Liebe des Hausvaters gegen sein Gesinde bindet[72]. Grundregel des Regierens und Leitens ist für Luther „der Liebe Gesetz"[73], so dass „die Liebe und die natürliche Vernunft oben schwebe. Denn wo du der Liebe nach urteilst, wirst du gar leicht alle Sachen ohne alle Rechtsbücher entscheiden und richten."[74] Die Favorisierung der näheorientierten Liebe geht nicht nur mit einer Herabwürdigung der Rechtssphäre einher, sondern auch mit einer Entrechtlichung in christlichen Gemeinwesen und christlicher Institutionen zugunsten meist der subjektiven Gewalt der väterlichen Leitung. Eben diese Konkurrenz von Liebe beziehungsweise geschwisterlicher Gemeinschaft und Recht kennzeichnet auch das Konzept der Dienstgemeinschaft. Das Recht dient auch hier vor allem dazu, die Harmonie der Geschwisterlichkeit zu bewahren, statt eine Handlungsgemeinschaft einzuhegen. Doch eben diese Harmonielastigkeit endet schnell in einer Reduktion der Rechtssphäre.

Sich selbst verleugnende Liebe

Das augustinische Liebeskonzept

Das Konzept der Brüderlichkeit und Nähe thematisiert nur einen Teil des christlichen Liebesverständnisses, das insofern nicht spezifisch christlich ist, als es beispielsweise hohe Parallelitäten mit dem Konzept der brüderlichen Solidarität sozialistischer Provenienz aufweist. Das christliche Liebesverständnis in Abgrenzung zu anderen Formen der Liebe ist noch durch einen weiteren Zusammenhang konstituiert. Dabei tritt die christliche Liebe in scharfen Kontrast zu säkularen Formen der Liebe und ist durch einen negativen Selbstbezug gekennzeichnet. Dieser negative Selbstbezug klingt bereits in den Konzepten von Barmherzigkeit und Dienst an. Während Dienst durch die Verleugnung des eigenen Wollens zugunsten einer Dienstbereitschaft für andere geprägt ist, stellt die Barmherzigkeit eine Verleugnung der selbstbezüglichen Leidenschaften zugunsten von fremdbezogener, altruistischer Mitleidensfähigkeit dar. Die christliche Rede von der Liebe stellt in einem breiten Traditionsstrang die Selbstverleugnung in das Zentrum ihrer Reflexion.

Arendt setzte sich schon sehr früh, bereits in ihrer Dissertation, mit dem christlichen Liebesbegriff auseinander. Beiner weist in seiner Auseinandersetzung mit Arendts Dissertation darauf hin, dass gerade an dieser Arbeit in besonderem Maße deutlich wird, dass Arendts Weltzentriertheit ihren Ursprung nicht allein in der Erfahrung des Dritten Reiches hat, sondern bereits in frühester Zeit angelegt ist. In der Abarbeitung am weltverleugnenden, christlichen Denken Augustins legt sie die Grundlage für die Weltzentrierung ihres eigenen Konzeptes und für das Bedenken der Gefahren von Weltlosigkeit in der Vita activa[75]. Damit steht das Weltverständnis im Mittelpunkt ihrer Augustinreflexion. Sie untersucht Augustins Liebesverständnis unter der Fragestellung „der Relevanz des Nächsten für den der Welt und ihren Begierden entfremdeten Gläubigen"[76]. Wie kann in einem christlichen Konzept der Weltverleugnung die Nächstenliebe noch eine herausgehobene Stellung haben? Auf welcher Grundlage begegnet der weltlose Christ dem konkreten Nächsten? Dies sind die Grundfragen, denen Arendt in ihrer Arbeit nachgeht. Diese Auseinandersetzung Arendts soll im Folgenden nachgezeichnet werden. Dabei wird Augustins Liebeskonzept lediglich im Horizont der Auseinandersetzung von Arendt reflektiert. Es geht zentral um die Darstellung welt- und selbstbezogener Tendenzen christlicher Konzepte von Liebe. Die Klärung der Frage, inwiefern Arendts Darstellung des Denkens von Augustin dabei einseitig verfährt, bleibt der Augustinforschung vorbehalten.

Interessanterweise hebt Arendt dabei ihr Weltverständnis von Heideggers Terminologie ab, obwohl ihre Dissertation noch stark von dessen Terminologie geprägt ist. So versteht sie Welt in doppelter Hinsicht, zum einen als „Seiendes im Ganzen"[77], zum anderen als „die sich im habitare [sich aufhalten] und diligere [lieben, hochschätzen] konstituierende Menschenwelt."[78] In diese vorfindliche Welt hineingeboren und von ihr abhängig gestaltet der Mensch selbst diese Welt und macht sie sich auf diese Weise zur Heimat[79]. Dabei bleibt dem Menschen immer die Möglichkeit, dieser von ihm selbst erstellten Welt gegenüber fremd zu bleiben. Zur Welt als Heimat gehört notwendigerweise eine „dilectio mundi"[80] eine Liebe zur Welt. Nur wer die Welt liebt, bleibt in der Welt beheimatet. Dieses zweite Weltverständnis zeigt bereits deutlich die Konnotationen ihres späteren politischen Denkens, zentriert auf die mit anderen gemeinsame Menschenwelt.

Die Frage nach der Relevanz des Nächsten bei Augustin geschieht nun von drei verschiedenen Gedankenreihen aus, die bei Augustin parallel beziehungsweise ineinander laufen, ausgehend von drei verschiedenen Verständnissen dessen, was amor bei Augustin bedeutet. Im ersten Kapitel diskutiert sie den amor im appetitus-Zusammenhang. Das summum bonum – das höchste Gut – dieses menschlichen appetitus, der immer über sich selbst hinaus in die Zukunft hinein strebt, ist jedoch kein innerweltlicher Gegenstand sondern Gott selbst, der damit das eigentliche „Korrelat des appetitus"[81] bildet. Diese Ausrichtung auf Gott als das appetithafte höchste Gut wird von Augustin mit dem Begriff caritas belegt[82], während die cupiditas – die Begierde – ihren appetitus auf die Welt richtet[83]. Caritas geht daher mit Weltverlust einher: „In der caritas lebend wird die Welt zur Wüste, statt zur Heimat, sie ist leer und fremd dem, was der Mensch sucht."[84] Die Kennzeichnung der Welt als Wüste findet Arendt in Augustins eigenen Aussagen: „So ist für alle Gläubige die Welt das, was die Wüste für das Volk Israel gewesen ist."[85] Wenn das Ziel des Strebens außerhalb der Welt lokalisiert wird, so muss gleichzeitig jedes innerweltliche Gut um dieses ewigen Wertes willen verachtet werden. Diese Verachtung impliziert gleichzeitig Selbstverachtung. Zwar gesteht Augustinus dem Menschen einen amor sui – eine Selbstliebe – im Sinne eines appetere se – eines Sich-begehren – zu, doch bezeichnet diese Selbstliebe lediglich eine Liebe zu demjenigen ewig lebenden Selbst, in das der Liebende verwandelt werden wird[86]. Dem weltlich vorkommenden Selbst geschieht im Gegenteil odium sui, Selbsthass, weil die Liebe zu diesem gegenwärtigen Selbst ständig in der Gefahr des Verlustes steht[87]. „Selbsthaß und Selbstverleugnung haßt und verleugnet das gegenwärtige, vorgegebene sterbliche Ich [...] um des Ewigen willen, das uns erwartet."[88] Über die Selbstverleugnung soll das Gute gerade gefunden werden; der Glaubende bleibt also auf seine individuelle Gutheit fixiert, selbst gut vor Gott dazustehen, dem er die Welt wie sein innerweltliches Selbst opfert. Selbstbezüglichkeit und Selbstverleugnung bedingen sich damit gegenseitig.

Aufgrund dieser radikalen Ausrichtung auf die Transzendenz erhebt sich die Frage, welche positive Bedeutung der Weltbezug und damit der Nächste als Teil dieser Welt noch in diesem Zusammenhang haben kann. Diese Frage wird bei Augustin konsequent vom summum bonum – vom höchsten Gut – her beantwortet. Die Liebe zur Welt wird danach beurteilt, ob das jeweilige Innerweltliche brauchbar ist für das summum bonum[89]. Aus der caritas heraus geschieht das uti – das Umgehen mit – der Welt[90]. Damit wird alles Weltliche zur res, zum Mittel in Bezug auf das summum bonum. Von ihm her geschieht die dilectio, die die Welt und das in ihr Vorhandene einschließlich des Selbst auf das summum bonum hin ordnet[91]. Der Nächste begegnet in diesem Zusammenhang lediglich als ebenfalls Deo frui – sich an Gott ergötzen und mit ihm umgehend[92], er wird nicht mehr in seiner weltlichen Begegnung erfahren. Im appetitus-Zusammenhang zeigt sich die Selbstlosigkeit als eine solche, die selbstverleugnend zugleich selbstbezogen bleibt, indem sie auf sich und das eigene Verhältnis zu Gott, dem eigentlichen Korrelat des je eigenen appetitus, konzentriert bleibt.

Neben diesem amor-Verständnis des Begehrens eines Zukünftigen, diskutiert Arendt eine zweite Gedankenreihe bei Augustin, in der er die Liebe als eine solche aus der Erinnerung her an eine Vergangenheit zu begreifen versucht. Der Rückgriff auf die Vergangenheit geschieht in Form „einer memoria [Erinnerung], die über die innerweltliche Vergangenheit hinausweist"[93]. Sie fragt nach dem letzten Ursprung des eigenen Seins und erinnert sich darin des von Gott Geschaffenseins. Indem der Mensch auf diese Weise sich selbst als a Deo creatus – von Gott geschaffen – begreift, zeigt sich die Selbstverleugnung aus dem appetitus-Zusammenhang als eine „pseudo-christliche"[94]. Sie ist zunächst pseudochristlich, weil sie eigentlich dem griechischen Autarkiestreben entstammt[95]. Gleichzeitig ist sie pseudochristlich, weil sie im Zusammenhang des christlichen Glaubens eigentlich relativiert werden muss. Das Bestätigt- und Aufgewertetsein als Kreatur Gottes ist mit der Selbstverleugnung zu vermitteln, sofern sie christlich bleiben soll. Ein von Gott geliebtes Wesen darf sich gerade nicht um der Liebe zu diesem Gott willen in absoluter Weise hassen oder in absoluter Form verleugnen. Dennoch steht es mit dem Selbst- und Weltbezug in diesem Zusammenhang von Schöpfer und Geschaffenen kaum anders als im Kontext des appetitus. Denn indem der Mensch nach dem letzten Ursprung fragt, fragt er sich „aus der Welt heraus"[96]. Das Geschaffensein, das dabei in den Blick gerät, ist kein individuelles Sein, „sondern als das schlechthin Umfassende auch gegen den Einzelnen und für ihn das völlig Indifferente"[97]. Das auf diese Weise in den Blick genommene Geschaffensein hat damit von allen weltlichen Bestimmungen abstrahiert. Dadurch wird ein Blick auf die Welt frei, der eng mit dem memento mori verbunden ist. „Der Mensch wird aufmerksam auf den Ursprung seines Lebens erst durch den Tod. [...] Der Tod wirft das Leben zurück auf seinen eigenen Ursprung, das heißt er wirft es vor die Welt zurück (vor seinem Eintritt in die Welt) und damit auf sein eigenes Noch-nicht"[98]. Die Vergänglichkeit der Welt ist auf diese Weise von einer ursprünglichen wie zukünftigen Ewigkeit umschlossen. Angesichts dieser Transzendierung des Weltlichen „verschwindet jede individuelle Unterschiedenheit, die die creatura [das Geschaffene] gehabt hat: der Tod macht in dem Rückwurf idem [gleich]."[99] Das Geschaffene wird auf gelungene Weise lediglich wahrgenommen in seiner Eigenschaft des Geschaffenseins[100]. Die Welt propter se – um ihrer selbst willen – zu lieben, kennzeichnet die concupiscentia – die Begierde. „Sie liebt das Geschaffene statt des Schöpfers"[101], während der ursprüngliche Sinn des Geschaffenseins in der Verweisung auf den ewigen Schöpfer liegt. Der gleiche Zusammenhang gilt auch für den menschlichen Willen, insofern der Begierde die propria voluntas – der eigene Wille – zugrundeliegt, „die überhaupt die Möglichkeit, etwas von sich aus zu machen, bedeutet."[102] Die Rückbesinnung auf den Schöpfer verlangt also eine Verleugnung dessen, was der Mensch in der Welt von sich aus aus freiem Willen tut.

Die von Menschen erstellte Welt wird damit auch in diesem zweiten Zusammenhang des augustinischen Liebeskonzeptes zur Wüste[103]. „In dieser liebenden Annahme [der Liebe Gottes durch den Menschen] ist die creatura [Schöpfung] mit dem creator [Schöpfer] versöhnt, sie ist aus der Welt zurückgekehrt, das heißt sie hat die Welt und damit sich selbst, sofern sie de mundo [von der Welt] ist, verleugnet. [...] In der Selbstverleugnung verhält sich die creatura [Schöpfung] zu sich selbst sicut Deus [wie Gott], sie liebt sich selbst, wie Gott sie liebt, nämlich sie haßt in sich, was sie selbst gemacht hat und liebt sich nur, sofern sie a Deo creata [von Gott geschaffen] ist."[104] Die Gottesbeziehung gerät hier insofern mit der Welt in Streit, als die Liebe zum Handeln Gottes in der Schöpfung den Hass der von Menschen erstellten Welt nach sich zieht. Die Liebe zur Welt und die Beheimatung in ihr ist Perversion des Geschaffenseins, das seinen Sinn einzig darin hat, über die Welt hinaus auf den Ursprung der Welt zu verweisen[105]. Das aktive, selbsttätige Selbst wird gehasst, weil es vom Schöpfer wegweist, geliebt wird allein das passive, ohne eigenes Zutun von Gott geschaffene. Die Selbstverleugnung impliziert die Verleugnung der aktiven Weltgestaltung. Damit zeigt sich der volle Zusammenhang von Selbst- und Weltverlust im christlichen Glauben augustinischer Interpretation. Der Glaubende tritt in radikale Konkurrenz zur Welt und fordert aufgrund der Verweisung auf die Weltschöpfung aus dem Nichts die Verleugnung der eigenen Weltgestaltung[106].

Diese Selbstverleugnung bleibt nicht ohne Auswirkung auf die Nächstenliebe. Indem Liebe den Umweg nimmt über Gott, statt den Nächsten um seiner selbst willen zu lieben, indem sie nicht den Nächsten selbst, sondern am Nächsten den Schöpfer liebend wahrnimmt, liebt sie ihn lediglich in seiner Unterschiedslosigkeit[107]. Diese Liebe in der Unterschiedslosigkeit des Geschaffenseins ist der Grund dafür, dass der Christ fähig ist, auch den Feind zu lieben[108], weil die Liebe von jeglicher Konkretion in Charakter und Handeln absehend lediglich die Kreatürlichkeit des Geliebten liebt. Die Liebe betrifft damit nur denjenigen Anteil am Nächsten, der sein konkretes Sosein gar nicht betrifft. Sie bedeutet damit gleichzeitig eine Isolierung des Geliebten wie des Liebenden von jedem beheimatenden Weltgefüge, sie „stößt [...] den Anderen aus der Welt, in der er den Sinn seines Seins sieht."[109]

Beide dargestellte Formen der Liebe befriedigen Arendt nicht, weil sie die herausragende Bedeutung der Nächstenliebe bei Augustin nicht verständlich machen können, zumal die Gründung der Liebe auf die Geschöpflichkeit alle Kreatur betrifft und nicht das Spezifische der Liebe zum Mitmenschen deutlich zu machen vermag. Arendt zeigt einen dritten Gedankenkreis im Denken Augustins auf, aus dem heraus die Bedeutung der Nächstenliebe verständlich werden kann. Diese Liebe bedarf der Vorstellung einer weltlichen societas[110], aus der heraus der Nächste seine Relevanz erhält und durch die die Isolierung aufgehoben ist, die sich in den vorigen Zusammenhängen des augustinischen Liebeskonzeptes zeigte. Diese societas begründet sich bei Augustin christlich: „Die wahre societas gründet auf der Tatsache des gemeinsamen Glaubens."[111] Der Glaube wiederum ist „an ein bestimmtes, konkret geschichtliches Faktum gebunden."[112] Insofern dieses Faktum in der Erlösung durch Christus gründet, bezeichnet dieser Glaube die societas der christlichen Gemeinde. Doch da der Gläubige nach augustinischem Liebesverständnis in die Isolierung gerufen ist, muss die Glaubensgemeinschaft geschichtlich früher gegründet sein als in der Erlösung: „Die gemeinsame Abstammung von Adam, auf der eine bestimmte und verbindliche Äqualität aller Menschen miteinander beruht"[113], bildet die Grundlage sozialen Miteinanders, geformt durch die dilectio proximi, die Nächstenliebe. Diese Gründung geschieht damit geschichtlich. Während die Gründung der Liebe im appetitus-Zusammenhang auf die absolute Ewigkeit ausgerichtet ist und die Liebe als Ehrung des Schöpfers im Geschaffensein sich an den absoluten Ursprung bindet, ist in der vita socialis ein geschichtliches beziehungsweise geschichtlich interpretiertes Faktum maßgebend für die Qualität dieser Liebe[114]. Die Erlösung kommt in die durch Adam gestiftete Welt hinein und ruft aus dieser heraus[115]. Die Liebe gründet hier auf der gemeinsamen Herkunft, der sich niemand entziehen kann und die eine „Äqualität der Situation"[116] impliziert. „Die schicksalshafte Verwandtschaft" impliziert ein Aufeinanderangewiesensein der Menschen[117], die wiederum das Vertrauen der Menschen aufeinander erforderlich macht[118]. Die Welt zeichnet sich damit als das „durch Verwandtschaft in der generatio immer schon Vertraute und ursprünglich Zugehörige" aus[119]. Mit dieser Äqualität ist ein „Aufeinanderangewiesensein" der Menschen verständlich. Das Leben in dieser Angewiesenheit aufeinander ist aber nur möglich durch gegenseitiges Vertrauen. Weil der Mensch an die vorgegebene Welt gebunden bleibt, ist Brüderlichkeit im Umgang miteinander erforderlich[120]. Auch dieses Verständnis der Verbundenheit mit dem Nächsten koppelt sich zurück an eine Vergangenheit, doch ist in diesem Fall die Vergangenheit geschichtlich bestimmt und impliziert ein welthaftes Bezogensein aufeinander. Indem die Erlösung durch Christus auf diese Vergangenheit der gemeinsamen Abstammung von Adam und der darin gegebenen Sünde der Welt verweist, bleibt auch im Glauben diese gemeinsame Vergangenheit verbindlich. Der andere begegnet als „ständige Mahnung an die eigene Sünde"[121], weil beide durch die gleiche Abstammung und die gleichzeitig mit ihr gegebene Sündhaftigkeit verbunden sind. Die Welt behält damit gleichwohl ihre rein negativen Konnotationen. Sie verbindet allein durch die Abwehr gegenüber der Welt als der gemeinsamen sündigen Herkunft[122]. Gleichzeitig ist das Miteinander allein auf gegenseitige Abhängigkeit gegründet, die erst gegenseitiges Vertrauen nötig macht. Die Notwendigkeit begründet das Miteinander.

Damit signalisiert das Liebesverständnis Augustins im Umkreis der vita socialis zwar eine gewisse Würdigung der konkreten geschichtlichen Welt und damit auch des Nächsten als dem je geschichtlich konkreten Individuum. Der andere ist danach der gleichfalls Sündige, weil er der gleichen Herkunft von Adam entstammt. Doch zeigt Arendt in dieser frühen Auseinandersetzung mit der Thematik der Welthaftigkeit, dass ein solches rein negatives Verständnis von Welt dem Nächsten wiederum nur indirekt Bedeutung beimisst. Der Nächste wird nicht um seiner selbst willen geliebt. Im Gegenteil kommt das frui, das Geliebtsein um seiner selbst willen nur Gott zu[123]. Stattdessen geschieht die Liebe aufgrund der Notwendigkeit des Aufeinanderangewiesenseins beziehungsweise zur Förderung des eigenen Sündenbewusstseins und Warnung vor der eigenen Überheblichkeit[124]. Arendt bezeichnet diese Liebe daher als „indirekt"[125], weil sie den Umweg nimmt über die Beziehung zu Gott. Damit zeigt das augustinische Liebesverständnis auch im Zusammmenhang der vita socialis selbstbezügliche Motive. Der Nächste wird letztendlich nur um der eigenen Erlösung willen geliebt.

Die problematische Beziehung zum Nächsten hängt damit unauflöslich mit der problematischen Stellung der Welt selbst zusammen. Auf der einen Seite bildet die Welt das andere des Christseins, dem der Christ den Kampf ansagt. Auf der anderen Seite bleibt der Christ der Welt gerade in diesem

Kampf verbunden. Dazu Arendt: „Jede mögliche Fremdheit des Christen in der Welt ist immer eine Ent-fremdung, denn das Selbstverständliche ist das Beheimatetsein in ihr."[126] Diese Welt als die selbstverständliche Heimat des Menschen kann durch weltverleugnende Selbstisolation, wie sie im Glauben als Ausrichtung auf die weltferne Ewigkeit geschieht, verloren gehen. Die Gefahr der Weltlosigkeit, die Arendt in der „Vita activa" vornehmlich im Zusammenhang der Moderne diskutiert, klingt bereits in ihrer Auseinandersetzung mit der christlichen Nächstenliebe augustinischer Prägung an. Die christliche Weltverleugnung ist notwendig, weil die menschliche Weltliebe Gott dessen Platz streitig macht. Gott und Welt liegen miteinander in Streit. Dabei begegnet die Welt lediglich im Horizont des selbstbezüglichen Weltbezuges, der sich die Welt egoistisch einverleiben will. Diesem egoistischen Weltbezug tritt eine selbst- und weltverleugnende Liebe gegenüber, die allerdings insofern selbstbezogen bleibt, als sie ausgerichtet ist auf die eigene weltferne Ewigkeit, das summum bonum beziehungsweise das ewige Seelenheil. Die selbstbezogene Weltliebe wird bei Augustin nur getauscht gegen eine weltverleugnende Selbstliebe. Der Blick auf eine weltbezogene Selbst- und Nächstenliebe kann unter dieser Alternative nicht gelingen.

Welt- und Selbstverleugnung im Liebesverständnis Luthers

Dieses augustinische Liebesverständnis hat in vielfältiger Form im christlichen Denken weitergewirkt. Von herausragender Bedeutung ist in diesem Zusammenhang die Aufnahme des augustinischen Denkens durch den Augustinermönch Luther. Dabei gibt Luther dem augustinischen Konzept eine neue Wendung, die in seinem anderen Verhältnis zur Welt begründet liegt. Welt kommt bei Luther nicht mehr nur aus der Perspektive der Begierde in den Blick, so dass Glaube nur in Abwendung von der Welt möglich wäre, vielmehr erhält aufgrund der Abwertung der mönchischen Askese bei Luther die Welt eine neue Dignität. Gottesdienst soll nicht durch irgendwelche menschlichen Werke in Abgeschiedenheit von der Welt erfolgen, sondern vielmehr durch das Ausfüllen der Aufgabe, die Gott jedem Menschen an seinem jeweiligen Ort in der Welt gestellt hat[127]. Auch Luthers Standesdenken hat hier eine seiner Wurzeln. Die menschliche Arbeit wird zur Berufung Gottes, die Berufsausübung zum „äußeren Ausdruck der Nächstenliebe"[128]. Diese Würdigung der Welt als Ort der göttlichen Berufung geht allerdings einher mit einer Ethik der Überwindung der Welt. Diesen Sachverhalt im lutherischen Denken stellt vor allem Ernst Troeltsch heraus: „Es gilt die Welt zu überwinden, wo man sie findet, mitten in der Welt das Herz von der Welt zu befreien und sich von ihr unabhängig zu machen. [...] Die Weltbejahung hört im Grunde nicht auf, Askese, das heißt Weltverleugnung zu sein, nur ist es eine andere Askese als die heroische Mortifikations-Askese der Kirche und als die gesetzliche Weltenthaltung der Sekten. Es ist die innerweltliche Askese der Überwindung der Welt in der Welt, der Selbstverleugnung im Beruf und im beruflichen Dienst für das Ganze."[129] Weltbejahung und Weltverleugnung bilden damit einen einheitlichen, wenn auch in sich widersprüchlichen Phänomenzusammenhang. Dieses paradoxe Weltverhältnis der innerweltlichen Askese bleibt nicht ohne Folgen für Luthers Verständnis von Liebe.

Luthers Liebesverständnis hängt ähnlich wie im Denken Augustins eng mit seinem Glaubensverständnis zusammen. Der Glaube zeichnet sich dabei durch Weltüberwindung aus; denn, so fragt Luther, „was sollen dir deine Güter und guten Werke, die dir überlassen sind, um deinen Leib zu regieren und zu versorgen, wenn du doch genug hast am Glauben, in dem dir Gott alle Dinge gegeben hat?"[130] Sola fide – die Gerechtigkeit allein aus Glauben – radikalisiert sich bei Luther zu einem Genughaben am Glauben dergestalt, dass der Gläubige sich möglichst passiv der Gnade Gottes aussetzen soll[131]. Der Mensch kann in der Glaubenssphäre nichts durch eigenes Tun ausrichten, sondern bleibt allein auf die Gnade Gottes angewiesen. Sola fide impliziert sola gratia – die ausschließliche Angewiesenheit auf die göttliche Gnade, absehend von jeglicher eigenen Tätigkeit der Glaubenden. Die „totale Rettung" durch die Gnade in Christus impliziert eine Ersetzung des denkenden, handelnden und erlebenden Ich durch Christus selbst. An der Stelle des Ich lebt hinfort im eigenen Innersten ein anderer[132]. Das Ich kommt allein im Zusammenhang der Werkgerechtigkeit in den Blick und damit in seinen gottfeindlichen, negativen Momenten[133]. In radikaler Weise ist daher die Glaubenssphäre durch Selbstverleugnung geprägt, der eine entschiedene Weltverleugnung entspricht. Doch da diese Welt gleichzeitig als Ort der Berufung Gottes verstanden ist, wird die

Welt zum Ort des christlichen Gottesdienstes, in dem die Liebe ihre herausragende Position erhält: „Es gibt keinen größeren Gottesdienst als die christliche Liebe, die den Bedürftigen hilft."[134] Die Liebe ist die der Welt zugewandte Seite des Glaubens. Dem „inwendigen" Glauben entspricht die „auswendige" Liebe[135]. Die menschlichen „Werke" erhalten damit in der Sphäre des Glaubens eine neue Prägung. So schreibt Luther im Rückbezug auf Phil 2, 1ff: „Sieh, da hat Paulus ein Christenleben deutlich so zusammengefaßt, daß alle Werke dem Nächsten zugute ausgerichtet sein sollen, weil jeder für sich selbst an seinem Glauben genug hat und alle Werke und das Leben ihm überlassen sind, seinem Nächsten damit aus freier Liebe zu dienen."[136] Das Tun in der Liebe, zugunsten des Nächsten, garantiert den Ausweg aus der selbstbezüglich sich selbst rechtfertigenden Werkgerechtigkeit. Der selbstbezüglichen Werkgerechtigkeit tritt die selbstlose Nächstenliebe gegenüber. Die „Ich-Auslöschung" im Glauben setzt sich damit fort in der Liebe. Nicht nur im Glauben, sondern auch in der Liebe bleibt das menschliche Subjekt radikal passiv. Die Selbstverleugnung beschreibt damit vor allem eine solche der je eigenen Initiativität. Indem der Gläubige das liebende Tun nicht initiiert, kann es sich mit diesem auch nicht selbst vor Gott rechtfertigen. Die Liebe selbst muss sich am Ich vorbei direkt aus dem Glauben heraus auf die Welt richten[137]: „Aus dem allen ergibt sich die Folgerung, daß ein Christenmensch nicht sich selbst lebt, sondern in Christus und in seinem Nächsten; in Christus durch den Glauben, im Nächsten durch die Liebe."[138] Dabei verhalten sich Glaube und Liebe zueinander wie Person und Werk. Der im Ich gewirkte Glaube selbst ist der Täter der Liebestaten, vorbei am menschlichen Subjekt des Handelns: „So fließt aus dem Glauben die Liebe und Lust zu Gott und aus der Liebe ein freies, williges, fröhliches Leben, dem Nächsten zu dienen umsonst."[139] Die Liebe wird damit zum Werkzeug des Glaubens[140] und damit auch der Liebende selbst: „Alle christliche Lehre, Werk und Leben kurz, klar, im Übermaß begriffen ist in zwei Stücken Glauben und Lieben, durch welche der Mensch zwischen Gott und den Nächsten gesetzt wird als ein Mittel, das da von oben empfängt und unten wieder ausgibt und gleichsam ein Gefäß oder Rohr wird, durch welches der Brunn göttlicher Güter ohne Unterlaß fließen soll in andere Leute."[141]

Zu einem herausragenden Merkmal der christlichen Liebe wird dadurch im Denken Luthers die kontradiktorische Gegenüberstellung von Selbstinteresse und Liebe[142]. Nur wenn der Glaubende sich selbst beiseite setzt, kann er den Fluss der Liebe von Gott her auf den Nächsten hin auch in angemessener Weise zulassen. Dazu greift Luther ausdrücklich auf Augustin zurück: „Eigenliebe sucht das Ihre, nimmt Gott, was sein ist, und den Menschen, was deren ist. Sie gibt weder Gott noch Menschen etwas von dem, was sie hat, ist und kann. Wie Augustin sagt: Der Anfang aller Sünde ist die Selbstliebe. Aus diesem allen folgt, daß die Gebote nichts anderes als Liebe gebieten und (Eigen)liebe verbieten, und daß nichts als Liebe die Gebote erfüllet, ebenso wie sie nichts übertritt als (Eigen)liebe. Darum sagt Paulus, daß die Liebe die Erfüllung aller Gebote ist, gleichwie die böse (Eigen)liebe die Übertretung aller Gebote."[143] Selbstliebe hat damit rein negative Konnotationen: „Die Selbstliebe ist immer gottlos, wenn sie nicht außer sich selbst in Gott ist [...] das heißt, daß ich nichts suche, als daß ganz allein der Wille Gottes in mir geschehe."[144] Die Liebe erfolgt damit wesentlich unter Ausschluss des Selbstbezuges: „Liebe zum Nächsten achtet nicht ihr eigenes, sieht auch nicht, wie groß oder gering, sondern wie nützlich und notwendig die Werke dem Nächsten oder der Gemeinde seien."[145] Genau besehen korrigiert die Nächstenliebe die Selbstliebe: „Der Mensch liebt in verkehrter Weise sich selbst und sich allein. Diese Verkehrtheit kann nicht zurechtgebracht werden, es sei denn, daß man den Nächsten an die eigene Stelle setzt."[146] Insofern ist Liebe schließlich gleichzusetzen mit Dienst. Der Liebende stellt sich als solcher unter den Nächsten, dem der liebend dient: „Liebe aber, die ist dienstbar und untertan dem, das sie lieb hat."[147] Diese Untertänigkeit hat dabei zwei Seiten. Für die Liebenden bedeutet sie in Verbindung mit der Selbstverleugnung Bedürfnislosigkeit und Leidensbereitschaft, „daß sie niemandem übel tun und von jedermann willig Übel erleiden"[148]. Bedürfnisse spielen eine zentrale Rolle nur als Bedürfnisse des Nächsten. Diesen Zusammenhang entfaltet Luther am deutlichsten in seiner Obrigkeitsschrift: „Jetzt hab ich's gesagt, daß die Christen untereinander und bei sich und für sich selbst keines Rechtes noch Schwertes bedürfen; denn es ist ihnen nicht nötig noch von Nutzen. Aber weil ein rechter Christ auf Erden nicht sich selbst, sondern seinem Nächsten lebt und dient, so tut er der Art seines Geistes entsprechend auch das, dessen er nicht bedarf, sondern das seinem Nächsten von Nutzen und nötig ist."[149] – „An dir und an dem Deinen hältst du dich nach dem Evangelium und leidest Unrecht als ein rechter Christ für dich. An dem andern und an dem Seinen hältst du dich nach der Liebe und leidest kein Unrecht für deinen Nächsten"[150]. Die eigenen Interessen, Absichten und Bedürfnisse sollen verleugnet werden um der Interessen der anderen willen. Eher zufällig kommen diese noch ins Spiel, falls sich die Interessen des Nächsten mit den eigenen decken oder aber andere liebend für die eigenen unartikulierten Interessen sorgen, wodurch der Idealfall eines Füreinanders entsteht.

Die zentrale Frage dieses Liebeskonzeptes Luthers liegt in der Problematik begründet, wie eine solche die eigenen Bedürfnisse und Handlungssubjektivität verleugnende Liebe fähig sein soll, die Bedürfnisse und Handlungskompetenzen des Nächsten noch angemessen in den Blick zu nehmen. Fast ebenso breit wie auf die selbstverleugnende Liebe ist Luthers Liebeskonzept auf den Rückgriff auf die goldene Regel gegründet. Indem der Liebende auf seine eigene Subjektivität mit ihrer Bedürftigkeit und Handlungssubjektivität reflektiert, wird er fähig, die Subjektivität des anderen in den Blick zu nehmen. Damit öffnen sich Perspektiven weltlichen Urteilens, die einen relativierten Bezug zum Nächsten implizieren. Der Nächste ist so bedürftig aber auch so wichtig wie der Liebende selbst. Indem der Liebende sich in den Nächsten hineinversetzt, kann er die Interessen des anderen im Kontext der welthaften Position reflektieren und in Bezug setzen zu seinen eigenen Interessen, um mittels der welthaften Aufnahme dieser Interessen freiheitliche Bezüge zu gestalten. Insofern ist der Geliebte nicht lediglich der andere, sondern gleichzeitig der dem Liebenden Nahe beziehungsweise Nächste. Voraussetzung dazu ist, dass der Liebende von sich aus an den Verfolg von Interessen überhaupt gewöhnt ist. Er weiß mit Interessen umzugehen. Der Nächste wird dann nicht mehr an die Stelle des eigenen Ichs gesetzt, sondern vielmehr wird ein relativiertes Miteinander der Liebe zum Nächsten im Bezug zur Selbstliebe möglich, das den anderen genauso wie sich selbst liebt (Lev 19, 18; Mk 12, 31p). Ein solcher perspektivisch relativierter Liebesbezug ist jedoch aufgrund des negativen Selbstbezuges bei Luther gar nicht mehr möglich, so dass auch eine Gründung des lutherischen Liebesverständnisses auf die goldene Regel nicht mehr gelingen kann[151]. So erhebt sich die Frage, wie ein sich selbst verleugnender Christ noch die Bedürfnisse seines Nächsten angemessen in den Blick nehmen kann. Die Liebe nach Luther ist in bestimmter Hinsicht „ohne Konkretion"[152], insofern die Verleugnung der eigenen konkreten irdischen Personalität rein konzeptionell eine mangelnde Wahrnehmung der Personalität anderer bedingen muss[153]. Die selbstverleugnende Liebe verliert mit dem Verlust der Selbstperspektive auch die Fähigkeit, sich an die Stelle anderer zu setzen und damit einen welthaften Standort einzunehmen. Der Nächste kann gar nicht mehr als Person in den Blick kommen[154], sondern nur noch als unpersönlicher und undifferenzierter Anderer[155]. Der liebende Bezug ist distanziert, weil der Liebende seine Subjektivität aus diesem liebenden Bezug zurückhält und damit auch notgedrungen die Fähigkeit verlieren muss, sich auf den Nächsten angemessen einzulassen. Die gegenseitige Bedingtheit von Selbstverleugnung und Weltverleugnung, wie Arendt sie für Augustins Liebesverständnis konstatiert, setzt sich im Denken Luthers fort. Die Welt wird zum Ort, an dem das Selbstinteresse abgetragen werden soll und die Liebe zur Art und Weise, wie diese Selbstverleugnung geschehen soll. Die Leere der Welt aufgrund des Fehlens eines welthaften Bezugsgewebes, an dem Liebende und Geliebte gleichermaßen Anteil haben, kann nur durch Konzentration auf den negativen Selbstbezug ausgefüllt werden. Statt an der Welt orientiert sich die selbstverleugnende Liebe lediglich an der Überwindung der Eigenliebe. Der Selbstverleugnende bleibt – wenn auch negativ – auf sich selbst konzentriert und damit von der Welt, wiewohl an die Welt gewiesen, isoliert.

Eros und Agape

Luthers Konzept der Liebe als Gegenkonzept zur Selbstliebe hat übermächtige Konsequenzen gehabt für die weitere Entwicklung des protestantischen Verständnisses christlicher Liebe und auf vielfältige Weise in der protestantischen Theologie weitergewirkt. Dies gilt insbesondere für die durch die biblisch-theologische Diskussion um den neutestamentlichen Begriff ἀγάπη angestoßene dogmatische Kontroverse um die Konzepte von ἔρως und ἀγάπη. Basis für diese Kontroverse bildet dabei die Eigenart der griechischen biblischen Texte, den im Profangriechischen gängigen Begriff ἔρως zu vermeiden und konsequent von ἀγάπη zu sprechen[156]. Selbst die Liebe zwischen Mann und Frau soll nach neutestamentlichem Verständnis durch ἀγάπη gekennzeichnet sein, statt durch ἔρως (vgl. Eph 5, 25, 28, 33). Dieser Wortgebrauch ist für den damaligen klassisch griechischen wie hellenistischen Wortgebrauch gänzlich ungewöhnlich[157]. Dort erhielt vielmehr umgekehrt der ἔρως umfassende Bedeutung über die erotische Beziehung hinaus. Er beschrieb nicht nur das geschlechtliche Liebesverhältnis, sondern umfasste ebenso die Liebe zur Weisheit wie auch schließlich die Liebe zu Gott. Beredtes Zeugnis für dieses ἔρως-Verständnis legt Platons Dialog „Symposion" ab. Doch trotz dieses hochgradig sublimierten Verständnisses von ἔρως behält diese Liebe in all ihren Konnotationen die Struktur der Begehrlichkeit bei. Diese Begehrlichkeit ist geprägt durch das „Bewußtsein des gegenwärtigen Mangels" verbunden mit dem „Wunsch, diesen in einen höheren, glückseligeren Zustand zu beheben"[158]. Die Eros-Liebe zu Gott bleibt letztlich bestimmt durch eine emotional gestimmte Sehnsucht oder ein Streben[159]. Dieses Liebesverständnis weist damit Parallelen zum augustinischen appetitus-Zusammenhang auf. Die auf protestantischer Seite in der ersten Hälfte des Jahrhunderts wegweisende Untersuchung durch Nygren führt das neutestamentliche ἀγάπη-Konzept nicht allein im Kontrast zum platonischen ἔρως-Konzept aus, sondern als prinzipielle Entgegensetzung, wonach Eros und Agape ursprünglich nichts miteinander zu tun haben[160], ja sogar miteinander im Kampf liegen[161]. Vermischen sich dennoch beide Konzeptionen in der Geschichte des christlichen Liebesbegriffes, wie unter anderem bei Augustin[162], so nach Nygren immer auf Kosten des Agape-Denkens, das von Natur aus schwächer ausgeprägt ist als das Eros-Denken[163].

Die Charakteristika der Agape kennzeichnet Nygren als „spontan"[164] im Sinne von „unverdient" und daher „wertindifferent"[165], insofern sie sich Wertlosem zuzuwenden vermag, sowie „schöpferisch"[166], indem sie aus Wertlosem allererst Werte erschafft. Durch diese Momente hindurch ist die Agape schließlich „gemeinschaftsstiftend"[167], zunächst zwischen Gott und Mensch, doch bildet die göttliche Agape auch das Vorbild für die menschliche Gemeinschaft[168]. Im Zentrum des Agape-Denkens steht der negative Selbstbezug: „Jeder weiß, wie er sich von Natur aus selbst liebt. So, sagt das Liebesgebot, sollst du deinen Nächsten lieben. Dadurch, daß die Liebe diese neue Richtung erhält, dadurch, daß sie vom eigenen Ich weggewendet und auf den Nächsten gerichtet wird, ist zugleich die natürliche Verkehrung des Willens überwunden."[169] Die goldene Regel bedeutet damit Auswechslung der Subjekte. An die Stelle des Ich tritt der Andere. Die Parallele zur lutherischen Liebeskonzeption ist damit unverkennbar. Die Selbstliebe wird allein unter negativem Vorzeichen wahrgenommen, während die Agape-Liebe diese negative Selbstliebe überwindet: „Agape [...] schließt alles, was Selbstliebe heißt, grundsätzlich aus. Das Christentum erkennt die Selbstliebe nicht als legitime Form der Liebe an. [...] Die Selbstliebe [...] tritt als ihr großer Gegner auf, der bekämpft und überwunden werden muß."[170] Dieser radikal negative Selbstbezug bildet das Fundament für Nygrens kontradiktorische Gegenüberstellung von Eros und Agape. Der begehrenden und selbstbehauptenden Eros-Liebe tritt die opferbereite, sich ganz hingebende Agape gegenüber[171].

Aufgrund der gleichzeitigen Entgegensetzung nicht von Weltlosigkeit und Weltbezug, sondern von Selbstbezug und Weltbezug, wie dies bereits bei Luther anklingt, kann Nygren eine solche Liebe sogar explizit als allein welthaft begreifen. Der Liebende im Sinne der Agape braucht nicht mehr Rücksicht auf sich selbst zu nehmen, sondern inkarniert sich gänzlich in die Welt hinein, gibt sich ganz und gar hin und verschenkt sich an die Welt[172]. Nygren hält die Agape allein für welthaft, so dass sie die Situation angemessen zu berücksichtigen vermag. Während der Eros aus der Welt heraus flieht, um seine Sehnsucht nach dem Ewigen zu befriedigen[173], hat allein die Agape wirklich Augen für den konkreten Nächsten „ohne Nebengedanken oder Seitenblicke auf etwas anderes."[174] Doch was sieht eine solche sich aus der Transzendenz inkarnierende Liebe am Nächsten, wenn nicht das Selbst dieses Nächsten mit seinen Möglichkeiten, seiner Geschichte, seinem Standort? Nygren verliert auf diese Weise wie vor ihm bereits Augustin und Luther den Blick auf den konkreten Nächsten mit seinen weltlichen Bezügen aus den Augen. Die Selbstverleugnung der Agape muss nach Nygren konsequenterweise auch den konkreten Nächsten verleugnen.

Die Gefährlichkeit eines solchen Liebeskonzeptes braucht nicht eigens aufgezeigt zu werden. In der neueren Kritik an einem solchen protestantischen Liebesbegriff werden – angestoßen vor allem durch die analytischpsychologischen Konzepte zur depressiven Persönlichkeitsstruktur, der selbstbezüglich-selbstverleugnende Momente zugesprochen werden – vor allem die Folgen für die Befindlichkeit solcher Art selbstloser Liebender aufgezeigt. In diesem Zusammenhang wird eine neuerliche Erotisierung christlicher Liebe diskutiert beispielsweise in Form der paradoxen Bestimmung dieser Liebe als „selbstloser Selbstliebe", die auf selbstlose Weise das summum bonum des eigenen Seins bejaht[175]. In ähnliche Richtung weist eine Bestimmung von Liebe als „Sehnsucht nach gemeinsamer Erlebnisgegenwart, die aus dem Überwältigt-sein von der Erscheinung einer anderen Person entspringt"[176]. Dies führt zu der Forderung, wieder neu affektiv-erotische Momente der Barmherzigkeit aufzuspüren[177]. Die Liebe kann jedoch nicht nur durch affektive Momente Konkretion erfahren, durch die sich die Liebe leicht an der Intimität orientiert und damit das Nähe-Distanz-Verhältnis im Kontext des Helfens schnell gefährden kann. Liebe wird konkret auch durch freiheitliche Handlungsmomente, durch Offensein und Würdigung kleinster handelnder Anfänge im zwischenmenschlichen Geschehen. Selbstverleugnende Liebe verleugnet nicht nur die affektive Seite der Person, sondern pflegt letztendlich einen objektivierenden Umgang mit anderen insgesamt. Hinter dieser Selbstverleugnung steht der Weltverlust des selbstlos Liebenden, der das Gewebe zerstört, über das der Liebende dem Geliebten in einer geglückten, Handeln und Sprechen freisetzenden Distanz begegnen kann.

Selbstverleugnungskonzepte in der Diakonie

Dieses dogmatische Verständnis von Agape bleibt bis heute nicht ohne Folgen für manche diakonische Konzepte von Nächstenliebe. Auch in der Diakonie wird teilweise heute noch unterschieden zwischen einer sich „herabbeugenden Liebe Christi" gegenüber einer „aufwärtsstrebenden Liebe der Menschen"[178], womit das „Sich-beugen" folglich als herausragendes Proprium des christlichen Liebesverständnisses charakterisiert wird. Diakonische Liebe verbindet das Aktivitätsmoment mit dem Moment der Selbstverleugnung. So schreibt beispielsweise Wichern in seinem berühmten „Gutachten": „Die Pflege der Liebe ist die Auslebung, Ergießung, Ausgestaltung der Liebe" und hat damit handlungskategoriale Züge. Sie lebt nur in ihrer Aktualisierung. Doch ist mit ihr gleichzeitig nach Wichern ein selbstverleugnendes Moment verbunden, indem sie „nur lebt und reich wird im Geben und nur geben kann, indem sie arm ist durch den heiligen Geist und im Glauben alles von ihrem Herrn entnimmt."[179] Auch im diakonischen Kontext wird zur Konzeption dieser christlichen Liebe auf die Liebestat Christi zurückgegriffen, deren Ereignis fruchtbar gemacht werden soll für diakonisches Tätigsein. Von herausragender Bedeutung ist in diesem Zusammenhang das Konzept von Paul Philippi, der im „Leben-hingebenden Dienst das Wesen, den Mittel- und Zielpunkt seiner [Christi] ganzen Sendung"[180] sieht. Für Philippi nimmt dabei der Christushymnus von Phil 2 eine herausragende Position ein, indem dort das spezifische Merkmal des Handelns Christi darin begründet liegt, „daß *der Gottgleiche* a) nicht festhielt, sondern entäußerte und dies b) unter Annahme der demütigen, gehorsamen Knechtsgestalt das heißt zugunsten derer, denen sein Dienst sich zuwandte."[181] Die Selbstentäußerung erhält dadurch einen ganz besonderen Stellenwert: „Der ‚Gottgleiche' beziehungsweise der πρῶτος [Erste]- μέγας [Erhabene] wird wirklich, das heißt nach seinem Sein (seiner ‚Substanz' nach, keineswegs nur nach seiner ‚Akzidenz'!), zum δοῦλος beziehungsweise διάκονος."[182] Christi Niedrigkeit unterscheidet sich dabei nur noch in dem einen Punkt von menschlicher Not, dass Christus im Gegensatz zu anderen Notleidenden freiwillig in das Allzumenschliche beziehungsweise den Bodensatz menschlicher Not hinabstieg[183].

Phil 2 bildet gleichzeitig die Grundlage für die Forderung der Nachfolge Christi in dessen Selbstverleugnung: „Das christologische Maß, das die Armen und Kleinen zu Repräsentanten des Kyrios erwählt hat, heißt: *Sein*, wie er *geworden* ist, mithin di£konoj sein – Selbsterniedrigung, Lebenshingabe und -preisgabe, Letzter-Sein eingeschlossen."[184] Philippi stellt dabei dem genus maiesticum Jesu seinen genus tapeinoticum, seine Niedrigkeit, zur Seite, das er in der Dogmatik noch unzureichend entfaltet sieht[185] und das er als das genus diaconicum in die Dogmatik eingeführt wissen will[186]. Das *genus diaconicum* Christi impliziert dann das genus diaconicum der Gemeinde: „Das genus diaconicum der Christologie impliziert die christozentrische Relation der Gemeinde. Es wendet jede religiöse oder philosophische Fragestellung (1 Kor 1) in die Diene-Beziehung mitmenschlich-helfender Gegenseitigkeit"[187].

Zentrum des so verstandenen genus diaconicum bildet die sich selbst erniedrigende Liebe. Die negative Beziehung zum Selbst bildet ein Grundmotiv christlicher Liebe. Dazu Philippi: „‚Sich selbst verleugnen' und ‚das Kreuz aufnehmen' sind zwei Seiten derselben einen Sache der Nachfolge und legen sich, mit exegetischem ‚und' verbunden, gegenseitig aus. [...] Die Lebensgestalt Jesu, die der Jünger notwendig von ihm übernimmt, ist demnach, aufs Subjektive gesehen, die der Selbstverleugnung, das heißt die des Absehens vom (vermeintlichen) eigenen Interesse, die des Verzichtes auf die Lebensart der Selbstdurchsetzung. [...] Das Gegenteil der ‚Selbstverleugnung' ist das Suchen der eigenen ψυχή, das ist des eigenen Lebens."[188] Die „christusgemäße Lebensgestalt" ist damit konkreter gesehen durch „Selbstverleugnung, Bereitschaft zur Selbsthingabe, zur Demut und zum Leiden gekennzeichnet". Folge dieser Konzeption ist die kontradiktorische Gegenüberstellung zweier Lebensweisen: „Auf der Gegenseite: Ehrgeiz (Mt. 18, 1); Ichbezogenheit (Lk. 9, 46): Streben nach Geltung, nach oben, nach Herrlichkeit (μέγας, μείζων, πρῶτος εἶναι). Auf der Christusseite: Umkehr (Mt. 18,3): Selbstverleugnung, Demut (μικρότερος, ἔσχατος εἶναι; ταπεινοῦν ἑαυτόν)."[189] Philippi macht dabei deutlich, dass mit der Selbstverleugnung keineswegs das Wesen der Diakonie gekennzeichnet ist: „Selbstverleugnung ist noch nicht Diakonie! Sie steht aber doch in einer Beziehung zu ihr. Sie ist gewissermaßen die Kehrseite, das Negativbild des Dienens."[190] An anderer Stelle kennzeichnet er das Verhältnis von Diakonie und Selbstverleugnung als ein solches von Aktivität und Passivität, beziehungsweise negativ und positiv. Dem negativ, passiv verstandenen Selbstverzicht und der damit verbundenen Leidensbereitschaft entspricht auf der anderen Seite die positive oder aktive Seite der Zuwendung zum Nächsten[191]. Die Selbstverleugnung bildet damit die negative Grundlage des diakonischen Dienstbegriffes, dem auf positiver Seite die Struktur des bereits entfalteten Für-seins entspricht[192]. Doch ist dieses Verhältnis von Selbstverleugnung und Dienst für andere auch umgekehrt bestimmbar. Die „Abwendung vom selbstbefangenen Herrschaftsstreben" erfolgt gerade durch die „Umwendung hin zum Verachteten"[193]. Damit wird der Hilfsbedürftige zur „Gabe Gottes" für uns, unserer Selbstverleugnung zu Hilfe kommend. Der Hilfsbedürftige hilft uns, unser Erster-sein zu durchbrechen, um Letzter werden zu können[194].

Diese Gegenüberstellung jeglicher Form von Selbstmächtigkeit gegenüber einer christlich verstandenen Selbstlosigkeit prägt nicht nur das Denken Philippis, der diesen Zusammenhang am detailliertesten entfaltet hat, sondern durchzieht bis heute große Teile der diakonischen und diakoniewissenschaftlichen Literatur[195], auch wenn vermehrt Widerspruch zum diakonischen Selbstverleugnungskonzept auch im diakonischen Zusammenhang laut wird[196]. Dabei ist besonders die praktische Konsequenz dieser Selbstverleugnung im Blick, die unter dem Titel „Opfer" oder auch „Hingabe" eingefangen wird. Gerne wird im Hinblick auf eine Kritik der selbstverleugnenden Liebe als Grundlage der Diakonie auf einen Gedankengang von Löhe hingewiesen, der das mögliche Maß dieser sich verleugnenden Hingabe im diakonischen Dienst in besonderem Maße kennzeichnet: „Was will ich? Dienen will ich.– Wem will ich dienen? Dem Herrn Jesus in seinem Elenden und Armen.– Und was ist mein Lohn? Ich diene weder um Lohn noch um Dank, sondern aus Dank und Liebe; mein Lohn ist, daß ich dienen darf! – Und wenn ich dabei umkomme? Komme ich um, so komme ich um, sprach Esther, die Königin, die doch Ihn nicht kannte, dem zuliebe ich umkäme und der mich nicht umkommen läßt.– Und wenn ich dabei alt werde? So wird mein Herz doch grünen wie ein Palmbaum und der Herr wird mich sättigen mit Gnade und Erbarmen. Ich gehe mit Frieden und fürchte nichts."[197] Die christliche Dienstbereitschaft zeigt sich für Löhe nicht nur darin, dass der Dienende sich der Gnade Gottes anheimstellt. Die Gnade tritt vielmehr in Konkurrenz zur grundlegenden Sorge um das eigene Dasein. Der Tod spielt keine Rolle mehr. Das Dienen wird maßlos. Der Gedanke der Maßlosigkeit des Bezuges zum anderen aufgrund der Übertretung jeder Grenzen in sich selbst findet sich – wenn auch meist in abgeschwächter Form – in vielfältigen Konzepten von Diakonie bis heute. So wird Liebe explizit als „Selbsttranszendenz" verstanden, die ausdrücklich das Ziel hat, „die Entfremdung infolge von Sünde und Schicksal durch die Wiedergewinnung des Getrennten in der Gnade zu überwinden."[198] Zur Liebe gehört es, „grenzenlos" zu sein und bestehende Grenzen zu sprengen[199] bis zur Selbstverneinung[200], so dass Liebe sich darin äußert, „sich rückhaltlos in die Welt zu werfen und alles zu benützen, was ihren besonderen Zwecken dient"[201]. Die Liebe findet in sich keinen Halt mehr und „liefert sich in die Hände des anderen aus"[202]. Der Liebende steht in seinem

Lieben „mit seinem Leben ein." Diakonisches Handeln wird damit als „Vollzug eines ganzen Opfers, als Hingabe des Lebens verstanden"[203] und in eben dieser totalen Hingabe unterscheide sich christliches διακονεῖν vom antiken Verständnis des Begriffes[204]. „Die Kirche, die in der Nachfolge Jesu sich verleugnet und die Welt liebt, ist durch ihre Selbstverleugnung von der Welt unterschieden und durch ihre Liebe mit ihr verbunden."[205] Dabei fehlt auch der Rückbezug auf das Vorbild Christi nicht. Turre beispielsweise schreibt dazu: „Die rechte Motivation für leistungsbereite Mitarbeit in der Diakonie erwächst aus der Erinnerung an das, was dem Mitarbeiter durch das Opfer Christi schon für sein Leben geschenkt ist. [...] Diakonie in der Nachfolge Jesu Christi ist bereit zum eigenen *Opfer*. Echte Opferbereitschaft bringt sich selbst in den Vollzug der Arbeit ein."[206] Insofern sieht auch Turre in der Selbstverleugnung einen Grundzug christlichen Seins, insofern „in der Nachfolge Jesu nicht Selbstverwirklichung, sondern *Selbstentäußerung* Kennzeichen christlichen Handelns ist (Mk 8, 34parr). Dies ist christologisch begründet worden, da auch Christus sich selbst dahingegeben hat (Gal 1, 4; Eph 5, 2, 25; 1 Tim 2, 6; Tit 2, 14). Es ist auch pneumatologisch begründet worden, da als Kennzeichen des Geistes Gottes seine von der Selbstsucht befreiende Wirkung herausgestellt wurde (Röm 8, 9, 12; Gal 5, 13, 16f)."[207] Und Moltmann spricht in diesem Zusammenhang explizit davon, dass die Diakonie eine „Bereitschaft zum Leiden und Sterben", eine „selbstvergessene Sterbefreudigkeit"[208] verlangt. Dabei stirbt das Selbst im Umgang mit dem Leid ab[209]. An ein – erschreckendes – Ende kommt ein solches Modell sich selbst verleugnender Liebe in einer Verbindung von Abendmahlssymbolik und Diakonie: „Wir empfangen das gebrochene Brot, um uns selbst brechen zu lassen und brauchbar zu werden für die Menschen, zu denen Gott uns sendet."[210] Aufgabe der diakonisch Tätigen bleibt mithin, dass „wir uns hineinopfern in diese Welt."[211] Hier geht es um mehr als um die Aufgabe der eigenen Daseinssicherung. Dienst heißt hier aktive, grenzenlose und rücksichtslose Selbstopferung.

*Selbstbezüglichkeit, Selbstverleugnung und Weltliebe
im Lichte des Denkens von Hannah Arendt*

Diesem Konzept der Selbstverleugnung wird auch innerhalb der diakoniewissenschaftlichen Diskussion teilweise massiv widersprochen, wobei der Hinweis auf die Burnout-Gefahr, also ein psychologischer Ansatz, eine herausragende Bedeutung hat[212]. Dabei wird der „totale Anspruch"[213] der Lebensopferung angeprangert, der verheerende Auswirkungen nicht nur für Helfende, sondern auch für Hilfsbedürftige hat, die zu Objekten solchen totalen Gebens werden. Insbesondere wird darauf hingewiesen, dass die diakonische Selbstverleugnung in ihrer Herkunft aus der Kommunitätendiakonie nicht für eine volkskirchliche Diakonie nutzbar gemacht werden kann. Der Helfer selbst liefert sich an den Hilfsbedürftigen aus[214], verausgabt sich in der helfenden Beziehung[215]. Im Gegensatz dazu wird darauf hingewiesen, dass Diakonie Teilhabe statt Selbstpreisgabe erfordert, so dass der Helfende seine eigenen Bedürfnisse und Interessen in das helfende Tätigsein miteinbringen kann[216]. Degen bemerkt dazu, dass Helfen nicht nur bedingungslose Hingabe impliziere, sondern auch der eigenen Persönlichkeitsentwicklung diene[217]. Unbefriedigend bleibt in diesem Zusammenhang der Hinweis, dass sich nur der hingeben kann, der sich selbst gefunden hat[218]. Warum sollte jemand, der die Bedeutung seiner eigenen Persönlichkeit wie seiner Bedürfnisse erkannt hat, diese in einem zweiten Schritt wieder negieren? Ebenso fragwürdig bleibt die Behauptung, dass umgekehrt derjenige sich findet, der sich „ganz für andere drangibt"[219]. Wenn der Inhalt der Selbstverleugnung die gänzliche Abwendung von sich selbst impliziert, ist damit gleichzeitig auch jeder mögliche positive Selbstbezug verloren. Biblisch begründet wird die Selbstliebe meist mit dem Gebot der Nächstenliebe, die die Selbstliebe ausdrücklich miteinschließt beziehungsweise mit der goldenen Regel, die „auf konkrete Weise in den Kern eines unaufhörlichen Konfliktes zwischen dem Eigeninteresse und dem Selbstopfer gestellt"[220] ist. Bereits biblisch vermag diese Begründung nicht ganz zu überzeugen, solange nicht berücksichtigt wird, welche Konsequenz eine solche Lesart für das Verständnis der fast übermächtigen Schriftbelege zur Selbstverleugnung als konstitutiver Lebensweise von Christen in der Nachfolge Christi hat.

Aber auch sachlich überzeugt der Hinweis auf ein ausgeglichenes Verhältnis zwischen Selbstliebe und Selbstlosigkeit nicht, da ein solches Modell impliziert, dass diakonisch Tätige von diesem Ausgleich in sich in hohem Maße eingenommen sind, das heißt, sie bleiben auf ihr eigenes Inneres konzentriert. Das Selbstverleugnungskonzept wie das Konzept des Ausgleichs zwischen Selbst- und Nächstenliebe bleibt schnell auf den Selbstbezug konzentriert, statt an der Form der Weltzuwendung interessiert zu sein, in deren Zusammenhang Selbst und Nächster erst miteinander in gelingenden Bezug zueinander treten können. Diese Selbstbezüglichkeit, wenngleich unter negativem Vorzeichen im Konzept der Selbstverleugnung, wird insbesondere am Terminus „Opfer" deutlich. Er impliziert immer den Gedanken: „Ich opfere *mich*, gebe *mich* hin." Im Widerstreit gegen das welthafte Selbst kämpft das gläubige Selbst mit seiner Selbstverleugnung und bleibt so auf sich selbst bezogen.

Auch in der Auseinandersetzung mit der Thematik der selbstverleugnenden Liebe bietet das Denken von Hannah Arendt die Möglichkeit, den Zusammenhang aus einer anderen Perspektive zu bedenken und so neue Aspekte der Gefahren von Selbstbezogenheit wie Selbstverleugnung zu eruieren sowie einen eigenen Lösungsansatz des Konfliktes aufzuzeigen. Arendt weiß dabei um die Gefahren selbstbezogener Existenz, die sich unter dem Begriff des Selbstinteresses bündeln lassen im Gegensatz zum esse inter homines, dem Sein unter beziehungsweise zwischen Menschen, wie es das römische Denken verstand[221]. Diesem Selbstinteresse ist ein unmittelbarer Rekurs auf die eigenen Bedürfnisse eigen, der in seiner Unmittelbarkeit und Notwendigkeit jeden weiteren Horizont des Weltinteresses zunichte machen kann. Das Ende eines solchen Sichüberlassens an die automatischen und damit automatisierten, prozesshaften Abläufen im je eigenen Inneren sieht sie in der Schreckensvision der modernen Arbeitsgesellschaft wirksam[222].

Dieser unmittelbare Selbstbezug verhindert jenes Weltinteresse, das Arendt im Rückgriff auf Kant als Geschmack kennzeichnet und das folglich ein Absehen von diesem unmittelbaren Selbstinteresse zur Voraussetzung hat[223]. Gerade aus diesem Grunde, weil Selbstinteresse unmittelbar und dominant das Bewusstsein einnimmt, liegt das Verhängnis der Not für das Politische darin, dass das Drängen der unmittelbaren Not dem Geschmack an der mit anderen gemeinsamen Welt keinen Raum mehr gewähren kann. Eine basale Existenzsicherung ist daher unbedingte Voraussetzung für die Einnahme welthafter Perspektiven und damit für die Fähigkeit, sich an die Stelle anderer zu versetzen[224]. Arendts Kritik der Sozialwissenschaften liegt zu einem wesentlichen Teil in dem diesen Wissenschaften eigenen Paradigma der Selbstinteressiertheit begründet. Indem das Zentrum des menschlichen Tätigseins in Selbsterhaltung und Glücksmaximierung gesehen wird, wird jeder Bezug zum Nächsten unter der Perspektive dieser unbewussten, unmittelbaren Motive der Selbstinteressiertheit reflektiert. Der dahinter stehende Argwohn gegenüber vermeintlichen eigentlichen Absichten jedes mitmenschlichen Handelns unter dem Motiv der Selbstinteressiertheit tötet die Welt und das Weltinteresse nachhaltig[225], weil die Welt lediglich unter der Perspektive des Missbrauchs für geheime private Zwecke in den Blick genommen wird. Welt ist zwar auf der einen Seite der selbstverständliche Horizont menschlichen Denkens und Tuns und doch kann dieser Welthorizont verloren gehen, sobald Welt nicht mehr in ihrer Bedeutung geachtet und gepflegt wird. Der fortgesetzte Missbrauch der Welt zu selbstinteressierten Zwecken wie der Argwohn der Vermutung beständiger selbstinteressierter Motive zerstört zwar nicht das Sichbefinden in einer vorfindlichen Welt, aber die Ermöglichung von Handeln und Urteilen in dieser Welt, das heißt, deren Gestaltung als eines mit anderen gemeinsamen Bezugsgewebes.

Eine eigene Form von Selbstbezüglichkeit, an der das Zerstörungspotenzial selbstinteressierten Menschseins in besonderer Weise deutlich wird, diskutiert Arendt unter dem Begriff der Souveränität[226]. Tätigsein unter dem Paradigma der Souveränität ist herstellungskategorial geprägt. Wer ein Werk als materiale Herstellung einer selbstgedachten, intelligiblen Idee erstellt, ist Herr nicht nur über das Material der Herstellung, sondern auch über den Herstellungsprozess. Dieser vorgestellten Idee wird alles Vorhandene unter- und zugeordnet, auch die vorhandene Welt. Damit geht der Souverän des Herstellens mit dem Bezugsgewebe der mit anderen gemeinsamen Welt letztlich immer gewaltsam um. Nur so behält er die Kontrolle über die Verwirklichung seiner ureigensten Idee. Selbstbezüglichkeit kommt hier unter der Perspektive der gewaltsamen Unterordnung der Welt unter je eigene Ideen in den Blick. Erst wenn der Hersteller die herrschaftskategoriale Kontrolle über sein Tätigsein aus der Hand gibt und andere innovative Ideen zulässt, die dem Prozess eine neue Richtung geben können, verwandelt sich die herstellungskategoriale Gewalt in weltorientierte Initiativität.

Doch nicht nur die Selbstbezüglichkeit, auch die Selbstlosigkeit kann aus der politischen Perspektive Hannah Arendts verheerende Folgen für menschliches Miteinander haben, die weit über das psychologische Problem der Selbstausbeutung beziehungsweise des Helfersyndroms hinausgehen. Nur auch an sich selbst interessierte Menschen sind geübt im Umgang mit Welt, weil der eigene Standort in der Welt immer auch von eigenen Interessen mitbestimmt ist. Hannah Arendt macht deutlich, dass mit der „Ausschaltung des eigenen Interesses [...] nur Negatives gewonnen ist und außerdem noch die Gefahr besteht, mit der Unterbindung der personalen Interessiertheit die Bindung an die Welt und die Zuneigung zu ihren Gegenständen und Sachen, die in ihr sich abspielen, zu verlieren."[227] Selbstinteresse und Weltinteresse sind unmittelbar miteinander verbunden. Der Verlust des Selbstinteresses verliert die Interessenhaftigkeit insgesamt. Aus den Interessen können unter bestimmten Bedingungen, die von der Welt selbst her gegeben sind, politisch relevante Meinungen erwachsen und als Perspektiven in der Welt fruchtbar werden. Nicht nur wird es fraglich, wie an sich nicht mehr interessierte Urteilende noch fähig sein sollen, die Perspektiven anderer einzunehmen, vielmehr erfordert das Miteinandersein in einer mit anderen gemeinsamen Welt einen eigenen Weltsinn beziehungsweise Gemeinsinn, der unauflöslich, wie Arendt im Rückgriff auf Kant zeigen kann, ebenfalls mit einem Gefühl der Lust verbunden ist. Das Weltinteresse wird in besonderem Maße deutlich in Arendts Rekurs auf das amerikanische Glücksverständnis[228]. Nicht nur das Einnehmen anderer Perspektiven, das Licht, das von den vielfältigen Perspektiven ausgeht, die im öffentlichen Meinungsaustausch aufleuchten, kann als beglückend erlebt werden, sondern auch das „acting in concert"[229], das nicht in der souveränen Durchsetzung eigener Handlungsinteressen besteht, sondern in der Artikulation der je eigenen Gabe der Spontaneität, um damit Neuanfänge in der Welt zu gestalten. Dieses Glückserlebnis besteht dabei nicht nur in der Realisierung von Initiativität verbunden mit dem Wunsch, von anderen gesehen und gehört zu werden, sondern auch in dem Nichtwissen, was daraus wird, das dem Handeln die ihm eigene beglückende Spannung und Lebendigkeit verleiht. Nicht nur dieses Glücksempfinden, auch die initiativen Momente und der Wunsch, diese Initiativmomente vor anderen zu zeigen, um sie ihrem erhellenden Urteil auszusetzen und um ihre Fortführung des Angefangenen zu werben, kann aus einer Position der Selbstverleugnung heraus nicht mehr einbezogen werden, so dass Selbstverleugnung gleichzeitig Weltverleugnung zur Folge haben muss.

Welch weit reichende Folgen eine solche Verlassenheit von sich selbst wie von der Welt haben kann, zeigt Arendt deutlich auf in ihrer Diskussion der Heuchelei. Wer sich selbst und die Welt verlassen hat, setzt damit nicht nur seine Handlungskompetenzen im Extremfall bis zum Verlust der eigenen Spontaneität aufs Spiel[230], sondern auch seine Freundschaft mit sich selbst, mit der Arendt das Gewissen kennzeichnet[231]. Wenn das eigene Selbst zum zu verleugnenden Feind geworden ist, wird aus dieser inneren Freundschaft Feindschaft. Von dem sehr konkreten Zusammensein mit sich bleibt dann lediglich ein abstraktes Prinzip der Selbstübereinstimmung im Sinne Kants übrig, das unter Verlust der Orientierung an der Welt seinen Gehalt verloren hat und Gefahr läuft, beliebig füllbar zu werden[232]. Diese Beliebigkeit muss nicht die Gedankenlosigkeit Eichmanns zur Folge haben, sie wird sich jedoch immer abstrakte Prinzipien zum Maßstab setzen müssen, die die weltbezogene Menschlichkeit ersetzen muss. Davor sind auch christliche Glaubensverständnisse nicht gefeit und manches Miteinander in pietistischen Gruppierungen, protestantischen Freikirchen und Sekten legt ein beredtes Zeugnis ab von den Gefahren, die von solcher Gesetzlichkeit ausgehen können.

Arendts Lösung der Frage nach der Weise eines gelungenen Selbstbezuges ergibt sich von ihrem Weltkonzept her. Ein gelungener Weltbezug impliziert gelingenden Selbstbezug, ja der Welt und ihren Institutionen kann Arendt sogar „Heilkraft" in Bezug auf die selbstbezügliche Selbstinteressiertheit zusprechen[233]. Nicht nur zwischen Selbst und Nächstem, sondern bereits zwischen mir und mir selbst tritt vermittelnd die Welt als derjenige Horizont, der die unmittelbare Selbstbezüglichkeit durchbricht und eine Distanz im eigenen Selbst und zu ihm ermöglicht. Arendt verdeutlicht diesen Zusammenhang unter Rekurs auf Kants Rede von der

„Operation der Reflexion"[234]. Indem Urteilende ihre eigenen Interessen reflektierend in den Blick nehmen, schaffen sie eine Distanz in sich. Diese distanzierende Reflexivität geschieht im Horizont der Welt, indem die eigenen Interessen aus verschiedensten weltlichen Perspektiven heraus wahrgenommen werden. Der reflexiv Urteilende wird quasi vom unmittelbaren Zusammensein mit seinen Interessen erlöst, die Welt anderer Standpunkte tritt zwischen ihn als Urteilenden und seine Interessen und gewährt ihm damit einen Freiraum zur handelnden Gestaltung von Welt. Zusammen mit dem eigenen Interesse ist damit die Menschenwelt mitanwesend, so dass aus diesem distanzierten Selbstbezug heraus über den vermittelnden Horizont der Welt eine qualifizierte Meinung möglich wird. Insofern diese Operation der Reflexion unter Zuhilfenahme der Einbildungskraft erfolgt, ist die Einbildungskraft dafür verantwortlich, dass die Gegenstände des Urteilens in ein angemessenes Nähe-Distanz-Verhältnis zu mir selbst gebracht werden[235], so dass im Horizont der Welt erst Verstehen möglich wird. Folge eines solchen Weltbezuges ist eine spezifische „Bewegungsfreiheit in der Welt"[236], die sich im Geistigen durch das Durchbrechen des unmittelbaren Selbstbezuges[237] zu einem freien Spiel verschiedenster Perspektiven und einer damit verbundenen Horizonterweiterung auszeichnet.

Diese Bewegungsfreiheit betrifft nicht allein die Bildung von Meinungsfreiheit, sondern impliziert auch handlungskategoriale Komponenten. Die Tendenz, praktische Vollzüge auf die Durchsetzung privater Interessen zu reduzieren, verkennt das interesseleitende Motiv des Weltinteresses. Tocqueville macht in seiner Auseinandersetzung mit dem amerikanischen „aufgeklärten Selbstinteresse" deutlich, dass ein distanzierter Umgang mit den Privatinteressen Handlungen freisetzen kann, die in auffälligem Maße von Weltinteresse geprägt sind[238]. Private Interessen haben auf diese Weise geradezu katalysierende Wirkung; sie stiften erst zu weltbezogenem Handeln an. Weltliebe entsteht so unter Einbezug und Verwandlung der je eigenen Interessen aufgrund des Bewusstseins, dass der eigene Vorteil eng mit dem Vorteil der anderen verbunden ist, bis erkannt wird, dass die Liebe zur Welt und die mit ihr verbundenen Handlungsmöglichkeiten bedeutsamer sind als die Liebe zu sich selbst mit seinen Ideen und Bedürfnissen, ja dass die Weltliebe der Selbstliebe erst den ihr zukommenden Stellenwert beimisst.

Christliche Nächstenliebe steht keinesfalls in Widerspruch zu dieser Weltliebe, wenn man das christliche Agapeverständnis in diesem Zusammenhang reflektiert. Angesichts der Bedeutungsstreuung des Liebesbegriffes stellt sich die Frage, inwiefern der Liebesbegriff überhaupt noch tauglich ist zur Verdeutlichung dessen, was der neutestamentliche Begriff ἀγάπη aufzeigen möchte. Wenn ἀγάπη weder eine besondere oder gar romantisch verstandene Nächstennähe kennzeichnen soll, noch eine sich verleugnende Hingabeintention impliziert, so stellt sich die Frage nach dem Bedeutungskern des christlichen Liebesverständnisses erneut. Eine Möglichkeit besteht in dem Hinweis auf eine weniger affektbetonte Form der Zuwendung zum anderen, die gleichwohl bis tief in die menschliche Personalität hineinreicht[239]. In der Tat spielt die Nüchternheit im Neuen Testament eine besondere Rolle (vgl. v.a. 1 Thess 5, 8; 1 Petr 1, 13). Sie impliziert dann einen reflexiven Umgang mit emotionaler Gestimmtheit, die bestimmt ist von einer Achtung vor dem anderen, die nicht abstrakt bleiben muss, sondern ihre Bestimmung erfährt von der zugewandten Offenheit für die reflektierten Meinungen von anderen als deren individuelle Perspektiven sowie deren Handlungskompetenzen als deren Möglichkeiten, freiheitlich zu handeln.

Aus dieser Perspektive heraus erhält auch das Lesen der neutestamentlichen Texte neue Aspekte. Paulus' Hohelied der Liebe entwickelt diese zwar in breitem Maße ex negativo, doch ist eine Dominanz der selbstverleugnenden Liebe diesem Text nicht entnehmbar[240]. Gleiches gilt auch für das Verständnis desjenigen biblischen Textes, der am stärksten als Beleg für den selbstverleugnenden Charakter christlicher Liebe herangezogen wird, den Christushymnus von Phil 2. Christliche Liebe soll nach gängiger theologischer Interpretation Maß nehmen an der göttlichen Liebe in Christus, der sich entäußert hat und gehorsam war bis zum Kreuzestod (Phil 2, 7f.). Ihre Radikalität hat die Selbstverleugnung daher aus dem Zentrum der neutestamentlichen Botschaft, dem Christusereignis. Agape Gottes in Christus wird dort als das das Innerste der Person zutiefst betreffende und umgestaltende Ereignis verstanden, das sich der radikalen Selbstentäußerung und Lebenshingabe Christi verdankt. Die Problematik des sich selbst entäußernden Liebeskonzeptes besteht darin, diese Gottesliebe in Christus auf die Beziehung zwischen Menschen bruchlos zu übertragen. Das

Christusereignis bleibt dann nicht einmaliges Ereignis, sondern fordert die Fortsetzung der Selbstopferung in jedem Gläubigen[241]. Die Nächstenbeziehung erhält somit opfernde, herabneigende, personal distanzlose, weil das Innerste der geliebten Person betreffende, Konnotationen. Doch der klassische biblische Text zu dieser Parallelisierung von Gottes- und Menschenliebe, der Christushymnus in Phil 2 ist in diesem Punkt gerade nicht ohne Vorbehalt. Obwohl die ersten Verse ein unter anderem hochgradig affektiv bestimmtes Miteinander in der Gemeinde kennzeichnen (vgl. Phil 2, 1-4), geschieht der Anschluss an den Christushymnus, der Christi Selbstentäußerung besingt, merkwürdig gebrochen (V.5): „Seid auf diese Weise unter euch gesinnt; ὅ καί ἐν Χριστῷ Ιησοῦ – das [seht ihr] auch an Christus Jesus"[242]. Zwar wird Christus als Vorbild genannt für die Gesinnung untereinander. Doch es wird gerade nicht eine solche Gesinnung gefordert, die mit derjenigen Christi vollends identisch ist. Der grammatikalische Anschluss von Miteinander und Christusereignis ist schwierig aufzulösen[243]. Eine Gründung theologischen Denkens auf diese biblische Quelle tut daher gut daran, diesen Vorbehalt ernstzunehmen. Die Selbstverleugnung Christi ist nicht bruchlos auf menschliche Tätigkeitsweisen übertragbar. Dies wird in der Literatur oftmals übersehen. Beispielsweise stellt der Weißenseer Arbeitskreis seinen theologischen Sätzen zum Dienen die biblische Aussage aus Phil 2 in bruchlos identifizierender Art voran: „Ein jeglicher sei gesinnt, wie Jesus Christus auch war"[244] und stellt damit die Selbstopferung Jesu als nachzuahmendes Vorbild für jedes christlich dienende Handeln hin. Ziel christlicher Nächstenliebe muss dann konsequenterweise die Selbsthingabe bis zur Selbstvernichtung sein.

Aus diesem Zusammenhang ergibt sich die Notwendigkeit, die christliche Rede von Selbstverleugnung neu zu überdenken. Selbstverleugnung in Form des Absehenkönnens von eigenen Privatinteressen gehört, wie gesehen, auch zu einem gelungenen politisch qualifizierten Miteinandersein, aber es kennzeichnet nicht dessen herausragende Qualität. Vielmehr ist wirkliche Selbstverleugnung in hohem Maße gefährlich für die menschlichen Bezüge. Stattdessen verdient das in neutestamentlichen Aussagen implizierte Moment der Achtung des jeweils anderen eine neue Würdigung im diakonischen Kontext, die sich letztendlich auf das Geschaffensein in Gottebenbildlichkeit gründet. Dieses gottebenbildliche Geschaffensein impliziert die Möglichkeit, dass Menschen selbst initiativ und kreativ werden können. Arendts Konzept der Initiativität ist eng verbunden mit Augustins Auslegung der Schöpfungsgeschichte Genesis 1 und steht damit ausdrücklich in der Nähe zur christlichen Reflexion der menschlichen Bezüglichkeit. Die mit der Schöpfung des Menschen verbundene existenziale Gabe der Spontaneität bestimmt auch das humane Geschehen zwischen Menschen. Das christliche Liebesverständnis kann vom Schöpfungsverständnis her als freiheitliches in den Blick kommen, indem der liebende Bezug auf der Grundlage der Achtung vor der kreatürlichen Spontaneität jedes einzelnen verstanden werden kann. Liebe bedeutet dann primär eine beachtende und achtende Offenheit für die Spontaneität und die daraus erwachsenden Anfänge anderer. Sie zeigt sich daran, wie wir, wenn wir lieben, mit den freiheitlichen Momenten umgehen, die andere in die Welt hineintragen. Liebe, anders ausgedrückt, zeigt sich im fortwährenden Knüpfen von Bezugsgeweben und unser Liebesmaß misst sich daran, wie viele Fäden wir in diesem Netz freiheitlicher Bezüge zulassen können.

Anmerkungen

1. Vgl. dazu v.a. Jäger: Diakonie als christliches Unternehmen, S. 188
2. Vgl. Campbell: Nächstenliebe mit Maß, S. 158
3. Turre: Diakonik, S. 121 im Rückgriff auf eine Aussage von Theodor Schober
4. Campbell: Nächstenliebe mit Maß, S. 108
5. Vgl. Jäger: Diakonie als christliches Unternehmen, S. 190
6. Ebd., S. 204
7. Ebd., S. 209, 213
8. Borgmann: Art. Caritas. Lexikon für Theologie und Kirche, S. 941
9. W. Günther/H.-G. Link: Art. Liebe / ἀγαπάω; Theologisches Begriffslexikon zum Neuen Testament, S. 896
10. Vgl. Strobel: Der erste Brief an die Korinther, S. 206
11. Vgl. Wischmeyer: Art. Liebe. Neues Testament. Theologische Realenzyklopädie Bd. 21, S. 139
12. Daiber: Diakonie und kirchliche Identität, S. 151
13. Stauffer: Art. ἀγαπάω . Theologisches Wörterbuch zum Neuen Testament Bd. I, S. 50
14. Hollweg: Gruppe – Gesellschaft – Diakonie, S. 228
15. Vgl. dazu die Ausführungen über Wichern in: Kirchenamt der EKD: Herz und Mund und Tat und Leben, Abs. 5

16. Wicherns Rede auf dem Wittenberger Kichentag. In Wichern: Sämtliche Werke Bd. I, S. 165
17. Vgl. z.B. Kirchenamt der EKD: Herz und Mund und Tat und Leben, Abs. 5; Talazko: Märzrevolution und Wittenberger Kirchentag, S. 65; Weth: Kirche in der Sendung Jesu Christi, S. 72 Anm. 32
18. Hierzu v.a. Jäger: Diakonie als christliches Unternehmen, S. 212
19. Wischmeyer: Art. Liebe. Neues Testament. Theologische Realenzyklopädie Bd. 21, S. 145
20. Kirchenamt der EKD: Herz und Mund und Tat und Leben: Abs. 18
21. Vgl. dazu beispielsweise Daiber: Diakonie und kirchliche Identität, S. 153; Campbell: Nächstenliebe mit Maß, S. 95 im Rückgriff auf Tillich
22. Ringeling: Art. Liebe. Dogmatisch. Theologische Realenzyklopädie Bd. 21, S. 172
23. Müller: Diakonie im Dialog mit dem Judentum: S. 448 im Rückgriff auf Wolf. Hervorhebung K.M.
24. Steinkamp: Diakonie – Kennzeichen der Gemeinde, S. 89f.
25. Turre: Diakonik, S. 100
26. Vgl. z.B. Daiber: Diakonie und kirchliche Identität, S. 150
27. Sigrist: Die geladenen Gäste, S. 85
28. Ebd., S. 61
29. Busch: Wir sind eine Dienstgemeinschaft von Frauen und Männern im Haupt- und Ehrenamt, S. 275
30. Wichern: Gutachten über die Diakonie und den Diakonat, S. 134
31. Ebd., S. 143
32. Vgl. ebd., S. 142f.
33. Wichern: Die innere Mission – Eine Denkschrift, S. 182
34. Passauer: Der Weg zu einer Dienstgemeinschaft, S. 241
35. Risch: Diakonie – eine Außenwahrnehmung, S. 135
36. Weth: Kirche in der Sendung Jesu Christi, S. 84
37. vgl. Leitlinien zum Diakonat 3.3.. In: Reitz-Dinse: Theologie in der Diakonie, S. 198f., Passauer: Der Weg zu einer Dienstgemeinschaft, S. 242
38. Vgl. Diakonisches Werk: Diakonie – stark für andere. Beitext zur Leitlinie 4 des Leitbildes Diakonie: „Die Diakonie ist bis heute von Bruder- und Schwesternschaften geprägt, deren Mitglieder im Dienst am Nächsten und im gemeinsamen Leben verbunden sind. Unsere Tradition verpflichtet uns."
39. Welker: „Brennpunkt Diakonie", S. 5 im Rückgriff auf eine Aussage von Karl-Adolf Bauer
40. Barmen III
41. Schäfer: Gottes Bund entsprechen, S. 217 im Rückgriff auf das „Votum des Theologischen Ausschusses der EKU – „Kirche als Gemeinde von Brüdern" – zu Barmen III
42. Ebd., S. 216
43. Henckel: Arbeit in der Diakonie – eine Alternative, S. 65
44. Winter: Die Bedeutung der Barmer Theologischen Erklärung von 1934 für die Arbeit der Diakonie im sozialen Rechtsstaat heute, S. 83 im Rückgriff auf ein Votum des Theologischen Ausschusses der EKU
45. Joh 17, 18-23; Schweizer: Die diakonische Struktur der neutestamentlichen Gemeinde, S. 185
46. Philippi: Diaconica, S. 85
47. Moltmann: Diakonie im Horizont des Reiches Gottes, S. 71; dazu Schäfer: Gottes Bund entsprechen, S. 209

48. Vgl. jedoch auch bereits Barth: „Hier in der Diakonie hat [die Gemeinde] Gelegenheit, wenigstens zeichenhaft den kosmischen Charakter der in Jesus Christus geschehenen Versöhnung [...] sichtbar zu machen." Barth: KD III/2 §72, S. 1022
49. Strohm: Diakonie und Sozialethik, S. 8
50. Ebd.; vgl. auch S. 211, wo Strohm explizit auf der Grundlage des Versöhnungsgedankens auf die Menschenwürde als Maßstab diakonischen Handelns rekurriert.
51. Ebd., S. 36
52. Ebd., S. 37
53. Reitz-Dinse: Theologie in der Diakonie, S. 279
54. Sigrist: Die geladenen Gäste, S. 42
55. Ebd. S. 44
56. Vgl. Steinkamp: Diakonie – Kennzeichen der Gemeinde, S. 97f.
57. Vgl. Herborg: Statt Tarifvertrag. In: Gemeinschaftswerk der Evangelischen Publizistik (Hg.): epd Dokumentation 14/78 S. 65; vgl. ders.: Zur Entstehung des Dritten Weges. In: Kirchliches Jahrbuch 81/82, S. 277
58. So Haslinger: Diakonie zwischen Mensch, Kirche und Gesellschaft, S. 425, der dem Dienstgemeinschaftskonzept allerdings entschieden kritisch gegenübersteht.
59. Seibert: Diakonie – Hilfehandeln Jesu und soziale Arbeit des Diakonischen Werkes, S. 237
60. Haslinger: Diakonie zwischen Mensch, Kirche und Gesellschaft, S. 425
61. So v.a. das Diakonische Werk: Diakonie – stark für andere, Beitext zur Leitlinie 5
62. Gegen Moltmann: Diakonie im Horizont des Reiches Gottes, S. 71
63. Arendt: Gedanken zu Lessing, S. 28
64. Ebd., S. 32
65. Vgl. Arendt: Was bleibt? Es bleibt die Muttersprache. Ein Gespräch mit Günther Gaus, S. 28f.
66. Vgl. v.a. Arendt in Bezug auf die Einbildungskraft. In dies.: Verstehen und Politik, S. 127
67. Arendt: Gedanken zu Lessing, S. 28
68. Arendt: Vita activa, S. 237
69. Ebd., S. 237f.
70. Wendland: Einführung in die Sozialethik, S. 145
71. Wendland: Die Kirche in der modernen Gesellschaft, S. 113
72. Vgl. dazu insbesondere Luther: Von weltlicher Obrigkeit, wie weit man ihr Gehorsam schuldig sei. WA 11; 272, 13-22: „Darum muß ein Fürst das Recht ja so fest in der Hand haben wie das Schwert und mit eigener Vernunft ermessen, wann und wo das Recht der Strenge nach zu brauchen oder zu lindern sei, so daß die Vernunft allezeit über das Recht regiere und das oberste Recht und Meister allen Rechts bleibe. So wie ein Hausvater: Obwohl er über sein Gesinde und seine Kinder bestimmte Zeit und Maß für Arbeit und Speise festsetzt, muß er doch solche Vorschrift in seiner Macht behalten, damit er sie ändern und nachlassen könne, wenn sich ein Fall begäbe, daß sein Gesinde krank, gefangen, aufgehalten, betrogen oder sonst verhindert würde, und darf nicht mit gleicher Strenge mit den Kranken wie mit den Gesunden verfahren."
73. Ebd., WA 11; 279, 34
74. Ebd., WA 11; 279, 25-27
75. Vgl. Beiner: Love and Worldliness, S. 272, 276f.
76. Arendt: Der Liebesgbegriff bei Augustin, S. 1
77. Ebd., S. 42 Anm. 2

78. Ebd., S. 42
79. Ebd., S. 43
80. Ebd., S. 44
81. Ebd., S. 16f.
82. Vgl. ebd., S. 18
83. Vgl. ebd., S. 14
84. Ebd., S. 13
85. Augustin: Ep. Ioan. VII, 1; vgl. Arendt: Der Liebesbegriff bei Augustin, S. 13 Anm. 4
86. Vgl. ebd., S. 17
87. Vgl. ebd.
88. Ebd., S. 20
89. Vgl. ebd., S. 22
90. Vgl. ebd., S. 24
91. Vgl. ebd., S. 24f.
92. Vgl. ebd., S. 27
93. Ebd., S.32
94. Ebd., S. 20, 35
95. Ebd., S. 19
96. Ebd., S. 39
97. Ebd., S. 41
98. Ebd., S. 48f.
99. Ebd., S. 49
100. Vgl. ebd., S. 53
101. Ebd., S. 57
102. Ebd., S. 57f.
103. Vgl. ebd., S. 60
104. Ebd., S. 67f.
105. Ebd., S. 58
106. Vgl. ebd., S. 67
107. Vgl. ebd., S. 70
108. Vgl. ebd., S. 72
109. Vgl. ebd., S. 71
110. Vgl. ebd., S. 75
111. Ebd.
112. Ebd., S. 76
113. Ebd., S. 77
114. Vgl. ebd., S. 76
115. Vgl. ebd., S. 77
116. Ebd., S. 78
117. Ebd., S. 81
118. Vgl. ebd., S. 78
119. Ebd., S. 82
120. Vgl. ebd., S. 86
121. Ebd., S. 83
122. Vgl. ebd., S. 86
123. Vgl. ebd., S. 22; vgl. zu dieser Kritik des Fehlens einer Liebe zum Nächsten um seiner selbst willen auch Thürmer-Rohr: Nicht mündig genug, nicht trostbedürftig genug, S. 79. Auch Thürmer-Rohr setzt die Weltliebe im Rückgriff auf das

Denken von Hannah Arendt in Kontrast zum augustinischen Verständnis von Liebe (vgl. ebd., S. 87f.).
124. Vgl. Arendt: Der Liebesbegriff bei Augustin, S. 83
125. Ebd., S. 89
126. Ebd., S. 83
127. Weber: Die protestantische Ethik und der Geist des Kapitalismus, S. 69
128. Ebd., S. 71
129. Troeltsch: Soziallehren der christlichen Kirchen und Gruppen, S. 442, 444
130. Luther: WA 7; 37, 30-32
131. Vgl. Taube: Gott und das Ich, S. 173. Taubes Auseinandersetzung mit Luthers Konzept des Zusammenhanges von Glaube und Liebe in seinem Galaterkommentar bildet für die folgende Darstellung die Grundlage. Sie wird ergänzt durch Zitate von Luther selbst, vornehmlich aus seiner Freiheits- sowie seiner Obrigkeitsschrift.
132. Vgl. ebd., S. 141
133. Vgl. ebd., S. 239
134. Luther: WA 12; 13, 26-27
135. Luthers Auslegung des Galaterbriefes, S. 636, zitiert nach Taube: Gott und das Ich, S. 248f.
136. Luther: Von der Freiheit eines Christenmenschen, WA 7; 35, 9-12
137. Vgl. Taube: Gott und das Ich, S. 246, 249
138. Luther: Von der Freiheit eines Christenmenschen, WA 7; 38, 6-8
139. Luther: WA 7; 36, 3-4
140. Vgl. Taube: Gott und das Ich, S. 257
141. Luther: WA 10 I 1; 100, 8ff.
142. Taube: Gott und das Ich, S. 242, 259, 416
143. Luther: WA 7, 212, 4-11
144. Luther: WA 2, 581, 13-16
145. Luther: WA 11; 261, 6-8
146. Luther: WA 56, 126, 25-26
147. Luther: WA 7; 21, 8
148. Luther: WA 11; 252, 29
149. Luther: WA 11; 253, 21-23
150. Luther: WA 11; 255, 17-20
151. So jedoch Strohm: Diakonie und Sozialethik, S. 8
152. Taube: Gott und das Ich, S. 25
153. Dass Luther in seiner praktischen Arbeit als Seelsorger über viel reichere Fähigkeiten verfügte, reflexiv auf die konkrete Situation anderer einzugehen, zeigt dabei, dass seine tätige Liebesfähigkeit eigentlich viel reicher war, als es seine konzeptionellen Ausführungen zum Thema vermuten lassen.
154. Ebd., S. 307
155. Vgl. ebd., S. 330
156. Vgl. Strobel: Der erste Brief an die Korinther, S. 206
157. Schneider: ἀγάπη, ἀγαπάω, ἀγαπητός. In: Exegetisches Wörterbuch zum Neuen Testament Band I, Sp. 22
158. Nygren: Eros und Agape, S. 117
159. Vgl. Strobel: Der erste Brief an die Korinther, S. 207
160. Vgl. Nygren: Eros und Agape, S. 14
161. Vgl. ebd., S. 32
162. Vgl. ebd., S. 351ff.

163. Vgl. ebd., S. 27
164. Ebd., S. 45
165. Ebd., S. 46
166. Ebd., S. 47
167. Ebd., S. 49
168. Vgl. ebd., S. 57
169. Ebd., S. 64
170. Ebd., S. 147
171. Vgl. ebd., S. 136, 142
172. Vgl. Strobel: Der erste Brief an die Korinther, S. 208
173. Vgl. Nygren: Eros und Agape, S. 118ff.
174. Vgl. ebd., S. 145f.
175. Pieper: Über die Liebe, S. 178f.
176. Stock: Die Liebe und ihre Zeichen, S. 66
177. Vgl. ebd., S. 81
178. Turre: Diakonik, S. 146
179. Wichern: Gutachten über die Diakonie und den Diakonat, S. 133
180. Philippi: Christozentrische Diakonie, S. 115
181. Ebd., S. 118; Hervorhebung P.P.
182. Ebd., S. 118f.
183. Vgl. ebd., S. 120
184. Ebd., S. 203 Hervorhebung P.P.
185. Vgl. ebd., S. 219
186. Vgl. ebd., S. 221
187. Ebd., Hervorhebung P.P.
188. Ebd., S. 73f.
189. Ebd., S. 105
190. Ebd., S. 73
191. Vgl., S. 102
192. Vgl. dazu die entsprechenden Ausführungen zum Für-sein des diakonischen Dienstverständnisses in dieser Arbeit
193. Philippi: Christozentrische Diakonie, S. 187
194. Vgl. ebd., S. 100, 155
195. Vgl. etwa die Diskussion um die altruistische, der Selbstsucht entgegengesetzte Liebe bei Campbell. In: Ders.: Nächstenliebe mit Maß, v.a. S. 23f. Explizit von einer Entgegensetzung von „selbstmächtiger Autonomie" gegenüber dem Dienst am anderen spricht auch Wendland: Art. Dienst. In: Evangelisches Soziallexikon, S. 257
196. Vgl. dazu insbesondere Theißen: Die Legitimationskrise des Helfens und der barmherzige Samariter; Klessmann: Von der Annahme der Schatten; Nübel: Die neue Diakonie. Teilhabe statt Preisgabe
197. Zitiert nach Klessmann: Von der Annahme der Schatten, S. 114
198. Ringeling: Art. Liebe. Ethisch. Theologische Realenzyklopädie Bd. 21, S. 180
199. Vgl. Horn: Diakonische Leitlinien Jesu, S. 116
200. Ringeling: Art. Liebe. Dogmatisch. In: Theologische Realenzyklopädie Bd. 21, S. 175
201. Jäger: Diakonie als christliches Unternehmen, S. 207, wobei Jäger den Akzent nicht auf die Selbstverleugnung, sondern auf den Weltbezug legt.
202. Sigrist: Die geladenen Gäste, S. 285

203. Beyer: Art. διακονέω. In: Theologisches Wörterbuch zum Neuen Testament Bd. II, S. 85
204. Vgl. ebd., S. 82, 85
205. Von der Freiheit der Kirche zum Dienen. Theologische Sätze des Weißenseer Arbeitskreises, in: Krumwiede u.a.: Kirchen- und Theologiegeschichte in Quellen IV/2, S. 187
206. Turre: Diakonik, S. 58; Hervorhebung R.T.
207. Ebd., S. 61; Hervorhebung R.T.
208. Moltmann: Diakonie im Horizont des Reiches Gottes, S. 28
209. Vgl. ebd., S. 29
210. Michel: Zeit im Umbruch – Kirche im Umbruch, S. 84
211. Ebd., S. 86
212. Vgl. dazu insbesondere Theißen: Die Legitimitätskrise des Helfens und der barmherzige Samariter, S. 47f.; vgl. auch die entsprechende Antwort bei einer empirischen Befragung. In: Nübel: Teilhabe statt Preisgabe, S. 89
213. Vgl. Klessmann: Von der Annahme der Schatten, S. 115
214. Sigrist: Die geladenen Gäste, S. 285
215. Schäfer: Gottes Bund entsprechen, S. 359 im Rückgriff auf Möller. Die genaue Abgrenzung dieser Verausgabung gegenüber einer „Selbstverleugnungsideologie" bleibt bei Schäfer unklar.
216. Vgl. Nübel: Teilhabe statt Preisgabe, S. 8
217. Vgl. Degen: Diakonie im Widerspruch, S. 93
218. Vgl. Moltmann: Diakonie im Horizont des Reiches Gottes, S. 31
219. Turre: Diakonik, S. 61
220. Nembach: Wer ist mein Nächster? S. 24 im Rückgriff auf eine Aussage von Paul Ricoeur
221. Vgl. Arendt: Vita activa, S. 173
222. Vgl. Arendt: Vita activa, S. 314f.
223. Vgl. Kant: Kritik der Urteilskraft B 5ff.; vgl. Arendt: Vom Leben des Geistes I, S. 75: Arendt spricht in diesem Zusammenhang von der Notwendigkeit der „Stille der Leidenschaften"
224. Vgl. Arendt: Über die Revolution, S. 73ff.
225. Vgl. Arendt: Vita activa, S. 104
226. Vgl. hierzu neben Arendts Ausführungen zum Herstellen. In dies.: Vita activa, S. 127ff. auch ihren Aufsatz „Freiheit und Politik", S. 213f.
227. Arendt: Was ist Politik?, S. 97
228. Vgl. Arendt: Über die Revolution, S. 147ff.
229. Ein Zitat von Edmund Burke, von Arendt zitiert z.B. in dies.: Freiheit und Politik, S. 224
230. Vgl. Arendt: Die vollendete Sinnlosigkeit, S. 186ff.
231. Vgl. Arendt: Vom Leben des Geistes I, S. 184ff.
232. Vgl. dazu Eichmanns Gebrauch von Kants kategorischem Imperativ. In Arendt: Eichmann in Jerusalem, S. 174ff.
233. Vgl. Arendt: Über die Revolution, S. 226
234. Kant: Kritik der Urteilskraft B 158
235. Vgl. Arendt: Verstehen und Politik, S. 127
236. Vgl. Arendt: Was ist Politik, S. 97, hier allein auf das Geistige bezogen
237. Es ist dieser Aufbruch unmittelbarer privatsubjektiver Selbstinteressiertheit, den Arendt allein als Selbstverleugnung kennzeichnet. Vgl. dies.: Das Urteilen, S. 91

238. Vgl. dazu Tocquevilles Ausführungen zur amerikanischen Lehre vom wohlverstandenen Eigennutz. In ders.: Über die Demokratie in Amerika Bd. II, S. 181
239. Vgl. Schneider: Art. ἀγάπη ἀγαπάω ἀγαπήτος. Exegetisches Wörterbuch zum Neuen Testament Bd. I, Sp. 21
240. Gegen Strobel: Der erste Brief an die Korinther, S. 206ff.
241. Vgl. dazu auch die Kritik. In Nübel: Teilhabe und Preisgabe, S. 8: „Eine vom einmaligen Opfer Christi ausgehende Ethik des Dienens kann ihren Ausdruck nicht in dessen Wiederholung, auch nicht in dessen Fortsetzung, sondern nur in seiner dankbaren Aufnahme finden, und die liegt in der Teilhabe aller."
242. Vgl. auch die Übersetzung von Wilckens: „Sucht im Umgang miteinander dem zu entsprechen, was durch Jesus Christus zur Geltung gekommen ist."
243. Vgl. Lohmeyer: Die Briefe an die Philipper, an die Kolosser und an Philemon. Kritisch-exegetischer Kommentar über das Neue Testament, XI. Abteilung, S. 91 Anm. 3
244. Von der Freiheit der Kirche zum Dienen. Theologische Sätze des Weißenseer Arbeitskreises. In: Krumwiede u.a.: Kirchen- und Theologiegeschichte in Quellen IV/2, S. 186

Kapitel 4: Bereit zu guten Werken

Diakonisches Handeln und Rechtfertigung aus Glauben

Diakonischer Dienst wird in der Literatur gerne als „Lebensäußerung des Glaubens"[1] dargestellt und dabei betont in den Kontext protestantischer Lehre von der Gerechtigkeit aus Glauben gestellt. So ist etwa im Leitbild Diakonie zu lesen: „Unser Glaube spricht durch Taten. Er zeigt sich in der Art, wie wir tun, was wir tun. Wir geben weiter, was wir von Gott empfangen haben."[2] Damit wird das diakonische Tun explizit an das Glaubensgeschehen zurückgebunden. Neben dieser Charakterisierung des im Horizont dieses Glaubens geschehenden Tuns als Lebensäußerung beziehungsweise Sprache des Glaubens begegnet auch immer wieder das Verständnis diakonischen Tätigseins als Frucht des Glaubens: „Dieses dienende Tätigsein ist nach biblischem Verständnis eine Frucht des Glaubens. Wer in Christus, dem Weinstock (Joh 15, 5), bleibt, bringt viele Früchte. Glauben und Früchte der Liebe gehören untrennbar zusammen. Es ist Gott, der in den Menschen das Gute wirkt. Der Glaube gibt der Liebe ihre Eigenart und ihre Kraft, und die Liebe erweist die Echtheit des Glaubens. Der Glaube wird in der Liebe greifbar, und die Liebe wird durch den Glauben eindeutig. Die Liebe ohne den Glauben macht die Erfahrung ihrer Ohnmacht, der Glaube aber vertraut auf die Macht der Liebe Gottes."[3] Erst im Kontext des protestantischen Verständnisses von Glauben wird daher der Charakter des diakonischen Tuns als die diesem Glauben entsprechenden guten Werke der Liebe vollends verständlich. Liebe ist hier zum Synonym dafür geworden, wie sich Glaube im zwischenmenschlichen Tun äußert. Im folgenden soll es darum gehen, dieses Verhältnis von Glauben und Tun des Guten sowie die Folgen dieses gläubigen Tuns für die Welt zu reflektieren.

Die protestantische Konzeption der dem Glauben entsprechenden guten Werke macht einen Rückgriff auf die protestantische Rechtfertigungslehre notwendig. Diese Rechtfertigungslehre machte in der Reformationszeit Front gegen kirchliche Forderungen nach „kindische unnotige Werk", als welche bestimmte religiöse Handlungen angesehen wurden wie „Rosenkränz, Heiligendienst, Monichwerden, Wallfahrten, gasatzte Fasten, Feier, Bruderschaften et cetera"[4] In höchstem Maße problematisch erschien den Protestanten der Reformationszeit die vertikale Richtung dieser Tätigkeiten; das Tun war auf vergebliche Weise auf die Beziehung zwischen Mensch und Gott hin ausgerichtet und geriet dabei zur Bedingung des Glaubens und der göttlichen Gnade. Nur wer bestimmte fromme Werke tat, fand Zugang zum Glauben. Glaube wurde damit kirchlicherseits an Handlungsbedingungen geknüpft. Diese Handlungsbedingungen wurden von den Protestanten als „Werke" im engeren Sinne bezeichnet. Im Widerspruch gegen eine solche Gerechtigkeit vor Gott aus Werken, die so genannte Werkgerechtigkeit, machten die Protestanten wieder neu darauf aufmerksam, „daß unser Werk nicht mugen mit Gott versuhnen und Gnad erwerben, sondern solchs geschieht allein durch den Glauben, so man glaubt, daß uns um Christus willen die Sunde vergeben werden, welcher allein der Mittler ist, den Vater zu versuhnen."[5]

Dieser protestantische Widerspruch gegen die herrschende kirchliche Dogmatik war weniger als Verbot bestimmter Tätigkeiten beziehungsweise Werke als vielmehr befreiend beziehungsweise „trostlich und heilsam" für das Gewissen der Gläubigen gemeint: „Dann das Gewissen kann nicht zu Ruhe und Friede kummen durch Werk, sondern allein durch Glauben, so es bei sich gewißlich schleußt, daß es umb Christus willen ein gnädigen Gott hab"[6]. Weil Werkgerechtigkeit unter dem Druck des eigenen Schuldgefühls gegenüber einem übermächtigen Richtergott beziehungsweise aufgrund der unerfüllbaren Forderungen dieses Gottes geschieht, sind die guten Werke der Werkgerechtigkeit nicht nur unerlöst angesichts des inneren Zwanges, vor Gott gerecht sein zu wollen, sondern auch selbstbezogen. Das gute Handeln geschieht allein um eines versöhnten Gottesverhältnisses beziehungsweise um des eigenen ewigen Heiles willen. Ob dieses Tun der guten Werke auch der Welt zugute kommt, bleibt zweitrangig. Die Werke bedingen hier den Glauben. Luthers Rechtfertigungslehre zerstört den Sinn solcher Werke, sich durch sie mit Gott versöhnen zu wollen und verhilft der paulinischen Lehre des „sola fide"[7] wieder neu zu dem ihr gebührenden Stellenwert: „Was nicht aus Glauben geschicht, ist Sund, das ist: Wo das Herz in Zweifel stehet, ob Gott uns gnädig sei, ob er uns erhöre, und gehet dahin in Zorn gegen Gott und tut Werk, wie köstlich die scheinen, so sind es doch Sund, denn das Herz ist unrein, darümb können die guten Werk ohn Glauben Gott nicht gefallen, sonder das Herz muß vor mit Gott zufrieden sein, und schließen, das sich Gott unser annehme, uns gnädig sei, uns gerecht schätze nicht von wegen unsers Verdiensts, sondern umb Christus willen aus Barmherzigkeit. Das ist rechte christliche Lahr von guten Werken."[8]

Nicht rechte Werke, sondern allein rechter Glaube versichert die Menschen der Gnade Gottes und damit der eigenen Gerechtigkeit vor Gott. Allerdings bedeutet diese Rechtfertigung aus Glauben nicht, keine guten Werke mehr zu tun, vielmehr ist der Glaube „der Anfang aller guten Werke."[9] Damit kehrt sich das Verhältnis von Glauben und Werken um; nicht die guten Werke bedingen den Glauben, sondern Werke werden zur „Frucht" des rechten Glaubens: „Werke machen nicht gut, wie auch die Früchte nicht einen guten Baum ausmachen, sondern ein guter Baum bringt gute Frucht, und ein guter Mann schafft ein gutes Werk. Ein guter Mann und ein guter Baum wächst ohne Werke allein durch den Glauben an das wahre Wort Gottes."[10] Werke aus solchem Glauben haben einen anderen Charakter als Werke, die Glauben schaffen wollen, indem sie versuchen, eine Versöhnung mit Gott zu schaffen. Der Glaube gibt erst die Kraft zu guten Werken: „Dann außer dem Glauben und außerhalb Christo ist menschliche Natur und Vermugen viel zu schwach, gute Werk zu tun, Gott anzurufen, Geduld zu haben im Leiden, den Nächsten lieben, befohlene Ämter fleißig auszurichten, gehorsam zu sein, bloße Lust zu meiden et cetera. Solche hohe und rechte Werk mugen nicht geschehen ohn die Hilf Christi, wie er selbs spricht Joh 15: ‚Ohn mich kunnt ihr nichts tun.'"[11]

Die reformatorische Einstellung zur Bedeutung der Werke bedeutet damit eine Umkehr des Verhältnisses von Ursache und Wirkung. Gute Werke sind als Frucht Folge und Wirkung des rechten Glaubens, nicht dessen Voraussetzung. Aber auch die Perspektive der guten Werke ändert sich: „Die werden nicht gute Werke genannt, die wir Gott tun; sondern die wir unserm Nächsten tun sollen, das sind gute Werke."[12] Indem die guten Werke nicht mehr das Gerechtgesprochensein vor Gott zum Ziel haben müssen, können sie sich auf die Welt einlassen und ihr zugute kommen.

Der Glaube und das Tun des Guten

Gute Werke im Kontext der Passivität im Glauben

Dieses reformatorische Konzept des Verhältnisses von Glauben und Werken erscheint lediglich in der Theorie einfach und klar. Die Gefahren des Konzeptes beziehungsweise angesichts des Konzeptes werden erst im konkreten Leben der Kirche beziehungsweise der Gläubigen in der Kirche, in den Folgen für die Weltbezüge, deutlich. Dabei bildet die diakonische Praxis in Kirche und Gemeinde das wohl beste Beobachtungsfeld, insofern Diakonie ihre Tätigkeit als das Tun guter Werke im klassischen Sinne im Horizont evangelischer Rechtfertigungslehre versteht. Hier zeigte sich in der Geschichte protestantischer Diakonie zum einen die Gefahr, dass die Konzentration auf den allein selig machenden Glauben derart überbetont werden konnte, dass in diesem Horizont alle guten Werke der Selbstrechtfertigung verdächtigt wurden[13]. Weil Menschen allzu schnell der Gefahr erliegen, sich ihr Heil in Christus zu verdienen, muss alle Aufmerksamkeit von den Werken weggelenkt und auf den Glauben hingelenkt werden, zumal die guten Werke als Früchte des Glaubens sich aus diesem Glauben von selbst, ohne menschliche Einwirkung, ergeben sollen. Die traditionelle lutherische Überschätzung des Predigtamtes vor allen anderen kirchlichen Ämtern, eingeschlossen das diakonische, hat hier ihren Ursprung. Zwar bemühen sich auch die lutherischen Kirchen mittlerweile um eine Korrektur dieser Einseitigkeit[14], doch ist in der Praxis meist immer noch eine Vorrangstellung des Pastors vor dem Diakon zu beobachten und am deutlichsten an der Tatsache ablesbar, dass der Gemeindediakon im Gegensatz zum Pfarrer keine Stimme im Presbyterium hat. Indem die Reformation den Zusammenhang zwischen Nächstenliebe und Glaube kritisierte[15], geriet sie bei Konzentration auf das unmittelbare Gottesverhältnis in die Gefahr, die sozialen Aufgaben nicht mehr angemessen in den Blick zu nehmen, was in der Geschichte des Protestantismus' an bestimmten Stellen zu der verhängnisvollen Auffassung geführt hat, die soziale Fürsorge der weltlichen Obrigkeit zu überlassen, an deren Gestaltung einzelne Gläubige allenfalls mitwirken[16]. In diesem Kontext forderte Wichern in seiner berühmt gewordenen Rede auf dem Wittenberger Kirchentag, dass sich die Kirche aus dem Glauben heraus ihrer sozialen Aufgabe wieder bewusst werde und sie institutionell gestalte: „Meine Freunde, es tut *not*, daß die evangelische Kirche in ihrer Gesamtheit anerkenne: ‚die Arbeit der innern Mission ist mein!', daß sie ein großes Siegel auf die Summe ihrer Arbeit setze: *die Liebe gehört mir wie der Glaube.* Die rettende Liebe muß ihr das große Werkzeug, womit sie die Tatsache des Glaubens erweiset, werden. Diese Liebe muß in der Kirche als die helle Gottesfackel flammen, die kund macht, daß Christus eine Gestalt in seinem Volk gewonnen hat. Wie der ganze Christus im lebendigen Gottes*worte* sich offenbart, so muß er auch in den Gottes*taten* sich predigen, und die höchste, reinste, kirchlichste dieser Taten ist die rettende Liebe."[17] Und so ist es seit Wichern immer wieder Anliegen diakonischer und diakoniewissenschaftlicher Literatur, den Zusammenhang von Glaube und Liebe neu zur Geltung zu bringen und damit helfendes Tätigsein wieder zum ureigenen Anliegen der Gläubigen zu machen.

Dieses Plädoyer Wicherns für die Taten der Liebe geht über die einfache Bezeichnung der guten Werke als Frucht des Glaubens hinaus. Die rettende Liebe als gutes Werk aus dem Glauben heraus ist eigentlich „Gottestat", die als „Werkzeug" und „Gottesfackel" den Glauben gegenüber dem Täter und gegenüber der Welt „erweiset". Über die Taten geschieht die Vergewisserung des Glaubens, wobei Gott selbst der eigentliche Täter dieser Taten ist. Christus ist damit zugleich Subjekt und Objekt der Diakonie[18], indem er als Täter gleichzeitig im Hilfsbedürftigen gegenwärtig ist. Glaube ist reformatorisch als „schöpferische Passivität" gedacht, deren „Ausfluß" die Diakonie darstellt[19]. Die guten Werke sind als Früchte des Glaubens im Kontext der Rechtfertigungslehre frei geworden von dem Verlangen, vor Gott gerecht sein zu müssen[20]. Der von Gott zugesprochene Glaube reinigt damit die Liebe von Herrschaftsansprüchen und bewahrt diakonisch Tätige vor Überforderung. Sie ist nicht mehr auf die Anerkennung Gottes bedacht, die sich konkret so leicht wieder vermischt mit der Anerkennung vor Menschen. Gleichzeitig wird diakonisches Tätigsein unverfügbar. Wenn gute Werke lediglich Früchte des rechten Glaubens darstellen, wobei dieser Glaube den Charakter eines Geschenkes hat, dann sind auch die aus diesem Glauben folgenden Werke unverfügbar. Gute Werke können sich nur von selbst beziehungsweise von Gott aus einstellen, sie sind nicht mehr von Menschen gestaltbar. Philippi fordert aus diesem Grunde ein Neuüberdenken der Rechtfertigungslehre, wobei er die Realwirksamkeit dieser Rechtfertigung in besonderer Weise, eben nicht nur als Folge des Glaubens betont: „Aber eben dies gilt es hervorzuheben, daß die Frucht vom Baum nicht zu scheiden ist. Führt man die Rechtfertigungslehre nicht stets weiter zu ihren Realwirkungen im zwischenmenschlichen Bereich, so zerschneidet man einen wesentlichen Zusammenhang. [...] Der Schritt über die Grenze zum Mitmenschen hin muß auch aus der Rechtfertigungslehre getan werden, sonst ist sie nicht christlich, das heißt nicht Christus gemäß."[21] Eine solche Anerkennung von Rechtfertigung und diakonischem Tätigsein impliziert die Forderung, Diakonie als Realwirkung der Rechtfertigung in gleicher Weise wie den rechten Glauben in die Mitverantwortung der Gläubigen zu stellen und damit die Passivität der Auffassung eines automatischen guten Wirkens zu korrigieren. Die Reflexion diakonischen Handelns als Frucht des Glaubens betont schnell das Angestoßensein zu helfendem Handeln derart, dass das „Wie" des Vollzuges der Hilfe zweitrangig wird. Wenn auch das „Daß" des Helfens aus dem Glauben heraus verstanden werden kann, so darf dabei nicht übersehen werden, dass die reale Gestaltung, in welchem institutionellen Rahmen und mit welchen Zielen geholfen werden soll, in die menschliche Verantwortung fällt. Passives Warten auf Gottes Gabe des Helfens als Frucht der Gnade Gottes in Christus verleugnet sehr schnell die menschliche und kirchliche Verantwortung für die Welt.

Diakonisches Tätigsein als von Gott gebotenes gutes Werk

Damit wird das „pure passive" des Glaubens ergänzt durch ein konkretes nicht passives sondern vielmehr höchst aktives „Aussehen" dieses Glaubens: „Das ‚Aussehen' dieses mir ohne allen Verdienst und ‚Würdigkeit' geschenkten Glaubens ist aber dies, daß er ‚immer im Tun guter Werke' (also ‚*pure active!*') ist; diese Seite des Glaubens gehört darum so zu seiner Beschreibung wie die erste. So sind zwei Seiten des Glaubens wohl zu unterscheiden, aber nie getrennt zu leben!"[22] Das genaue Verhältnis von Aktivität und Passivität ist dogmatisch äußerst schwierig bestimmbar. So besteht die Gefahr der Rechtfertigungslehre nicht nur im Verlust der aktiven Seite des Glaubens zugunsten der rechtfertigenden Passivität im Glauben, sondern immer auch in der Gefahr des Rückfalls in eine neuerliche Werkgerechtigkeit, je nachdem, wie stark die Bedeutung diakonischen Tätigseins im Zusammenhang des christlichen Glaubens aufgrund der tätigen Güte Christi betont wird. Diese Gefahr liegt in der Bedeutung tätiger Güte gegenüber Notleidenden im biblischen Zusammenhang begründet. Bereits die prophetische Literatur vollzieht einen Perspektivenwechsel bezüglich des Gottesdienstes. Immer wieder taucht die Einsicht auf, dass Jahwe gar keinen Gefallen findet an den kultischen Opfern, sondern tätige Güte – chässäd – für Not leidende Nächste fordert (vgl. z.B. Am 5, 21-24), deren Prototyp im Alten Testament die Witwen und Waisen darstellten. Doch mit der Hinwendung des Gottesdienstes fort von der kultischen Selbstrechtfertigung hin zum fürsorglichen Handeln ist nicht gleichzeitig eine Abkehr von der Sorge um das Urteil Gottes verbunden, sondern indem helfendes Tun gottesdienstlichen Status erhält, wird tätige Güte umso leichter zu einem neuerlichen Betätigungsfeld der Selbstrechtfertigung. Gute Werke erhalten damit in besonderer Weise „spirituelle Valenz"[23]; Barmherzigkeit bringt Menschen mit Gott in Verbindung, weil Gott selbst barmherzig und gerecht (Ps 116, 5 Septuaginta) ist[24]. Der von der kultischen Selbstrechtfertigung Befreite wird nicht frei für die Welt sondern verlagert diese Selbstrechtfertigung in den Bereich tätiger Güte. Dies kennzeichnet nicht lediglich ein alttestamentliches Problem, sondern findet sich in gleicher Weise in der frühchristlichen Literatur. So weist Müller beispielsweise auf den 2. Klemensbrief hin, der Barmherzigkeit als „eine Erleichterung von Sünde" und damit als Selbstrechtfertigung par excellence ausweist[25]. Noch deutlicher ist in diesem Zusammenhang wohl der altkirchliche „Hirt des Hermas", der διακονία als „rühmlich vor Gott"[26], als einen gottgefälligen, gottesdienstlichen Akt, als λειτουργεῖν anerkennt[27]. Insofern ist es gerade die dem Nächsten zukommende Güte, die der Versuchung zur Werkgerechtigkeit ausgesetzt ist[28], weil sie in besonderem Maße mit dem Wohlgefallen vor Gott und seinen Geboten in Verbindung steht[29]. Und weil solche Selbstrechtfertigung von selbst in Verbindung steht mit dem Stolz auf das auf diese Weise Gott gegenüber Geleistete, ist das um Gottes willen geleistete gute Werk als solches im reformatorischen Sinne damit bereits im Ansatz verdorben[30]. Statt dem Bewusstsein der Abhängigkeit von der Gnade stellt sich das Bewusstsein ein, ein besonderes beziehungsweise sogar das Gebot Gottes schlechthin befolgt zu haben.

Damit ist kein rein alttestamentliches oder altkirchliches Problem angesprochen, sondern diese Thematik stellt sich auch im aktuellen diakoniewissenschaftlichen Kontext. Harbsmeier sieht diese Selbstrechtfertigung in besonderem Maße in der kirchlichen Institutionalisierung tätiger Güte begründet. Wenn diakonisches Handeln in spezifisch christlichen Institutionen geleistet wird, die sich von säkularen Institutionen abgrenzen, wird ihnen bereits das Prädikat eines vor Gott guten Werkes aufgeprägt[31]. Das Tun guter Werke in einer betont christlichen Institution weist dieses Tun selbst als christlich aus, bringt die Tätigen Christus näher. Doch greift diese Argumentation zu kurz. Weth weist im Nachwort zu Harbsmeier mit Recht darauf hin, dass die Kirche das Diakonat als ihre ureigene Lebensäußerung erkannt hat[32] und eine Verweigerung einer Institutionalisierung einer solchen als wesentlich erkannten Aufgabe, um stattdessen „anonyme" gute Werke zu ermöglichen, die die Erkennbarkeit dieser Werke als gut erschweren, führt lediglich zu einer Individualisierung des Tätigseins, die Harbsmeier denn auch offen favorisiert[33]. Solch eine Individualisierung bedeutet aus politischer Perspektive nichts anderes als Beraubung der höchsten menschlichen Möglichkeiten beziehungsweise den Versuch, sich als Institution Kirche aus der sozialen Verantwortung zu stehlen.

Unterdessen würde eine Verweigerung von kirchlicher Institutionalisierung das Problem der Selbstrechtfertigung durch tätige Güte gar nicht lösen, weil die kirchlich-institutionelle Prägung der guten Werke allenfalls eine Gefahr verstärkt, die im protestantischen Konzept der Rechtfertigung aus Glauben generell präsent ist. Dazu gehört bereits das höchst komplexe Verhältnis von Indikativ und Imperativ im theologisch-exegetischen Zusammenhang. Als eines der auffälligsten Beispiele für dieses Verhältnis nennt Bultmann Gal 5, 25: „Wenn wir im Geist leben, so laßt uns auch im Geist wandeln." Was zuerst im Indikativ formuliert ist, wird noch einmal mit gleichem Inhalt im Imperativ formuliert, nicht zuletzt als Wille Gottes für uns. Die Werke als gottgewirkte Äußerungen des Glaubens werden gleichzeitig den Glaubenden geboten. Doch genau in diesem Imperativ liegt die Gefahr eines Rückfalls in die Werkgerechtigkeit begründet, insofern die tätige Güte in den Blick kommt als eine von Gott geforderte. Die Gnade

Gottes bedeutet neben der Vergebung immer gleichzeitig die „Wiederannahme zum Dienst"[34], den glaubende Menschen aktiv ergreifen sollen. Neben das Evangelium als Gabe von Gott tritt das Gesetz als gottgegebene Aufgabe, wobei die Gabe die Aufgabe in sich schließt und diese Aufgabe als Vorrecht angesehen wird[35]. Oder, wie die Barmer Theologische Erklärung formuliert, der Zuspruch wird „so und mit gleichem Ernst [...] Anspruch auf unser ganzes Leben"[36]. Indem aber der Anspruch primär als ein solcher von Gott verstanden wird, schließt das gehorsame Tun gemäß diesem göttlichen Anspruch mit ein, dass die guten Taten erst sekundär der Welt zugut geschehen, primär aber im Gehorsam gegenüber Gott, das heißt um Gott zu gefallen. Sobald solche Imperative nicht als Verweisfunktion auf die Welt verstanden werden, sondern primär als Gebote Gottes, geschieht die Güte nicht mehr gegenüber der Welt, sondern gegenüber Jesus selbst zur Erfüllung seines Willens[37]. Gebot Gottes und Hinwendung zur Welt in Orientierung an dieser Welt treten hier in Konkurrenz miteinander. Gute Werke gegenüber der Welt in primärer Orientierung am Gehorsam gegen Gott werden eine gänzlich andere Qualität haben als gute Taten, die primär aus Liebe zur Welt geschehen, weil sie nicht nur gänzlich unterschiedlich motiviert sind, sondern auch auf völlig unterschiedliche Weise Maßstäbe zum Handeln setzen. Insofern sind einzelne Äußerungen aus der Diakonieliteratur äußerst problematisch, wenn dort deutlich gemacht werden soll, dass diakonisches Handeln ohne öffentliche Aufmerksamkeit geschieht, weil die diakonisch Tätigen sich „dem Ruf Jesu mehr verpflichtet fühlen als der Anerkennung vieler"[38]. Wenn die „evangelische Tiefenmotivation" für diakonisches Tätigsein primär im Appell Gottes begründet liegt[39], dann wird das Tun statt auf die Welt auf die Güte vor Gott hin, auf das Gerechtwerden gegenüber dem göttlichen Gebot hin ausgerichtet. Dieser Appell wird unweigerlich die Originalität der Weltliebe um der Welt willen verdrängen müssen und die Welt zum Forum des Gottesgehorsams machen. Ebenso verfehlt ist der Versuch, das „Du sollst" des göttlichen Gebotes in ein „Du wirst" zu verwandeln[40]. Damit ist nur eine grammatikalische Alternative gefunden. Indem Glaubende eine Zukunft primär als von Gott gebotene Zukunft in den Blick nehmen, werden sie diese Zukunft immer auch als ein zu verwirklichendes Sollen gegenüber Gott empfinden. Auch der Hinweis, dass das Nichttun nichts anderes als Undankbarkeit ist[41], hilft dabei nicht weiter, insofern auch der Hinweis auf Undankbarkeit letztlich nutzbar ist, um einen aus dem Glauben begründeten moralisch-theologischen Handlungsdruck zu erzeugen. Deutlich wird damit, dass die protestantische Rechtfertigungslehre das Problem der Selbstrechtfertigung gar nicht lösen kann, wenn diese ein neues Verhältnis zwischen Glauben und guten Werken zur Folge haben soll. Vielmehr muss zum erneuerten Gottesverhältnis in der Rechtfertigung aus Glauben ein neues Weltverhältnis hinzutreten, das im Tun von der Welt her denkt und von dieser Welt die Maßstäbe nimmt. Der Hinweis auf den Anspruch Gottes im Tun des Guten lässt das Gute Gott zu liebe statt der Welt zugute geschehen.

Diakonie als Innere Mission

„Ohne Taten bleibt das Wort leer, ohne Worte bleiben die Taten stumm"[42], so macht Brandt in seiner Schrift über das neutestamentliche Dienstverständnis deutlich beziehungsweise, wie Turre in Aufnahme dieses Satzes von Brandt schreibt: „Wort und Tat der Kirche legen sich gegenseitig aus und weisen über sich hinaus. Die Tat macht das Wort begreifbar und das Wort macht die Tat eindeutig."[43] Damit soll der unauflösliche, in der diakonischen Literatur immer wieder thematisierte Zusammenhang von Wort und Taten des Glaubens beschrieben werden und gleichzeitig deren Gleichrangigkeit deutlich werden, nicht zuletzt gegen das traditionell lutherische Amtsverständnis des Vorranges des Predigtamtes vor allen anderen Ämtern und damit auch vor dem Diakonat[44]. Und doch löst auch dieses Beziehungsverhältnis von Wort und Tat nicht unbedingt den Konflikt. Der Begriff „Wort" verweist darauf, dass das Glaubensgeschehen nicht ohne intelligible Momente denkbar ist. Unter diesem Aspekt ergibt sich aber eine Vorrangstellung des Wortes vor der sinnlich vollzogenen Tat, ähnlich dem kantischen Verständnis des Zusammenhangs von Anschauung und Verstand in seiner Erkenntnistheorie[45]. Kant bindet den Verstand an den Wirklichkeitsbezug durch den angeschauten Gegenstand zurück, so dass Begriffe nach ihm ohne Anschauung leer bleiben. Wie die Begriffe ohne die konkrete sinnliche Anschauung leer bleiben, so bleibt auch das Wort ohne die konkreten Taten unanschaulich. Das Denken hat keinen Zugriff auf die Wirklichkeit der Begriffe, sondern bleibt auf die Anschauung verwiesen. Ebenso bleibt das Wort an dessen Realisierung in der Tat verwiesen. Dennoch führt diese Entmachtung des Denkens in Bezug auf die Wirklichkeit bei Kant nicht zu einem wirklichen Sicheinlassen auf die Wirklichkeit, sondern die Urteilskraft greift allein subsumierend auf die Wirklichkeit zu. Die Begriffe sind vom Denken gebildet, der Verstand sucht lediglich nach deren Realitätsgehalt. Ein reflexives Verhältnis von Anschauung und Denken beziehungsweise von Einbildungskraft und Verstand und damit ein wirkliches Sicheinlassen auf die Wirklichkeit ist erst in der ästhetischen Urteilskraft möglich[46]. Die Beziehung von Wort und Tat im Diakonischen ist ähnlich gelagert. Wenn diakonisches Tun lediglich „Lebensäußerung" des Glaubens ist in dem Sinne, dass es nur die „Realwirkung"[47] dieses Wortes beziehungsweise des Glaubens darstellt, so bleibt dieses Handeln ohne Rückwirkung auf den Glauben. Christus begegnet dann nicht mehr wirklich in der Welt, es sei denn als Handlungsimperativ beim Anblick von Not und die Welt kann nicht mehr in der Weise zu Gläubigen sprechen, dass sie erst aufzeigt, was Glaube konkret in seiner Mannigfaltigkeit bedeutet. So ist der Wirklichkeitsbezug im Verhältnis von Wort und Tat im diakonischen Kontext noch genau zu reflektieren auf die Gleichursprünglichkeit von Glaube und Weltbezug hin. Eine wortdominierte Diakonie ist eine weltlose Diakonie, insofern Weltbezogenheit nur gelingt im Bewusstsein, dass diese Welt ihren eigenen Stellenwert und damit ihre eigenen Maßstäbe hat. Nur in Liebe zur Welt kann die Erhaltung eines weltlichen Bezugsgewebes gelingen. Der Erweis des Glaubens in den Taten greift hier zu kurz.

Zunächst stellt sich in diesem Zusammenhang die Frage nach dem Verständnis, dass die Taten ohne das Wort stumm beziehungsweise uneindeutig bleiben[48]. Deutlich wird durch diese Formulierung, dass das Tun allein nicht genügt, sondern einer Deutung durch das Wort bedarf. Die klassische Form des Hinzutretens des Wortes liegt in der Verbindung von Mission und Diakonie zur Inneren Mission. Weil Diakonie nicht nur das körperliche Wohl im Auge hat, sondern vielmehr Heil in einem ganzheitlichen Sinne[49], kann das missionarische Moment des Helfens nicht außen vor bleiben. Wer die Bedeutung der Gnade Gottes für sein eigenes Leben erkannt hat, will von dieser elementaren Überzeugung auch nicht schweigen. So weit bleibt Turres Anliegen verständlich. Problematisch wird dieses Verhältnis von Wort und Tat erst dann, wenn man es auf das Verhältnis von Mission und helfendem Handeln überträgt. Wenn die Taten ohne das Wort stumm bleiben, dann ist Diakonie nicht lediglich offen für Mission, sondern Diakonie wird dann erst durch die Verbindung von Mission und Helfen zu wirklicher Diakonie. Diakonie ohne Mission ist dann stumm und damit defizitär. Eine solch deutliche Verbindung von sozialem Handeln und Mission findet sich beispielsweise bei Weth, der deutlich macht, dass „es einen relativen Vorrang der Evangelisation" beziehungsweise des „Wortzeugnisses vor dem Tatzeugnis [gibt], weil Diakonie als Diakonie im Namen Jesu nur kenntlich wird im Zusammenhang der ausdrücklichen Anrufung des Namens Jesu und Verkündigung Christi."[50] Damit verliert diakonisches Handeln seinen originären Selbstwert und wird lediglich zur sekundären Angelegenheit, ja die Fürsorge gerät in die Gefahr, ein Mittel für missionarische Absichten zu werden. Dies geschieht insbesondere bei Wichern selbst, der die Innere Mission als „Zwillingsschwester" der Heidenmission „im Bereich der Getauften" ansieht[51]. Wichern wehrt sich ausdrücklich gegen die Gleichsetzung der Inneren Mission mit „kirchlicher Armenpflege"[52], die in christlichem Sinne betrieben wird: „Die Wohltätigkeit, welche auch von der innern Mission in des Herrn Namen geübt wird, ist an ebenso vielen Stellen, als wie an andern Stellen nicht, ein Durchgangspunkt ihrer Tätigkeit, ein sehr oft, aber doch nur zufällig mit ihr verbundenes Element, in keiner Weise aber je ihr eigentlicher Zweck."[53] Der eigentliche Zweck der Arbeit der Inneren Mission liegt damit in der Verkündigung. Das helfende Tun bietet nur ein Forum dazu. Über das Helfen sollen letztlich Bedürftige für die Verkündigung bereit gemacht werden. Das diakonische Handeln wird damit explizit zum Mittel für missionarische Zwecke. Am deutlichsten kritisiert Ricca eine solche missionarische Ausrichtung von Diakonie: „Steht Diakonie nicht im Dienst des Menschen, sondern im Dienste der Mission, so sind beide verdorben, sowohl die Diakonie als auch die Mission. Wird Diakonie zum Mittel, um etwas zu erreichen, so hört sie auf, Diakonie zu sein. Die Diakonie ist nicht Mittel, sondern Zweck. Dienen, um etwas anderes heimlich zu erreichen, ist geradezu eine teuflische Erfindung. Man könnte meinen, Mission heilige die Diakonie, aber Diakonie hat es nicht nötig, geheiligt zu werden. Sie ist schon heilig, sie ist das Allerheiligste, was im Christentum vorkommt."[54] Diakonie ist grundsätzlich missverstanden wenn sie geheiligt werden will, beziehungsweise wie Bach deutlich macht, nach einem religiösen Mehrwert Ausschau hält, weil ein solcher Mehrwert immer zu einer „gesetzlichen Knute" wird, sein zu wollen, wie Jesus selbst war[55]. Der kleine, aber feine Unterschied liegt in der Frage, ob Diakonie als Innere Mission lediglich offen für das Evangelium bleibt oder ob diakonisches Tun ohne missionarische Momente als defizitär eingestuft wird. Letztlich läuft eine solche konstitutive Verbindung von Mission und Diakonie auf einen Missbrauch von Hilfsbedürftigen hinaus, die nur dann Hilfe erhalten, wenn sie ihre Missionierung erdulden. Diakonie im Zeichen der Mission ist vielleicht das auffälligste Beispiel für den Missbrauch der Welt für fremde Zwecke, im vorliegenden Zusammenhang für spezifisch religiöse Zwecke.

Die Dienstgemeinschaft als operationalisiertes Proprium der Diakonie

In Bezug auf die Gütethematik interessiert die Verbindung von Mission und Diakonie vor allem insofern, als diakonisches Handeln durch die konstitutive Verbindung mit dem Wort einen „Mehrwert" gegenüber säkularen Formen des Helfens erlangt und damit in besonderem Maße als christlich gilt. Doch eine solche Weihung diakonischen Handelns durch das Wort geschieht nicht nur durch die Zusammenbindung von Diakonie und Mission. Vielmehr muss jede theoretische Gestaltung einer diakonischen Besonderheit durch Rekurs auf das Wort Gottes im Kontext der Rechtfertigungslehre in hohem Maße als problematisch gesehen werden, sofern diese Besonderheit diakonisches Handeln in eindeutiger Abgrenzung zu säkularem Hilfehandeln als christlich kennzeichnet. Damit kehrt die Untersuchung zur Thematik der Dienstgemeinschaft zurück. Das Konzept der kirchlichen Dienstgemeinschaft hat in herausragender Weise die Bedeutung einer Inanspruchnahme eines Propriums kirchlichen Handelns gegenüber säkularem Helfen, indem es aus dem Wort Gottes heraus eine konkrete Gestaltung spezifisch diakonischen Tätigseins einfordern will. Das Modell der Dienstgemeinschaft, wie es Barmen IV bekennend einfordert als Gestalt der Kirche, gründet dabei auf Barmen III. Dienstgemeinschaft wird zum nach außen eindeutig erkennbaren Proprium, das von den Glaubenden in der Welt dargestellt werden soll. Nicht nur durch Verkündigung, sondern auch durch die konkrete Ordnung mit ganz konkreten Momenten soll die Kirche ihren Glauben bezeugen. Die Verwirklichung der Dienstgemeinschaft macht den Glauben nach außen sichtbar und die dazu notwendige Ordnung ist kirchlich herstellbar. Die impliziten Momente eines solchen Propriums bringt am deutlichsten Philippi im Rekurs auf Mk 10, 42-45 auf den Punkt. Dienstgemeinschaft bedeutet danach 1. eine eindeutige Gegenüberstellung von Christ und Umwelt, die das christliche Handeln als eindeutig christlich ausweist, impliziert 2. qualitative Momente zu einer Unterscheidung realer Dienstgemeinschaft und kann 3. eindeutig christologisch gekennzeichnet werden und damit ihren Ursprung aus dem Glaubensereignis ausweisen, das sich umwertend auf die Praxis auswirkt[56]. Damit sind alle Momente in diesem Konzept vereinigt, die auch die Gefahr der Werkgerechtigkeit darstellen. Das besondere diakonische Tun wird in Abgrenzung zur Umwelt gestaltbar, an qualitativen Momenten eindeutig bestimmbar und dabei gleichzeitig mit der Gnade selbst verbunden. Die Gestaltung der kirchlichen Dienstgemeinschaft ist ein besonderes Werk der Kirche, das aus der Schrift heraus konkret – und noch wichtiger: nach außen hin sichtbar – wird und unmittelbar aus dem Glauben hergeleitet wird, so dass mit der Kirche auch jeder Gläubige, der an der Gestaltung dieser Dienstgemeinschaft teilnimmt, teilhat an dem Tun des Guten und sich damit – wenn auch niemals ausdrücklich – im kirchlichen oder diakonischen Dienst als besonders christlich gegenüber anderen fühlen kann[57]. Glaube trägt dann nicht mehr lediglich in vielfältiger Form Früchte in der Welt, sondern wird in einer bestimmten Form des Tätigseins, nämlich der christlich motivierten und dienstgemeinschaftlich ausgerichteten Liebestätigkeit in eindeutiger Weise nach außen hin kenntlich und ist von den Glaubenden beziehungsweise der Kirche selbst in dieser Kenntlichkeit gestaltbar.

Dieses Konzept der Dienstgemeinschaft ist zwar innerhalb diakoniewissenschaftlicher Diskussion höchst umstritten, doch erhält dieses Modell neuerdings wieder neue Nahrung im Zuge der diakonischen Suche nach einem eigenen Profil. Dabei ist es als konkretes Modell der Gestaltung diakonischen Miteinanders in der MVO und AVR juristisch festgeschrieben und hat konkrete rechtliche und institutionspolitische Auswirkungen. Diese Konkretion wird in der diakonischen Profilsuche angesichts wachsenden Profilverlustes wieder häufiger aufgegriffen, um damit realiter die Besonderheit diakonischen Tätigseins zu erweisen. Die Autonomie der Sozialberufe von theologischen Deutungen diakonischen Tätigseins[58] im Zusammenhang einer gesamtgesellschaftlich beobachtbaren Säkularisierung[59] hat zu einem Profilverlust diakonischer Institutionen geführt. Ebenso blieb der Profilverlust der Kirche nicht ohne Folgen für die fortschreitende Säkularisierung innerhalb der Diakonie. In diesem Zusammenhang wird im Zuge der Integration wirtschaftswissenschaftlicher Managementtheorien in das diakonische Handlungsverständnis und deren Institutionsgestaltung die Bedeutung eines nach außen hin identifizierbaren Profils neu entdeckt[60], das zum einen auf der internen Seite eine gewisse „Einheitlichkeit und Kontinuität" gewährleistet, das zum anderen nach außen hin einen „Wiedererkennungswert"[61] und damit eine „echte Wahlmöglichkeit" zwischen verschiedenen Anbietern ermöglichen soll[62]. Der gegenwärtige innerdiakonische Leitbildprozess ist durch diese Profilsuche gekennzeichnet.

Dabei unterliegt allerdings diese Propriumsuche im Diktum der Dienstgemeinschaft auch einer massiven innerdiakonischen Kritik. So wird beispielsweise die Frage erhoben, ob sich die Diakonie nicht durch die Frage nach ihrer Kirchlichkeit letztendlich lediglich „besonders wichtig machen" will[63], so dass sie mehr als mit der Welt mit sich selbst beschäftigt ist. Harbsmeier macht dabei auf die Situation des Kirchenkampfes aufmerksam, der nicht den politischen Widerstand, sondern die Unantastbarkeit von Schrift und Bekenntnis zum Ziel hatte, in deren Kontext erst die Barmer Erklärung verständlich wird. Nicht nur das eigene Profil, sondern auch das christliche Bekenntnis kann die Sorge für die Welt derart überlagern, dass die Kirche es verfehlt, das Naheliegende zu tun. Gleichzeitig wird die Frage nach dem diakonischen Proprium als eine „irgendwie mißtrauische Frage" problematisiert[64], die für sich in Anspruch nimmt, im Gegensatz zu anderen sozialen Institutionen diakonisches im Sinne von nicht-egoistischem Helfen zu verwirklichen. Dabei wirkt dieses Proprium wie ein „gequälter Nachweis christlich-kirchlicher Besonderheit"[65], als nachträgliche „christliche Verpackung"[66] einer in der Säkularisierung begriffenen christlichen Institution. Als besonders problematisch wird in diesem Zusammenhang das distanzierende Abheben des kirchlich-diakonischen Tuns kritisiert[67], das ein vorbehaltloses Sicheinlassen auf die Welt unmöglich macht. Hilfehandeln richtet sich bewusst auf die Welt aus, ist durch und durch weltlich[68], doch sobald hilfehandelnde Institutionen ihrem institutionellen Handeln nicht lediglich eine Sinnmitte verleihen wollen, sondern ihr Handeln durch ihre Besonderheit gegenüber ihrer Umwelt definieren, treten sie in Distanz zu dieser Welt[69] und missbrauchen diese letztlich für ihre eigene Selbstdarstellung. Jäger macht in diesem Zusammenhang deutlich, dass die Titulierung „christlich" letztlich einen maßlosen Anspruch impliziert, den beispielsweise die dialektische Theologie bewusst vermieden hat, indem sie diesen Titel allein Christus selbst zuerkannt hat[70]. Schließlich wird der kirchlichen Suche nach einem diakonischen Proprium „domestizierende und disziplinierende" Funktion zugesprochen. Das Modell der kirchlich-diakonischen Dienstgemeinschaft verweigert nicht nur wie gesehen Rechte, sondern es funktioniert auch ausschließlich über zusätzliche Anforderung an die in dieser Dienstgemeinschaft arbeitenden Mitarbeiter[71]. Der Mangel an Erkennbarkeit wird durch eine Überforderung der Mitarbeiter kompensiert[72], der sich auf die Nichtdurchsetzung eigener Rechte beziehungsweise fehlende Rechtsmittel, also auf einen Verzicht auf eigene Interessen oder zumindest auf eine entsprechende Vertretung dieser Interessen konzentriert.

Von zentraler Bedeutung ist bei der Frage nach dem Proprium kirchlicher Sozialarbeit der Charakter des Wirklichkeitsbezuges eines aus einem solchen Proprium heraus gestalteten Tätigseins. Die Schlüsseldisziplinen für den Wirklichkeitsbezug des Dienstgemeinschaftskonzeptes sind nicht säkulare Wissenschaften, sondern Exegese und Dogmatik. Aus dem Wort heraus wird entwickelt, wie diakonisches Miteinander auszusehen hat, um dann zu reflektieren, wie dieses Miteinander am besten in der Welt umgesetzt werden kann. Die theologische Theorie beherrscht damit die Praxis und schreibt ihr normativ vor[73], wie das Tun angesichts der Theorie auszusehen hat. Dieses Theorie-Praxis-Gefälle hat dann zur Folge, dass „diakonische ‚Apparate' oft nur noch beziehungslos zu den sozialen Prozessen in ihnen und außerhalb ihrer als technisch-funktionales System in sich selbst und um sich rotieren und darin subjektiver Willkür, unkontrollierter

Machtkonzentration und herrschaftlichem Zugriff preisgegeben sind."[74] Deutlich ist hier von Hollweg der herstellungskategoriale und damit gleichzeitig herrschaftskategoriale Zugang zur Welt kritisiert, der sich in diesem theologisch-theoretischen Umgang mit der Welt niederschlägt. Damit wird die Theorie zur Ideologie[75], die auf Welt hin ausgerichtet ist, aber selbst keine Rückbindung zur Welt mehr findet. Wenn die Verwirklichung der dogmatischen Anforderungen nicht gelingt, liegt dies allenfalls an einer falschen „Operationalisierung"[76], während das weltliche Geschehen keinen Widerhall in der Theorie findet. Probleme der Praxis von Dienstgemeinschaft finden keinen Niederschlag in einer Korrektur des Modells. Auf diese Weise ist das Modell der Dienstgemeinschaft immun geworden gegen die Wirklichkeit. Die Dienstgemeinschaft wird zur theoretisch durchgesetzten Programmierung der Praxis, wobei Helfenden die Rolle von Funktionären bei der Umsetzung des Programms zukommt. Kritik am Programm kann damit ausgeschaltet werden, dass darauf verwiesen wird, dass die Dienstgemeinschaft ein innertheologisches Paradigma darstellt, dem mit weltlichen Argumenten nicht beizukommen ist[77]. So ist nicht mangelnde Operationalisierbarkeit das Problem der Theologie im Umgang mit diakonischer Praxis[78], sondern im Gegenteil ist gerade die Operationalisierung wie der damit verbundene herstellungskategoriale Zugang zur Welt selbst das Problem, der durch seine Missachtung weltlicher Bezüge auch unwillentlich gewaltsam mit dieser Welt verfahren muss[79].

Die theologische Idee der Dienstgemeinschaft schreibt der diakonischen Praxis vor, wie diese Praxis zu geschehen hat, ohne sich auf das Geschehen in der Praxis wirklich einzulassen. Es wendet damit der Praxis gegenüber Gewalt an. Nicht nur die weltlichen Beziehungen, auch die ein solches diakonisch-operatives Handeln betreffenden Menschen verlieren dabei ihren Status als Subjekte; sie werden zu Objekten der Verwirklichung des Modells des diakonischen Propriums[80], auf die sich das modellhafte Handeln richtet, ohne dass die Betroffenen das Konzept selbst mitgestalten könnten. Stattdessen werden die theologischen Theoretiker zu Ingenieuren eines operationalisierten diakonischen Miteinanders. Es ist eine solche eindeutige Gestaltung eines christlichen Propriums, die diakonisches Tätigsein in gefährlicher Weise zur Werkgerechtigkeit verkommen lässt, weil damit das Diakonische nach außen darstellbar und in spezifischen Kategorien, die sich am christlich verstandenen Dienen orientieren, messbar wird. Lediglich der in der institutionellen Praxis überall auffälligen Diskrepanz zwischen diakonischer Ideologie und Sachzwängen[81] und damit verbunden zwischen theologischen und sozialarbeiterischen Zielen[82] ist es zu danken, dass sich eine auffällige Diskrepanz zeigt zwischen diakonischen Konzepten und diakonischer Praxis[83]. Die utopischen Züge des Modells der Dienstgemeinschaft bewahren die Diakonie vor der Realisierung ihres ideologischen Programms, ohne allerdings zu einer kritischen Korrektur des Modells zu führen. Die Grundproblematik der Propriumsdiskussion liegt damit im Weltbezug. Die Welt gibt nur das Forum zur Realisierung des Propriums ab und ist insofern dem Modell der Dienstgemeinschaft untergeordnet. Die Welt und die Erfahrungen in ihr haben keinen Selbstwert, der dem Proprium korrigierend gegenübersteht. Mit dem defizitären Welt- beziehungsweise Wirklichkeitsbezug ist ein Zerstörungspotenzial für die Freiheit verbunden. Das Modell der Dienstgemeinschaft vernichtet wie jedes ideologische Modell beziehungsweise Programm für die Praxis die Freiheit, indem der tätige Vollzug nur die Realisierbarkeit des Modells ausweist, aber dem Modell keine neuen Aspekte beifügen kann, geschweige denn Neuinterpretationen ermöglicht. Im Gegensatz zur Vorläufigkeit eines Konzeptes macht ein operationalisiertes Modell Initiativität überflüssig, wenn es sie nicht gar ängstlich bekämpft.

Die Realisierung des Propriums geschieht im Kontext der Operationalisierung einzig aus dem Grunde, dieses vorgegebene Proprium sichtbar darzustellen und damit dessen Realitätsgehalt zu erweisen. Ein solches Realisierungsmodell tritt in auffälligen Gegensatz zur politisch qualifizierten Sichtbarkeit als Selbstdarstellung vor anderen. Jedes freiheitlich qualifizierte Handeln, das Neues in die Welt bringt, gibt Auskunft über das „Wer" des Täters und dennoch haben nicht die Täter dieses „Wer" in ihrer Hand, sondern vielmehr die Umstehenden, die über dieses Tun urteilen[84]. Ein Proprium ist damit gar nicht inszenierbar, es ergibt sich vielmehr im welthaften Handeln, im Einsatz der ureigenen Möglichkeiten vor den Augen der vielen, die über das Dargestellte urteilen. Eine selbstbezügliche Inszenierung seiner selbst missbraucht die Welt und wird von der Welt auch oft recht schnell als solche entlarvt. Dieser Zusammenhang gilt in gleicher Weise für Institutionen, so dass die Reflexion der eigenen institutionellen Möglichkeiten aus dem eigenen Selbstverständnis heraus zwar die Welt stärkt, aber diese Handlungsmöglichkeiten offen bleiben müssen für die Welt und an ihr interessiert bleiben müssen, wenn sie sich nicht in eine armselige und peinlich wirkende Selbstdarstellung verkehren wollen.

Arendts Kritik der tätigen Güte

Die selbstbezügliche Selbstvergessenheit christlicher Güte

Die Problematik der guten Werke besteht in der Realisierung des Guten, das weltfernen, zum Beispiel göttlichen Maßstäben genügen und gleichzeitig der Welt zugute kommen will. Gute Werke wollen primär getan sein, weil sie gut sind, weil Gott selbst sie als gut kennzeichnet und den Menschen zu tun gebietet. Der Konflikt der Güte entsteht, indem der Täter guter Taten gute Werke tun und dadurch gut sein will vor sich selbst, vor Gott und schließlich auch vor der Welt[85], wobei die Güte meist sogar für sich beansprucht, vom Urteil der Welt unabhängig zu sein. Für den Charakter dieser Güte ist es letztlich fraglich, wem gegenüber diese Güte geschieht. Geschieht die Güte nicht zuerst gegenüber der Welt, so genügt sie in erster Linie moralischen Maßstäben. Damit führt die Problematik der Güte in den Konflikt des Willens hinein und dieser menschliche Wille ist, wie Arendt überzeugend darlegt, radikal selbstbezüglich[86]; es geht ihm letztlich um nichts anderes als um die Integrität der eigenen Person, die Übereinstimmung mit sich selbst, auch wenn dieses Streben nach Übereinstimmung mit sich selbst vergeblich bleibt angesichts des dem Willen eigenen Streites mit sich[87]. Dabei macht Arendt deutlich, dass diese je eigene Integrität im Bereich des Wollens nicht nur nicht verwirklichbar ist, sondern dass dieser Maßstab auch dort, wo er sich in Handlungen äußert, schädlich beziehungsweise in hohem Maße gefährlich ist für die Welt. Das gute Wollen gerät in den Konflikt mit der Welt und Menschen müssen sich entscheiden, ob sie das Gute oder die Welt zum Maßstab ihres Handelns machen wollen. Damit untergräbt Arendt die weit verbreitete Auffassung, dass die Verwirklichung des moralisch Guten gleichzeitig gut für die Welt ist, so dass ein Politiker aufgrund seiner moralischen Integrität zum guten Politiker wird, eine Grundauffassung politischer Moralität, die sich angefangen bei Cicero in allen Fürstenspiegeln des Mittelalters findet[88]. Was für die Politik gilt, gilt auch für Helfende, insofern sie sich im Helfen auf die Welt einlassen. Die Kennzeichnung diakonischen Tätigseins als gutes Werk wehrt zwar der kultischen Spiritualität, die durch gottesdienstliche Taten die Anerkennung Gottes erlangen will und wendet sich insofern der Welt zu, als Güte, die sich nicht kultisch vollzieht an gottgeweihten Orten, sondern in der Welt tätig ist. Aber gute Werke im Sinne diakonischen Tätigseins in ausdrücklichem Gottesgehorsam degradieren letztendlich die Welt zum gottesdienstlichen Raum, wenn es primär darum geht, Gutes zu tun, weil es als Gutes geboten ist und nicht darauf geachtet wird, was dieses Gute in der Welt anrichtet. Das moralisch Gute ist an dieser Stelle mit der Weltliebe nicht vereinbar, sondern beide zeigen eine radikale Alternative auf. Dahinter stehen sich als kategorial zu unterscheidende geistige Vollzüge Urteilen und Wollen im Sinne Hannah Arendts gegenüber, die eine Antwort auf die Frage nach dem primären Maßstab der Weltwahrnehmung verlangen.

Diese Alternative zwischen willenskategorialem Zugang zur Welt im Lichte des göttlichen Gebotes und urteilskategorialem Zugang im Kontext der Liebe zur Welt spiegelt sich in besonderem Maße in Arendts Kritik des Christentums. Diese ihre Kritik ist zentral eine solche christlich verstandener tätiger Güte, der sie eine dem Willen entstammende Selbstbezogenheit vorwirft: „There is perhaps selfishness in those who live their own salvation instead of redeeming the country. – Es gibt vielleicht eine Selbstsucht in denen, die für ihre eigene Errettung leben anstatt für die Erlösung ihres Landes."[89] Mit dem Christentum, so macht Arendt deutlich, wendet sich die in der klassischen Antike so bedeutsame Sorge um die Welt in eine solche um die je eigene Seele und Erlösung[90]. Damit wird für das Christentum in radikalem Bruch mit dem klassischen Altertum das je eigene Leben – und zwar das ewige – wichtiger als die Welt[91]. Dieser Blickwinkel ist von der Perspektive der Welt aus gesehen ausgesprochen egoistisch. Gleichzeitig betrifft diese Selbstbezüglichkeit die je eigene Realität außerhalb dieser Welt, so dass der christliche Glaube aufgrund der eschatologischen Erwartung des individuellen ewigen Lebens sich in doppelter Weise der Sorge um die Welt enthebt[92]. Die Sorge um das je eigene ewige Leben tritt damit in direkte Konkurrenz zur Sorge um die Welt. Das Christentum, so

Hannah Arendt, fördert die Betonung der vita contemplativa vor der vita activa, insofern der Glaube zuerst der vita contemplativa zugehört[93].

Diese Kritik Arendts mutet auf den ersten Blick äußerst einseitig an und scheint nichts anderes zu wiederholen als die Religionskritik von Feuerbach und Marx. Doch wird der Kristallisationspunkt dieser Kritik erst in ihrer Reflexion des christlichen Konzeptes der tätigen Güte deutlich als der dem Willen zum Guten Gottes eigenen Tätigkeitsweise. Güte „in ihrem absoluten Sinne" stellt für Arendt ein Spezifikum des Christentums und Zentrum der Lehre Jesu dar und geht von dort in politische Konzepte der Verwirklichung eines absoluten Guten ein[94]. Als Vorläufer dieser Entwicklung wäre vor allem Platon zu nennen, der bereits dreihundertfünfzig Jahre vor Christus die Verwirklichung der „δέα τοῦ ἀγαθοῦ – der Idee des Guten – zum Ziel des Politischen erhebt. Arendts Kritik der Güte bedeutet nicht deren radikale Ablehnung. Sie gesteht sogar zu, dass Jesus das „einzige Beispiel wirklichen Gutseins"[95] ist und Güte gleichzeitig „die einzige Tätigkeit [darstellt], die Jesus nachweislich in Wort und Tat gelehrt hat"[96]. Ihr geht es vielmehr darum, die Gefahren gütigen Tätigseins für den öffentlichen Raum aufzuzeigen. Dazu unterscheidet sie zwischen absolutem Guten und tätiger Güte, die dennoch in enger Verbindung miteinander stehen. Wie nach dem Neuen Testament niemand außer Gott gut ist, so kann nach Sokrates auch kein Mensch weise sein, sondern die Weisheit nur lieben. Das Paradox von Gutseinwollen bei Unmöglichkeit des Gutseinkönnens hat Folgen für das Tätigsein angesichts dieses Guten, ja bedingt dieses erst: „Niemand kann die Weisheit oder die Güte lieben, es sei denn in den ihnen entsprechenden Tätigkeiten, im Philosophieren also und in der tätigen Güte. Beide Tätigkeiten aber sind dadurch gekennzeichnet, daß sie überhaupt nur bestehen können, wenn es ein Weise-sein oder ein Gut-sein nicht gibt."[97]

Diese Passage kann als Arendts Reflexion der Selbstrechtfertigungsproblematik gelesen werden. Das Gut-sein-wollen, die Selbsterlösung, ist in sich paradox und kann daher nie an ein befriedigendes Ende gelangen. Der Gütige bleibt auf dem Wege zum Guten, ohne dabei in diesem Leben je ans Ziel zu kommen, aber auch ohne dieses unerreichbare Ziel je aufgeben zu können, weil von diesem Guten, von der eigenen Gerechtigkeit vor Gott, die eigene Seligkeit abhängt. Alle konkreten Vorbilder und Vorschriften zum Gutsein endeten nach Arendt im Absurden und legen damit Zeugnis für dieses Paradox ab[98].

Es liegt der Einwand auf der Hand, dass die christliche Güte doch insofern gerade nicht selbstbezüglich und weltlos ist, als sie sich explizit auf die Welt hin ausrichtet und Gutsein nicht durch kultische Reinigung erreichen will. Diesen Weltbezug bestreitet Arendt auch gar nicht, vielmehr sieht sie sehr wohl, dass die Nächstenliebe ein Gegengewicht zur Betonung der vita contemplativa bildet[99]. Und doch ist die tätige Güte durch weltbezogene Weltfremdheit bestimmt, insofern sie nicht nur durch den soeben beschriebenen Selbstrechtfertigungskonflikt, sondern auch durch einen paradoxen Weltbezug gekennzeichnet ist. Sie betätigt sich in der Welt aber als „aktiv negierender Bezug"[100] zu dieser Welt. Diese aktive Negation der Welt betrifft die Maßstäbe der tätigen Güte. Indem die Offenbarung die göttlichen Maßstäbe aufzeigt, die durch tätige Güte in der Welt realisiert werden sollen, verweigert die Güte eine Orientierung an der Welt. Arendts Kritik des Christentums ist weniger von der philosophischen Religionskritik als von Machiavellis Kritik an einer christlich-moralischen Politik geprägt. Machiavelli war zu seiner Zeit in Florenz konfrontiert mit einer expansiven Herrschaft der Kirche in Form eines vatikanischen Territorialstaates, der freie Städte wie Florenz direkt bedrohte und damit eine verhängnisvolle und überaus mächtige Verbindung von Politik und Religion, Kirche und Staat implizierte[101], indem kirchliche Herrscher mit religiösem Anspruch unter Zurschaustellung gütiger Handlungen den politischen Raum korrumpierten. Gleichzeitig begegnete ihm unter seinen christlichen Zeitgenossen teilweise eine negierende Haltung gegenüber Politik, die sich darin ausdrückte, an der eigenen Rettung mehr interessiert zu sein als an der Rettung des eigenen Landes und die Machiavelli als Selbstsucht deutete. Schließlich begegnete ihm ein Typ von Politiker, der Politik mit moralischen Kategorien betreiben wollte und daraufhin entweder kläglich scheiterte oder die Politik abzwecken wollte zur Beförderung des Reiches Gottes. Es sind diese Erfahrungen, die Machiavelli eine scharfe Trennung vornehmen ließen, nicht nur zwischen Kirche und Politik, sondern auch damit verbunden von politischer Klugheit und moralischen Überzeugungen, um dadurch die Eigengesetzlichkeit und eigene Würde des Politischen wiederzugewinnen.

In Aufnahme von Machiavellis Unterscheidung von Politik und Moral setzt Arendts Kritik der christlichen Güte an, die in Anlehnung an Machiavellis Option, den politischen Raum vor der moralischen Inanspruchnahme zu bewahren, die Liebe zur Welt gegenüber der Liebe zum Guten abgrenzt, umso die Welt selbst zu bewahren. Es geht dabei nicht einfach um eine Unterscheidung, sondern um die Bewahrung der Welt, weil diejenigen, die nicht die Welt, sondern ihre Seele lieben und deshalb tätige Güte üben, Arendts Überzeugung nach schlecht beziehungsweise gefährlich für die Welt sind[102]. Die Moral und deren Ziel des je eigenen Seelenheils beziehungsweise der je eigenen Integrität tritt in direkte Konkurrenz zum Politischen. „Ewiges Leben oder ewiger Ruhm", so schreibt Arendt im Rückgriff auf Machiavelli, heißt die Alternative. „Rettung deiner selbst oder deines Volkes. Du kannst nicht beides haben"[103]. Es geht Arendt um den Maßstab des Handelns, wobei ihrer Überzeugung nach das Motiv, für sich selbst zu handeln, das Handeln für die Welt ausschließt. Dieser Konflikt wird von Moralisten gerne übersehen, weil der Welt kein angemessener Eigenwert zuerkannt wird. Das Ziel des christlichen Handelns ist aus moralischer Perspektive eine Distanzierung von der Wertschätzung dieser Welt. Je unabhängiger wir von der Welt werden, desto eher können wir gute Werke vollbringen. Arendt stellt diese Argumentation auf den Kopf. Nicht zu viel, sondern zu wenig Weltliebe ist das Problem der Kluft zwischen Wollen des Guten und Tun des Guten.

Es genügt nicht, das Gutsein vor Gott in der Welt auszuüben durch tätige Güte. Einer solchen christlichen Güte fehlt vielmehr die Wertschätzung der Welt und des Tätigseins in ihr als etwas Originäres[104], weil diese Güte die Welt letztlich nur benutzt als Übungsfeld für den Gottesgehorsam. Politisches Handeln, so Arendts Kritik, hat im Christentum nicht seinen Wert in sich, sondern geschieht um etwas anderes willen, eben zur Realisierung von Moral beziehungsweise Güte. Diese Moral mag irgendwann auf Erfahrung beruht haben, so dass die moralischen Maßstäbe meist tatsächlich gut für die Welt sein können; doch verlangt deren Realisierung als gutes Handeln für die Welt einen Modus des Handelns, der nicht mehr der Moral entnehmbar ist, sondern die weltliche Situation zu berücksichtigen hat, wobei tatsächlich Moral und Welt als Maßstäbe in Streit miteinander geraten können. Sobald Moral das Gute für die Welt in Form von geronnenen Erfahrungen, die sich an der Welt messen lassen müssen, transformiert in absolute Maßstäbe, beansprucht sie eine absolute Herrschaft über die Welt, unter der die Welt als Bezugsgewebe untergehen muss. Am eindeutigsten ist dieser Tatbestand vielleicht an der Frage der Gewalt im Politischen einsichtig. Ein moralisches Ideal der Gewaltlosigkeit gerät sehr schnell mit der politischen Realität in Konflikt. Sobald politisches Handeln ein solches Ideal durchsetzen will, wächst daraus meist lediglich eine Gewalteskalation. Wenn dagegen das Ideal dazu beiträgt, Gewaltanwendung ständig zu kontrollieren, vermag sie meist eher, die Welt zu bewahren, ohne dabei je einem moralischen Anspruch der absoluten Gewaltlosigkeit gerecht werden zu können. Die Frage, was gut für die Welt ist, ist immer auch eine Frage diakonisch-helfenden Handelns, aber moralische Maßstäbe geraten dabei schnell an ihre Grenzen. Wer im Helfen lediglich gute Maßstäbe verwirklichen will, weil er meint, dass diese Maßstäbe von Gott als gut ausgewiesen und damit auch per se, unabhängig von der Situation, gut für die Welt sind, wird der Welt mehr schaden als nutzen. Ein Tun aus Dienstbereitschaft, Barmherzigkeit oder Liebe kann erst dann gut für die Welt werden, wenn die jeweiligen Implikationen und Folgen des Tuns aus einer solchen letztlich moralischen Grundhaltung heraus für die Welt in jeder Situation neu reflektiert werden.

Die Thematik der Güte ist nach Arendt verbunden mit paradoxen Beziehungen, die das Phänomen entsprechend unübersichtlich machen. Neben dem Paradox des Willens in seinem Streit mit sich selbst und dem Paradox der Tantalus-artigen Unerreichbarkeit des Guten, das die Güte erst motiviert, sowie dem paradoxen Weltbezug eines aktiv negierenden Weltbezuges ist Güte auch noch in einem originären Sinne paradox selbstbezogen. Zum einen hat das moralisch Gute die individuelle Integrität jedes einzelnen zum Gegenstand, zum anderen ist im eigentlichen Sinne gut gar nicht die Handlung sondern das persönliche Motiv und betrifft damit die Innenseite der Person[105]. Damit wird der Konflikt in das Innere der Person selbst verlagert, die sich angesichts der Unbewusstheit vieler Motive beständig fragen muss, ob sie wirklich allein aus guten Motiven gehandelt hat[106]. Die moralische Persönlichkeit kann sich damit des eigenen guten Willens nie wirklich sicher sein und begegnet mit gleichem Argwohn und Misstrauen wie gegenüber sich selbst, so auch gegenüber seiner Umwelt. In dem

Versuch, möglichst viele unsichtbare Motive aufzudecken, um auf diese Weise Klarheit über die eigenen und fremden Motive zu gewinnen – letztendlich eine Anwendung des cartesischen Zweifels auf die eigenen Motive –, liegt ein wesentliches Motiv für die moderne Popularität von Psychologie, allen voran der Psychoanalyse begründet[107]. Arendts Kritik der Güte ist damit eng verbunden mit ihrer Wertschätzung der Erscheinungswelt. Der ständige Argwohn gegenüber heimlichen Motiven des Handelns lenkt die Aufmerksamkeit von der Welt weg auf das Innere der Täter, erzeugt Misstrauen und eine Missachtung des Glanzes der Sichtbarkeit.

Doch wie wenn damit noch nicht genug sei, korrumpiert bereits die Erscheinung einer Handlung als gut vor sich selbst die Güte. Schon die Selbstwahrnehmung des Guten an sich selbst entlarvt eine Tätigkeit als nicht um seiner selbst willen, sondern um des eigenen Seelenheils willen getan, wodurch ein der authentischen Güte fremdes Motiv in das Handeln eingegangen ist. Letztlich darf damit der Gütige in seiner misstrauischen Prüfung der eigenen Motive gar nicht zu der Überzeugung gelangen, dass ihn nur reine Motive in seinem Handeln geleitet haben, weil er mit einer solchen Überzeugung bereits Selbstrechtfertigung betreibt. In Arendts Reflexion der Güte spielt daher ein Vers aus der Bergpredigt eine herausragende Rolle, in dem Jesus angesichts des Tuns der ἐλεημοσύνη (hier weniger Barmherzigkeit allgemein als das Geben von Almosen) deutlich macht, dass dies nicht aus dem Motiv des Gesehenwerdenwollens heraus geschehen soll, sondern so „daß die Rechte nicht weiß, was die Linke tut" (Mt 6, 3)[108]. Arendt versteht diesen Vers wörtlich, so dass es ihrer Auffassung nach nicht reicht, die tätige Güte vor anderen zu verbergen, sondern sie muss auch vor sich selbst in ihrem gütigen Charakter verborgen bleiben. Die Verborgenheit christlicher Güte geht damit weiter als diejenige des Denkens, das sich vor der Welt in die Einsamkeit flüchtet. Tätige Güte verbirgt sich nicht nur vor der Welt, sondern auch vor dem Subjekt des Tuns[109] und gehört damit in den Kontext der Verlassenheit. Arendt nennt die Güte die „einzige positive Lebensweise der Verlassenheit, die wir kennen"[110]. Allerdings bleibt die Güte dabei im Paradox verhaftet. Sie reflektiert nicht mehr auf ihr eigenes Gutsein, ohne das Gutseinwollen als Motiv des Tätigseins aufgeben zu können und sie ist tätig, ohne sich des gütigen Charakters dieses Tätigseins bewusst werden zu dürfen.

Arendts Reflexion der Güte als Verlassenheit von sich selbst steht in sachlicher Nähe zum reformatorischen Konzept des Tuns guter Werke angesichts der Gefahr der Werkgerechtigkeit. In diakonischen Konzepten hat die Verlassenheit von sich selbst einen besonderen Stellenwert. So wird immer wieder auf die Grundhaltung der „Selbstverständlichkeit" im Geben und Nehmen[111] verwiesen, die dazu beitragen soll, dass Helfer sich im Diakonischen ihres herausragenden christlichen Werkes nicht mehr bewusst sind. Im Rückgriff auf Luther wird dabei deutlich gemacht, dass es im Diakonischen nicht darum gehen kann, Gutes tun zu wollen, sondern „das Tun frei dahinzugeben"[112], durchdrungen vom Wort in „Selbstvergessenheit" zu handeln[113]. Nicht mehr ich, sondern Gott in Christus und der Nächste stehen fortan im Mittelpunkt des Handelns[114]. Am deutlichsten wird in diesem Zusammenhang Möller, den Schäfer in seiner Diakoniekonzeption aufgreift[115]: „Wer in [den Leib Christi] eingegliedert ist, gehört nicht mehr sich selbst, sondern dem, der ihn mit seinem Geist beschlagnahmt hat, damit er selbstvergessen und selbstverständlich bei seinem Nächsten ist und mit ihm im Nehmen und Geben teilen kann."[116] Die Problematik der Güte wird gelöst durch ein Sichzurücknehmen als Handlungssubjekt, um sich vom Geist Gottes allein beschlagnahmen zu lassen. Es ist die Verkündigung der göttlichen Gnade in Christus, die es ermöglicht, dass das dem Wort folgende Tun „ganz und gar absichtslose, zweckfreie Tat um des Nächsten willen wird, die keiner Rede mehr wert ist und so selbstvergessen geschieht, daß die Linke nicht mehr weiß, was die Rechte tut."[117] Vor der Gefahr, des „frommen Selbstbetruges, mit dem ich mir in meiner Nächstenliebe über die Schulter schaue und mich ganz famos finde"[118], bewahrt sich der Gläubige nur dadurch, „daß Jesus selbst in seinem Wort an uns so tätig wird und mit seinem Wort so sehr in uns eindringt und uns so durchdringt, daß er selbst der Täter der wahrhaft guten Taten in uns wird und wir sagen können: ‚Gutes denken, tun und dichten, mußt du selbst in uns verrichten' (EKG 127, 2)."[119] Die Verlassenheit wird damit allein durch eine göttliche Beschlagnahmung erreicht, die so elementar erlebt wird, dass der Gütige sich gar nicht mehr selbst als Täter empfindet, sondern Gott durch sich hindurch wirksam sieht. Dabei ist die Gefahr einer solchen Interpretation geistigen Tätigseins mit Händen greifbar. Wie kann jemand – so stellt sich die Frage – der sich in diesem Sinne in seinem

Handeln selbstvergessen bestimmen lässt, noch selbstverantwortlich handeln? Führt hier nicht das Vergessen des gütigen Charakters zu einer gefährlichen Reflexionslosigkeit, so dass der, der nicht weiß, was seine Rechte tut, auch nicht mehr merkt, was er eventuell in der Welt anrichtet? Braucht nicht das Absehen vom gütigen Charakter des eigenen Tuns eine neue weltimmanente Perspektive des Handelns, in der der Täter von Hilfe ebenso vorkommt wie der Hilfeempfänger? Wird hier nicht letztendlich der Glaube benutzt, um sich – obwohl tätig – der menschlichen Verantwortung zu entziehen, indem der selbstvergessen Tätige über die Folgen seines selbstvergessenen Tuns keine Rechenschaft abzulegen braucht?[120] Möller entgeht der Gefahr der auf sich selbst bezogenen Selbstrechtfertigung gut reformatorisch durch den Rückgriff auf die gläubige Passivität. Diese Passivität entgeht jedoch nicht der weltverleugnenden Selbstbezüglichkeit, die den Konflikt der tätigen Güte kennzeichnet. Der Selbstvergessene bleibt nur an der Christusbeziehung interessiert, um Christus daraufhin den Weltbezug zu überlassen.

So bleibt die Güte durch einen paradoxen Selbstbezug gekennzeichnet. Besorgt um die eigene Stellung vor Gott aufgrund des tätigen Gottesgehorsams gegenüber dem von Gott gebotenen Guten versucht die Güte gleichzeitig, den Täter als Täter wieder loszuwerden, um selbstvergessen handeln zu können. Dieses paradoxe Selbstverhältnis hängt eng zusammen mit dem für den Willen konstitutiven Konflikt und ist in gleicher Weise konstitutiv für die Wahrnehmung des Tuns als Tun des Guten.

Die weltbezogene Weltverlassenheit der Güte

Als selbstvergessene Güte verliert das Tun des Guten nicht seine Problematik im Hinblick auf die Welt. Selbstvergessenheit führt ebenso wenig wie kultisch bestimmtes Tun zu einer Wertschätzung der Welt. Nicht nur bleibt die Güte selbstbezogen im Sinne der Konzentration auf das Durchdrungenwerden vom Wort Gottes, indem daraufhin Gläubige quietistisch auf göttliche Handlungsimpulse warten, sondern es stellt sich die Frage, wie ein Selbstvergessener verlassen von sich selbst noch mit der Welt verbunden bleiben kann. Es ist dieser Vorwurf der Weltverlassenheit, der das Zentrum der Gütekritik Arendts darstellt. Was nicht vor dem Täter der

Güte erscheinen darf, darf sich erst recht nicht vor anderen zeigen, die durch ihre Wertschätzung dem gütigen Tun unreine Motive beimischen könnten. Die Verlassenheit der Güte hat damit die entgegengesetzte Richtung im Vergleich zur Verlassenheit im Kontext des Totalitarismus. Während jene mit der Verlassenheit von der Welt ihren Anfang nimmt, bis die von der Welt Verlassenen sich auch nicht mehr ihres eigenen Personseins sicher sind[121], konstituiert sich die Verlassenheit der Güte als eine solche von sich selbst, die als Verlassenheit von sich selbst auch aus der mit anderen gemeinsamen Welt flieht, um nicht im Tun des Guten von anderen gesehen zu werden. Die Verlassenheit der christlichen Güte von der Welt hat damit ihren Ursprung in der Flucht vor dem Öffentlichkeitscharakter der Welt. Weil Güte sich lediglich an den inneren Motiven zeigt, sieht die gütige Tätigkeit der Scheinheiligkeit zum Verwechseln ähnlich. Nur in ihrer Verborgenheit vor der Welt ist deshalb die Echtheit der Güte zu erkennen. Im Prozess der Erscheinung verschwindet entweder im günstigsten Falle Güte sofort[122], ohne in Erinnerung umgeformt werden zu können[123] und verwandelt sich in Liebe zur Welt oder sie wird unweigerlich zur Eitelkeit und damit zur Heuchelei und Scheinheiligkeit[124], indem sich die guten Werke mit dem Gesehenwerdenwollen verbinden. Christlichen Institutionen im Zeichen der Güte bleibt bezüglich ihres Verhältnisses zum öffentlichen Raum nur das Dilemma, entweder durch diesen öffentlichen Raum korrumpiert zu werden oder selbst den öffentlichen Raum zu korrumpieren und damit zu vernichten[125]. Auch hier nimmt Arendt Bezug auf Machiavelli, der mit seiner strikten Trennung von Kirche und Staat auf die Erfahrung seiner Zeit reagiert, dass die politische Macht des Papstes als des obersten Repräsentanten der römischen Kirche den politischen Raum selbst gefährdet, insofern der religiöse Anspruch den Papst mit einer verheerenden Machtfülle ausstattete[126], die sich unkontrolliert entfalten konnte. Aber nicht nur die – scheinheilige – Güte von Herrschern korrumpiert den politischen Bereich, sondern auch die Predigt der Güte gegenüber dem Volk, insofern das Gebot, dem Übel nicht zu widerstehen, erst den politischen Herrschern den entsprechenden Freibrief zu ihrem Machtmissbrauch lieferte[127]. Eine reformierte Kirche, die diese von aller Scheinheiligkeit zu reinigen versucht, ist nach Arendts Auffassung noch gefährlicher für die Welt als eine korrumpierte Kirche[128]. „Die Welt", so macht Arendt deutlich,

„kann nur schlechter werden, wenn Menschen dem Bösen nicht widerstehen"[129]. Damit sieht Arendt die Güte vom politischen Standpunkt aus auf einer Ebene mit dem Verbrechen[130] und vergleicht „Heilige" mit einer „Räuberbande"[131], weil sich Güte in gleicher Weise wie die Bosheit vor der Welt verbergen muss, um sich vor dem Gesehenwerden zu schützen, aber dabei gefährlich bleibt für den Bestand dieser Welt, gefährlich vor allem für die Sichtbarkeit in der Welt.

Aufgrund des verbergenden Charakters der christlichen Güte kennzeichnet Arendt das Freiheitsverständnis des Christentums als rein negative Freiheit von Politik. Dabei spielt für sie ein Satz von Tertullian eine besondere Rolle: „Nec ulla magis res aliena quam publica – keine Angelegenheit ist uns fremder als eine öffentliche"[132]. Christlicher Glaube und öffentliche Angelegenheiten schließen sich für Tertullian kategorisch aus. Das Christentum verlegte durch diesen seinen „radikal antipolitischen Charakter"[133] die menschlichen Angelegenheiten „aus dem Bereich des Öffentlichen in den personalen Zwischenbereich zwischen Mensch und Mensch"[134]. Die radikale Nächstenliebe, die die Liebe zum Feind mitumschließt – also ein „Heiligkeitsideal" radikaler Güte – soll dem christlichen Anspruch nach alle menschlichen Angelegenheiten regeln. Christliche Güte zeigt sich damit als Gegensatz nicht nur zum in der Welt Hervorragenden, sondern auch zum Nützlichen für die Welt, insofern ihre Kriterien absolut sind und einem Bereich entnommen sind, der diese Welt transzendiert und den das Hervorragen und die Nützlichkeit nur korrumpieren können. Das Christentum gründete aus Arendts Perspektive daraufhin einen zwischenmenschlichen Raum neben der Politik, die Gemeinde als denjenigen Versammlungsraum, in dem die Ideale der Güte das Miteinander bestimmen sollten[135], der aber gleichzeitig nicht Erscheinungsraum werden durfte[136]. Erst Augustin machte nach Arendts Interpretation aus der christlichen Welt wieder eine Gemeinschaft, indem er das antipolitische Christentum in eine christliche Politik transformierte, ohne allerdings dem Politischen seinen originären Wert zurückzugeben[137]. Vielmehr sollte fortan die öffentliche Welt nicht nur höheren Zwecken untergeordnet werden, sondern auch nach Gütekriterien gestaltet werden. Politik als Sorge für das Gemeinwohl wurde zur Bürde[138], die zu übernehmen als Opfer und damit selbst als gutes Werk angesehen werden konnte[139]. Auch das reformatorische Geschehen sieht Arendt aus der Perspektive des Öffentlichkeitscharakters der gemeinsamen Welt äußerst kritisch, insofern diese mit der Zerstörung der Scheinhaftigkeit auch den öffentlichen Charakter der Kirchenräume zerstörte[140].

Doch mit dem Verlassenheitscharakter ist der Weltbezug der Güte noch nicht zureichend beschrieben. Gütiges Tun in der Welt ist nicht nur durch den Öffentlichkeitscharakter der Welt in ihrem Bestand ständig bedroht, sondern betätigt sich auch aus der Verlassenheit heraus in der Welt und zerstört damit aufgrund ihrer weltfernen Herkunft auch aktiv den Bestand der Welt[141]. Mit ihren Idealen von Demut und Leidensbereitschaft fördert sie oft genug das Übel in der Welt, insofern dieses Übel keinen Widerstand mehr erfährt. Hinzu kommt die Konzentration auf die verborgenen inneren Motive, die die Scheinheiligkeit geradezu fördert, insofern die Maßstäbe öffentlich weder kontrolliert noch beurteilt werden können. Über das Gute als dem moralischen Inhalt der tätigen Güte kann weder öffentlich gestritten werden, weil sie nicht öffentlich erkennbar ist, noch unterliegen ihre Ideale letztlich dem öffentlichen Diskurs, so dass Güte stumm[142] und aufgrund ihres transzendenten Charakters Vernunftargumenten nicht zugänglich ist[143]. Sie kennt verbal lediglich den beständig sich wiederholenden imperativischen Appell auf der Grundlage einer die Welt transzendierenden Wahrheit. Die Folgen sind verheerend, sobald die Güte versucht, den öffentlichen Raum nach ihren Kriterien zu gestalten. Prototyp eines solchen politisch sich durchsetzenden Guten ist für Arendt Robbespierre[144], der als unbestechlicher Moralist die politische Gemeinschaft nach Tugendkriterien auszurichten suchte. Indem die Französische Revolution die politischen Ziele des Kampfes gegen Tyrannei und Unterdrückung in einen moralischen Kampf gegen rein selbstinteressierte Ausbeutung der Reichen und die daraus folgende Armut der anderen verwandelte, wurde die Moral beziehungsweise das moralisch Gute zur herrschenden politischen Kategorie[145]. Weil Ausbeutung eine Plage amoralischer Menschen ist, impliziert der Kampf gegen Ausbeutung einen Kampf gegen diese inneren Motive. Insofern zudem Güte nicht das vernünftige Argumentieren zulässt, sondern jeder Kompromiss einem Verrat an der Tugend gleichkommt und Tugend beständig durch die Gefahr des Bösen bedroht ist, kennt die Güte letztlich nur ein einziges Mittel zur Gestaltung des politischen Raumes: die Gewalt, die die politischen Tugenden des Überredens und Überzeugens zerstört und der Welt durch ihre Radikalität den Krieg erklärt. Arendt sieht die Französische Revolution auch im Lichte dieses Versuches, einen moralischen Tugendstaat zu errichten, der von Rousseau erdacht und von Robbespierre umgesetzt werden sollte.

Aber nicht nur das Mittel der Gewalt als einzig mögliches Instrument der Gestaltung des politischen Raumes angesichts der Gefahr der Unmoral zerstört die Welt, auch die absoluten Maßstäbe – unabhängig davon, ob sie einer göttlichen Offenbarung oder einem Ideenreich der Vernunft entnommen sind – vernichten die gemeinsame Welt, insofern sie den politischen Bereich fremden Zwecken unterordnet. Sobald die Welt nicht mehr mit weltlichen Maßstäben regiert wird, verliert sie ihre Kraft, Menschen zu versammeln. Arendt verdeutlicht diese Gestaltung der Welt nach absoluten Maßstäben an Platons Ideenlehre. Diese Ideen enthalten Maßstäbe für die menschlichen Angelegenheiten, die die Sphäre der menschlichen Angelegenheiten transzendieren[146]. Diese Maßstäbe werden nach Platons Polismodell dem für ihn unzureichenden Überreden und Überzeugen entzogen, so dass die Menschen auf andere Weise als durch Überzeugung auf diese guten Ideen verpflichtet werden müssen. Platon findet die Lösung für die Durchsetzung der absolut guten Ideen in der Politik im Appell an ein Fortleben nach dem Tod[147], in dem nach Maßgabe von absolut guten Ideen gerichtet werden soll, so dass die Bürger jetzt bereits auf diese Ideen verpflichtet werden müssen, wenn sie in einem späteren Leben nicht der Strafe des Gerichts verfallen wollen. So erfüllen die Höllenausmalungen in Platons Schriften den Zweck, „mit Gewalt zu zwingen, ohne Gewalt anwenden zu müssen"[148]. Arendt sieht in diesem Kontext schließlich auch die politische Rolle der katholischen Kirche, vor allem ihr Autoritätsverständnis, das sich wesentlich auf die Verwaltung solch absoluter Ideen gründet[149]. Die Lehre von der Hölle wird damit ihrer Meinung nach zum einzigen politischen Moment des Christentums[150], das allerdings die politische Dimension des öffentlichen Raums in doppelter Weise zerstört, indem es Gewaltherrschaft mit Weltverleugnung unter Verweis auf ein jenseitiges Gericht verbindet. Dem paradoxen Selbstbezug gesellt sich so ein ebenfalls paradoxer Weltbezug zu, der gleichfalls konstitutiv für die tätige Güte ist. Sich betätigend in der Welt ist die Güte gleichfalls verlassen von ihr, indem sie sich vor der Welt verbergen muss, weltfremde Maßstäbe in der Welt durchsetzt und zu dieser Durchsetzung allzu schnell zur Gewalt greift, weil ihr die Verbundenheit mit der Welt fehlt.

Unter dieser Perspektive fällt ein neues Licht auf das diakonische Tätigsein, zumal auf das Modell der Dienstgemeinschaft. Dieses blendet nicht nur unter Verweis auf die innere Dienstbereitschaft jedes einzelnen an zentraler Stelle von der Welt ab, ohne aus der Verbundenheit mit der Welt ihr Motiv zu nehmen, sondern nimmt als operationalisiertes, dogmatisch-exegetisches Programm ihre Maßstäbe aus einem weltfernen Bereich, die sich nur durch Gewaltanwendung durchsetzen lassen. Diese Gewaltanwendung muss nicht derart elementar vor sich gehen, wie es in der Französischen Revolution oder der inquisitorischen Höllenausmalung platonischer oder mittelalterlich-christlicher Prägung geschah. Ein solcher Zwang ist auch wesentlich subtiler aufweisbar, wirkt sich aber immer in herrschaftskategorialer Okkupation des Raumes gemeinsamer Handlungsmöglichkeiten aus, bis dieser schließlich zur Wüste wird. Dazu bildet das diakonische Konzept der Dienstgemeinschaft ein besonders geeignetes Beobachtungsfeld. Es fällt auf, dass dieses Konzept der Dienstgemeinschaft nur so lange funktioniert, als kirchliche Autoritäten über dessen Einhaltung und Umsetzung wachen. Einmal als Spezifikum christlich-kirchlicher Gemeinschaft erkannt, besteht diese Dienstgemeinschaft genau so lange, wie Mitbestimmungsrechte von Mitarbeitern dieser Gemeinschaft beschnitten werden. Die Verbindung von herrschaftskategorialem Zugriff auf die Mitarbeitergemeinschaft und der Verborgenheit dieser Vorgehensweise stabilisieren die Realisierung des Konzeptes der Dienstgemeinschaft auf Kosten der Welt, dem Zwischen dieser Mitarbeiter.

Die Güte und das Böse

In Arendts eigenwilliger Reflexion tätiger Güte vom Standpunkt der Welt des Politischen aus gerät das absolute Gute moralischer Prägung in die Nähe des Bösen. Das Gute, so Arendt, ist für die öffentliche Welt und damit für das Politische gleich gefährlich wie das Böse. Dem absoluten Bösen wie dem Guten fehlt die Wertschätzung der Welt, ja es untergräbt diese Welt. Zudem müssen sich beide zugehörigen Tätigkeiten – tätige

Güte wie schlechte Taten – vor der Welt verbergen, weil sie durch öffentliches Erscheinen zerstört würden. Damit sind beide Phänomene in gleicher Weise dem Politischen gegenüber feindlich. So wie Arendt deutlich macht, dass radikale Güte das Politische bedroht, weist sie gleichzeitig darauf hin, dass nicht einzelne Bosheiten, wie etwa die Lüge, den politischen Raum bedrohen, sondern nur das radikale Böse, beispielsweise die Verlogenheit, die nicht einzelne Lügen betrifft, die der Lügner für sich selbst noch als solche erkennt, sondern die das systematische Umlügen ganzer historischer Zusammenhänge zur Folge hat, bis der Verlogene sich gar selbst glaubt[151]. Das Politische ist damit keinesfalls gleichzusetzen mit dem Kampf gegen das Böse. Das Böse ist kein politisch zentrales Problem. Arendt nennt eine einzige Ausnahme: das radikale Böse.

In diesem Punkt erkennt Arendt dem moralisch Guten eine ganz besondere politische Bedeutung zu. Nur das absolute Gute wird mit dem absoluten Bösen fertig[152], vor dem das Politische versagen muss, weil dieses Böse weder verstehbar noch erklärbar ist[153] und lediglich ein Grauen hinterlässt[154]. Dabei hat Arendt natürlich die totalitäre Katastrophe des Nationalsozialismus vor Augen. Dieses Böse ist radikal, weil es weder dem Argumentieren, noch dem Verstehen zugänglich ist, noch kann man diesem Bösen durch moralisch intaktes Handeln entkommen. Das radikale Böse macht Menschen zu Opfern unabhängig davon, was sie getan haben. Nicht das Politische, lediglich ein gleichfalls stummes absolutes Gutes vermag dieses sich im Totalitären zeigende Böse zu überwinden, weil das Böse zwar extrem ist[155], aber lediglich Perversion des Guten[156] und damit gegenüber der Tiefe und Radikalität des Guten unterlegen ist. Ein solches Gutes sieht Arendt in den Menschenrechten verkörpert[157], und es sind allein diese Menschenrechte, die der Banalität des Bösen im Totalitarismus Einhalt gebieten können. Aber das radikal Böse tarnt sich selbst, indem es in banalem Gewand in der Welt erscheint. So braucht die Intervention gegen dieses Böse nicht nur eindeutig gute Maßstäbe, sondern auch eine Vermittlung mit der Welt, durch die es fähig wird, das Böse als solches in der Welt zu entlarven. Das Tun des absolut Guten schützt an sich nicht vor der Verführung durch die Banalität des Bösen, insofern diesem Guten die Vermittlung mit der Welt fehlt und insofern es deshalb der Welt fremd gegenübersteht. Ebenso versagen alle politischen Maßstäbe angesichts einer Verurteilung dieser Banalität des Bösen. Lediglich das in der Welt je zur Geltung gebrachte und mit ihr vermittelte Gute kann noch einen Pflock angesichts der schleichenden Gefahr einer Kolportierung der Welt durch ein banales und kaum als solches erkennbares und verurteilbares Böses in der Welt errichten. Nur das Gute in Form von absoluten Menschenrechten ist dazu fähig, kontrolliert durch ein weltliches Gericht, diesem Bösen noch gerecht zu werden. Im Zusammenhang des Eichmann-Prozesses betont Arendt immer wieder die Unmöglichkeit, mit traditionellen juristischen Mitteln eine Verurteilung herbeizuführen[158]. Die alleinige Lösung sieht Arendt in einer Verurteilung im Namen einer bis dato abstrakt bleibenden Menschheit wegen Verbrechen an dieser Menschheit[159], indem Eichmann daran mitwirkte, einen Teil dieser Menschheit vom Erdboden verschwinden zu lassen. Nicht als Mörder, sondern allein als „hostis humanis generis", als Feind der Menschheit, sind die Untaten des Totalitarismus verurteilbar, wie Arendt in ihrem Entwurf einer Verurteilungsrede gegen Eichmann verdeutlicht[160]. Damit nimmt sie explizit Zuflucht zu moralischen Kategorien, sieht aber die Bedeutung des Guten auf diese Rolle der Verurteilung von Untaten beschränkt. Gutes kann, sofern es politisch vermittelt ist, radikal bösen Untaten mit banal erscheinenden Motiven wehren, nicht aber aktiv Politik gestalten.

Zu einer solchen Wirkung auf das Böse ist jedoch eine Verbindung von Gutem mit der Gewalt notwendig. Die Verurteilung Eichmanns konnte Arendts Meinung nach nur eine solche zum Tode bedeuten[161]. Doch mit dieser Verbindung gerät das Gute bereits in Widerspruch zur radikalen tätigen Güte, zu der zutiefst die Gewaltlosigkeit gehört. Die gewaltlose tätige Güte ist gegenüber dem Bösen gänzlich machtlos. Diesen Zusammenhang veranschaulicht Arendt an der Romanfigur Billy Budd von Melville. Der Matrose Billy ist von Melville nicht nur als gut im Sinne des Fehlens jeder Schlechtigkeit geschildert, bar aller Eitelkeit und Selbstgefälligkeit[162], sondern auch als völlige Unschuld im Sinne einer kindlichen Unwissenheit, die zu keiner intuitiven Kenntnis des Bösen fähig[163], in dieser Beziehung gänzlich unerfahren[164] und ohne Verstand ist, ohne die Fähigkeit der Klugheit ausbilden zu können[165]. Diese Arglosigkeit wird Billy Budd zum Verhängnis in seiner Begegnung mit dem Unteroffizier Claggart, der Personifikation des Bösen, der diese Bosheit mit kühler Überlegung zu verbinden vermag[166], bis es zum Eklat kommt und Billy den Unteroffizier Claggart im Affekt tötet. Arendt macht an diesem Beispiel deutlich, dass ein Gütiger in der öffentlichen Welt wie ein Idiot wirken muss[167], weil er es aufgrund seiner Unbedarftheit nicht versteht, Bosheit zu entlarven und dieser Bosheit deshalb nichts entgegenzusetzen vermag. Dem Gütigen fehlt jede Wahrnehmungsfähigkeit des Bösen, so dass die Güte dem Bösen schutzlos ausgeliefert ist. Weil die Güte wehrlos ist gegenüber der Schlechtigkeit der Welt, darum müssen Politiker auch über die Fähigkeit verfügen, nicht gut zu sein.

In diesem Sinne versteht Arendt Machiavellis Option für das Nicht-gutsein im Politischen: „Viele haben sich Republiken und Fürstentümer vorgestellt, die nie jemand gesehen oder tatsächlich gekannt hat; denn es liegt eine so große Entfernung zwischen dem Leben, wie es ist, und dem Leben, wie es sein sollte, daß derjenige, welcher das, was geschieht, unbeachtet läßt zugunsten dessen, was geschehen sollte, dadurch eher seinen Untergang als seine Erhaltung betreibt; denn ein Mensch, der sich in jeder Hinsicht zum Guten bekennen will, muß zugrunde gehen inmitten von so vielen anderen, die nicht gut sind. Daher muß ein Fürst, wenn er sich behaupten will, die Fähigkeit erlernen, nicht gut zu sein, und diese anwenden oder nicht anwenden, je nach dem Gebot der Notwendigkeit"[168]. Machiavelli begründet das non-sono-buono – das Nicht-gut-sein des Politikers mit dem Hinweis auf den Abstand zwischen idealer und realer Welt. Der Versuch, die reale Welt nach Maßstäben einer idealen, guten Welt zu gestalten, scheitert an dem non-sono-buono der Welt, ohne deren Berücksichtigung keine Weltgestaltung möglich ist. Machiavelli ist in seinen Ausführungen immer wieder missverstanden worden. Es geht nicht darum, als Politiker möglichst boshaft zu sein, sondern Übel für die Welt als solche entlarven zu können und entsprechend reagieren zu können. Dazu ist es notwendig, dass Politiker ihr Handeln nicht am absoluten Gutsein orientieren; denn das Warten auf die äußerst seltene Gelegenheit, Böses allein mit Gewaltlosigkeit und Güte überwinden zu können, wie es Jesus oder Gandhi verwirklichten, liefert die Welt allzu schnell der Gewalt aus.

Die Lösung des Problems des Umgangs mit dem alltäglichen Bösen kann daher nicht in der tätigen Güte liegen. Vielmehr muss der Blick weggelenkt werden von den inneren guten oder bösen Motiven auf die für alle sichtbaren Taten. Die Welt braucht weltliche Institutionen, um sich bestmöglich vor den Folgen des Bösen, den schlechten Taten, zu schützen. Das Politische muss diesen schlechten Taten entgegentreten. Das demokratische Denken ist zutiefst von diesem Grundsatz geprägt, am deutlichsten vielleicht ausgesprochen von James Madison im 51. Federalist: „If men were angels, no government would be necessary. If angels were to govern men, neither external nor internal controls on government would be necessary. In framing a government which is to be administered by men over men, the great difficulty lies in this: you must first enable the government to control the governed; and in the next place oblige it to control itself. A dependence on the people is, no doubt, the primary control on the government; but experience has taught mankind the necessity of auxiliary precautions. – Wenn die Menschen Engel wären, so bräuchten sie keine Regierung. Wenn Engel die Menschen regierten, dann bedürfte es weder innerer noch äußerer Kontrollen der Regierenden. Entwirft man jedoch ein Regierungssystem von Menschen über Menschen, dann besteht die große Schwierigkeit darin: man muß zuerst die Regierung befähigen, die Regierten zu beherrschen und sie dann zwingen, die Schranken ihrer eigenen Macht zu beachten. Die Abhängigkeit vom Volk ist zweifellos das beste Mittel, die Regierung zu kontrollieren, aber die Menschheit hat aus Erfahrung gelernt, daß zusätzliche Vorkehrungen nötig sind."[169] Damit liegt ein wesentlicher Sinn des Politischen in der gegenseitigen Kontrolle von Regierenden und Regierten aufgrund der Tatsache, dass Menschen nicht nur gut handeln, so dass das Gemeinwesen vor den schlechten Taten so gut wie möglich geschützt werden muss. Das Politische ist damit nicht idealen, jenseitigen, sondern irdischen Verhältnissen geschuldet und bescheidet sich mit der notwendig unvollkommenen Kontrolle der nicht immer gut Handelnden durch andere nicht immer gut Handelnde. Sofern die Güte überhaupt eine Kontrolle des Bösen kennt, so ist es die individuelle Selbstkontrolle der Handelnden über ihre eigenen Motive. Doch solche Selbstkontrolle verführt gerade zur Scheinheiligkeit, die unter der Scheinhaftigkeit des Guten allzu leicht sich selbst und ihre Umwelt betrügt. Das Modell der Dienstgemeinschaft kennzeichnet eine solche ideale Gemeinschaft des Gebens und Nehmens im Zeichen moralischer Güte, das deutlich arglose Tendenzen gegenüber schlechten Taten zeigt, weil es dem

Missbrauch der Dienstwilligkeit anderer nicht wehren kann und darum die Gemeinschaft nicht vor schlechten Taten angemessen sichern kann. Indem das Modell der Dienstgemeinschaft sich allein auf das überfließende Geben der Teilnehmer an ihr gründet, wird diesem Gebemotiv eine moralische Rolle zugesprochen. Jeder einzelne ist aufgrund seiner eigenen Selbstkontrolle auf seine Dienstwilligkeit und die Überwindung seiner selbstinteressierten Motive verpflichtet, wogegen die gegenseitige Kontrolle der Instanzen, wie gesehen, gänzlich unzulänglich bedacht ist[170], um jedes Gegeneinander möglichst zu vermeiden. Damit wird Dienstgemeinschaft zu einem Stück Reich Gottes auf Erden, indem mit diesem Modell nicht nur eine auffällige Weltfremdheit verbunden ist, sondern auch Scheinheiligkeit und Korruption gestützt wird, indem die Folgen korrupten Handelns für die Welt nicht angemessen beschränkt werden. Auch die diakonische Zusammenarbeit in einer Dienstgemeinschaft ist nicht ein Miteinander von Engeln und braucht aus diesem Grunde wirksame Instrumente der gegenseitigen Kontrolle von repräsentativen Mitarbeitervertretungen und diakonischen Leitungsinstanzen als gerechtfertigten Sündern, die in ihrem Handeln nie von Versuchungen frei bleiben.

Güte im Horizont der Weltliebe

Machiavellis Hinweis, dass Menschen im Politischen lernen müssen, nicht gut zu sein[171], bedeutet eine Umkehr der Maßstäbe, die dem Guten, das einen absoluten Maßstab allen Handelns impliziert, gänzlich widerstrebt. Das Gute ist damit von seinem absolut handlungsleitenden Sockel gestoßen und verliert so seinen eigentlichen Sinn. Zur Verdeutlichung der damit verbundenen Grundhaltung zum Leben in der Welt zitiert Arendt den Satz von Machiavelli: „Ich liebe mein Land, die Stadt Florenz, mehr als das Heil meiner Seele." Machiavelli war kein Atheist, aber er bemerkte, dass die öffentliche Welt nur gestaltbar ist, wenn die Liebe zu ihr stärker ist als der Wunsch nach letztlich selbstbezüglicher, moralischer Integrität. Machiavelli ist aufgrund vielfältiger Äußerungen seines Fürstenspiegels – Il Principe – immer wieder als skrupelloser Herrschaftstechniker beschrieben worden; und einige Äußerungen aus seiner Schrift legen einen solchen Verdacht tatsächlich nahe. Doch geht es Machiavelli darum, dass moralische Kriterien nicht ultima ratio politischen Handelns sein dürfen, sondern selbst einem – dieses Mal weltlichen – Maßstab unterliegen müssen: „Wenn man nämlich alles genau betrachtet, wird man finden, daß manche Eigenschaft, die den Anschein der Tugend hat, bei ihrer Verwirklichung seinen Untergang herbeiführt, und daß manch andere, die den Anschein des Lasters hat, ihm bei ihrer Verwirklichung zu Sicherheit und Wohlbefinden verhilft."[172] Doch die Herrschaftssicherung ist für Machiavelli nicht die ultima ratio des politischen Handelns, auch wenn dieser Eindruck im Principe aufkommen mag. Vielmehr tritt für ihn die moralische Güte des einzelnen in Kontrast zur guten Welt. Diese Alternative zwischen tätiger Güte und handelnder Sorge um eine bessere Welt nimmt Hannah Arendt in ihrer Kritik der Güte auf. So schreibt sie im Blick auf Brecht: „Es kommt mehr darauf an, eine bessere Welt zu hinterlassen als ein guter Mensch gewesen zu sein."[173] Das Handeln in der Welt wird anders aussehen, wenn Menschen als gute Bürger der erweiterten Denkungsart fähig sind als einer reflexiven Fähigkeit, ihr Denken und Handeln in den Kontext ihrer Umwelt zu stellen, als wenn sie versuchen, moralische Maßstäbe in Tätigsein umzuformen[174]. Arendts Konzept des Öffentlichen ist durch ihre Kritik moralischer Güte nicht orientierungslos an der Normativität des Faktischen ausgerichtet, doch Arendts letztlich ebenfalls normatives Konzept ist wesentlich nichtmoralischer Natur. Ihr Konzept bleibt mit dem Handeln befreundet, so dass es Ideen zu diesem Handeln entwickelt, aber diese Ideen in Beziehung setzt zur weltlichen Realität. Dieser Unterschied zeigt sich vor allem in der Reflexivität und damit Urteilskategorialität solcher Normen. Nicht nur werden die Normen in die Welt hinein verwirklicht, sondern die weltliche Realität bildet immer auch das kritische Korrektiv der Ideen. Die Norm der erweiterten Denkungsart gestaltet nicht direkt die Realität, sondern zeigt – ähnlich dem δαιμόνιον des Sokrates[175] – lediglich auf, was nicht sein darf und bildet damit ein kritisches Korrektiv für das Sprechen und Handeln. Die Unterscheidung von normativen Konzepten und Ideologien wird sich an diesem Weltbezug messen lassen müssen und der mit diesem Weltbezug verbundenen Rolle der realen Welt. Jedes Konzept zwischenmenschlicher Wirklichkeit, das kein Korrektiv seiner selbst mehr in der Reflexion seiner praktischen Erprobung hat, sondern absolut den Gang der Realität bestimmen will, wird unweigerlich zur Ideologie. Das Konzept der Dienstgemeinschaft steht genau in diesem Dilemma. Es sind keine kritischen Instrumentarien entwickelt, wie die realen Erfahrungen mit der Gestaltung dieser Dienstgemeinschaft kritisch mit dem Konzept selbst in Beziehung treten können, so dass Dienstgemeinschaft ihre vernichtende Wirkung auf die diakonischen Institutionen durch ihren ideologischen Charakter voll entfalten kann.

Auch Machiavelli kennt einen solchen normativen Maßstab des politischen Handelns jenseits der Herrschaftstechnik. So schreibt er im Hinblick auf die grausame Herrschaft von Agathokles von Syrakus: „Auf solche Weise kann man zwar Macht erwerben, aber keinen Ruhm."[176] Gloria bildet damit das kritische Korrektiv zum herrschaftstechnischen Machterhalt[177], ein Motiv, das Machiavelli aus dem klassischen griechisch-römischen virtus-Konzept aufgreift. Diese an der gloria orientierte virtù entfaltet ihre Bedeutung allerdings erst in Machiavellis Reflexion der republikanischen Bürgertugenden, die er in seinen Discorsi darstellt[178]. Die öffentliche Anerkennung wird zum Signum des Gemeinwohls. Das bedeutet nicht eine unkritische Haltung gegenüber der Öffentlichkeit, die nicht mehr die Qualität derjenigen Urteile, auf denen die Anerkennung beruht, prüft, die aber dieser Anerkennung einen grundsätzlichen Wert für die Welt beimisst. Mit Machiavelli gelangt die Öffentlichkeit und die Liebe zu ihr zu neuer Würde, ohne dass der öffentliche Schein mit der Scheinheiligkeit gleichgesetzt wird. Mögliche Scheinheiligkeit wird von Machiavelli nicht nur in Kauf genommen, sondern eine lediglich scheinhafte Tugend macht bereits die Welt besser als ein sich zeigendes Laster[179].

Ein solches Konzept nicht-moralischer, an öffentlicher Anerkennung orientierter Weltliebe, scheint dem christlichen und damit dem diakonischen Konzept gänzlich fremd zu sein. Und doch muss bei genauerem Hinsehen das selbstvergessene Tun reformatorisch gar nicht weltvergessen und in Verborgenheit vor der Welt geschehen. Im Gegenteil artet Selbstvergessenheit vielmehr allzu schnell in Reflexionslosigkeit aus. Reformatorisch gedacht soll selbstvergessenes Tun lediglich von der moralischguten Qualität des Tuns absehen, um dem Tätigsein seinen verdienstlichen Charakter zu nehmen. Erst dann kann es sich wirklich auf die Welt einlassen. Der Glaube stellt so gesehen eine Befreiung für die Welt dar, die kultisch motivierte Handlungsvollzüge in Tätigkeit aus Liebe zur Welt verwandeln kann, so dass „das Helfen nüchtern und in gutem Sinne ‚normal', ‚gewöhnlich', das heißt der lebensweltlichen Alltagsplausibilität ein-wohnend geschehen kann"[180] Indem die Sorge um das eigene Gutsein, um die Versöhnung mit Gott gestillt ist, bedarf das Handeln keiner religiösen Motive mehr, braucht nicht mehr den göttlichen Imperativ, sondern kann sich ungehindert an der Liebe zur Welt orientieren und somit auf die Welt einlassen. Sofern Arendts Konzept moralische Momente bewahrt, so ist es diese Liebe zur Welt, die subjektiv handlungsmotivierend gedacht ist, für deren Bedeutung in der Welt immer wieder neu geworben werden muss. Der konkrete Inhalt dieser Weltliebe hingegen muss jeweils im Konkreten neu bestimmt werden und lässt sich in keine absoluten Kategorien fassen. Die Rechtfertigungslehre bleibt so lange in Paradoxa verhaftet, wie sie nicht auf die Weltliebe bezogen ist. Befreit von der Selbstrechtfertigung bildet die Rechtfertigung aus Glauben die Voraussetzung für einen freiheitlichen Weltbezug, aber sie gestaltet die Welt nicht unmittelbar. Vielmehr kann Weltgestaltung nur von der Welt selbst ihre Maßstäbe nehmen. Und als weltgestaltende Weltliebe löst das Handeln schließlich die Selbstrechtfertigungsproblematik, indem die Weltliebe den Blick von der eigenen Integrität weg auf die Welt selbst lenkt. Der Charakter einer Weltliebe jenseits moralischer Kategorien wird am deutlichsten in Tocquevilles Hinweis auf die amerikanische „Lehre vom wohlverstandenen Eigennutz"[181]. Das Weltinteresse wird in dieser „Lehre" mit dem Hinweis auf das Selbstinteresse begründet und erscheint damit nicht mehr in seinem moralisch guten Charakter, obwohl es auch nach moralischen Maßstäben gutes Handeln zur Folge hat, insofern die Bürger immer wieder zu bemerkenswerten Opfern fähig sind, die sie der Selbstliebe zuschreiben, obwohl sie auffällig starke Merkmale eines Engagements für die gemeinsame Sache tragen. Die Weltliebe ist letztlich zum Tun des Guten fähig, ohne auf den moralisch guten Charakter dieses Tuns eigens zu rekurrieren. Der Banalität des Bösen, das als solches Böses kaum mehr kenntlich wird, tritt eine Banalität des Guten zur Seite, die aus moralischer Sicht Gutes tut, ohne sich des gütigen Charakters bewusst zu sein beziehungsweise werden zu wollen. Die Unbewusstheit der banalen Güte gründet sich damit nicht auf eine generelle Selbstvergessenheit, sondern lediglich auf deren guten Charakter. Sie sucht als banale Güte nicht so sehr großartige Taten, sondern ist in vielfältiger Weise an den kleinen, für die Welt guten Handlungen interessiert.

Wenn Handlungen nicht mehr als gute Werke getan werden, brauchen sie sich auch nicht mehr vor der Welt zu verbergen. Arendt bezieht sich in ihrer Kritik der Güte vor allem auf Mt 6, 1-3. Um das θεαθῆναι τὴν δικαιοσύνην – die Zurschaustellung der eigenen Gerechtigkeit – zu verhindern, soll sich die Güte vor der Welt verbergen. Doch diese Verborgenheit geschieht lediglich angesichts des gütigen Charakters des Tuns. Mt 6 ist so in Bezug zu setzen zu Mt 5, 16[182]. Das Tun des Guten aus dem Glauben heraus soll gerade – allerdings in seiner Weltlichkeit – weithin sichtbar werden. Ein sich verbergendes diakonisches Tun wird unfähig zu einer Öffentlichkeitsarbeit, die das, was gut ist für die Welt, in dieser Welt auch zeigt und zum Aufscheinen bringt. Wenn diese Öffentlichkeitsarbeit nicht mehr nur die eigene – auch institutionelle – Selbstdarstellung zum Ziele hat, die meist recht schnell durchschaubar wird und dann eher peinlich wirkt, wächst sie weit über die Rechtfertigung des eigenen Handelns hinaus und wirbt durch ihr Erscheinen für Nachahmung in der Welt statt für Abgrenzung gegen sie, ermöglicht Begegnung mit in besonderer Weise Hilfsbedürftigen und zeigt das humanitäre „Trotzdem" auf[183].

Ein solcher Weltbezug kirchlichen Handelns braucht eine eigene Form theologischer Zugangsweise zu dieser Welt. Nur wenn die Welt wirklich als Gegenüber zu dogmatischen Ideen und Konzepten in ihrer Unverfügbarkeit respektiert wird[184], die auf die Ideen selbst zurückwirken kann, wenn theologische Normen sich an der Erfahrung reiben können[185], erhält die Welt wirklich den ihr zukommenden Wert. Diese neue Theologie passt sich nicht grenzenlos an die weltliche Situativität an, sondern entwickelt wohl Ideen und damit Ideale, aber diese Ideale können so in der Welt gewagt werden, dass die weltliche Erfahrung die Ideen gestalten und umgestalten kann. Sie ist eine Theologie ohne Geländer[186], die ohne Rückhalt an einem absoluten, normativen Geländer ihre Ideen in der Welt wagt und damit die Möglichkeit riskiert, dass diese Ideen im Zusammenhang der Welt radikal in Frage gestellt werden. Jesu eigene Worte weisen in diese Richtung. Wenn nicht der Mensch für das Gesetz – welcher Couleur auch immer – da ist, sondern das Gesetz für den Menschen (Mk 2, 27), dann bildet die Menschenwelt den Maßstab für die moralischen Maßstäbe.

Mit einem solchen veränderten Weltzugang ist auch ein verändertes Verhältnis zu anderen Wissenschaften verbunden, die mit der sozialen Wirklichkeit befasst sind. Dieses veränderte Verhältnis kündigt sich in der Diakoniewissenschaft wie in der Theologie insgesamt seit längerem an. Die klassische Selbsteinigelung der Theologie, allen voran der dialektischen Theologie, die auch große Teile der Diakoniewissenschaft bestimmt hat[187], allem voran das Denken von Philippi, unterliegt auch innertheologisch zunehmend der Kritik. Diese Kritik verschärft sich angesichts der Diskrepanz von Theologie und Wirklichkeit in der diakonischen Praxis. Theologie, so der Vorwurf, zeichnet sich weithin durch eine spezifische „Isolierung von der Wirklichkeit" aus aufgrund ihrer grundsätzlichen und damit „linearen Denkstrukturen", die eine „Kurzschlüssigkeit" im Bezug auf die Wirklichkeit zur Folge hat[188]. Theologie versagt angesichts der konkreten Diakonie[189], insofern sie sich durch die vorrangige Formulierung von „All-Sätzen" der Konkretisierbarkeit und lebenspraktischen Relevanz entzieht[190]. Die „Verkündigungstheologie" bleibt ortlos in der Welt und isoliert sich damit notwendig selbst aufgrund ihres Anspruches gegenüber anderen Humanwissenschaften[191]. Doch auch die mit dieser Kritik verbundene Forderung nach einer stärkeren Welt- und Wirklichkeitszuwendung bleibt oftmals einem deduktiven Modell dieses Zuganges verbunden. Eine Diakoniewissenschaft, die absolute Wahrheiten lediglich in die Wirklichkeit übersetzt beziehungsweise transportiert, die „zu den Kampf- und Lagerstätten der Menschen hinabsteigt"[192] oder die unter dem Anspruch auftritt, dass die Theologie als ganzheitliche Sichtweise des Menschen die Humanwissenschaft zu integrieren vermag[193], bleibt in auffälliger Distanz zur Welt beziehungsweise über der Welt, verbunden mit dem Anspruch, dass die Theologie den letzten Schlüssel zum Verstehen dieser Welt in der Hand habe, wobei sie andere Wissenschaften in ihren Dienst nehmen kann[194]. Gleiches gilt für die Forderung, kompatible Leitannahmen[195] oder nach einer „Sinnparallelität" in den Menschenbildern[196] von Theologie und Humanwissenschaften für einen Dialog zwischen den Disziplinen zu suchen. Damit verschiebt sich das Problem lediglich auf eine Ebene über der Theologie. Es geht im Verhältnis der Theologie beziehungsweise der Diakoniewissenschaft zu anderen Humanwissenschaften um mehr als um die „Praxisrelevanz vom ersten gedanklichen

Schritt an" theologischen Denkens[197], vielmehr steht der normative Charakter der Diakoniewissenschaft selbst zur Disposition, „weniger handlungsbezogen [, ... sondern] eher begründend und beurteilend, motivierend und fordernd" in der Wirklichkeit aufzutreten[198]. Eine weltorientierte Diakoniewissenschaft erfordert, dass jede theologisch-dogmatische Orientierung „von Anfang an in einen Situations-, Handlungs- und Problemhorizont eingebettet ist"[199], so dass die Werte und Normen in ihrem Gehalt selbst zur Disposition stehen. Theologie muss begreifen, dass sie sich selbst mit der von ihr geforderten Ganzheitlichkeit überfordert, weil Theologie selbst lediglich fragmentarisch, perspektivisch auf die Welt reflektieren kann. Das Absolute ist unter Menschen nur perspektivisch gewinnbar, so dass Theologie zum einen die Eigendynamik der diakonischen Praxis erkennt und insofern von normativer Theoriebildung Abschied nimmt, wobei sie diese Praxis andererseits reflexiv begleiten kann im Dialog mit Betroffenen und Helfern[200]. Es ist nicht möglich, deduktiv aufgrund eines feststehenden christlichen Menschenbildes eine christliche Sozialarbeit zu bestimmen[201]. Das christliche Menschenbild, sofern es ein solches überhaupt einheitlich gibt, bildet „kein handlungsanleitendes Fixum"[202]. Vielmehr geschieht die Schriftauslegung als Grundlage dieses Menschenbildes erst durch Praxis[203]. Damit wird diakonische Praxis als reflexive Darstellung und Verstehensakt dessen, was christlicher Glaube heißt, aufgewertet, statt zur Realisierung theologisch vorgegebener, absoluter Wahrheiten zu verkommen.

Erst eine solche diakonisch weltorientierte Theologie kann wirklich die diakonische Praxis kritisch begleiten[204]. So ist es nicht die idealistische Form, die das Konzept der Dienstgemeinschaft problematisch macht, aber es ist das verbreitete theologische Unvermögen, die Erfahrungen mit der Gestaltung eines solchen alternativen Miteinanders mit dem Modell in Beziehung zu setzen, die den Unterschied darstellt zwischen einem weltoffenen Konzept christlichen Miteinanders und einem ideologischen Modell der Dienstgemeinschaft. Dabei fällt die Frage gänzlich unter den Tisch, inwiefern die exegetische Basis des Modells der Dienstgemeinschaft in Mk 10 wirklich Modell sein kann für ein konkretes Konzept oder ob die Aufforderung des gegenseitigen Dienens nicht vielmehr lediglich das Herrschaftskonzept ad absurdum führen will. Wer erster sein will, versuche es mit dem Letztersein und er wird tatsächlich nie zu seinem Ziel kommen. Erster- wie Letztersein haben im Reich Gottes keinen Sinn mehr. Wenn dieser Text nicht konkretes Konzept sein will, sondern lediglich negativ das Herrschaftskonzept für kirchliche Institutionen verneint, käme jeder Versuch, daraus eine Dienstgemeinschaftsideologie zu zimmern, dem Versuch gleich, aus dem Neuen Testament ein moralisches Gesetz für kirchliche Praxis zu machen. Wenn Mk 10 nicht mehr imperativisch ein diakonisches Modell impliziert, sondern die Kirche auf die Suche schickt nach alternativen Modellen gelungenen Miteinanderseins, würde dieser Text einem fruchtbaren Streit um alternative Formen innerkirchlichen Miteinanders die Tür öffnen.

Anmerkungen

1. Kirchenamt der EKD: Der evangelische Diakonat als geordnetes Amt der Kirche, S. 10
2. Diakonisches Werk: Diakonie – stark für andere. Leitlinie 1
3. Kirchenamt der EKD: Herz und Mund und Tat und Leben, Abs. 18
4. Confessio Augustana, deutsche Ausgabe XX W 33f.
5. Ebd., W 34
6. Ebd.
7. Röm 3, 28, wobei das sola zwar sachlich das Anliegen von Paulus korrekt wiedergibt aber von Luther in den Text seiner Bibelübersetzung eingefügt ist.
8. Confessio Augustana XX, Ed. princeps
9. Luther: WA 5, 119, 14f.
10. Luther: WA 6, 95, 15-18
11. Confessio Augustana XX W 36
12. Luther: WA 10 III, 98, 16f.
13. Vgl. Rannenberg: Tagesordnungspunkt Diakonie, S. 54
14. Vgl. dazu v.a. Kirchenamt der EKD: Der evangelische Diakonat als geordnetes Amt der Kirche v.a. Kap. 2.2. und 2.3. Das Diakonenamt wird hier als Liebesdienst in „unablösbarer" Folge des lebendigen Glaubens verstanden (S. 9) und ist damit nicht aus dem Predigtamt ableitbar, sondern hat im Liebesgebot seine „eigenständige Wurzel" (S. 11). Vgl. auch Philippi: Über den Beginn des kirchlichen Amtes. In: Diaconica, S. 20ff.; sowie Daiber: Diakonie und kirchliche Identität, S. 18f.
15. Vgl. Degen: Diakonie im Widerspruch, S. 80
16. Vgl. ebd., S. 81
17. Wicherns Rede auf dem Wittenberger Kirchentag 1848; S. 165 Hervorhebung H.W.; vgl. dazu auch Talazko: Märzrevolution und Wittenberger Kirchentag, S. 65f.

18. Vgl. Wichern: Gutachten über die Diakonie und den Diakonat, S. 132
19. Schäfer: Gottes Bund entsprechen, S. 359 im Rekurs auf eine Aussage von Möller
20. Vgl. Daiber: Diakonie und kirchliche Identität, S. 18
21. Philippi: Christozentrische Diakonie, S. 233f.
22. Ebd., S. 234; Hervorhebung P.P.
23. Müller: Diakonie im Dialog mit dem Judentum, S. 429
24. Ebd., S. 428f.
25. Vgl. ebd., S. 437; 2 Clem 16, 4
26. Vgl. ebd., S. 425; P Herm 8, 6
27. Vgl. ebd., S. 426
28. Vgl. dazu Turre: Diakonik, S. 8
29. Vgl. dazu in Verbindung mit dem Geben von Almosen Daiber: Diakonie und kirchliche Identität, S. 20
30. Vgl. Harbsmeier / Weth: Glaube und Werke in der totalen kirchlichen Arbeitswelt, S. 38f.
31. Vgl. ebd., S. 22
32. Vgl. Weth: Eine notwendige Herausforderung und eine notwendige Rückfrage. In: Harbsmeier / Weth: Glaube und Werke in der totalen kirchlichen Arbeitswelt, S. 46
33. Vgl. Harbsmeier / Weth: Glaube und Werke in der totalen kirchlichen Arbeitswelt, S. 22
34. Albert/Philippi: Art. Theologische Grundprobleme der Diakonie. Theologische Realenzyklopädie Bd. 8, S. 651
35. Vgl. ebd.
36. Barmen II
37. Vgl. auch Kohler: Kirche als Diakonie, S. 114
38. Turre: Diakonik, S. 51 Aus diesem Grund braucht nach Turre diakonisches Handeln keine öffentliche Anerkennung, weil es in Gott seinen „eigentlichen Auftraggeber" hat.
39. Albert/Philippi: Art. Theologische Grundprobleme der Diakonie. Theologische Realenzyklopädie Bd. 8, S. 647
40. Vgl. Busch: Wer ist denn mein Nächster? S. 289
41. Vgl. ebd., S. 290
42. Turre: Diakonik, S. 4; Brandt: Dienst und Dienen im Neuen Testament, S. 27
43. Turre: Diakonik, S. 103
44. Vgl. hierzu Daiber: Diakonie und kirchliche Identität, S. 18f.
45. Vgl. Kant: Kritik der reinen Vernunft B 75
46. Vgl. Kant: Kritik der Urteilskraft B XXVI
47. Philippi: Christozentrische Diakonie, S. 233
48. Vgl. Turre: Diakonik, S. 4
49. Vgl. v.a. Turre: Diakonik, S. 62ff.; 163ff.
50. Weth: Kirche in der Sendung Jesu Christi, S. 53,59; in gleicher Weise bereits Wichern: „So gewiß das Wort und der Dienst am Wort immer der *erste* Dienst, und zwar auch Liebesdienst (διακονία) , bleibt und der Ausgangsort, das Prinzip, ist, aus dem der andere erst hervorgehen kann (denn kein einzelnes Wirken, sondern nur das Wort und seine Predigt wirkt den Glauben und dieser Glaube wirkt die Liebe und allerlei Werke der Liebe, auch die, mit denen es der Diakon zu tun hat), so notwendig behält auch der Dienst am Wort in der Kirche und Gemeinde die *erste* Stelle und damit die *Leitung* in der organisierten Gemeinde." (Wichern: Gutachten über die Diakonie und den Diakonat, S. 162; Hervorhebung J.H.W.)

51. Wichern: Die innere Mission – eine Denkschrift, S. 183
52. Ebd., S. 189
53. Ebd., S. 190. Dass die Wohltätigkeit an anderen Stellen nicht Mittel der Inneren Mission ist, liegt lediglich daran, dass manche keine Wohltätigkeit benötigen.
54. Ricca: Die Waldenser Kirche und die Diakonie in Europa, S. 144
55. Bach: Plädoyer für eine Kirche ohne religiösen Mehrwert, S. 163ff.
56. Vgl. Philippi: Christozentrische Diakonie, S. 202
57. Zur Verbindung von Dienstgemeinschaft und Werkgerechtigkeit beziehungsweise Gesetz siehe auch Busch: Dienstgemeinschaft, S. 105; Schibilsky: Dialogische Diakonie, S. 17
58. Vgl. dazu beispielsweise Daiber: Diakonie und kirchliche Identität, S. 112f.
59. Vgl. ebd., S. 21
60. Vgl. Jäger: Diakonie als christliches Unternehmen, S. 163ff.; 179ff.; vgl. ders.: Diakonische Unternehmenspolitik, S. 34ff.
61. Haslinger: Diakonie zwischen Mensch, Kirche und Gesellschaft, S. 418
62. Rannenberg: Tagesordnungspunkt Diakonie, S. 71
63. Jäger: Diakonie als eigenständige Gestalt von Kirche, S. 232
64. So Schober in einem Interview nach Reitz-Dinse: Theologie in der Diakonie, S. 122
65. Vgl. Jäger: Diakonie als christliches Unternehmen, S. 167 im Rückgriff auf eine Aussage von Harbsmeier
66. Hollweg: Gruppe – Gesellschaft – Diakonie, S. 35
67. Vgl. Haslinger: Diakonie zwischen Mensch, Kirche und Gesellschaft, S. 419f.
68. Vgl. Harbsmeier / Weth: Glaube und Werke in der totalen kirchlichen Arbeitswelt, S. 22
69. Vgl. Jäger: Diakonie als christliches Unternehmen, S. 265
70. Vgl. ebd., S. 167
71. Vgl. dazu Haslinger: Diakonie zwischen Mensch, Kirche und Gesellschaft, S. 442, 445f.; sowie Reitz-Dinse: Theologie in der Diakonie, S. 204
72. Vgl. Reitz-Dinse: Theologie in der Diakonie, S. 204
73. Reitz-Dinse: Theologie in der Diakonie, S. 253f.
74. Hollweg: Gruppe – Gesellschaft – Diakonie, S. 35
75. Vgl. Hollweg: Trendwende in der Diakonie, S. 203
76. Ein Modell einer normativen oder technisierten Operationalisierung wird in der diakoniewissenschaftlichen Literatur wiederholt diagnostiziert. Vgl. dazu beispielsweise Reitz-Dinse: Theologie in der Diakonie, S. 253; Harbsmeier: Glaube und Werke in der totalen kirchlichen Arbeitswelt, S. 18; Hollweg: Gruppe – Gesellschaft – Diakonie, S. 35ff.; ders.: Trendwende in der Diakonie, S. 200; Haslinger: Diakonie zwischen Mensch, Kirche und Gesellschaft, S. 446 Daiber: Diakonie und kirchliche Identität, S. 17, 75f.
77. Genau diese Erfahrung machten Beyer und Nutzinger in ihren Gesprächen mit Vertretern der Kirche. Vgl. Beyer/Nutzinger: Erwerbsarbeit und Dienstgemeinschaft, S. 236
78. So behauptet Seibert: Diakonie – Hilfehandeln Jesu und soziale Arbeit des Diakonischen Werkes, S. 19; vgl. auch Beyer/Nutzinger: Erwerbsarbeit und Dienstgemeinschaft, S. 238, 273
79. Vgl. dazu Hollwegs Ausführungen zu Theologie und Lebenswelt. In: Ders.: Gruppe – Gesellschaft – Diakonie, S. 35ff.; ders.: Trendwende in der Diakonie, S. 202ff.
80. Vgl. Hollweg: Gruppe – Gesellschaft – Diakonie, S. 167ff.

81. Vgl. Hollweg: Trendwende in der Diakonie, S. 203
82. Vgl. Seibert: Diakonie – Hilfehandeln Jesu und soziale Arbeit des Diakonischen Werkes, S. 19 im Rückgriff auf eine Aussage von Lukatis
83. Vgl. ebd., S. 176
84. Vgl. Arendt: Vita activa, S. 178
85. Vgl. Arendt: Diskussion mit Freunden und Kollegen in Toronto, S. 82
86. Vgl. Arendt: Vom Leben des Geistes II sowie die entsprechenden Ausführungen in der Einleitung zu dieser Arbeit
87. Vgl. Arendt: Vom Leben des Geistes II, S. 63; Jonas: Philosophische Meditation über Paulus, Römerbrief, Kapitel 7
88. Vgl. dazu die Ausführungen von Skinner: Machiavelli zur Einführung, S. 63f.
89. Arendt: Machiavelli, S. 024017
90. Arendt: Collective Responsibility, S. 46: „With the rise of Christianity, the emphasis shifted entirely from care for the world and the duties connected with it to care for the soul and its salvation."
91. Vgl. Arendt: Machiavelli, S. 024019f.: „Attitude to politics: Ancients could become immortal only by adding something to the world which goes on after they are dead. Christians, on the contrary, are sure of their immortality no matter what they do and therefore have only to chose the ‚good life' in order to make sure of the life in the hereafter. For the ancients: Life as such because it is mortal is nothing; it is an opportunity for becoming immortal. For the Christians: Life as such is immortal and therefore everything. Life and World. We live in the world: life goes on after the world has perished; or world goes on after life has perished."
92. Arendt: Was ist Politik, S. 61; Arendt: Vita activa, S. 71
93. Vgl. Arendt: Labor, Work, Action, S. 30
94. Arendt: Vita activa, S. 70f.
95. Arendt: Über die Revolution, S. 103
96. Arendt: Vita activa, S. 71
97. Arendt: Vita activa, S. 72
98. Vgl. Arendt: Vita activa, S. 72
99. Arendt: Labor, Work, Action. S. 30
100. Arendt: Vita activa, S. 74
101. Vgl. dazu Machiavellis Einschätzung allein unter herrschaftstechnischem Gesichtspunkt. Ders.: Il Principe XI
102. Arendt: Machiavelli, S. 024017: „Those who not love the world but love their own soul are bad for the world." Vgl. auch Arendt: Diskussion mit Freunden und Kollegen in Toronto, S. 82
103. Arendt: Machiavelli, S. 024017: „The question is double: a) What do you prefer: eternal life or eternal glory? b) Salvation of yourself or of your people? You can't have both."
104. Arendt: Labor, Work, Action. S. 30: „Christianity, contrary to what has frequently been assumed, did not elevate active life to a higher position, did not save it from its being derivative, and did not, at least not theoretically, look upon it as something which has its meaning and end within itself."
105. Vgl. dazu besonders Kant: Grundlegung zur Metaphyisk der Sitten, AA S. 393: „Es ist überall nichts in der Welt, ja überhaupt auch außer derselben zu denken möglich, was ohne Einschränkung für gut könnte gehalten werden, als allein ein guter Wille."

106. Vgl. Arendt: Vom Leben des Geistes II, S. 66
107. Arendt: Machiavelli, S. 024018: „The darkness of the human heart: I myself cannot penetrate. I never know wether I am good or act for ulterior motives. The assumption of modern psychology is that I can know."
108. Vgl. Arendt: Vita activa, S. 71
109. Arendt: Vita activa, S. 72
110. Arendt: Vita activa, S. 73
111. Vgl. Bach: Boden unter den Füßen hat keiner, S. 56, 74, 156; vgl. auch Turre: Diakonik, S. 57
112. Luther: WA 7; 20-38; zitiert nach Degen: Diakonie im Widerspruch, S. 80
113. Vgl. Harbsmeier / Weth: Glaube und Werke in der totalen kirchlichen Arbeitswelt, S. 26
114. Vgl. Rannenberg: Tagesordnungspunkt Diakonie, S. 55
115. Vgl. Schäfer: Gottes Bund entsprechen, S. 355ff.
116. Möller: Lehre vom Gemeindeaufbau, S. 365
117. Ebd., S. 369
118. Ebd., S. 370
119. Ebd.
120. Vgl. dazu Schäfers Kritik an Moeller. In: Ders.: Gottes Bund entsprechen, S. 359f.
121. Vgl. dazu Arendts Ausführung zur Verlassenheit in der Moderne, vor allem im Totalitarismus als der einzigen Organisationsform verlassener Massenmenschen. In: Dies.: Elemente und Ursprünge totaler Herrschaft, S. 680, 727, 729
122. Arendt: Machiavelli, S. 024018: „Goodness: in absolute sense does not exist in this sphere, because the good deed hides itself, the moment it is known, it is no longer good, but vanity, wanting to appear good."
123. Arendt: Vita activa, S. 73
124. Arendt: Vita activa, S. 71
125. Arendt: Vita activa, S. 74f.
126. Vgl. Machiavelli: Il Principe XI
127. Arendt: Vita activa, S. 75
128. Vgl. ebd.
129. Arendt: Wahrheit und Politik, S. 348
130. Arendt: Vita activa, S. 169
131. Arendt: Vita activa, S. 53
132. Tertullian: Apologeticus S. 38; vgl. Arendt: Vita activa, S. 71; dies.: Was ist Politik? S. 61
133. Arendt: Was ist Politik? S. 63
134. Ebd., S. 62
135. Vgl. ebd., S. 60
136. Vgl. ebd., S. 65
137. Ebd., S. 63f.
138. Arendt: Vita activa, S. 59
139. Arendt: Vita activa, S. 36
140. Arendt: Was ist Politik, S. 65
141. Arendt: Vita activa, S. 71
142. Arendt: Über die Revolution, S. 109
143. Vgl. ebd., S. 110
144. Arendt: Über die Revolution, S. 103f., 108
145. Vgl. Dossa: Hannah Arendt on Billy Budd and Robbespierre, S. 312

146. Arendt: Was ist Autorität?, S. 176
147. Vgl. ebd. S.174
148. Ebd., S. 178
149. Vgl. ebd., S. 176
150. Arendt: Machiavelli, S. 024017
151. Vgl. Arendt: Wahrheit und Politik, S. 357f.
152. Arendt: Über die Revolution, S. 107: „Nur die Gewalttätigkeit der reinen Unschuld [wird] der furchtbaren Macht des Bösen wirklich gerecht [...]. Das Absolute, das nach Melville in dem Begriff der Menschenrechte zum Ausrduck kommt, muß ein Unheil werden, wenn es sich innerhalb des politischen Raumes Geltung verschaffen will. [...] Denn die Tragödie des Kapitäns, der einzigen wirklich tragischen Gestalt in dieser Gesschichte, ist nicht, daß er Erbarmen hat mit seinem Opfer, sondern daß er sich der tieferen Ungerechtigkeit dessen, was er tut und tun muß, nur zu gut bewußt ist." Die ganze Ambivalenz des Politischen angesichts des Bösen kommt in Arendts Reflexion von Melvilles Roman zum Ausdruck. Während das politische Recht keine Handhabe hat gegenüber dem Bösen, das sich dieses Recht zunutze macht und sich in dessen Rahmen bewegt, hat die Ersetzung dieses Rechtes durch das Gute in Form der Menschenrechte katastrophale Folgen für das Politische.
153. Vgl. Arendt: Elemente und Ursprünge totaler Herrschaft, S. 701
154. Vgl. ebd., S. 683
155. Arendt: Ein Briefwechsel (mit Gershom Scholem), S. 78: „Ich bin in der Tat heute der Meinung, daß das Böse immer nur extrem ist, aber niemals radikal, es hat keine Tiefe, auch keine Dämonie. Es kann die ganze Welt verwüsten, gerade weil es wie ein Pilz an der Oberfläche weiterwuchert."
156. Arendt: Über die Revolution, S. 105, 110
157. Arendt: Über die Revolution, S. 107
158. Vgl. Arendt: Eichmann in Jerusalem, S. 306, 311, 326; vgl. auch Arendts Briefwechsel mit Jaspers Brief 275, S. 455 sowie Brief 277, S. 459
159. Arendt wendet sich zwar ausdrücklich gegen die Bezeichnung „Verbrechen gegen die Menschlichkeit" (Brief 277 an Karl Jaspers) und damit gegen eine abstrakte moralische Kategorie der Verurteilung, sondern rekurriert ausdrücklich auf das sehr konkrete „Verbrechen gegen Rang und Stand des Menschen" (Eichmann in Jerusalem: S. 306 im Rekurs auf eine Ausssage des französischen Anklägers François de Menthon). Doch bedeutet dies de facto ein Votum für die Menschenrechte des Menschen allgemein und nicht einer konkreten Menschheit, dem zudem jede konkrete Gerichtsbarkeit fehlte. Es beinhaltet damit eine genuin moralische Komponente.
160. Vgl. Arendt: Eichmann in Jerusalem, S. 327ff.
161. Vgl. ebd., S. 306, 329
162. Melville: Billy Budd, S. 13
163. Ebd., S. 51
164. Ebd., S. 13
165. Ebd., S. 15, 34
166. Ebd., S. 40
167. Arendt: Machiavelli, S. 024018 mit deutlichem Verweis auf den Roman von Dostojewski
168. Vgl. Machiavelli: Il Principe XV
169. 51. Federalist, S. 266

170. Vgl. dazu die Ausführungen zum diakonischen Konzept der Dienstgemeinschaft in dieser Arbeit.
171. Vgl. auch Arendt: Was ist Autorität? S. 197
172. Machiavelli: Il Principe Kap XV
173. Arendt: Bertold Brecht, S. 275
174. Vgl. Young-Bruehl: Hannah Arendt, S. 588
175. Platon: Apologie 31D Sokrates spricht des Öfteren in Platons Dialogen von einem nicht näher gekennzeichneten Daimonion als einem göttlichen Wesen, das ihn begleitet und ihm Zeichen gibt.
176. Machiavelli: Il Principe, Kap. VIII
177. Vgl. Kersting: Niccolò Machiavelli, S. 122
178. Vgl. ebd., S. 123
179. Vgl. Machiavelli: Il Principe, Kap. XVIII
180. Haslinger: Diakonie zwischen Mensch, Kirche und Gesellschaft, S. 732
181. Vgl. Tocqueville: Über die Demokratie in Amerika Bd. 2, S. 181
182. Vgl. Ruschke: „Ihr seid das Licht der Welt", S. 346
183. Ebd., S. 339, 342
184. Vgl. Hollweg: Gruppe – Gesellschaft – Diakonie, S. 57ff.
185. Vgl. Degen: Diakonie im Widerspruch, S. 96
186. In Abwandlung von Hannah Arendts Rede vom „thinking without bannister". In: Dies.: Diskussion mit Freunden und Kollegen in Toronto, S. 110
187. Vgl. Reitz-Dinse: Theologie in der Diakonie, S. 249; Jäger: Diakonie als christliches Unternehmen, S. 174; Degen: Diakonie und Restauration, S. 195
188. Hollweg: Gruppe – Gesellschaft – Diakonie, S. 57
189. Degen: Diakonie und Restauration, S. 195
190. Vgl. Jäger: Diakonie als christliches Unternehmen, S. 70
191. Vgl. ebd., S. 175
192. So auch die Kritik von Turre: Diakonik, S. 297 in einem Zitat von Walter unter Rückgriff auf Platons Höhlengleichnis
193. Jäger: Diakonie als christliches Unternehmen, S. 262 im Rückgriff auf Philippis Diakonietheorie. Vgl. zur Diakonie unter dem Aspekt der Ganzheitlichkeit v.a. Turre: Diakonik, S. 163ff.
194. So kritisiert auch Seibert: Menschen-Dienst, S. 250 im Rückgriff auf Herms
195. Seibert: Diakonie – Hilfehandeln Jesu und soziale Arbeit des Diakonischen Werkes, S. 19 im Rückgriff auf Herms
196. Seibert: Menschen-Dienst, S. 259
197. Vgl. Jäger: Diakonie als christliches Unternehmen, S. 171
198. Mühlum/Walter: Diakoniewissenschaft zwischen Theologie und Sozialarbeit, S. 285
199. Jäger: Diakonie als christliches Unternehmen, S. 174
200. Reitz-Dinse: Theologie in der Diakonie, S. 288f.
201. So auch Daiber: Diakonie und kirchliche Identität, S. 118
202. Ebd.
203. Moltmann: Diakonie im Horizont des Reiches Gottes, S. 14; vgl. Reitz-Dinse: Theologie in der Diakonie, S. 251. Ein schönes Beispiel solcher perspektivischen Übersetzung der Schrift in zwischenmenschliche Wirklichkeit bringt Müller. In: Diakonie im Dialog mit dem Judentum, S. 193ff.
204. Vgl. Hollweg: Trendwende in der Diakonie, S. 201

Zusammenfassung und Ausblick

Ein aufmerksamer Beobachter diakonischer Wirklichkeit bemerkt schnell eine auffällige Diskrepanz, die besonders in den Institutionen des Diakonischen Werkes zu beobachten ist. Auf der einen Seite fällt auf, dass der Umfang diakonischer und diakoniewissenschaftlicher Literatur unter theologisch-philosophischer Perspektive nach Jahrzehnten der Diakonievergessenheit ständig zunimmt. Die Kirche allgemein wie die Theologie im Besonderen wird sich in zunehmendem Maße der diakonischen Dimension des christlichen Glaubens bewusst. Die Auseinandersetzung mit dem diakonischen Handeln findet jedoch außerhalb der akademischen Diskussion in der Praxis – wenn überhaupt – vorrangig auf leitender Ebene statt. Mit zunehmender Nähe zur Basis diakonischen Hilfehandelns ist eine wachsende Distanz zur theologischen Reflexion des diakonischen Tätigseins verbunden. Diakonische Praxis zeigt sich heute in auffälligem Maße theologisch unreflektiert, obwohl der Glaube als Motiv des Hilfehandelns bei diakonisch Tätigen laut Umfrage immer noch eine besondere Rolle spielt[1]. Insofern dieser Glaube in Bezug auf die diakonische Praxis keine ihm adäquate Sprache mehr findet, bleibt er isoliert von weltlichen Bezügen und damit auch für die diakonische Arbeit entsprechend unfruchtbar. So wird das Diakonische von diakonisch Tätigen oftmals nur noch mit dem Hinweis auf eine relativ unspezifische Menschlichkeit im Umgang mit Hilfe und Hilfsbedürftigkeit gesehen. Der Diakonie ist damit ihr Proprium in hohem Maße abhanden gekommen, das vor aller organisatorischen Verfassung einer Dienstgemeinschaft und vor aller theologischen Deutung des helfenden Handelns zuallerst in einer spezifisch diakonisch reflektierten Grundhaltung der Mitarbeiter gesucht werden müsste. Der christliche Glaube kann ohne reflektorische Basis nur geringfügig das Bewusstsein der diakonisch Tätigen bestimmen, weil die Brücke zwischen Glaubensbesinnung und Reflexion beruflichen Hilfehandelns ausgefallen ist.

Dass Glaube im Zusammenhang der diakonischen Praxis nur wenig reflektiert wird, liegt nicht zuletzt auch an vielfältigen traditionellen Deutungsmustern diakonischen Handelns. Diakonische Helfer erleben bei der Suche nach einer Verknüpfung von Glaube und Hilfehandeln offenbar viele gängige diakonische Konzepte und Paradigmen als unfruchtbar wenn nicht gar als Hindernis bei der Entwicklung eines eigenen diakonischen Selbstverständnisses. Die vorliegende Arbeit sieht dabei insbesondere einen Widerspruch zwischen diakoniewissenschaftlichen Paradigmen und dem wachsenden Bewusstsein selbstbestimmten Handelns von Helfern und Hilfsbedürftigen im Kontext des Hilfehandelns wirksam. Vor allem der diakonische Dienstbegriff bleibt auf die Frage der Vereinbarkeit dieses Dienens mit einer Selbstbestimmung im diakonischen Handeln eine Antwort weitgehend schuldig. Die hier unternommene Reflexion diakonischen Handelns im Lichte des Politischen deckt in einem Rückgriff auf das politikphilosophische Freiheitskonzept Hannah Arendts dieses Defizit auf und zeigt Ansätze zu einer Neuinterpretation freiheitlicher und gleichzeitig diakonischer Vollzüge auf.

Die vorliegende Arbeit stellt sich in ihrer Reflexion diakonisch helfenden Tätigseins bewusst auf den Standpunkt der Welt im Sinne eines praktischen freiheitlichen Miteinanders im Handeln. Der konkrete Vollzug helfenden Handelns soll in seiner Phänomenalität unter dem Fokus des freiheitlichen Handelns von Menschen den Ausgangspunkt für die Reflexion der verschiedenen Konzepte diakonischen Handelns bilden. An all diese Konzepte wird damit die Frage gestellt, wie sie das helfende Handeln ausrichten und ob sie die Freiheit im Helfen bewahren können oder vielmehr in Gefahr bringen. Die mehrfache Gefährdung der Freiheit im Kontext des Helfens, die in der wissenschaftlichen Blindheit gegenüber dem freiheitlichen Modus des Handelns kulminiert, kennzeichnet, so lautet die These, auch die diakonische Praxis. Dies wird am deutlichsten sichtbar im diakonischen Modell der kirchlichen Dienstgemeinschaft, das die theoretische Grundlage des kirchlichen Sonderweges zur Regelung des kirchlichen Arbeitsrechtes bildet und als Idealbild innerkirchlichen Miteinanders noch einmal im jüngsten Leitbild Diakonie des Diakonischen Werkes festgeschrieben wurde. Im Einzelnen sind aus politiktheoretischer Perspektive folgende Punkte problematisch:

– Die Dienstgemeinschaft stellt ein theoretisches Modell dar, das nicht wie ein weltoffenes Konzept Rückbindung hält zur Realität, sondern ideologisch in seiner dogmatisch-exegetischen Herkunft die Realität und damit auch jede freiheitliche Weltbezogenheit dem ideologischen Modell unterordnet. Es verfährt auf diese Weise gewaltsam mit der Welt. Wesentliche

reale Tatbestände des Dienstverhältnisses werden unter Zuhilfenahme der Dienstgemeinschaftsideologie geleugnet, angefangen bei den Unterschieden in den Kompetenzen über den professionellen Charakter dieser Arbeit bis hin zur dienstvertraglich geregelten Weisungspflicht. Das Modell verfestigt so real existierende Unterschiede, ohne diese thematisieren zu können und zerstört die Pluralität unter Verweis auf die Einheit des Dienstes. Mit diesem Rückgriff auf eine solche letztlich abstrakte Einheit vor aller Erfahrung wird in der diakonischen Praxis die Kunst, Konflikte auszutragen und Kompromisse einzugehen, den Tarifauseinandersetzungen des Öffentlichen Dienstes überlassen, ohne aktiv daran teilzunehmen.
– Diakonischer Dienst stellt sich gerne dar als Dienst für andere. Der Fürsorgende bleibt jedoch isoliert vom anderen, statt sich mit ihm zum Handeln zusammenzuschließen. Auch die Erweiterung des einseitigen Fürseins zum Füreinander beseitigt zwar das Gefälle zwischen Fürsorgendem und Versorgtem und ist somit an einem Ausgleich zwischen beiden interessiert, allerdings nicht um ein freiheitliches Miteinander im Zusammenschluss zu ermöglichen. Füreinander impliziert nicht zwingend ein Miteinander.
– Das Gemeinschaftsverständnis der Dienstgemeinschaft orientiert sich statt an der Freiheit an der gegenseitigen Abhängigkeit der Glieder im Leib Christi. Die Tätigkeit als Glied erlaubt keine Etablierung freiheitlicher Vollzüge, sondern bringt alles Tätigsein lediglich als Funktion im einheitlichen Organismus dieses Leibes zur Kenntnis.
– Die Dienstgemeinschaft wird als Solidargemeinschaft interpretiert, die eine Solidarität mit den Schwachen in ihrer Schwäche impliziert, die Helfer dazu auffordert, sich in ihren Handlungskompetenzen zurückzunehmen, statt sich mit ihnen konstruktiv in das Hilfegeschehen einzubringen. Damit wird die Dienstgemeinschaft selbst schnell zu einem System der Schwäche und Ohnmacht, das entweder Konnotationen einer Klagegemeinschaft trägt oder aber in Gegenbewegung gegen die Ohnmacht eventuell zu mehr oder weniger sichtbaren Gewaltmitteln greift, statt Ermächtigungsmöglichkeiten im Gemeinwesen konstruktiv zu nutzen.
– Das Konzept der Geschwisterlichkeit in der Dienstgemeinschaft, das teilweise romantische Züge trägt, signalisiert eine Distanzlosigkeit, die verheerende Auswirkungen auf die sachliche Ebene hat und mit ihrem Distanzverlust einen Welt- und Freiheitsverlust anzeigt. Den Geschwi-

stern fehlt durch ihren unmittelbaren Bezug zueinander der Zwischenraum, in dem Freiheit gedeihen kann und Urteilen aus verschiedensten Standpunkten heraus möglich wird.

– Machtteilung und damit geregelte Konfliktaustragung schafft im politischen Kontext eine gegenseitige Machtkontrolle der beteiligten Machtinstitutionen. Die Favorisierung von Versöhnung und Harmonie in der Dienstgemeinschaft durch Aussparung von Konflikten zwischen den Mitarbeiterebenen verhindert eine solche Machtkontrolle und ersetzt sie durch die individuelle Selbstkontrolle. Diese individuelle Selbstkontrolle impliziert im Kontext des politischen Denkens notwendigerweise die Gefahr der Willkürherrschaft. Ein Miteinander ohne Gegeneinander oder zumindest bei reduziertem Gegeneinander bedroht die Existenz dieses Miteinanders selbst. Das allgemein zu beobachtende Desinteresse der Mitarbeiterschaft in der Diakonie an der Mitbestimmung ihrer arbeitsrechtlichen Belange ist auch Folge ihrer institutionalisierten Ohnmacht.

Das Modell der Dienstgemeinschaft bildet allerdings nur den auffälligsten Kulminationspunkt einer politisch qualifizierten Kritik des diakonischen Handlungsverständnisses. Diakonie steht im kirchlichen Verhältnis zur Welt in vorderster Linie, insofern diakonisch-kirchliches Handeln direkt auf die Welt ausgerichtet ist. Soll diakonisches Handeln der Welt wirklich zugute kommen, dann darf sie die Prinzipien ihres Handelns nicht allein aus einem welttranszendierenden Bereich entnehmen, sondern muss diese Prinzipien an der Welt, im Zusammenhang der Menschenwelt und der Erfahrung in ihr, messen lassen. Jedes Handeln auf die Welt hin ohne welterfahrene Maßstäbe kann die Welt nur zerstören. Dem Denken Hannah Arendts kommt dabei eine Schlüsselposition zu, indem sie Handlungsfreiheit zum einen als menschliches Existenzial ausweist, zum anderen phänomenologisch zurückbindet an den ausgezeichneten Bereich der Erfahrung mit dieser Freiheit, an das Politische.

Diakonische Handlungskonzepte können damit im Rekurs auf das Denken von Hannah Arendt auf ihr Freiheitsverständnis hin hinterfragt werden. Diese Konzepte sind greifbar im Verständnis von diakonischen Grundbegriffen, die in dieser Weise nahezu ausschließlich in diakonischen Denkzusammenhängen begegnen. Zu solchen Konzepten gehören die diakonischen Verständnisse von Dienst, Barmherzigkeit und Solidarität, Liebe und Güte beziehungsweise guten Werken, die in ihrer Bedeutsamkeit für diakonisches Denken heuristisch den diakonischen und diakoniewissenschaftlichen Texten entnommen wurden. In diesen grundlegenden Begriffen wird daher die Eigentümlichkeit des diakonischen Denkens fassbar.

Vor allem der Begriff Diakonie – Dienst – (Kapitel 1) macht die Frage nach der Freiheit akut. In diesem Zusammenhang fällt ein breiter Traditionsstrang in der Diakonieliteratur auf, der die diakonische Freiheit als Freiheit von Schuld und anderen rein innerlichen Blockaden der Dienstbereitschaft interpretiert, sie allenfalls als individualistische Emanzipation versteht, wogegen Konzepte der Handlungsfreiheit mit anderen und damit Momente der Mitbestimmung und Beteiligung weitgehend fehlen. Erst in jüngster Zeit gesellen sich dazu einzelne Stimmen, die die Selbstbestimmung im Kontext der Bürgerinitiativen miteinschließen, die aber in einem inkompatiblem Nebeneinander zu Traditionen des Diakonieverständnisses unfreier Diensthingabe zu stehen kommen. Moltmanns Auseinandersetzung mit dem Diakonischen ist für diesen Widerspruch vielleicht das auffälligste Beispiel. Dieses freiheitlich unterbestimmte Diakonieverständnis führt dazu, dass Dienst herrschaftskategorial verfasst bleibt.

Dienst als Antiherrschaft bleibt im Horizont des Herrschens und Beherrschtwerdens, statt sich ermächtigend auf initiatorische Momente auszurichten. Der so Dienende ist allenfalls für andere da, nicht aber mit ihnen zusammen. Das daraus folgende Konzept der Gemeinschaft gegenseitigen Gebens und Nehmens orientiert sich mehr am Ausgleich der individuellen Handlungsmöglichkeiten zwischen den Handelnden als an der Aktualisierung der gemeinsamen Handlungsmöglichkeiten. Die Haltung der Einzelnen ist nicht so sehr durch Steigerung ihrer Möglichkeiten im gemeinsamen Handeln geprägt als durch die je eigene Selbstzurücknahme, also letztlich durch Entmächtigung. Wer für einen anderen da ist, nimmt sich so zurück, dass er sich nur noch schwer mit seinen ureigenen Möglichkeiten engagieren kann und somit auch nicht mehr etwas von anderen annehmen, geschweige denn sich in andere hineinversetzen kann.

Ob das Diakonische im Lichte des „Heilens durch Leiden", der Barmherzigkeit oder der Solidarität verstanden wird (Kapitel 2), gemeinsam ist diesen Konzepten eine gefährliche Ausrichtung des Diakonischen an der Schwachheit der Schwachen, die diakonisches Handeln selbst schwächt, statt diakonische Machtgefüge zu bilden. Der vermeintlich Starke soll sich seiner Schwäche bewusst werden, statt dem Schwachen zu helfen, neue Handlungsmöglichkeiten zu erschließen. Schwäche stellt sich politiktheoretisch dar als Defizit bezüglich der indivduellen Handlungskompetenzen, die weder durch Schwächung der Umwelt noch durch individuelle Stärkung allein aufgefangen werden kann, sondern vor allem durch die Integration in Handlungsverbände. Auf die Spitze getrieben ist die diakonische Option für die Schwäche im Konzept des Heilens durch Leiden. Dem Leiden wird hier als Leiden überhaupt und als Ohnmacht heilende Funktion zugeschrieben. Die Grundbedeutung des griechischen Begriffes διακονειν verlegt dabei das Hauptaugenmerk auf den Aspekt der Versorgung elementarer Grundbedürfnisse. Eine solche Grundversorgungsdiakonie, die in der Literatur teilweise offensiv vertreten wird gegenüber einer „Luxusdiakonie" über diese Versorgung hinaus, verliert leicht die Perspektive der Humanität der Notleidenden aus den Augen, die ganz zentral auf deren Fähigkeit beruht, freiheitlich-selbstbestimmt handeln zu können. Beheben von Not ist selbst noch nicht ein humaner Vollzug, solange nicht durch dieses Beheben neue Perspektiven, sprechend und handelnd Welt zu gestalten, eröffnet werden. Gleichzeitig entleert das Barmherzigkeitskonzept leicht das helfende Handeln seiner Sinnhaftigkeit. Je mehr die Not zum Handeln zwingt und je weniger die damit verbundene Versorgung selbstbestimmt-freiheitlich gestaltet werden kann, umso stärker werden Helfende dem damit verbundenen Gefühl der Sinnlosigkeit verfallen und so auf Dauer dem Phänomen des beruflichen Burnout zusätzlich ausgesetzt. Hinzu kommt ein weiterer Kritikpunkt bezüglich der Charakterisierung diakonischen Handelns als barmherziges Tun. Die helfende Zuwendung geschieht im Kontext der Barmherzigkeit aufgrund eines psychisch-reaktiven Impulses. Der Barmherzige lässt sich von der gesehenen Not emotional treffen und handelt daraufhin. Er ist somit konsequenterweise mehr als mit der Situation mit seinem eigenen Gefühl des Mitleids und deshalb mit seiner eigenen Not beschäftigt. Es fällt ihm entsprechend schwer, sachliche und selbstverantwortliche Entscheidungen zu treffen. Eine Diakonie der Barmherzigkeit, die ihren Fokus primär auf die Schwäche der Schwachen und deren Not legt, wird deshalb unfähig werden, freiheitliche Perspektiven zu eröffnen und damit zur Ermächtigung von Hilfebedürftigen zu motivieren.

Der Liebesbegriff (Kapitel 3) begegnet in der Literatur zum einen im Focus der Nähe zwischen den Liebenden. Diese näheorientierte Liebe wird greifbar in diakonischen Reflexionen des diakonischen Handelns im Horizont von Brüderlichkeit und Familiarität, von Freundschaft sowie von Versöhnung. Das liebende Sich-nähern bedingt schnell eine Distanz- und damit auch Weltlosigkeit, die durch einseitige Betonung der emotionalen Beziehungsebene Freiräume beengt und verantwortliches Urteilen beschneidet. Hannah Arendts Unterscheidung zwischen öffentlich und privat, ohne das Öffentliche deshalb als Entfremdung zu thematisieren, kann hier mit dazu beitragen, die problematischen Momente eines privatisierten, im Sinne von näheorientierten, Konzeptes von Liebe offenzulegen. Zum anderen fällt in der diakonischen Literatur ein Konzept selbstlosen Liebens auf, das Handeln in die Alternative von Selbstsucht versus Selbstverleugnung hineinzwängt und über dieser Alternative den Weltbezug leicht vergisst. Indem der Welthorizont verloren ist, kann weder eine gelungene Distanz zum Selbstinteresse im Helfen erfolgen, die Voraussetzung dafür ist, dass Helfen sich nicht auf problematische Weise selbst überfordert und sich damit leicht selbst erschöpft, noch kann es die Interessiertheit des anderen adäquat wahrnehmen. Es kann sich allenfalls auf problematische Weise subjektorientiert als selbstdistanziertes Dasein für andere vollziehen. Das Selbstinteresse ist dann dem Miteinander nicht ein-, sondern untergeordnet, wenn nicht gar aus ihm ausgeschlossen und entleert damit das Miteinander seines Inhaltes. Mit den selbstbezüglichen Motiven werden leicht die freiheitlichen Handlungsimpulse mit verleugnet. Wer selbstlos dient, kann sich kaum noch auf seine ureigenen Initiativmöglichkeiten besinnen und nimmt damit auch anderen, denen er dient, Handlungsmöglichkeiten. Letztlich ersetzt das „pseudo-christliche"[2] Konzept der Selbstverleugnung nur die weltbezogene Selbstbezüglichkeit der Selbstsucht durch die verborgene selbstbezogene Weltlosigkeit der sich selbst verleugnenden Liebe, insofern der sich selbst Verleugnende seine Stellung in der Welt und damit einen zentralen Bestandteil der Welt zugunsten seiner Stellung vor Gott verleugnet.

Die Reflexion des diakonischen Tätigseins als gute Werke (Kapitel 4) im Kontext der Rechtfertigungslehre unterliegt der Spannung, entweder die Passivität dieser Werke im Glauben so zu betonen, dass auch die Werke lediglich zur passiv erfahrenen Frucht verkommen, statt sie aktiv zu gestalten. Oder das Gute wird primär als von Gott gebotenes gutes Werk verstanden, so dass das Handeln seine Maßstäbe und sein Motiv aus einer überweltlichen Sphäre gewinnt. Doch wo das diakonische Handeln nicht mehr an der mit anderen gemeinsamen Welt Maß nimmt, ist diese Welt in ihrer Existenz bedroht. Jede primäre Ausrichtung helfenden Handelns an einem vorrangig theologisch ausgewiesenen, diakonischen Proprium muss dieser Gefahr verfallen, diakonisches Tun an abstrakten Maßstäben mit theologischer Weihe statt an der Welt selbst zu messen und opfert damit die Welt auf dem Altar der (zumindest institutionellen) Selbstdarstellung vor Gott. Die dezidierte Abgrenzung diakonischer Vollzüge helfenden Tätigseins von säkularen impliziert leicht eine kirchliche Arroganz, die vorgibt, nicht nur das eigene Selbstverständnis, sondern auch die praktischen Vollzüge theologisch im Griff zu haben, statt dieses Selbstverständnis reflexiv aus der diakonischen Praxis zu gewinnen und die eigenen Grundsätze in der Welt beständig auf den Prüfstand zu bringen. Mit der diakonischen Selbstdarstellung ihres Propriums verletzt Diakonie letztlich ihre eigene reformatorische Grundeinsicht, dass als gut erkannte Werke selbstvergessen und damit ihres moralisch guten Charakters nicht bewusst geschehen sollen. Aber auch diese Haltung der Selbstvergessenheit tätiger Güte ist aus politischer Perspektive gefährlich für die Welt, insofern selbstvergessenes Handeln leicht reflexionslos und damit in hohem Maße unprofessionell geschieht und sich in seiner Scheu vor dem Gesehenwerden dem Urteil der Welt entzieht. Sichtbarkeit wird diakonisch noch weitgehend im Kontext von Eitelkeit und Selbstdarstellung verstanden. Ein positiver Begriff von Öffentlichkeit sowie des Erscheinens im Licht dieser Öffentlichkeit kommt dabei zu kurz. Fehlhandlungen, Fehlhaltungen und Missbrauch bleiben somit von innen wie von außen her unhinterfragbar. Letztlich bleibt auch die selbstvergessene Güte am moralisch-theologisch reflektierten Guten statt an der Welt orientiert und ist somit arglos gegenüber dem banalen Bösen, das derart schleichend die Welt zerstören kann, dass sein bösartiger Charakter ohne eine enge Vertrautheit mit der Welt nicht zu durchschauen ist. Die Güte kann so, ohne es zu wollen, aufgrund ihrer Weltunkenntnis dem Bösen Entfaltungsraum geben. Die Güte ist jedoch sogar aktiv in eklatanter Weise weltzerstörend aufgrund ihrer weltfernen Maßstäbe, weil die Welt keinen Orientierungspunkt mehr für das gütige Handeln bietet.

Die vorliegende Arbeit begnügt sich nicht mit einer Kritik diakonischer Konzepte, vielmehr ist sie von dem Bewusstsein getragen, dass der christliche Glaube wie damit verbunden die biblische Tradition ein Freiheitsbewusstsein kennt, das die Befreiung von Schuld weit übersteigt und eine freiheitliche Weltgestaltung ermöglicht. Durch die Kritik unfreier Traditionsbestände soll eine Eroberung der Diakonie von der Freiheit aus möglich werden. Dabei wurden theoretische Denkrichtungen einer solchen freiheitlichen Diakonie zumindest umrissen. Sobald das diakonische Dienstverständnis aus dem Horizont der Wechselseitigkeit und damit des Herrschaftsausgleiches befreit ist, kann es Konnotationen von einem begeisterten Engagement für die Welt annehmen und findet somit Anschluss an pneumatologische sowie bundestheologische Diskussionsbestände in der Theologie. Bereits Wichern kannte eine freie Diakonie, die sich nicht kirchlich verrechnen lässt, deren Entfaltung aber kirchlich gefördert werden kann. So erfährt auch die Selbsthilfebewegung in der neueren Diskussion um die Diakonie eine neue Würdigung.

Der Begriff Engagement (Kapitel 1) transzendiert die ebenso traditionelle wie unselige Alternative von Egoismus und Altruismus, die in der diakonischen Diskussion immer wieder anklingt. Engagement rekurriert genauso auf die spontan selbstschöpferischen Momente im engagierten Helfen, wie er die Weltbezogenheit betont, insofern sich Engagement in und für die Welt engagiert. Engagement kennzeichnet eine weltgerichtete, transitive Form der Selbstverwirklichung statt einer egoistischen, rückbezüglichen Verwirklichung seiner selbst. Hannah Arendt begründet bereits diese schöpferisch initiativen, also engagierten Momente mit dem Verweis auf die biblische Schöpfungsgeschichte im Umweg über das von ihr vielfach zitierte Augustinuszitat[3]. Gottebenbildlichkeit ist hier gedacht als ein solches Geschaffensein, durch das menschliche Geschöpfe in der Lage sind, die Schöpferkraft Gottes handelnd und sprechend nachzuvollziehen. Diese schöpferische Freiheit prägt das biblische Denken so nachhaltig, dass die Zustimmungspflicht des Volkes Gottes beziehungsweise die Glaubensentscheidung sowie damit verbunden die Möglichkeit, sich im Handeln zu verschulden, das gesamte jüdisch-christliche Denken durchzieht.

So könnte gerade der Begriff Engagement, der den Gedanken des dienenden Einsatzes für eine Sache mit dem freiheitlichen Charakter dieses Tuns verbindet, dazu beitragen, diakonisches Dienen freiheitlich zu konkretisieren.

In gleicher Weise eröffnet das biblische Verständnis von chässäd (Kapitel 2) neue Perspektiven, sobald es aus der Alternative von stark und schwach herausgehoben wird und somit deutlich werden kann, dass das politisch-freiheitliche Phänomen Macht auf einer anderen Ebene liegt als die individuelle Stärke. Das alttestamentliche Verständnis von chässäd übersteigt die Diskussion um Barmherzigkeit und Solidarität, insofern chässäd im Kontext machtbildender Gemeinschaftstreue steht und auf die spontanen, schöpferischen Momente in diesem Gemeinsinn rekurriert. Dieser Zusammenhang ist noch nicht ausreichend fruchtbar gemacht für den diakoniewissenschaftlichen Zusammenhang.

Auch das neutestamentliche Verständnis von Agape (Kapitel 3) erhält von der Freiheit aus neue Konnotationen. Es grenzt sich bei genauerer Reflexion des Gebrauchs in den biblischen Texten bewusst ab von rein privaten, erotischen Momenten und impliziert stattdessen personal würdigende Aspekte, die insbesondere die Würdigung menschlicher Initiativität betreffen kann. Dieses Verständnis von Agape ermöglicht eine diakonische Form von Zuwendung, die betont personale Momente trägt, ohne ein ausgewogenes Verhältnis von Nähe und Distanz zu verletzen. Im Gegenteil setzt freiheitliche Zuwendung die Bewahrung des gleichermaßen distanzierenden und verbindenden Zwischen voraus.

Schließlich befreit die Rechtfertigungslehre (Kapitel 4) das Handeln aus dem unmittelbaren Glaubensbezug und gibt ihm die Möglichkeit, der Welt wirklich zugute zu kommen, indem es sich in Freiheit von der Selbstrechtfertigungsproblematik an der Welt statt an gesetzlichen Geboten orientiert. Es ist gerade die Weltzuwendung, die zur Lösung der Selbstrechtfertigung beiträgt. Die Welt befreit die Handelnden von der Sorge um das Gutseinwollen vor sich selbst sowie vor Gott zum schöpferischen Handeln in der mit anderen gemeinsamen Welt. Weltzugewandte Güte zeigt sich somit analog zur Banalität des Bösen als banale Güte, die, indem sie nicht auf den guten Charakter, sondern auf die Bedeutung in der Welt rekurriert, sich auch in der Welt zeigen kann und will. Diese banale Güte muss nicht ihr Licht unter den Scheffel stellen (Mt 5, 15) in Sorge um eventuelle Scheinheiligkeit. Nichts anderes beinhaltet die von Tocqueville so genannte „Lehre vom wohlverstandenen Eigennutz", die bei der Rechtfertigung ihrer Maßstäbe nicht auf deren moralisch guten Charakter rekurriert, sondern gemeinsinniges Handeln sogar im Gewand des Eigennutzes verbergen kann, um das Tun selbst in der Welt zum Leuchten zu bringen.

So besehen steht die biblische Tradition nicht einem freiheitlichen Denken im Wege, sondern stellt wesentliche Aspekte zur Bildung einer Freiheitskultur im diakonischen Handeln bereit. Christliches Denken ist in besonderer Weise darin geübt, das je eigene Tätigsein in einen Kontext des Vorgegebenen zu stellen, wodurch dieses Tätigsein vor der Überheblichkeit geschützt werden kann, Welt machen zu wollen. Damit kann eine christliche Grundhaltung Menschen öffnen für Welterfahrung und Handeln in der Welt. Das staunende Erleben der Wirklichkeit im Horizont des Glaubens ist christlich immer mit dem je eigenen Vermögen zu handeln vermittelt. Diese Vermittlung bewahrt das christliche Handeln vor herrschaftskategorialer Okkupation der Welt, andererseits verfällt sie auch nicht der Passivität angesichts der übermächtigen Wirklichkeit Gottes. Dies gilt auch dann, wenn das Christentum in seiner Geschichte immer wieder auf der einen oder der anderen Seite vom Pferd gefallen ist. Die den Menschen vorgegebene Wirklichkeit Gottes erdrückt aus christlicher Sicht nicht die freiheitliche Weltgestaltung von Menschen. Freiheit im Handeln wird vielmehr möglich angesichts der Verborgenheit des übermächtigen Gottes, und sie wird initiiert durch Gottes liebende Zuwendung zu den Menschen. Das christliche Gottesverständnis zeichnet sich ja gerade dadurch aus, dass Jahwe nicht ohne die Menschen handeln will, sondern ständig den Bund mit ihnen sucht.

Somit liegen wertvolle Traditionen bereit, die verstärkt auch im diakonischen Zusammenhang nutzbar gemacht werden können für ein freiheitliches Verständnis diakonischen Handelns. Dieses Verständnis erfordert eine Diakonie ohne theologisches Geländer, die zwar offene, auch theologisch ausgewiesene Konzepte entwirft. Diese Konzepte ermöglichen eine gewisse vorläufige Orientierung in der Praxis, verstehen aber diese Praxis immer auch als Wagnis theoretischer Konzepte, so dass der Ausgang des Handelns offenbleibt zugunsten der zu gestaltenden Welt. Diakonie könnte sich damit als das Gebiet auszeichnen, in dem sich Glaube in besonderer

Weise in die Welt wagt. Mit einem solchen Wagnis stände Diakonie im Kontext des Handelns selbst, zu dem der Wagnischarakter nach Hannah Arendt in elementarer Weise gehört: „Wir fangen etwas an; wir schlagen unseren Faden in ein Netz der Beziehungen. Was daraus wird, wissen wir nie."

Freiheit sprengt Ketten der Unfreiheit. Von solchen Ketten des Zwangs, der Not und der Hilflosigkeit ist das Hilfehandeln in besonderem Maße bedroht, nicht zuletzt durch eine Fülle an unfreiheitlichen Hilfekonzepten. Dazu gehören Konzepte der Klientelisierung (medizinisch), psychisch-reaktive (psychologisch) und systemische Modelle (sozialwissenschaftlich, technologisch) genauso wie traditionelle Konzepte des gehorsamen, barmherzigen und selbstverleugnenden Dienens (diakonisch) oder der Kunden- und Managementorientierung (ökonomisch). Freiheit dagegen ist in jeder Wahl, jedem Sprechen, jedem Handeln immer schon präsent und braucht nur genutzt zu werden. Um die Ketten der Unfreiheit loszuwerden, bedürfen Menschen daher kaum der Gewalt. Vielmehr können sie Möglichkeiten entwerfen, Netze der Freiheit und eine Freiheitskultur zu entwikkeln, die die bestehenden, freiheitlichen Hilfevollzüge stützen, etablieren und schließlich institutionalisieren können, um so von innen heraus Bestehendes zu verändern. Auf diese Weise kann das Denken von Hannah Arendt dazu beitragen, dass das Helfen zur Freiheit sich zu einem Helfen in Freiheit erweitert, indem Freiheit und Selbstbestimmung nicht nur das Ziel des Helfens bestimmen, sondern auch das Helfen selbst auf unterschiedlichsten Ebenen kennzeichnen, angefangen bei den freiheitlichen Vollzügen zwischen Helfenden und Hilfebedürftigen über das freiheitliche Durchdringen ganzer Institutionen bis hin zur Etablierung von Freiheit im Gemeinwesen.

Zu einer solchen Freiheitskultur im Helfen kann neben der Selbsthilfebewegung die Diakonie einen besonderen Beitrag leisten. Der Sinn von Diakonie entscheidet sich unter diesem Blickwinkel ganz wesentlich an der Frage, inwiefern in diakonischen Institutionen das mit der Schöpfung mitgegebene Wunder der Initiativität von Menschen durch schöpferische Handlungsfreiheit nachvollzogen werden kann. Die Freiheit als menschliches Existenzial ist – zumal im Kontext des Helfens – in höchster Gefahr; und die Diakonie ist in besonderem Maße herausgefordert, Anwalt der Freiheit zu werden.

Anmerkungen

1. Vgl. dazu insbesondere die Antworten auf die Frage nach der Kirchlichkeit und Fachlichkeit in der Diakonie. In: Nübel: Teilhabe statt Preisgabe
2. So Hannah Arendt in ihrer Doktorarbeit über den Liebesbegriff bei Augustin, S.20, 35
3. „Damit ein Anfang sei, wurde der Mensch geschaffen, vor dem es niemand gab." Arendt: Vita activa, S. 166

Literaturverzeichnis

Werke und Aufsätze Hannah Arendts (Auswahl)

Arendt, Hannah (in der Diskussion mit Hans Dichgans, Arnold Gehlen, Werner Maihofer und Dolf Sternberger): In der zweiten Phase der demokratischen Revolution? Krisensymptome westlicher Demokratie – Ausgangsbeispiel USA. In: Reif, Adelbert (Hg.): Gespräche mit Hannah Arendt. München 1976, S. 71ff.

Arendt, Hannah/Jaspers, Karl: Briefwechsel 1926-1969. München³ 1993

Arendt, Hannah: Bertold Brecht. In: Menschen in finsteren Zeiten. München² 1989, S. 243ff.

Arendt, Hannah: Besuch in Deutschland. Berlin/Nördlingen 1993

Arendt, Hannah: Collective Responsibility. In: Bernauer, James (Hg.): Amor mundi (Boston College studies in philosophy 7). Dordrecht 1987, S. 43ff.

Arendt, Hannah: Das Urteilen. Texte zu Kants politischer Philosophie. München 1985

Arendt, Hannah: Der Liebesbegriff bei Augustin. Versuch einer philosophischen Interpretation. Philosophische Forschungen. Neuntes Heft. Berlin 1929

Arendt, Hannah: Die vollendete Sinnlosigkeit. In: Dies.: Nach Auschwitz. Essays und Kommentare 1. Berlin 1989, S. 7ff.

Arendt, Hannah: Diskussion mit Freunden und Kollegen in Toronto. In: Dies.: Ich will verstehen. Selbstauskünfte zu Leben und Werk. München 1996, S. 71ff.

Arendt, Hannah: Eichmann in Jerusalem. Ein Bericht von der Banalität des Bösen. München⁸ 1992

Arendt, Hannah: Ein Briefwechsel. Hannah Arendt an Gershom Sholem. In: Dies.: Nach Auschwitz. Essays & Kommentare 1. Hrsg. von Eike Geisel und Klaus Bittermann. Berlin 1989, S. 71ff.

Arendt, Hannah: Elemente und Ursprünge totaler Herrschaft. I. Antisemitismus. II. Imperialismus. III. Totale Herrschaft. München² 1991

Arendt, Hannah: Freiheit und Politik. In: Dies.: Zwischen Vergangenheit und Zukunft. Übungen im politischen Denken I. München 1994, S. 201ff.

Arendt, Hannah: Gedanken zu Lessing: Von der Menschlichkeit in finsteren Zeiten. In: Dies.: Menschen in finsteren Zeiten. München² 1989

Arendt, Hannah: Isak Dinesen (d.i. Tanja Blixen). In: Dies.: Menschen in finsteren Zeiten. München² 1989, S. 113ff.

Arendt, Hannah: Kultur und Politik. In: Dies.: Zwischen Vergangenheit und Zukunft. Übungen im politischen Denken I. München 1994, S. 277ff.

Arendt, Hannah: Labor, Work, Action. In: Bernauer. James (Hg.): Amor mundi (Boston College studies in philosophy 7). Dordrecht 1987, S. 29ff.

Arendt, Hannah: Laudatio auf Karl Jaspers. In: Dies.: Menschen in finsteren Zeiten. München[2] 1989, S. 89ff.
Arendt, Hannah: Little Rock. In: Dies.: Zur Zeit. Politische Essays. München 1989, S. 95ff.
Arendt, Hannah: Machiavelli (unveröffentlicht). Lib. of Congr. Box 46: Courses-Berkeley: History of Political Theory, Lectures (1955), 024014ff.
Arendt, Hannah: Macht und Gewalt. München[8] 1993
Arendt, Hannah: Philosophie und Politik. In: Deutsche Zeitschrift für Philosophie, Berlin 41 (1993) 2, S. 381ff.
Arendt, Hannah: Rahel Varnhagen. Lebensgeschichte einer deutschen Jüdin aus der Romantik. München[9] 1997
Arendt, Hannah: Religion und Politik. In: Dies.: Zwischen Vergangenheit und Zukunft. Übungen im politischen Denken I. München 1994, S. 305ff.
Arendt, Hannah: Über den Zusammenhang von Denken und Moral. In: Dies.: Zwischen Vergangenheit und Zukunft. Übungen im politischen Denken I. München 1994, S. 128ff.
Arendt, Hannah: Über die Revolution. München[4] 1994
Arendt, Hannah: Verstehen und Politik. In: Dies.: Zwischen Vergangenheit und Zukunft. Übungen im politischen Denken I. München 1994, S. 110ff.
Arendt, Hannah: Vita activa oder Vom tätigen Leben. München[7] 1992
Arendt, Hannah: Vom Leben des Geistes. Band 1: Das Denken. München[2] 1989
Arendt, Hannah: Vom Leben des Geistes. Band 2: Das Wollen. München[2] 1989
Arendt, Hannah: Wahrheit und Politik. In: Dies.: Zwischen Vergangenheit und Zukunft. Übungen im politischen Denken I. München 1994, S. 327ff.
Arendt, Hannah: Waldemar Gurian. In: Dies.: Menschen in finsteren Zeiten. München[2] 1989, S. 310ff.
Arendt, Hannah: Was bleibt? Es bleibt die Muttersprache (1964). Ein Gespräch mit Günter Gaus. In: Reif, Adelbert (Hg.): Gespräche mit Hannah Arendt. München 1976, S. 9ff.
Arendt, Hannah: Was ist Autorität? In: Dies.: Zwischen Vergangenheit und Zukunft. Übungen im politischen Denken I. München 1994, S. 159ff.
Arendt, Hannah: Was ist Existenzphilosophie? Frankfurt a.M. 1990
Arendt, Hannah: Was ist Politik? Fragmente aus dem Nachlass. München 1993

Sekundärliteratur zu Hannah Arendt (Auswahl)

Beiner, Ronald: Love and Worldliness: Hannah Arendt's Reading of Saint Augustine. In: May, Larry, Kohn, Jerome (Hg.): Hannah Arendt: Twenty Years Later. Massachusetts 1996, S. 269ff.
Benhabib, Seyla: Hannah Arendt. Die melancholische Denkerin der Moderne. Hrsg. von Otto Kallscheuer. Hamburg 1998

Benhabib, Seyla: Modelle des „öffentlichen Raums". Hannah Arendt, die liberale Tradition und Jürgen Habermas. In: Dies.: Selbst im Kontext. Kommunikative Ethik im Spannungsfeld von Feminismus, Kommunitarismus und Postmoderne. Frankfurt a.M. 1995, S. 96ff.

Bernauer, James: The Faith of Hannah Arendt: Amor Mundi and its Critique-Assimilation of Religious Experience. In: Ders.: Amor mundi (Boston College studies in philosophy 7). Dordrecht 1987, S. 1ff.

Bernstein, Richard J.: Rethinking the Social and the Political. In: Ders.: Phiosophical Profiles: Essays in Pragmatic Mode. Camebridge 1986, S. 238ff.

Boyle, Patrick: Elusive Neighborliness: Hannah Arendt's Interpretation of Saint Augustine. In: Bernauer, James (Hg.): Amor mundi (Boston College studies in philosophy 7). Dordrecht 1987, S. 81ff.

Breier, Karl-Heinz: Hannah Arendt zur Einführung. Hamburg 1992

Brunkhorst, Hauke: Hannah Arendt. München 1999

Canovan, Margaret: Hannah Arendt. A Reinterpretation of her Political Thought. Cambridge 1992

Canovan, Margaret: The Political Thought of Hannah Arendt. London 1974

Canovan, Margaret: Verstehen oder Missverstehen. Hannah Arendt, Totalitarismus und Politik. In: Ganzfried, Daniel/Hefti, Sebastian (Hg.): Hannah Arendt, nach dem Toalitarismus. Hamburg 1997, S. 54ff.

Dossa, Shiraz: Hannah Arendt on Billy Budd and Robbespierre: The Public Realm and Private Self. In: Philosophy and Social Criticism. London 9/1982, Heft 3-4, S. 307ff.

Féher, Férenc: Freedom and the ‚Social Question' (Hannah Arendt's Theory of the French Revolution). In: Philosophy and Social Criticism, London 12/1987, Heft 1, S. 1ff.

Grunenberg, Antonia: „Politik entsteht im Zwischen..." – Zur politischen Übertragbarkeit Arendtschen Denkens. In: Alte Synagoge Essen (Hg.): „Treue als Zeichen der Wahrheit". Hannah Arendt: Werk und Wirkung. Dokumentationsband zum Symposium. Studienreihe der Alten Synagoge Band 6. Essen 1997, S. 13ff.

Heuer, Wolfgang: Hannah Arendt – Die Bedeutung der Instersubjektivität als Grundlage des politischen Handelns. In: Die Welt des Politischen. Hannah Arendts Anstöße zur gegenwärtigen politischen Theorie. Hrsg. von der Evangelischen Akademie Loccum. Loccum 1996, S. 69ff.

Heuer, Wolfgang: Zwischenmenschlichkeit – Die neue Rolle des Subjektseins in Hannah Arendts politischer Theorie. In: Baule, Bernward (Hg.): Hannah Arendt und die Berliner Republik. Fragen an das vereinigte Deutschland. Berlin 1996, S. 107ff.

Lloyd, Margie: In Tocqueville's Shadow: Hannah Arendt's Liberal Republicanism. In: Review of Politics. Vol. 57, No. 1, S. 31ff.

Rödel, Ulrich: Hannah Arendt und die Gefährdungen der Freiheit in einer säkularisierten politischen Ordnung. In: Die Ideen von 1789 in der deutschen Rezeption. Hrsg. vom Forum für Philosophie Bad Homburg, Frankfurt a.M. 1989, S. 205ff.

Thürmer-Rohr, Christina: Nicht mündig genug, nicht trostbedürftig genug. In: Dies.: Verlorene Narrenfreiheit. Essays. Konstanz 1991, S. 75ff.

Vollrath, Ernst: Hannah Arendt bei den Linken. In: Neue politische Literatur. Jg. 38 (1993), S. 361ff.

Vollrath, Ernst: Hannah Arendt über Meinung und Urteilskraft. In: Reif, Adelbert: Hannah Arendt. Materialien zu ihrem Werk. Wien/München/Zürich 1979, S. 85ff.

Vollrath, Ernst: Hannah Arendt und die Methode des politischen Denkens. In: Reif, Adelbert: Hannah Arendt. Materialien zu ihrem Werk. Wien/München / Zürich 1979, S. 59ff.

Vollrath, Ernst: Hannah Arendt. In: Ballestrem, Karl Graf/Ottmann, Henning: Politische Philosophie des 20. Jahrhunderts. München/Wien/Oldenbourg 1990, S. 13ff.

Vollrath, Ernst: Hannah Arendts „Kritik der politischen Urteilskraft". In: Kemper, Peter: Die Zukunft des Politischen. Ausblicke auf Hannah Arendt. Frankfurt a.M. 1993, S. 34ff.

Vollrath, Ernst: Politik und Metaphysik. Zum politischen Denken Hannah Arendts. In: Reif, Adelbert: Hannah Arendt. Materialien zu ihrem Werk. Wien/ München/Zürich 1979, S. 19ff.

Vollrath, Ernst: Revolution und Konstitution als republikanische Grundmotive bei Hannah Arendt. In: Baule, Bernward (Hg.): Hannah Arendt und die Berliner Republik. Fragen an das vereinigte Deutschland. Berlin 1996, S. 130ff.

Young-Bruehl, Elisabeth: Hannah Arendt. Leben, Werk und Zeit. Frankfurt a.M. 1991

Sonstiges

Melville, Herman: Billy Budd. Deutsche Ausgabe. Stuttgart 1954

Literatur zu Philosophie und politischer Theorie

Aristoteles: Ethica Nicomachea. Oxford[20] 1988
Aristoteles: Nikomachische Ethik. Übers. von E. A. Schmidt, Stuttgart 1987
Aristoteles: Politica. Oxford[11] 1990
Aristoteles: Politik. Schriften zur Staatstheorie. Übers. und hrsg. von F. F. Schwarz. Stuttgart 1989

Buber, Martin: Ich und Du. Stuttgart[11] 1983
Buck, Günther: Lernen und Erfahrung – Epagogik. Zum Begriff der didaktischen Induktion. Darmstadt[3] 1989
Fenske, Hans/Mertens, Dieter/Reinhard, Wolfgang/Rosen, Klaus: Geschichte der politischen Ideen. Von Homer bis zur Gegenwart. Frankfurt a.M. 1987
Hamilton, Alexander/Madison, James/Jay, John: Die Federalist-Artikel. Hrsg. von A. u. W.P. Adams, Paderborn/München/Wien/Zürich 1994
Hamilton, Alexander/Madison, James/Jay, John: The Federalist. London/New York 1961
Heidegger, Martin: Gelassenheit. Pfullingen[5] 1977
Heidegger, Martin: Sein und Zeit. Tübingen[16] 1986
Hereth, Michael: Tocqueville zur Einführung. Hamburg 1991
Historisches Wörterbuch der Philosophie. Hrsg. von Joachim Ritter. Darmstadt/Basel 1971ff.
Hobbes, Thomas: Leviathan, oder Stoff, Form und Gewalt eines kirchlichen und bürgerlichen Staates. Frankfurt[4] 1991
Jardin, André: Alexis de Tocqueville. Leben und Werk. Hachette 1984, deutsch: Darmstadt 1991
Kant, Immanuel: Grundlegung zur Metaphysik der Sitten. Werkausgabe Bd. VII. Hrsg. von W. Weischedel, Frankfurt a.M.[8] 1989, S. 11ff.
Kant, Immanuel: Kritik der reinen Vernunft. Hrsg. Von R. Schmidt, Hamburg[3] 1990
Kant, Immanuel: Kritik der Urteilskraft. Werkausgabe Bd. X. Hrsg. von W. Weischedel, Frankfurt a.M.[11] 1990
Kersting, Wolfgang: Niccolò Machiavelli. München 1988
Machiavelli, Niccolò: Discorsi. Gedanken über Politik und Staatsführung. Übersetzt etc. von Rudolf Zorn, Stuttgart[2] 1977
Machiavelli, Niccolò: Il Principe/Der Fürst. Italienisch/Deutsch. Übersetzt und hrsg. von Philipp Rippel. Stuttgart 1986
Montesquieu, Charles Secondat de: De l'Esprit des Lois. In: Œuvres complètes II, texte presenté et annoté par Roger Gallois (Gallimard)
Montesquieu, Charles Secondat de: Vom Geist der Gesetze. Auswahl, Übersetzung und Einleitung von Kurt Weigand. Stuttgart 1965
Morison, S. E. (Hg.): William Bradford of Plymoth Plantation. New York 1952
Münkler, Herfried: Machiavelli. Die Begründung des politischen Denkens der Neuzeit aus der Krise der Republik Florenz. Frankfurt/M. 1984
Oberndörfer, Dieter/Jäger, Wolfgang: Alexis de Tocqueville. In: Dies.: Klassiker der Staatsphilosophie II. Ausgewählte Texte. Stuttgart 1971
Pierson, George: Tocqueville and Beaumont in America. New York 1938
Platon: Der Staat. Über das Gerechte. Übersetzt und erläutert von Otto Apelt. Hamburg 1989

Platon: Politeia. In: Joannis Burnet (Hg.): Platonis Opera. Tomus IV (Oxford Classical Texts). Oxford 1902ff.

Rau, Hans Arnold: Demokratie und Republik. Tocquevilles Theorie des politischen Handelns. Würzburg 1981

Rausch, Heinz: Tocqueville. In: Maier, Hans/Rausch, Heinz/Denzer, Horst (Hrsg.): Klassiker des politischen Denkens. Zweiter Band: Von Locke bis Max Weber. München 1974, S. 217ff

Raymundi, P. Fr./Spiazzi, M.: Divi Thomae Aquinatis Opuscula philosophica. Turin/Rom 1954

Rousseau, Jean-Jacques: Vom Gesellschaftsvertrag. Übers. und hrsg. von Hans Brockard. Stuttgart 1977

Schmitz, Heinz-Gerd: Das Mandeville-Dilemma. Untersuchungen zum Verhältnis von Politik und Moral, Köln 1997

Skinner, Quentin: Machiavelli zur Einführung. Hamburg[2] 1990

Thomas von Aquin; Über die Herrschaft der Fürsten. An den König von Cypern. Übers. von Friedrich Schreivogl, Stuttgart 1971

Thukydides: Der Peloponnesische Krieg (Auswahl). Übers. und hrsg. von Helmuth Vretska, Stuttgart 1966

Tocqueville, Alexis de: Der alte Staat und die Revolution. Deutsch von Theodor Oelkers. Leipzig 1867

Tocqueville, Alexis de: Œuvres complètes d´Alexis de Tocqueville, publiées par Mme de Tocqueville et Gustave de Beaumont. Paris[2] 1874

Tocqueville, Alexis de: Œuvres complètes. Édition définitive publiée sous la direction de J.P.Mayer. Gallimard 1961

Tocqueville, Alexis de: Über die Demokratie in Amerika. Teil I und II. Aus dem Franz. von H. Zbinden, Zürich 1987

University of Chicago (Hg.): The New Encyclopaedia Britannica. Macorpedia. 15th Edition. Chicago u.a. 1980, Bd.18, S. 468ff.

Vollrath, Ernst: „That all Governments Rest on Opinion". In: Social Research. An International Quaterly of the Social Sciences. 43/1976, S. 46ff.

Vollrath, Ernst: Das Konzept des „Besitzindividualismus": Reflexionen im Anschluss an Adam Smith. In: Allgemeine Zeitschrift für Philosophie. Band 19. Jg.1994 Heft 3, S. 19ff.

Vollrath, Ernst: Die Rekonstruktion der politischen Urteilskraft. Stuttgart 1977

Vollrath, Ernst: Grundlegung einer philosophischen Theorie des Politischen. Würzburg 1987

Vollrath, Ernst: Identitätsrepräsentation und Differenzrepräsentation. In: Orsi, Giuseppe (Hg.): Recht und Moral. Frankfurt a.M. u.a. 1993, S. 65ff.

Vollrath, Ernst: Kants Kritik der Urteilskraft als Grundlegung einer Theorie des Politischen. In: Akten des 4. Internationalen Kant-Kongresses. Mainz 6.-

10.April 1974 Teil II. 2: Sektionen. Hrsg. von Gerhard Funke. Berlin/New York 1974

Vollrath, Ernst: Tocqueville über die politischen Implikationen des neuzeitlichen Individualismus. In: Hoffmann, Thomas Sören/Majetschak, Stefan (Hg.): Denken der Individualität. Festschrift für Josef Simon zum 65.Geburtstag. Berlin/New York 1995, S. 239ff.

Vossler: Alexis de Tocqueville. Freiheit und Gleichheit. Das Abendland. Neue Folge 2: Forschungen zur Geschichte europäischen Geisteslebens. Hrsg. von Eckhardt Heftrich und Wido Hempel. Frankfurt a.M. 1973

Sozialwissenschaftliche und psychologische Literatur

Arnold, Wilhelm/Eysenck, Jürgen/Meili, Richard: Lexikon der Psychologie. Freiburg/Basel/Wien[10] 1993

Asanger, Roland/Wenninger, Gerd: Handwörterbuch Psychologie. Weinheim 1992

Bartlett, Harriett M.: Grundlagen beruflicher Sozialarbeit. Integrative Elemente einer Handlungstheorie für Sozialarbeiter/Sozialpädagogen. Freiburg i.B.[2] 1979

Bauer, Rudolph (Hg.): Lexikon des Sozial- und Gesundheitswesens. München/Wien 1992

Baum, Hermann: Ethik der sozialen Berufe. Paderborn 1996

Berger, Peter L.: Der Zwang zur Häresie. Religion in der pluralistischen Gesellschaft. Freiburg i.B. 1992

Bierhoff, Hans Werner: Psychologie hilfreichen Verhaltens. Stuttgart/Berlin/Köln 1990

Braun, Edmund/Radermacher, Hans: Wissenschaftstheoretisches Lexikon. Graz/Wien/Köln 1978

Braun, Joachim: Selbsthilfe und Selbsthilfeunterstützung in der Bundesrepublik Deutschland. Aufgaben und Leistungen der Selbsthilfekontaktstellen in den neuen und alten Bundesländern. Abschlussbericht der wissenschaftlichen Begleitung des Modellprogramms „Förderung sozialer Selbsthilfe in den neuen Bundesländern" durch das Institut für Sozialwissenschaftliche Analysen und Beratung in Köln. Hrsg. vom Bundesministerium für Familie, Senioren, Frauen und Jugend. Stuttgart/Berlin/Köln 1997

Bronsberg, Barbo/Vestlund, Nina: Ausgebrannt – Die egoistische Aufopferung. Heyne Lebenshilfe Band 17/16. München 1988

Burisch, Matthias: Das Burnout-Syndrom. Theorie der inneren Erschöpfung. Berlin/Heidelberg/New York 1989

Campbell, Norman: What is Science? New York, Dover 1952

Combs, Arthur W., Avila, Donald L., Purkey, William W.: Die helfenden Berufe. Stuttgart 1975

Deutscher Verein für öffentliche und private Fürsorge (Hg.): Fachlexikon der sozialen Arbeit. Frankfurt 1986

Dreikurs, Rudolf/Soltz, Vicki: Kinder fordern uns heraus. Wie erziehen wir sie zeitgemäß? Stuttgart[19] 1988

Engelhardt, Hans Dietrich: Zur Bedeutung der Selbsthilfe. In: Institut für sozialwissenschaftliche Analysen und Beratung Köln – Leipzig (Hg.): Selbsthilfe 2000: Perspektiven der Selbsthilfe und ihrer infrastrukturellen Förderung. ISAB-Berichte Nr. 42. Köln 1996, S. 132ff.

Ewald, Volker: Burnout bei Sozialarbeitern – eine qualitative Untersuchung. In: Unsere Jugend 49/1997 H. 5 S. 184ff.

Fengler, Jörg: Helfen macht müde. Zur Analyse und Bewältigung von Burnout und beruflicher Deformation. München 1991

Funk, Lydia: Hilfsbedürftige und Helfende. Konflikte der helfenden Beziehung in sozialen Institutionen am Beispiel des Alten- und Pflegeheims. Freiburg 1983

Hackenberg/Buchka: Das Burn-out-Syndrom bei Mitarbeitern in der Behindertenhilfe/Ursachen – Formen – Hilfen. Dortmund 1987

Houtmann, A.M.A.: Machtaspekte in der helfenden Beziehung. Freiburg i.B. 1978

Kreft, Dieter/Mielenz, Ingrid: Wörterbuch soziale Arbeit. Aufgabenfelder, Praxisfelder, Begriffe und Methoden der Sozialarbeit und Sozialpädagogik. Weinheim /Basel[4] 1996

Lorenz, Konrad: Das sogenannte Böse. Zur Naturgeschichte der Aggression. München 1974

Marquard, Albrecht: Psychische Belastung in helfenden Berufen. Bedingungen – Hintergründe – Auswege. Opladen 1993

Martin, Klaus-Rainer (Hg.): Sozialarbeit und Sozialpädagogik im Grundriss. Berlin 1982

Merchel, Joachim: Sozialverwaltung oder Wohlfahrtsverband als „kundenorientiertes Unternehmen": ein tragfähiges, zukunftsorientiertes Leitbild? In: Neue Praxis 4/1995, S. 325ff.

Moeller, Michael Lukas: Selbsthilfegruppen. Selbstbehandlung und Selbsterkenntnis in eigenverantwortlichen Kleingruppen. Reinbek 1978

Müller, Eckhardt H.: Ausgebrannt – Wege aus der Burnout-Krise. Freiburg/Basel /Wien 1994

Myrdal, Gunnar: Das politische Element in der nationalökonomischen Doktrinbildung. Schriftenreihe des Forschungsinstituts der Friedrich-Ebert-Stiftung Band 24. Bonn-Bad Godesberg[2] 1976

Olk, Thomas: Selbsthilfe als Beitrag zur Weiterentwicklung des Sozialstaates. In: Institut für sozialwissenschaftliche Analysen und Beratung Köln – Leipzig (Hg.): Selbsthilfe 2000: Perspektiven der Selbsthilfe und ihrer infrastrukturellen Förderung. ISAB-Berichte Nr. 42. Köln 1996, S. 119ff.

Rogers, Carl R.: Die klientenzentrierte Gesprächspsychotherapie.³ 1972

Rustemeyer, Ruth: (Neue) Aktualität eines (neuen) Konzepts: das Selbst. In: Psychologische Rundschau 37/1986, S. 210ff.

Salustowicz, Piotr: Soziale Solidarität, Zivilgesellschaft und politische Soziale Arbeit. Neue Praxis 2/1998, S. 111ff.

Schmidbauer, Wolfgang: Die hilflosen Helfer. Über die seelische Problematik der helfenden Berufe. Reinbek 1977

Schmitt, Rudolf: Metaphern des Helfens. Fortschritte der psychologischen Forschung Band 26 (Hrsg.: W. Bungard u.a.). Weinheim 1995

Schmitz, Edgar/Hauke, Gernot: Burnout und Sinnverlust. In: Integrative Therapie 3/1994, S. 235ff.

Schütz, Alfred: Der sinnhafte Aufbau der sozialen Welt. Wien² 1960

Seifert, Helmut/Radnitzky, Gerhard: Handlexikon zur Wissenschaftstheorie. München 1989

Spencer, Herbert: Gesellschaft als Organismus. In: Ders.: Das System der synthetischen Philosophie. Band VII. Die Prinzipien der Sociologie. Stuttgart o.J.

Stiels-Glenn, Michael: Ohnmacht, Macht und Verantwortung in psychosozialen Berufen. In: Sozialmagazin. Die Zeitschrift für die soziale Arbeit. 21/1996 Heft 7-8, S. 12ff

Storr, Peter (Hg.): Gesetze für Sozialwesen und Wirtschaft. Regensburg 1990ff.

Thiersch, Hans: Alltagshandeln und Sozialpädagogik. In: Neu Praxis. Kritische Zeitschrift für Sozialarbeit und Sozialpädagogik. 8/1978 H. 1, S. 6ff.

Topel, Wilhelm: Erst entflammt, dann ausgebrannt. Ursachen und Hilfen zur Verhinderung/Linderung von Burnout. In: Jugendhilfe. 35/1997 H. 2, S. 67ff.

Wagner, Peter: Ausgebrannt. Zum Burnout-Syndrom in helfenden Berufen. Bielefeld 1993

Weber, Max: Die protestantische Ethik und der Geist des Kapitalismus. In: Ders.: Gesammelte Aufsätze zur Religionssoziologie I, Tübingen⁹ 1988

Wedekind, Erhard: Beziehungsarbeit. Zur Sozialpsychologie pädagogischer und therapeutischer Institutionen. Frankfurt a.M. 1986

Wurr, Rüdiger: Macht in der sozialpädagogischen Interaktion. Erschienen in der Reihe: Arbeitshefte für Sozialpädagogik (Hrsg.: Ulrich Martini u.a.). Stuffgart 1981

Diakoniewissenschaftliche Literatur

Albert, Jürgen: Paul Philippis Theorie des „genus diaconicum". In: Schober, Theodor: Grenzüberscheitende Diakonie. Paul Philippi zum 60. Geburtstag. Stuttgart 1984, S. 96ff.

Ayasse, Gerd/Bioly, Josef/Claes, Ansgar/Kamm, Rüdiger/Krause, Dieter/Scheer,

Ulrich/Wolf, Franz J.: Mitarbeitervertretungsordnung (MVO) in diakonischen Einrichtungen. Basiskommentar Köln 1992

Bach, Ulrich: Boden unter den Füßen hat keiner. Plädoyer für eine solidarische Diakonie. Göttingen² 1986

Bach, Ulrich: Dem Traum entsagen, mehr als ein Mensch zu sein. Auf dem Wege zu einer diakonischen Kirche. Neukirchen-Vluyn 1986

Bach, Ulrich: Getrenntes wird versöhnt. Wider den Sozialrassismus in Theologie und Kirche. Neukirchen-Vluyn 1991

Bach, Ulrich: Plädoyer für eine Kirche ohne religiösen Mehrwert. In: Götzelmann, Arnd/Herrmann, Volker/Stein, Jürgen (Hg.): Diakonie der Versöhnung. Ethische Reflexion und soziale Arbeit in ökumenischer Verantwortung. Festschrift für Theodor Strohm. Stuttgart 1998, S. 159ff.

Bäumler, Christof: Auf dem Weg zu einer freundlicheren Welt? Gedanken zur Integration behinderter Menschen in Gesellschaft und Kirche. In: Schibilsky, Michael (Hg.): Kursbuch Diakonie. Festschrift für Ulrich Bach. Neukirchen-Vluyn 1991, S. 255ff.

Bedford-Strohm, Heinrich: Menschenwürde als ein Leitbegriff für die Diakonie. In: Welker, Michael (Hg.): Brennpunkt Diakonie. Rudolf Weth zum 60. Geburtstag. Neukirchen-Vluyn 1997, S. 49ff.

Benedict, Hans Jürgen: Barmherzigkeit mit Gerechtigkeit verbinden. In: Ders. (Hg.): Wenn die Posaune einen undeutlichen Ton gibt .... Stichworte für eine streitbare Diakonie. Impulse – Werkstatt Fachhochschule. Band 4. Agentur des Rauhen Hauses Hamburg 1995, S. 80ff.

Benedict, Hans-Jürgen: Zwischen Befremdung und Wahrnehmung des anderen. In: Langhanky, Michael (Hg.): Verständigungsprozesse der Sozialen Arbeit. Beiträge zur Theorie- und Methodendiskussion. Impulse – Werkstatt Fachhochschule. Agentur des Rauhen Hauses Hamburg 1995, S. 80ff.

Beyer, Heinrich/Nutzinger, Hans G.: Erwerbsarbeit und Dienstgemeinschaft. Arbeitsbeziehungen in kirchlichen Einrichtungen. Eine empirische Untersuchung. Bochum 1991

Bloth, Peter C.: Diakonie/diakonia als ökumenischer Zentralbegriff und seine Auswirkung für die Praktische Theologie. In: Götzelmann, Arnd/Herrmann, Volker/Stein, Jürgen (Hg.): Diakonie der Versöhnung. Ethische Reflexion und soziale Arbeit in ökumenischer Verantwortung. Festschrift für Theodor Strohm. Stuttgart 1998, S. 216ff.

Bock, Wolfgang: Der kirchliche Dienst und das staatliche Recht. In: Rau, Gerhard/Reuter, Hans-Richard/Schlaich, Klaus: Das Recht der Kirche Bd.3: Zur Praxis des Kirchenrechts. Gütersloh 1994, S. 531ff.

Brandenburger, Egon: Taten der Barmherzigkeit als Dienst gegenüber dem königlichen Herrn. In: Schäfer, Gerhard K./Strohm, Theodor (Hg.): Diakonie – biblische Grundlagen und Orientierungen. Heidelberg 1990, S. 297ff.

Brandt: W.: Dienst und Dienen im Neuen Testament. In: Krimm, Herbert (Hg.): Das diakonische Amt der Kirche. Stuttgart 1952, S. 106ff.

Busch, Christine: Wir sind eine Dienstgemeinschaft von Frauen und Männern im Haupt- und Ehrenamt. In: Diakonie. Theorien – Erfahrungen – Impulse 23/1997 H. 5/6, S. 275ff.

Busch, Eberhard: Wer ist mein Nächster? Über Lk 10, 25-37. In: Welker, Michael (Hg.): Brennpunkt Diakonie. Rudolf Weth zum 60. Geburtstag. Neukirchen-Vluyn 1997, S. 285ff.

Busch, Johannes: Controlling und Theologie. Aspekte der Leitungsverantwortung. In: Schibilsky, Michael (Hg.): Kursbuch Diakonie. Festschrift für Ulrich Bach. Neukirchen-Vluyn 1991, S. 289ff.

Busch, Johannes: Dienstgemeinschaft. Ein Begriff, der zu theologischem Nachdenken anregt. In: Sauer, Gerd/Bach, Ulrich/Eisermann, Siegbert: Wer in der Liebe bleibt. Grundlagen und Praxis einer Diakonischen Kirche. Christoph Theurer zum 60. Geburtstag zugeeignet. Stuttgart 1986, S. 96ff.

Campbell, Alastair V.: Nächstenliebe mit Maß. Helferberufe – christlich gesehen. Göttingen 1986

Caritas und Diakonie. Pastorale 2: Handreichung für den pastoralen Dienst. Hrsg. von der Konferenz der deutschsprachigen Pastorentheologen. Mainz 1974

Daewel, Hartwig: Wir sind aus einer lebendigen Tradition innovativ. In: Diakonie. Theorien – Erfahrungen – Impulse 23/1997 H. 5/6, S. 272ff.

Daiber, Karl-Heinz: Diakonie und kirchliche Identität. Studien zur diakonischen Praxis in einer Volkskirche. Hannover 1988

Degen, Johannes: Diakonie im Schatten des Wohlstandes – eine biblische Option für die Armen. In: Götzelmann, Arnd/Herrmann, Volker/Stein, Jürgen (Hg.): Diakonie der Versöhnung. Ethische Reflexion und soziale Arbeit in ökumenischer Verantwortung. Festschrift für Theodor Strohm. Stuttgart 1998, S. 71ff

Degen, Johannes: Diakonie im sozialen Rechtsstaat. In: Winter, Jörg (Hg. für das diakonische Werk der Evangelischen Kirche in Deutschland): Diakonie im sozialen Rechtsstaat. Schriftenreihe der Diakonie (Recht/Band 3). Stuttgart 1990, S. 31ff.

Degen, Johannes: Diakonie als soziale Dienstleistung. Gütersloh 1994

Degen, Johannes: Diakonie im Widerspruch. Zur Politik der Barmherzigkeit im Sozialstaat. München 1985

Degen, Johannes: Diakonie und Restauration. Kritik am sozialen Protestantismus in der BRD. Kritische Texte: Sozialarbeit Sozialpädagogik Soziale Probleme. Hg. von Hanns Eyfert u.a. Neuwied/Darmstadt 1975

Degen, Johannes: Vom Pathos des Helfens. Zur Säkularisierung des Helfens im entwickelten Sozialstaat. In: Schibilsky, Michael (Hg.): Kursbuch Diakonie. Festschrift für Ulrich Bach. Neukirchen-Vluyn 1991, S. 5ff.

Diakonisches Werk der Evangelischen Kirche in Deutschland e.V.: Diakonie – stark

für andere. Leitbild Diakonie – damit Leben gelingt! Stuttgart 1997
Dietrich, Hartmut: Gesundheitspolitik als politische Ethik. In: Schibilsky, Michael (Hg.): Kursbuch Diakonie. Festschrift für Ulrich Bach. Neukirchen-Vluyn 1991, S. 103ff.
Dithmar, Christiame: Zwischen Tradition und Veränderung. Ehrenamt und Selbsthilfegruppen. In: Gohde, Jürgen (Hg.): Diakonie. Jubiläumsjahrbuch 1998. Stuttgart 1998, S. 176ff.
Dörner, Klaus: Aufgaben diakonischer Ethik. Die Wende von der Professionalität zur Kompetenz aller Betroffenen. In: Schibilsky, Michael (Hg.): Kursbuch Diakonie. Festschrift für Ulrich Bach. Neukirchen-Vluyn 1991, S. 39ff.
Dörner; Klaus: Ethik der Schwachen. In: Langhanky, Michael (Hg.): Verständigungsprozesse der Sozialen Arbeit. Beiträge zur Theorie- und Methodendiskussion. Impulse – Werkstatt Fachhochschule. Agentur des Rauhen Hauses Hamburg 1995, S. 18ff.
Drude, Hartwig: „Alles was Recht ist... wo bleibt die Barmherzigkeit?" In: Gohde, Jürgen/Haas, Hanns-Stephan (Hg.): Wichern erinnern – Diakonie provozieren. Hannover 1998, S. 89ff.
Duchrow, U. (Hg.): Identität der Kirche und ihr Dienst am ganzen Menschen. Lutherischer Weltbund Studienabteilung 77
Eisermann, Siegbert: Der Diakon/die Diakonin als hilfebedürftige Partner. In: Schibilsky, Michael (Hg.): Kursbuch Diakonie. Festschrift für Ulrich Bach. Neukirchen-Vluyn 1991, S. 323ff.
Evangelische Kirche in Deutschland/Bund der Evangelischen Kirchen in der DDR: Barmen 1934/1984. Zur gegenwärtigen Bedeutung der Theologischen Erklärung von Barmen. Gemeinsamer Text aus der Evangelischen Kirche in Deutschland und dem Bund der Evangelischen Kirchen in der DDR. In: Burgsmüller, Alfred/Weth, Rudolf: Die Barmer Theologische Erklärung. Einführung und Dokumentation. Neukirchen-Vluyn 1983, S. 79ff.
Exner, Horst: Wieviel Wettbewerb verträgt unser soziales Sicherungssystem? Plädoyer für eine wettbewerbsfähige Diakonie. In: Diakonie. Theorien – Erfahrungen – Impulse 22/1996 H. 3, S. 139ff.
Fichtner, Otto: Subsidiärer oder solidarischer Sozialstaat? Deutschland am Scheideweg zwischen einer teilenden oder zuteilenden Gesellschaft. In: Götzelmann, Arnd/Herrmann, Volker/Stein, Jürgen (Hg.): Diakonie der Versöhnung. Ethische Reflexion und soziale Arbeit in ökumenischer Verantwortung. Festschrift für Theodor Strohm. Stuttgart 1998, S. 411ff.
Fink, Ulf: Solidarität als gesellschaftsbildendes Prinzip und seine konkrete Deduktion im modernen Sozialstaat. In: Götzelmann, Arnd/Herrmann, Volker/Stein, Jürgen (Hg.): Diakonie der Versöhnung. Ethische Reflexion und soziale Arbeit in ökumenischer Verantwortung. Festschrift für Theodor Strohm. Stuttgart 1998, S. 451ff.

Foitzik, Karl: Mitarbeit in Kirche und Gemeinde. Grundlagen, Didaktik, Arbeitsfelder. Stuttgart/Berlin/Köln 1998

Fuchs, Ottmar: Einübung der Freiheit. Unfertige Gedanken zu Ulrich Bachs Hinweisen auf eine abendländische Befreiungstheologie. In: Schibilsky, Michael (Hg.): Kursbuch Diakonie. Festschrift für Ulrich Bach. Neukirchen-Vluyn 1991, S. 245ff.

Gohde, Jürgen: Das Kronenkreuz als Güte-Siegel diakonischer Arbeit. Zur Qualitätsdebatte in der Diakonie. In: Diakonie. Jahrbuch 1996/97. Innovative Modelle. Stuttgart/Reutlingen 1997, S. 17ff.

Gohde, Jürgen: Diaconia semper reformanda. In: Götzelmann, Arnd/Herrmann, Volker/Stein, Jürgen (Hg.): Diakonie der Versöhnung. Ethische Reflexion und soziale Arbeit in ökumenischer Verantwortung. Festschrift für Theodor Strohm. Stuttgart 1998, S. 237ff.

Gohde, Jürgen: Zur Anwaltschaft herausgefordert. In: Welker, Michael (Hg.): Brennpunkt Diakonie. Rudolf Weth zum 60. Geburtstag. Neukirchen-Vluyn 1997, S. 15ff.

Götzelmann, Arnd/Herrmann, Volker/Stein, Jürgen: Diakonie der Versöhnung – eine Einführung. In: Dies.: Diakonie der Versöhnung. Ethische Reflexion und soziale Arbeit in ökumenischer Verantwortung. Festschrift für Theodor Strohm. Stuttgart 1998, S. 15ff.

Grethlein, Gerhard: Entstehungsgeschichte des Dritten Weges. In: Zeitschrift für evangelisches Kirchenrecht 37, Jg.1992, S. 1ff

Haas, Hanns-Stephan: Diakonie 2000. Thesen zur Gestaltung künftiger Diakonie. In: Gohde, Jürgen (Hg.): Diakonie. Jubiläumsjahrbuch 1998. Stuttgart 1998, S. 148ff.

Harbsmeier, Götz/Weth, Rudolf: Glaube und Werke in der totalen kirchlichen Arbeitswelt. Neukirchen-Vluyn 1977

Haslinger, Herbert: Diakonie zwischen Mensch, Kirche und Gesellschaft. Eine praktisch-theologische Untersuchung der diakonischen Praxis unter dem Kriterium des Subjektseins des Menschen. Würzburg 1996

Henckel, Hanns-Christoph: Arbeit in der Diakonie – eine Alternative. In: Winter, Jörg (Hg. für das Diakonische Werk der EKD): Diakonie im Sozialen Rechtsstaat. Stuttgart 1990, S. 56ff.

Herborg, Helmut: Zur Entstehung des „Dritten Weges". Das Arbeitsrechtsregelungsgesetz in der evangelischen Kirche. In: Kirchliches Jahrbuch 1981/82. Gütersloh 1985, S. 273ff.

Hollweg, Arnd: Gruppe – Gesellschaft – Diakonie. Praktische Erfahrung und theologisches Erkennen. Stuttgart 1976

Hollweg, Arnd: Trendwende in der Diakonie. Kritik und Neuorientierung. Pastoraltheologie 73/1984, S. 196ff.

Holtz, Traugott: Christos Diakonos. Zur christologischen Begründung der Diakonie in der nachösterlichen Gemeinde. In: Schäfer, Gerhard K./Strohm, Theodor

(Hg.): Diakonie – biblische Grundlagen und Orientierungen. Heidelberg 1990, S. 127ff.

Horn, Friedrich Wilhelm: Diakonische Leitlinien Jesu. In: Schäfer, Gerhard K./ Strohm, Theodor (Hg.): Diakonie – biblische Grundlagen und Orientierungen. Heidelberg 1990, S. 109ff.

Huber, Wolfgang: Den Menschen entdecken. Zukunftsaufgaben der Diakonie. In: Welker, Michael (Hg.): Brennpunkt Diakonie. Rudolf Weth zum 60. Geburtstag. Neukirchen-Vluyn 1997, S. 39ff.

Huber, Wolfgang: Reichtum und Armut – Eine Herausforderung für die Kirche. In: Götzelmann, Arnd/Herrmann, Volker/Stein, Jürgen (Hg.): Diakonie der Versöhnung. Ethische Reflexion und soziale Arbeit in ökumenischer Verantwortung. Festschrift für Theodor Strohm. Stuttgart 1998, S. 402ff.

Hübner, Ingolf: Kirche, Diakonie und Markt. In: Diakonie. Theorien – Erfahrungen – Impulse. 22/1996 H. 3 S. 145ff.

Ihmig, Harald: Diakonie als Kundenservice? In: Krölls, Albert (Hg.): Neue Steuerungsmodelle in der Sozialarbeit/Diakonie. Impulse-Werkstatt Fachhochschule Band 5. Hamburg 1996, S. 102ff.

Jäger, Alfred: Diakonie als christliches Unternehmen. Theologische Wirtschaftsethik im Kontext diakonischer Unternehmenspolitik. Gütersloh^3 1990

Jäger, Alfred: Diakonie als eigenständige Gestalt von Kirche. In: Gohde, Jürgen (Hg.): Diakonie. Jubiläumsjahrbuch 1998. Stuttgart 1998, S. 232ff.

Jäger, Alfred: Diakonische Unternehmenspolitik. Analysen und Konzepte kirchlicher Wirtschaftsethik. Gütersloh 1986

Järveläinen, Matti: Gemeinschaft in der Liebe. Diakonie als Lebens- und Wesensäußerung der Kirche im Verständnis Paul Philippis. Heidelberg 1993

Jürgens, Carl Caspar: Die normative Tragweite des kirchlichen Selbstbestimmungsrechts für die Regelung des Dritten Weges im Bereich der kirchlichen Wohlfahrtspflege (Diakonie). Stuttgart 1992

Kaiser, Jochen-Christoph: Innere Mission und Diakonie. In: Röper, Ursula/Jüllig, Carola (Hg.): Die Macht der Nächstenliebe. Einhundertfünfzig Jahre Innere Mission und Diakonie 1848-1998. Berlin 1998 S. 14ff.

Kaldy, Zoltan: Die Diakonische Theologie in den Briefen des Apostels Paulus. In: Schober, Theodor (Hg.): Grenzüberscheitende Diakonie. Paul Philippi zum 60.Geburtstag. Stuttgart 1984, S. 62ff.

Kirchenamt der EKD (Hg.): Der evangelische Diakonat als geordnetes Amt der Kirche. Ein Beitrag der Kammer für Theologie der Evangelischen Kirche in Deutschland. EKD-Texte Nr. 58

Kirchenamt der EKD (Hg.): Herz und Mund und Tat und Leben. Grundlagen, Aufgaben und Zukunftsperspektiven der Diakonie. Eine evangelische Denkschrift; im Auftrag des Rates der Evangelischen Kirche in Deutschland. Gütersloh^2 1998

Kirchenamt der EKD und Sekretariat der Deutschen Bischofskonferenz (Hg.): Für eine Zukunft in Solidarität und Gerechtigkeit. Wort des Rates der Evangelischen Kirche in Deutschland und der Deutschen Bischofskonferenz zur wirtschaftlichen und sozialen Lage in Deutschland. Gemeinsame Texte 9. Hannover/Bonn 1997

Klein, Christoph: Diakonie der Versöhnung. In: Schober, Theodor: Grenzüberschreitende Diakonie. Paul Philippi zum 60. Geburtstag. Stuttgart 1984, S. 53ff.

Klessmann, Michael: Von der Annahme der Schatten. In: Schibilsky, Michael (Hg.): Kursbuch Diakonie. Festschrift für Ulrich Bach. Neukirchen-Vluyn 1991, S. 113ff.

Kohler, Marc Eduard: Kirche als Diakonie. Ein Kompendium. Zürich 1991

Krebs, Heinz: Solidarität mit behinderten Menschen. Sozialethische Aspekte aus medizinischer Sicht. In: Schibilsky, Michael (Hg.): Kursbuch Diakonie. Festschrift für Ulrich Bach. Neukirchen-Vluyn 1991, S. 79ff.

Krimm, Herbert: Diakonie als Gestaltwerdung der Kirche. In: Zürich 1962, S. 49ff.

Krimm, Herbert: Quellen zur Geschichte der Diakonie I-III. Stuttgart 1960-67

Lanz, Reinhold: Diakonie – gelebter Glaube. In: Gohde, Jürgen (Hg.): Diakonie. Jubiläumsjahrbuch 1998, Stuttgart 1998, S. 66ff.

Lanz, Reinhold: Diakonie und Spiritualität. In: Gohde, Jürgen (Hg.): Diakonie. Jahrbuch 1996/97. Innovative Modelle. Stuttgart 1997, S. 46ff.

Lanz, Reinhold: Wir leisten Hilfe und verschaffen Gehör. In: Diakonie. Theorien – Erfahrungen – Impulse 23/1997 H. 5/6, S. 270ff.

Lienemann, Wolfgang: Kirchlicher Dienst zwischen kirchlichem und staatlichem Recht. In: Rau, Gerhard/Reuter, Hans-Richard/Schlaich, Klaus: Das Recht der Kirche Bd.3: Zur Praxis des Kirchenrechts. Gütersloh 1994, S. 495ff.

Luther, Henning: Wahrnehmen oder Ausgrenzen oder die doppelte Verdrängung – Zur Tradition des seelsorgerlich-diakonischen Blicks. Theologia Practica 23/ 1988 H. 4, S. 250ff.

McKee, Elsie Anne: Diakonie in der klassischen reformierten Tradition und heute. In: McKee, Elsie Anne/Ahonen, Risto A.: Erneuerungen des Diakonats als ökumenische Aufgabe. Diakoniewissenschaftliche Studien Band 7. Hg. von Theodor Strohm. Heidelberg 1996, S. 35ff.

Merk, Otto: Aspekte zur diakonischen Relevanz von ‚Gerechtigkeit', ‚Barmherzigkeit' und ‚Liebe'. In: Schäfer, Gerhard K./Strohm, Theodor (Hg.): Diakonie – biblische Grundlagen und Orientierungen. Heidelberg 1990, S. 144ff.

Meyer, Olaf: „Politische" und „gesellschaftliche Diakonie" in der neueren theologischen Diskussion. Arbeiten zur Pastoraltheologie. Band 12. Göttingen 1974

Mitarbeitervertretungsrecht der Evangelischen Kirche im Rheinland und des Diakonischen Werkes der EKiR. Textausgabe des Mitarbeitervertretungs-Gesetzes der EKiR sowie der EKD. Hrsg. von der ÖTV Bezirk NW I. Düsseldorf 1994

Mletzko, Uwe/Pfisterer, Dietrich: Auf dem Weg zu einem Leitbild Diakonie. Zum Prozess der Leitbildentwicklung im Diakonischen Werk der EKD. In: Götzelmann, Arnd/Herrmann, Volker/Stein, Jürgen (Hg.): Diakonie der Versöhnung. Ethische Reflexion und soziale Arbeit in ökumenischer Verantwortung. Festschrift für Theodor Strohm. Stuttgart 1998, S. 263ff.

Moeller, Michael Lukas: Selbsthilfegruppen. Selbstbehandlung und Selbsterkenntnis in eigenverantwortlichen Kleingruppen. Reinbek 1978

Möller, Christian: Lehre vom Gemeindeaufbau. Band 2: Durchblicke – Einblicke – Ausblicke. Göttingen 1990

Moltmann, Jürgen: Diakonie im Horizont des Reiches Gottes. Schritte zum Diakonentum aller Gläubigen. Neukirchen-Vluyn 1984

Moltmann, Jürgen: Protestantismus als „Religion der Freiheit". In: Ders. (Hg.): Religion der Freiheit. Protestantismus in der Moderne. München 1990, S. 11ff.

Mühlum, Albert/Walter, Joachim: Diakoniewissenschaft zwischen Theologie und Sozialarbeit. Anstöße zu einer Neuorientierung. In: Götzelmann, Arnd/Herrmann, Volker/Stein, Jürgen (Hg.): Diakonie der Versöhnung. Ethische Reflexion und soziale Arbeit in ökumenischer Verantwortung. Festschrift für Theodor Strohm. Stuttgart 1998, S. 277ff.

Müller, Klaus: Diakonie im Dialog mit dem Judentum. Eine Studie zu den Grundlagen sozialer Verantwortung im jüdisch-christlichen Gespräch. Veröffentlichungen des Diakoniewissenschaftlichen Instituts an der Universität Heidelberg. Band 11. Heidelberg 1999

Müller-Kohlenberg, Hildegard: Ehrenamtliche – Sozialengagierte – Volunteers. Woher kommen sie? Wer kann gewonnen werden? Gibt es die typische Helferpersönlichkeit? In: Diakonie. Theorien – Erfahrungen – Impulse 22/1996 H. 1, S. 11ff.

Nembach, Ulrich: Wer ist mein Nächster? In: Winter, Jörg (Hg. für das Diakonische Werk der EKD): Diakonie im Sozialen Rechtsstaat. Stuttgart 1990, S. 11ff.

Neukamm, Karl Heinz: Einleitende Überlegungen. In: Philippi, Paul/Strohm, Theodor (Hg.): Theologie der Diakonie. Lernprozesse im Spannungsfeld von lutherischer Überlieferung und gesellschaftlich-politischen Umbrüchen. Ein europäischer Forschungsaustausch. Heidelberg 1989, S. 13ff.

Neukamm, Karl Heinz: Freiheit zum Dienst. In: Diakonie 88/89. Stuttgart 1989, S. 200ff.

Neukamm, Karl Heinz: Zum Selbstverständnis der Diakonie als einer Wesensäußerung der Kirche. In: Diakonisches Werk der EKD in Stuttgart und Diakonisches Werk Berlin e.V. (Hg.): Diakonie heute. Auftrag. Grenzen. Möglichkeiten. Dokumentation des Diakoniekolloquiums „Kirchliches Selbstbestimmungsrecht und staatliche Förderung diakonischer Dienste". Stuttgart 1988, S. 14ff.

Niemeier, Gottfried: Kirchliche Zeitgeschichte. Die Evangelische Kirche in Deutschland. In: Kirchliches Jahrbuch 1957. Gütersloh 1958, S. 1ff.

Noske, Gerhard: Die beiden Wurzeln der Diakonie. Eine Besinnung auf ihre Grundlagen. Stuttgart 1971

Nübel, Hans Ulrich: Die neue Diakonie. Teilhabe statt Preisgabe. Mitarbeiterinnen und Mitarbeiter kommen zu Wort. Freiburg im Breisgau 1994

Otto, Gerd: Diakonie und Gottesdienst? Eine Problemskizze. In: Götzelmann, Arnd/Herrmann, Volker/Stein, Jürgen (Hg.): Diakonie der Versöhnung. Ethische Reflexion und soziale Arbeit in ökumenischer Verantwortung. Festschrift für Theodor Strohm. Stuttgart 1998, S. 166ff.

Otto, Hansjörg: Arbeitsrecht und Kirche – Probleme und Meinungsstand. In: Winter, Jörg (Hg. für das Diakonische Werk der Evangelischen Kirche in Deutschland): Diakonie im sozialen Rechtsstaat. Schriftenreihe der Diakonie (Recht/ Band 3). Stuttgart 1990, S. 102ff.

Passauer, Thomas: Der Weg zu einer Dienstgemeinschaft. Erfahrungen, Hoffnungen, Ausblick. Ein Beitrag aus der DDR. In: Sauer, Gerd/Bach, Ulrich/Eisermann, Siegbert: Wer in der Liebe bleibt. Grundlagen und Praxis einer Diakonischen Kirche. Christoph Theurer zum 60. Geburtstag zugeeignet. Stuttgart 1986, S. 241ff.

Pfisterer, Karl Dietrich: Wir achten die Würde jedes Menschen. In: Diakonie. Theorien – Erfahrungen – Impulse 23/1997 H. 5/6, S. 266ff.

Philippi, Paul/Strohm, Theodor: Theologie der Diakonie. Lernprozesse im Spannungsfeld von lutherischer Überlieferung und gesellschaftlich-politischen Umbrüchen. Ein europäischer Forschungsaustausch. Heidelberg 1989

Philippi, Paul: Christozentrische Diakonie. Ein theologischer Entwurf. Stuttgart 1963

Philippi, Paul: Diaconica. Über die soziale Dimension kirchlicher Verantwortung. Hg. von Jürgen Albert. Neukirchen-Vluyn[2] 1989

Philippi, Paul: Thesen zur Ortsbestimmung der Diakonie in der Theologie. In: Philippi, Paul/Strohm, Theodor (Hg.): Theologie der Diakonie. Lernprozesse im Spannungsfeld von lutherischer Überlieferung und gesellschaftlich-politischen Umbrüchen. Ein europäischer Forschungsaustausch. Heidelberg 1989, S. 209ff.

Raiser, Konrad: Diakonie in weltweiter Perspektive. Der Ruf zum solidarischen Teilen. In: Schibilsky, Michael (Hg.): Kursbuch Diakonie. Festschrift für Ulrich Bach. Neukirchen-Vluyn 1991, S. 197ff.

Raiser, Konrad: Ökumenische Diakonie – eine Option für das Leben. Beiträge aus der Arbeit des ÖRK zur theologischen Begründung ökumenischer Diakonie. Beiheft zur ökumenischen Rundschau 57. Frankfurt a.M. 1988

Rannenberg, Werner: Tagesordnungspunkt Diakonie. Hannover 1996

Rechenschaftsbericht 1998 des Diakonischen Werkes der Evangelischen Kirche in Deutschland. Reutlingen 1998

Reitz-Dinse, Annegret: Theologie in der Diakonie. Exemplarische Kontroversen zum Selbstverständnis der Diakonie in den Jahren 1957-1975. Neukirchen-Vluyn 1998

Reuter, Jörg: Kirchliche Institutionen als Arbeitgeber. Der sogenannte Dritte Weg. Diplomarbeit im Fachbereich Sozialpädagogik. Köln 1994

Ricca, Paolo: Diakonie als Dimension der Kirche – eine Vision für die Zukunft. In: Diakonie als Dimension der Kirche. Diakonisch-theologisches Symposion 6. bis 8. Mai in Neuendettelsau. Neudendettelsau 1995, S. 58ff.

Ricca, Paolo: Die Waldenser Kirche und die Diakonie in Europa – Eine Perspektive des Südens. In: Strohm, Theodor/Degen, Johannes (Hg.): Diakonie und europäischer Binnenmarkt. Dokumentation einer wissenschaftlichen Arbeitstagung in der Heidelberger Akademie der Wissenschaften. 4.-7. März 1992. Heidelberg 1992, S. 138ff.

Rich, Arthur: Diakonie und Sozialstaat. In: Zürich 1962, S. 31ff.

Risch, Gerhard: Diakonie – eine Außenwahrnehmung. In: Gohde, Jürgen (Hg.): Diakonie. Jubiläumsjahrbuch 1998. Stuttgart 1998, S. 135ff.

Ritschl, Dietrich: Metaphorik der Anthropologie der Zeit. Einige Gedanken zum Story-Charakter des Lebens gesunder und kranker Menschen. In: Götzelmann, Arnd/Herrmann, Volker/Stein, Jürgen (Hg.): Diakonie der Versöhnung. Ethische Reflexion und soziale Arbeit in ökumenischer Verantwortung. Festschrift für Theodor Strohm. Stuttgart 1998, S. 340ff.

Rohde, Joachim: Charismen und Dienste in der Gemeinde. Von Paulus zu den Pastoralbriefen. In: Schäfer, Gerhard K./Strohm, Theodor (Hg.): Diakonie – biblische Grundlagen und Orientierungen. Heidelberg 1990, S. 202ff.

Rückert, Markus: Diakonie im Wettbewerb. In: Diakonie. Theorien – Erfahrungen – Impulse. 22/1996 H. 3, S. 149ff.

Ruhbach, Gerhard: Den Dienst geistlich leben. Zwischen Liebe und Leistung. In: Röckle, Gerhard (Hg.): Sendung – Dienst – Leitung. Versuche einer theologischen Orientierung. Neukirchen-Vluyn 1990, S. 77ff.

Ruschke, Werner M.: „Ihr seid das Licht der Welt". Öffentlichkeitsarbeit als Dimension aller Theologie. In: Schibilsky, Michael (Hg.): Kursbuch Diakonie. Festschrift für Ulrich Bach. Neukirchen-Vluyn 1991, S. 335ff.

Ruschke, Werner M.: Theologie und Diakonie. Zehn Sätze zu einer neuen Verhältnisbestimmung. In: Diakonie. Jubiläumsjahrbuch 1998. Stuttgart 1998, S. 73ff.

Sauer, Martin: Ein kleines Stück der Vision Jesu. Diakonie und ihre Mitarbeiterinnen und Mitarbeiter. In: Schibilsky, Michael (Hg.): Kursbuch Diakonie. Festschrift für Ulrich Bach. Neukirchen-Vluyn 1991, S. 309ff.

Schäfer, Gerhard K.: Entwicklungen und theologische Begründungszusammenhänge der Diakonie – Gesichtspunkte zu einer komparativen Analyse der Länderstudien im Rahmen des Europäischen Forschungsaustausches. In: Philippi, Paul/Strohm, Theodor (Hg.): Theologie der Diakonie. Lernprozesse im Spannungsfeld von lutherischer Überlieferung und gesellschaftlich-politischen Umbrüchen. Ein europäischer Forschungsaustausch. Heidelberg 1989 S. 149ff.

Schäfer, Gerhard K.: Gottes Bund entsprechen. Studien zur diakonischen Dimension christlicher Gemeindepraxis. Veröffentlichungen des Diakoniewissenschaftlichen Instituts an der Universität Heidelberg. Band 5. Heidelberg 1994

Schatz, Susanne: Gesinnungspflege oder Interessenvertretung? 25.Januar 1921 – der Verband der evangelischen Wohlfahrtspflegerinnen im Umbruch. In: Diakonie. Theorien – Erfahrungen – Impulse 24/1998 H. 2, S. 135ff.

Schibilsky, Michael: Dialogische Diakonie. Eine Einleitung. In: Ders. (Hg.): Kursbuch Diakonie. Festschrift für Ulrich Bach. Neukirchen-Vluyn 1991, S. 5ff.

Schibilsky, Michael: Ethik der Menschenwürde. Das Menschenbild in der Diakonie – Gegenwärtige Herausforderungen. In: Schibilsky, Michael (Hg.): Kursbuch Diakonie. Festschrift für Ulrich Bach. Neukirchen-Vluyn 1991, S. 209ff.

Schmidt, Jutta: „Die Frau hat ein Recht auf die Mitarbeit am Werke der Barmherzigkeit". In: Röper, Ursula/Jüllig, Carola (Hg.): Die Macht der Nächstenliebe. Einhundertfünfzig Jahre Innere Mission und Diakonie 1848-1998. Berlin 1998, S. 138ff.

Schorlemmer, Friedrich: Was ist noch christlich an der Institution „Diakonie"? Impulsreferat auf der Tagung „Die Diakonie in den Zwängen des Marktes" am 31.1.1998 in Lutherstadt Wittenberg. Hrsg. von der GAMAV

Schröer, Henning: Von der „christozentrischen Diakonie" zur diakonischen Geistesgegenwart. In: Schober, Theodor: Grenzüberscheitende Diakonie. Paul Philippi zum 60. Geburtstag. Stuttgart 1984, S. 71ff.

Schütz, Hans-Georg: Mobile Standort-Bestimmung. Diakonie zwischen Kirche und Gesellschaft. In: Schibilsky, Michael (Hg.): Kursbuch Diakonie. Festschrift für Ulrich Bach. Neukirchen-Vluyn 1991, S. 127ff.

Schweizer, Eduard: Die diakonische Struktur der neutestamentlichen Gemeinde, S. 159ff.

Seibert, Horst: Diakonie – Hilfehandeln Jesu und soziale Arbeit des Diakonischen Werkes. Eine Überprüfung der gegenwärtigen Diakonie an ihrem theologischen und sozialen Anspruch. Gütersloh 1983

Seibert, Horst: Menschen-Dienst. Stellungnahmen und Gutachten für Diakonie und Kirche. Lindenfels 1992

Seibert, Horst: Strukturwandel in der Diakonie. In: Diakonie. Jahrbuch 1996/97. Innovative Modelle. Reutlingen 1997, S. 32ff.

Seibert, Horst: Strukturwandel in der Diakonie. In: Gohde, Jürgen (Hg.): Diakonie. Jahrbuch 1996/97. Stuttgart 1997, S. 32ff.

Sekretariat der Deutschen Bischofskonferenz: Die Kirche in der gegenwärtigen Umwandlung Lateinamerikas im Lichte des Konzils. Sämtliche Beschlüsse der II. Generalversammlung der Lateinamerikanischen Episkopates. Medellin 1968. Die Evangelisierung Lateinamerikas in Gegenwart und Zukunft. Dokument der III. Generalkonferenz des lateinamerikanischen Episkopates Puebla 1979. Bonn 1979

Sekretariat der Deutschen Bischofskonferenz: Neue Evangelisierung. Förderung des Menschen. Christliche Kultur. Santo Domingo. Schlussdokument. 4. Generalversammlung der Lateinamerikanischen Bischöfe – Santo Domingo, Dominikanische Republik. Stimmen der Weltkirche 34. Bonn 1992

Sigrist, Christoph: Die geladenen Gäste. Diakonie und Ethik im Gespräch. Zur Vision einer diakonischen Kirche. Bern u.a. 1995

Spiegel, Yorick: Die neue Unübersichtlichkeit. Jürgen Habermas und die Krise des Wohlfahrtstaates. In: Schibilsky, Michael (Hg.): Kursbuch Diakonie. Festschrift für Ulrich Bach. Neukirchen-Vluyn 1991, S. 229ff.

Starnitzke, Dierk: Diakonie als soziales System. Eine theologische Grundlegung diakonischer Praxis in Auseinandersetzung mit Niklas Luhmann. Stuttgart/Berlin/Köln 1996

Stein, Jürgen: Profil und Kooperationsfähigkeit, oder: Wann schließen Diakonie und Caritas sich zusammen? In: Götzelmann, Arnd/Herrmann, Volker/Stein, Jürgen (Hg.): Diakonie der Versöhnung. Ethische Reflexion und soziale Arbeit in ökumenischer Verantwortung. Festschrift für Theodor Strohm. Stuttgart 1998, S. 252ff.

Steinhilber: Horst: Von der Anstaltsdiakonie zur Selbsthilfegruppe. In: Gohde, Jürgen (Hg.): Diakonie. Jubiläumsjahrbuch 1998. Stuttgart 1998, S. 182ff.

Steinkamp, Hermann: Diakonie – Kennzeichen der Gemeinde. Entwurf einer praktisch-theologischen Theorie. Freiburg i.B. 1985

Stock, Konrad: Luther und die Freiheit. In: Welker, Michael (Hg.): Brennpunkt Diakonie. Rudolf Weth zum 60. Geburtstag. Neukirchen-Vluyn 1997, S. 83ff.

Stollberg, Dietrich: „Kirche für andere" – Leidet die Diakonie an einem depressiven Syndrom? Thesen zu Theißen. In: Schibilsky, Michael (Hg.): Kursbuch Diakonie. Festschrift für Ulrich Bach. Neukirchen-Vluyn 1991, S. 237ff.

Strohm, Theodor/Schäfer, Gerhard K.: Abschließende Überlegungen: „Theologie der Diakonie" als Aufgabe ökumenischer Studienarbeit. In: Philippi, Paul/Strohm, Theodor (Hg.): Theologie der Diakonie. Lernprozesse im Spannungsfeld von lutherischer Überlieferung und gesellschaftlich-politischen Umbrüchen. Ein europäischer Forschungsaustausch. Heidelberg 1989 S. 233ff.

Strohm, Theodor. Diakonie und Sozialethik. Beiträge zu einer sozialen Verantwortung der Kirche. Heidelberg 1993

Strohm, Theodor: Diakonie zwischen Gemeindepraxis und sozialstaatlicher Wirklichkeit. In: Rau, Gerhard/Reuter, Hans-Richard/Schlaich, Klaus: Das Recht der Kirche Bd.3: Zur Praxis des Kirchenrechts. Gütersloh 1994, S. 203ff.

Strohm, Theodor: Die permanente Herausforderung. Zum Verhältnis von Theologie und Diakonie seit Wichern. In: Gohde, Jürgen (Hg.): Diakonie. Jubiläumsjahrbuch 1998, Stuttgart 1998, S. 25ff.

Sturm, Anne: Leiden und Mitleiden – seelische Belastungen von Helfern. In: Begegnen und Helfen. Zeitschrift für caritative Helfergruppen 1996, S. 47ff.

Talazko, Helmut: Märzrevolution und Wittenberger Kirchentag. In: Röper, Ursula/Jüllig, Carola (Hg.): Die Macht der Nächstenliebe. Einhundertfünfzig Jahre Innere Mission und Diakonie 1848-1998. Berlin 1998, S. 58ff.

Theißen, Gerd: Die Legitimationskrise des Helfens und der barmherzige Samariter. Ein Versuch, die Bibel diakonisch zu lesen. In: Röckle, G. (Hg.): Diakonische Kirche: Sendung, Dienst, Leitung. Versuche einer theologischen Orientierung. Neukirchen-Vluyn 1990, S. 46ff.

Theißen, Gerd: Die Rede vom großen Weltgericht (Mt 25, 31-46). Universales Hilfsethos gegenüber allen Menschen? In: Götzelmann, Arnd/Herrmann, Volker/Stein, Jürgen (Hg.): Diakonie der Versöhnung. Ethische Reflexion und soziale Arbeit in ökumenischer Verantwortung. Festschrift für Theodor Strohm. Stuttgart 1998, S. 60ff.

Thierfleder, Jörg: Zwischen Anpassung und Selbstbehauptung. In: Röper, Ursula/Jüllig, Carola (Hg.): Die Macht der Nächstenliebe. Einhundertfünfzig Jahre Innere Mission und Diakonie 1848-1998. Berlin 1998, S. 224ff.

Thyen, Hartwig: Gottes- und Nächstenliebe. In: Schäfer, Gerhard K./Strohm, Theodor (Hg.): Diakonie – biblische Grundlagen und Orientierungen. Heidelberg 1990, S. 263ff.

Turre, Reinhard: Diakonie im Spannungsfeld zwischen Kirche und Gesellschaft. In: Diakonie als Dimension der Kirche. Diakonisch-theologisches Symposion 6. bis 8. Mai in Neuendettelsau. Neuendettelsau 1995, S. 23ff.

Turre, Reinhard: Diakonik. Grundlegung und Gestaltung der Diakonie. Neukirchen-Vluyn 1991

Uhlhorn, Gerhard: Schriften zur Sozialethik und Diakonie. Hrsg. im Auftrag der Gesellschaft für Niedersächsische Kirchengeschichte von Martin Cordes und Hans Otte. Hannover 1990

Ulrich, Heinrich-Hermann/Grubel, Hartwig: Diakonie. In: Kirchliches Jahrbuch 1976/77. Gütersloh 1981, S. 175ff.

Vinay, Tullio: Die politische Diakonie der Kirche. Hrsg. von Jürgen Moltmann. Tübingen 1987

Volkenandt, Matthias: Die Leiden des Christen und die Frage nach Gott. Kritik traditioneller Antworten in der Verkündigung und Überlegungen zu einer biblisch-theologisch verantworteten Rede und ihrer Vermittlung in die Gegenwart des leidenden Menschen. Diplomarbeit am dogmatischen Seminar der Katholisch-Theologischen Fakultät Bonn. Bonn 1986

Welker, Michael: „Brennpunkt Diakonie". In: Ders. (Hg.): Brennpunkt Diakonie. Rudolf Weth zum 60. Geburtstag. Neukirchen-Vluyn 1997, S. 1ff.

Wendland, Heinz-Dietrich: Christos Diakonos, Christos Doulos. Zur theologischen Begründung der Diakonie. In: Zürich 1962, S. 11ff.

Wendland, Heinz-Dietrich: Einführung in die Sozialethik. Berlin/New York 1971
Wendland, Heinz-Dietrich: Die Kirche in der modernen Gesellschaft. Entscheidungsfragen für das kirchliche Handeln im Zeitalter der Massengesellschaft. Hamburg² 1958
Weth, Rudolf: Kirche in der Sendung Jesu Christi. Missionarische und diakonische Existenz der Gemeinde im nachchristlichen Zeitalter. Neukirchen-Vluyn 1993
Wichern, Johann Hinrich: Die innere Mission der deutschen evangelischen Kirche. Eine Denkschrift an die deutsche Nation, im Auftrage des Centralausschusses für die innere Mission. In: Ders.: Sämtliche Werke Band I, S. 177ff.
Wichern, Johann Hinrich: Erklärung, Rede und Vortrag Wicherns auf dem Wittenberger Kirchentag. In: Ders.: Sämtliche Werke Band I, S. 155ff.
Wichern, Johann Hinrich: Gutachten über die Diakonie und den Diakonat (1856). In: Ders.: Sämtliche Werke Bd.III/1, S. 130ff.
Winkler, Eberhard: Bibelarbeit zum Thema Dienst (Lk 10, 38-42). In: Röckle, Gerhard (Hg.): Sendung – Dienst – Leitung. Versuche einer theologischen Orientierung. Neukirchen-Vluyn 1990, S. 23ff.
Winkler, Tilman: Diakonie und Wettbewerb. Das Eindringen von Sozialmarktprinzipien in die Diakonie. In: Götzelmann, Arnd/Herrmann, Volker/Stein, Jürgen (Hg.): Diakonie der Versöhnung. Ethische Reflexion und soziale Arbeit in ökumenischer Verantwortung. Festschrift für Theodor Strohm. Stuttgart 1998, S. 246ff.
Winter, Jörg: Die Bedeutung der Barmer Theologischen Erklärung von 1934 für die Arbeit der Diakonie im sozialen Rechtsstaat heute. In: Winter, Jörg (Hg. für das Diakonische Werk der EKD): Diakonie im Sozialen Rechtsstaat. Stuttgart 1990, S. 79ff.
Winter, Jörg: Die Kirche und ihr Diakonisches Werk. In: Rau, Gerhard/Reuter, Hans-Richard/Schlaich, Klaus (Hg.): Das Recht der Kirche Bd.3: Zur Praxis des Kirchenrechts. Gütersloh 1994, S. 238ff.
Witschke, Reinhard: Der Leitbildprozess in der Diakonie. In: Gohde, Jürgen (Hg.): Diakonie. Jubiläumsjahrbuch 1998. Stuttgart 1998, S. 51ff.
Wolf, Bernhard: Mit behinderten Menschen leben. Diakonie als Ort der Begegnung. In: Schibilsky, Michael (Hg.): Kursbuch Diakonie. Festschrift für Ulrich Bach. Neukirchen-Vluyn 1991, S. 349ff.
Zitt, Renate: Prozess- und Beteiligungsorientierung lernen. Perspektiven und Erfahrungen einer Moderatorin im Leitbildprozess Diakonie. In: Diakonie. Theorien – Erfahrungen – Impulse 23/1997 H. 5/6, S. 295ff.

Sonstige theologische Literatur

Aland; Kurt (Hg.): Lutherlexikon. Göttingen[4] 1989

Asmussen, Hans: Vortrag über die Theologische Erklärung zur gegenwärtigen Lage der Deutschen Evangelischen Kirche. In: Burgsmüller, Alfred/Weth, Rudolf (Hg.): Die Barmer Theologische Erklärung. Einführung und Dokumentation, S. 41ff.

Augustinus, Aurelius: La Cité de Dieu. Œuvres de Saint Augustin. Bibliotheque Augustienne, publiées sous la direction des Études Augustiennes, édition de B. Dombart et A. Kalb, 5ème série 1959, Tome 33-37

Augustinus, Aurelius: Vom Gottesstaat. 2 Bände. München 1978

Barth, Karl: Die Lehre von der Versöhnung. Die kirchliche Dogmatik (KD) IV/3 2.Hälfte. Zollikon/Zürich 1955

Barth, Karl: Dogmatik im Grundriss. München 1947

Bauer, Walter: Griechisch-deutsches Wörterbuch zu den Schriften des Neuen Testamentes und der frühchristlichen Literatur. Hrsg. von Kurt Aland und Barbara Aland, Berlin/New York[6] 1988

Biblia Hebraica Stuttgartensia. Stuttgart[4] 1990

Bonhoeffer, Dietrich: Widerstand und Ergebung. Briefe und Aufzeichnungen aus der Haft. Hrsg. von Eberhard Bethge. München[14] 1990

Bonhoeffer, Dietrich: Ethik. Dietrich Bonhoeffer Werke. Hrsg. von E. Bethge u.a. Band 6. München 1992

Bornkamm, Günther: Das Doppelgebot der Liebe. In: Ders.: Geschichte und Glaube. Erster Teil. Gesammelte Aufsätze Band III. München 1968, S. 37ff.

Bornkamm, Günther: Der köstlichere Weg (1. Kor 13). In: Ders.: Das Ende des Gesetzes. Paulusstudien. Gesammelte Aufsätze/Band 1. München 1952, S. 93ff.

Bornkamm, Günther: Paulus. Stuttgart/Berlin/Köln/Mainz 1969

Bornkamm, Heinrich: Das Jahrhundert der Reformation. Gestalten und Kräfte. Göttingen[2] 1962

Bornkamm, Heinrich: Luthers Lehre von den zwei Reichen im Zusammenhang seiner Theologie. Gütersloh 1955

Brunotte, Heinz: Die Grundordnung der Evangelischen Kirche in Deutschland. Ihre Entstehung und ihre Probleme. Berlin 1954

Bultmann, Rudolf: Theologie des Neuen Testaments. Tübingen[9] 1984

Burgsmüller, Alfred/Weth, Rudolf: Theologische Erklärung zur gegenwärtigen Lage der Deutschen Evangelischen Kirche. In: Burgsmüller, Alfred/Weth, Rudolf (Hg.): Die Barmer Theologische Erklärung. Einführung und Dokumentation, S. 30ff.

Calvin, Johannes: Ioannis Calvini Opera quae supersunt omnia (CR 29-88). 59 Bände. Hrsg. von G. Baum, E. Cunitz, E. Reuss. 1863-1900

Das Recht der Evangelischen Kirche in Deutschland. Im Auftrag des Kirchenamtes der EKD. Hrsg. und zusammengestellt von Detlef Dahrmann, Hannover⁵ 1990
Der „Ansbacher Ratschlag" zu der Barmer „Theologischen Erklärung". In: Schmidt, Kurt Dietrich: Die Bekenntnisse und grundsätzlichen Äußerungen zur Kirchenfrage. Band 2: Das Jahr 1934. Göttingen 1935, S. 102ff.
Die Bekenntnisschriften der evangelisch-lutherischen Kirche. Hrsg. im Gedenkjahr der Augsburgischen Konfession 1930. Göttingen² 1952
Die Religion in Geschichte und Gegenwart. Handwörterbuch für Theologie und Religionswissenschaft. Bände 1-6. Hrsg. von Kurt Galling. Tübingen³ 1956-1962
Ebeling, Gerhard: Luther. Eine Einführung in sein Denken. Tübingen 1964
Elert, Werner: Morphologie des Luthertums. Zweiter Band; München² 1958
Evangelisches Kirchenlexikon. Internationale theologische Enzyklopädie. Bände 1-4. Hrsg. von Erwin Fahlbusch, Jan Milic Lochmann, John Mbiti, Jaroslav Pelikan und Lukas Vischer. Göttingen³ 1986-1996
Evangelisches Staatslexikon. 2 Bände. Hrsg. von Roman Herzog, Hermann Kunst, Klaus Schlaich, Wilhelm Schneemelcher. Stuttgart³ 1987
Exegetisches Wörterbuch zum Neuen Testament. Hrsg. von Horst R. Balz und Gerhard Schneider. Bände 1-3. Stuttgart/Berlin/Köln/Mainz 1980-1983
Gemeinschaftswerk der Evangelischen Publizistik (Hg.): Arbeitsrecht in der Kirche (II): Nordelbiens Ja zu den Tarifverträgen. epd Dokumentation 14/78. Frankfurt 1978
Gesenius, Wilhelm: Hebräisches und aramäisches Handwörterbuch über das Alte Testament. Leipzig 1905
Gnilka, Joachim: Das Evangelium nach Markus. Evangelisch-Katholischer Kommentar zum Neuen Testament II/2. Zürich/Braunschweig/Neukirchen-Vluyn³ 1989
Gunneweg, Antonius H. J./Schmithals, Walter: Herrschaft. Stuttgart/Berlin/Köln/Mainz 1980
Härle, Wilfried: Luthers Zwei-Regimenten-Lehre als Lehre vom Handeln Gottes. In: W.Härle/R.Preul (Hrsg.):Marburger Jahrbuch Theologie I. Marburg 1987, S. 12ff.
Joest, Wilfried: Martin Luther. In: Martin Greschat (Hg.): Gestalten der Kirchengeschichte Bd. 5: Reformationszeit I. Stuttgart/Berlin/Köln/Mainz 1981, S. 129ff.
Jonas, Hans: Philosophische Meditation über Paulus, Römerbrief, Kapitel 7. In: Zeit und Geschichte. Dankesgabe an Rudolf Bultmann zum 80. Geburtstag. Tübingen 1964, S. 557ff.
Jonas, Hans: The Abyss of the Will: Philosophical Meditation on the Seventh Chapter of Paul's Epistle to the Romans. In: Ders.: Philosophical Essays. From Ancient Creed to Technological Man. Englewood Cliffs 1974

Jüngel, Eberhard: Gott als Geheimnis der Welt. Tübingen 1977

Käsemann, Ernst: Das theologische Problem des Motivs vom Leibe Christi. In: Ders.: paulinische Perspektiven. Tübingen 1969/1972, S. 178ff.

Keßler, Rainer: Die Kirchen und das Arbeitsrecht. Darmstadt 1986

Koch, Klaus: Wesen und Ursprung der „Gemeinschaftstreue" im Israel der Königszeit. In: Ders.: Spuren des hebräischen Denkens: Beiträge zur alttestamentlichen Theologie. Gesammelte Aufsätze Band 1. Neukirchen-Vluyn 1991, S. 107ff.

Krumwiede, Hans-Walter/Greschat, Martin/Jacobs, Manfred/Lindt, Andreas: Kirchen- und Theologiegeschichte in Quellen. Band IV/2: Neuzeit. Neukirchen-Vluyn³ 1989

Løgstrup, Knud E.: Auseinandersetzung mit Kierkegaard. In: Ders./Harbsmeier, Götz (Hg.): Kontroverse um Kierkegaard und Grundtvig. Band II. München 1968

Løgstrup, Knud E.: Die ethische Forderung. Tübingen³ 1989

Løgstrup, Knud E.: Norm und Spontaneität. Ethik und Politik zwischen Technik und Dilettantokratie. Tübingen 1989

Løgstrup, Knud E.: Solidarität und Liebe. In: Engelhardt, Dietrich von/Glatzel, Johann/Holderegger, Adrian: Abweichung und Norm. Freiburg i.B. 1982

Lohmeyer, V. Ernst: Die Briefe an die Philipper, an die Kolosser und an Philemon. Kritisch-exegetischer Kommentar über das Neue Testament, XI. Abteilung. Göttingen¹³ 1964

Luther, Martin: D. Martin Luthers Werke. Kritische Gesamtausgabe (Weimarer Ausgabe, abgekürzt: WA). Unveränderter Nachdruck der bei Hermann Böhlhaus Nachfolger, Weimar, erschienenen Ausgabe. Graz 1966ff.

Luther, Martin: Der große Katechismus. (WA 30 I, S. 125ff.) In: Luther deutsch. Die Werke Martin Luthers in neuer Auswahl für die Gegenwart. Hrsg. von Kurt Aland. Stuttgart /Göttingen 1961. Band 3: Der neue Glaube, S. 11ff.

Luther, Martin: Von der Freiheit eines Christenmenschen (WA 7; S. 20ff.) In: Luther deutsch. Die Werke Martin Luthers in neuer Auswahl für die Gegenwart. Hrsg. von Kurt Aland. Stuttgart /Göttingen 1961. Band 2, 251ff.

Luther, Martin: Von weltlicher Obrigkeit, wie weit man ihr Gehorsam schuldig sei. (WA 11, S. 249ff.) In: Luther deutsch. Die Werke Martin Luthers in neuer Auswahl für die Gegenwart. Hrsg. von Kurt Aland. Stuttgart /Göttingen 1961. Band 7: Der Christ in der Welt, S. 9ff.

Luz, Ulrich: Das Evangelium nach Matthäus (Mt 1-7). Evangelisch-Katholischer Kommentar zum Neuen Testament I/1. Braunschweig/Neukirchen-Vluyn² 1989

Luz, Ulrich: Das Evangelium nach Matthäus (Mt 18,1-25, 46). Evangelisch-Katholischer Kommentar zum Neuen Testament I/3. Braunschweig/Neukirchen-Vluyn 1997

Michel, Karl-Heinz: Zeit im Umbruch – Kirche im Umbruch. Auf dem Weg zu einer neuen Gestalt von Kirche. In: theologische Beiträge 25/1994, S. 65ff.

Nestle, Eberhard und Erwin/Aland, Kurt u.a.: Das Neue Testament Griechisch und Deutsch. Stuttgart[26] 1986

Nygren, Anders: Eros und Agape. Gestaltwerdung der christlichen Liebe. Band I und II. Genf 1930

Otto, Rudolf: Das Heilige. Über das Irrationale in der Idee des Göttlichen und sein Verhältnis zum Rationalen. Nachdruck München 1991

Pannenberg, Wolfhart: Anthropologie in theologischer Perspektive. Religiöse Implikationen anthropologischer Theorie. Göttingen 1983

Peters, Albrecht: Kommentar zu Luthers Katechismen. Hg. von Gottfried Seebass. Göttingen 1990

Pieper, Josef: Über die Liebe. München 1972

Rad, Gerhard von: Weisheit in Israel. Gütersloh 1992

Roloff, Jürgen: Die Kirche im Neuen Testament. Grundrisse zum Neuen Testament. Das Neue Testament Deutsch. Ergänzungsreihe Band 10. Göttingen 1993

Schmithals, Walter: Das Evangelium nach Markus. Ökumenischer Taschenbuchkommentar zum Neuen Testament 2/1 und 2/2. Gütersloh[2] 1986

Schober, Theodor/Honecker, Martin/Dahlhaus, Horst (Hg.): Evangelisches Soziallexikon. Stuttgart/Berlin[7] 1980

Scholz, Heinrich: Eros und Caritas. Die platonische Liebe und die Liebe im Sinne des Christentums. Halle 1929

Sohm, Rudolf: Begriff und Organisation der ekklesia. (Kirchenrecht 1. Band §§ 2und 3). In: Kertelge, Karl (Hg.): Das kirchliche Amt im Neuen Testament. Wege der Forschung CDXXXIX. Darmstadt 1977, S. 45ff.

Spicq OP. P.C.: Die Nächstenliebe in der Bibel. Biblische Beiträge. Hrsg. von der schweizerischen katholischen Bibelbewegung SKB, Neu Folge Heft 3. Einsiedeln 1961

Stock, Konrad: Die Liebe und ihr Zeichen. In: Marburger Jahrbuch der Theologie VII. Sexualität – Lebensformen – Liebe. Marburg 1995, S. 61ff.

Strobel; August: Der erste Brief an die Korinther. Zürcher Bibelkommentar. Zürich 1989

Stupperich; Robert: Die Reformation in Deutschland. Gütersloh[2] 1980

Taube, Roselies: Gott und das Ich. Erörtert in einer Auseinandersetzung mit Luthers Lehre über Glaube und Liebe in seinem Galater-Kommentar (1531/32). Europäische Hochschulschriften: Reihe 23, Theologie; Bd. 259, Hamburg 1984

Theologische Realenzyklopädie. Hrsg. von Gerhard Krause und Gerhard Müller. Berlin/New York 1976ff.

Theologisches Begriffslexikon zum Neuen Testament. 3 Bände. Hrsg. von Lothar Coenen/Erich Beyreuther/Hans Bietenhard. Wuppertal 1967-1971

Theologisches Wörterbuch zum Alten Testament. Band 1ff. Hrsg. von Gerhard Johannes Botterweck/Helmer Ringgren. Stuttgart/Berlin/Köln 1973ff

Theologisches Wörterbuch zum Neuen Testament. Bände 1-10. Hrsg. von Gerhard Kittel. Stuttgart, 1933-1979

Troeltsch, Ernst: Die Soziallehren der christlichen Kirchen und Gruppen. Tübingen² 1965

Warnach, Viktor: Agape. Die Liebe als Grundmotiv der neutestamentlichen Theologie. Düsseldorf 1951

Wendland, D. Heinz-Dietrich: Die Kirche in der modernen Gesellschaft. Entscheidungsfragen für das kirchliche Handeln im Zeitalter der Massengesellschaft. Hamburg² 1958

Wendland, D. Heinz-Dietrich: Einführung in die Sozialethik. Berlin/New York² 1971

SWI SOZIALWISSENSCHAFTLICHES INSTITUT
DER EVANGELISCHEN KIRCHE IN DEUTSCHLAND

lieferbare Veröffentlichungen

Jürgen Ebach
Theologische Reden, mit denen man keinen Staat machen kann
SWI Verlag Bochum 1989
178 Seiten, ISBN 3-925895-18-3, DM 23,80

Jürgen Ebach
Biblische Erinnerungen
Theologische Reden zur Zeit
SWI Verlag Bochum 1993
228 Seiten, ISBN 3-925895-41-8, DM 26,80

Jürgen Ebach
Weil das, was ist, nicht alles ist
Theologische Reden 3
SWI Verlag Bochum 1995
219 Seiten, ISBN 3-925895-53-1, DM 29,80

Jürgen Ebach
... und behutsam mitgehen mit deinem Gott
Theologische Reden 4
GEP Buch, Frankfurt am Main 1998
309 Seiten, ISBN 3-932194-15-2, DM 34,00

Günter Brakelmann
Für eine menschlichere Gesellschaft
Reden und Gegenreden
SWI Verlag Bochum 1996
283 Seiten, ISBN 3-925895-55-8, DM 39,80

Martin Huhn, Franz Segbers, Walter Sohn (Hrsg.)
Gerechtigkeit ist unteilbar
KDA-Arbeitshilfe zum Wirtschafts- und Sozialwort der Kirche.
„Für eine Zukunft in Gerechtigkeit"
SWI Verlag Bochum 1997/98 (2. erw. Auflage 1998)
175/195 Seiten, ISBN 3-925895-60-X, DM 25,00

Frank von Auer, Franz Segbers (Hrsg.)
Gerechtigkeitsfähiges Deutschland
Kirchen und Gewerkschaften gemeinsam für eine Zukunft
in Gerechtigkeit und Solidarität
SWI Verlag Bochum 1998
176 Seiten, ISBN 3-925895-62-0, DM 10,00

Dieter Beese
Polizeiarbeit heute
Berufsethische Notizen
SWI Verlag Bochum 1997
160 Seiten, ISBN 3925895-59-0, DM 19,80

Martin Büscher (Hrsg.)
Markt als Schicksal?
Zur Kritik und Überwindung neoliberaler Wirtschafts- und
Gesellschaftspolitik
SWI Verlag Bochum 1998
240 Seiten, ISBN 3-925895-61-2, DM 38,50 DM

Lutz Finkeldey (Hrsg)
Tausch statt Kaufrausch
SWI Verlag Bochum 1999
281 Seiten, ISBN 3-925895-64-7, DM 38,50 DM

Klaus Heienbrok, Harry W. Jablonowski (Hrsg.)
Blick zurück nach vorn!
Standpunkte, Analysen, Konzepte zur Zukunftsgestaltung
des Ruhrgebiets
SWI Verlag Bochum 2000
139 Seiten, ISBN 3-925895-66-3, DM 25,00

Elisabeth Conradi, Sabine Plonz (Hrsg.)
Tätiges Leben
Pluralität und Arbeit im politischen Denken Hannah Arendts
SWI Verlag Bochum 2000
185 Seiten, ISBN 3-925895-69-8, DM 27,80

Zu beziehen über den Buchhandel

www.ingramcontent.com/pod-product-compliance
Lightning Source LLC
Chambersburg PA
CBHW021755230426
43669CB00006B/83